Beck-Wirtschaftsberater
Internationales Projektmanagement

Beck-Wirtschaftsberater

Internationales Projektmanagement

Interkulturelle Zusammenarbeit in der Praxis

Herausgegeben von
Hans-Erland Hoffmann,
Prof. Dr. Yvonne-Gabriele Schoper
und Dr. Conor John Fitzsimons

mit Beitägen von Florian E. Dörrenberg,
Dr. Conor John Fitzsimons, Hans-Erland Hoffmann,
Heidrun Reckert, Prof. Dr. Yvonne-Gabriele Schoper,
Dr. Klaus Wagenhals und Anja Walter

Deutscher Taschenbuch Verlag

Im Internet:

dtv.de

beck.de

Originalausgabe
Deutscher Taschenbuch Verlag GmbH & Co. KG,
Friedrichstraße 1a, 80801 München
© 2004. Redaktionelle Verantwortung: Verlag C. H. Beck oHG
Druck und Bindung: Druckerei C. H. Beck, Nördlingen
(Adresse der Druckerei: Wilhelmstraße 9, 80801 München)
Satz und Überarbeitung der grafischen Abbildungen:
Hoffmann's Text Office, München
Umschlaggestaltung: Agentur 42 (Fuhr & Partner), Mainz
ISBN 3 423 50883 3 (dtv)
ISBN 3 406 52318-8 (C. H. Beck)

Geleitwort

Die Welt verändert sich rascher denn je. Heute gehören internationale Projekte zum Alltag. Dennoch findet man bis heute wenig Literatur zu diesem Thema.

Einige wenige, meist englischsprachige Autoren haben bisher dazu publiziert. Leider findet in dieser Literatur häufig eine wenig hilfreiche Trennung zwischen den Techniken des Projektmanagements einerseits und interkulturellem Management andererseits statt. Dazu kommt eine in der Praxis oft vorherrschende Fehleinschätzung, internationales Projektmanagement sei doch nur „Projektmanagement auf Englisch".

Die wenigsten Projektleiter und Projektmitarbeiter werden systematisch auf ihren internationalen Einsatz vorbereitet. Sie brauchen aber Orientierungshilfen, wie ein internationales Projekt erfolgreich durchgeführt werden kann.

Um diese Lücke zu schließen, hat sich die Autorengruppe des vorliegenden Buches zusammengefunden. Eine vielfältige Mischung aus Industrievertretern, Beratern und Wissenschaftlern bietet ein umfassendes Kompendium für den international agierenden Projektleiter und Projektmitarbeiter an. Die umfangreiche Praxiserfahrung der Autorengruppe erschließt ein breites Spektrum an wertvollen Hinweisen und praxiserprobten Lösungsansätzen für die typischen Probleme in internationalen Projekten.

Das wesentliche Anliegen der Autoren, dem Leser die Besonderheiten des internationalen Projektmanagements nahe zu bringen und interkulturelles Verständnis zu entwickeln, ist durchgängiges Bemühen in jedem Kapitel. Die einzelnen Abschnitte sprechen den Leser direkt an und vermitteln die notwendigen Kenntnisse, um in schwierigen Situationen des internationalen Projektgeschäfts erfolgreich bestehen zu können. Deshalb finden sich im ganzen Buch vielfältige Hinweise auf Verständnis, Einstellungen und Verhaltensweisen der Projektpartner in verschiedenen Kulturkreisen. Die kurzen Beispiele untermauern die Praxisnähe.

Geleitwort

Ich wünsche dem Buch eine große Aufmerksamkeit und weite Verbreitung.

Den Lesern wünsche ich, dass sie aus der Fülle der angebotenen Informationen den Nutzen ziehen können, den sie zu Recht für die erfolgreiche Projektarbeit erwarten. Das Buch bietet Ihnen hierzu ein reichhaltiges Angebot!

München, im Juli 2004 *Prof. Dr. Hasso Reschke*

Vorwort

Dieses Buch ist das Ergebnis eines internationalen Teams, das an vielen Stellen unterstützt wurde. In erster Stelle danken wir unsern Partnern und Familien, ohne deren geduldige Unterstützung Sie mindestens noch ein Jahr hätten warten müssen, um das Buch lesen zu können. Dafür danken wir *Dr. Ulrich Geldschläger, Oliver Walter, Claudia Nora Crocoll, Jutta Schlindwein, Anja Grabowski* und *Jenny Wiebusch*.

Wir danken *Merle Runge* und *Gissou Assmann*, die im Auftrag ihrer Firma *Consensa* maßgebend die Gründung der Fachgruppe IPA NEMA vorangetrieben haben und uns so die Chance gegeben haben, uns als Autorengruppe zu finden und gemeinsam ein Buch zu schreiben. Ein weiterer Dank geht an *Dr. Olaf Scherer*, der uns seine Ergebnisse der IPA NEMA Umfrage 2002 zur Verfügung gestellt hat.

Einen großen Dank senden wir unserer Informantin *Asma Abdullah* (Malaysia) für ihren Input zur Teamarbeit in Südostasien, Herrn *Youssif Thoma* für seine Erläuterungen zur Projektkultur im arabischen Raum, *Sandra Holzherr, Claudia Oelschlägel, Hubertus Graef, Hans-Günther Rau, Judith Rahner* und Herrn *Stefan Posner* für seine Anregungen zur Anpassung von Steuerungsmaßnahmen im internationalen Umfeld. Weiteren Dank an *Heinrich Tunner, Werner Schwenkert, Wolfgang Kleemann, Dr. Allen Pfeffer* und viele andere erfahrene Projektleiter, die lieber anonym bleiben möchten.

Ein herzlicher Dank gebührt unserem fachlichen Lektor *Prof. Dr. Hasso Reschke*. Durch seine gründliche Lektüre hat er uns angeregt, so manches zu hinterfragen und eine Vielzahl größerer und auch kleinerer Änderungen vorzunehmen. Insofern verdanken wir ihm und unserem Lektor beim Verlag, Herrn *Hermann Schenk*, die letztendliche Abrundung des vorliegenden Buches.

Im Juli 2004 *Die Herausgeber*

Inhaltsübersicht

Geleitwort... V
Vorwort... VII
Einleitung und Zielsetzung........................... XVII
Wegweiser durch das Buch............................ XX
Kulturdimensionen im Überblick...................... XXIV

Teil I: Was ist anders bei internationalen Projekten?

1. Ausgangssituationen internationaler Projekte
   (Anja Walter) 1
2. Die Bedeutung kultureller Unterschiede
   (Hans-Erland Hoffmann) 13
3. Phasen in internationalen Projekten *(Florian E. Dörrenberg
   und Hans-Erland Hoffmann)* 37

Teil II: Erfolgreicher Umgang mit internationalen Besonderheiten – Chancen nutzen, Risiken vorbeugen

4. Umfeldmanagement *(Florian E. Dörrenberg* und *Hans-Erland Hoffmann)* 57
5. Kommunikation und Information *(Klaus Wagenhals)*...... 77
6. Teamentwicklung *(Yvonne-Gabriele Schoper)* 101
7. Führung in Projekten *(Yvonne-Gabriele Schoper)* 129
8. Entscheidungsfindung *(Conor John Fitzsimons)*........... 167
9. Konfliktmanagement in internationalen Projekten
   (Klaus Wagenhals) 187
10. Projektorganisation *(Anja Walter)*..................... 213
11. Projektsteuerung *(Anja Walter)* 231
12. Risikomanagement *(Heidrun Reckert)*.................. 265
13. Interkulturelle Unterschiede im Qualitätsverständnis
    (Yvonne-Gabriele Schoper).......................... 293
14. Lieferantenmanagement *(Yvonne-Gabriele Schoper)* 307
15. Statements: Eine persönliche Aussage eines jeden Autors... 321

Inhaltsübersicht

Glossar 323
Literatur und Internet-Links.......................... 335
Autorenverzeichnis 341
Autorenadressen 343
Stichwortverzeichnis 345

Inhaltsverzeichnis

Geleitwort. V
Vorwort. VII
Inhaltsübersicht IX
Einleitung und Zielsetzung. XVII
Wegweiser durch das Buch. XX
Kulturdimensionen im Überblick XXIV

Teil I: Was ist anders bei internationalen Projekten?

1. Ausgangssituationen internationaler Projekte
  (Anja Walter) 1
1.1 Projekte mit internationalen Lieferanten 2
1.2 Projekte mit internationalen Auftraggebern 2
1.3 Projekte mit internationalen Kooperationspartnern 3
1.4 Projekte mit Standort im Ausland 3
1.5 Projekte in internationalen Unternehmen 4
  1.5.1 Projekte als Bestandteil der Erschließung internationaler Märkte 5
  1.5.2 Stufen der Internationalisierung und organisatorischen Reife von Unternehmen 6
1.6 Zusammenfassung. 11

2. Die Bedeutung kultureller Unterschiede
  (Hans-Erland Hoffmann) 13
2.1 Herausforderungen internationaler Projekte 13
2.2 Die Herausforderung kultureller Unterschiede 14
2.3 Vorurteile und Stereotypen 19
2.4 Modelle kultureller Zusammenhänge 22
  2.4.1 Kulturebenen nach Edgar Schein. 22
  2.4.2 Die Kulturdimension „Kontextbezug" von *Edward Hall* 25
  2.4.3 Die Kulturdimensionen von *Geert Hofstede* 26
  2.4.4 Die Kulturdimensionen von *Fons Trompenaars* 29
  2.4.5 Nutzen der Kulturdimensionen 32
2.5 Gefahren und Chancen interkultureller Arbeit 33
2.6 Zusammenfassung. 35

3. Phasen in internationalen Projekten *(Florian E. Dörrenberg und Hans-Erland Hoffmann)* 37
3.1 Relevanz des Themas für die Projektarbeit............... 37
3.2 Bedeutung bestehender allgemeiner Phasen- und Vorgehensmodelle 38
3.3 Ein Arbeitsmodell für Phasen in internationalen Projekten... 39
   3.3.1 Projektphase Anbahnung 40
   3.3.2 Projektphase Initialisierung 42
   3.3.3 Projektphase Planung........................... 46
   3.3.4 Projektphase Durchführung..................... 48
   3.3.5 Projektphase Abschluss......................... 50
   3.3.6 Projektphase Follow-up 52
3.4 Phasenübergreifende Hinweise 54
3.5 Zusammenfassung..................................... 55

Teil II: Erfolgreicher Umgang mit internationalen Besonderheiten – Chancen nutzen, Risiken vorbeugen

4. Umfeldmanagement *(Florian E. Dörrenberg und Hans-Erland Hoffmann)*................................... 57
4.1 Stakeholder-Management 58
   4.1.1 Identifizierung der relevanten Stakeholder.......... 58
   4.1.2 Analyse der Stakeholder-Situation 62
   4.1.3 Methoden um Stakeholder zu beeinflussen 63
   4.1.4 Die Pflege der Beziehungen zu den Stakeholdern 64
4.2 Management der politischen Situation 66
4.3 Rechts- und Vertragsaspekte 66
   4.3.1 Rechtliche Grundlagen und Gesetze 66
   4.3.2 Kulturell geprägter Umgang mit Verträgen 67
   4.3.3 Verträge vorausschauend gestalten 68
4.4 Internationale Verhandlungsführung 70
   4.4.1 Verhandlungen in und mit anderen Kulturen........ 70
   4.4.2 Phasen der Verhandlung......................... 73
4.5 Infrastruktur-Management............................. 74
4.6 Zusammenfassende Handlungsempfehlungen 76

5. Kommunikation und Information *(Klaus Wagenhals)*...... 77
5.1 Grundlagen zum Informationsaustausch und zu Kommunikationsprozessen 78
5.2 Verbale und non-verbale Ausdrucksfähigkeit im interkulturellen Vergleich 80

    5.2.1 Besonderheiten im verbalen Austausch............ 80
    5.2.2 Besonderheiten bei non-verbalem/unbewusstem Ausdruck... 88
5.3 Wahrnehmung und ihre Prägung durch die Kultur 91
5.4 Besonderheiten der Kommunikation mittels elektronischer Medien... 94
5.5 Handlungsempfehlungen zur professionellen Kommunikation in internationalen Projekten..................... 97
5.6 Zusammenfassung................................. 99

6. Teamentwicklung *(Yvonne-Gabriele Schoper)*............ 101
6.1 Teamformen....................................... 102
6.2 Zusammenstellung eines internationalen Teams 104
6.3 Rollen in einem Projekt 105
    6.3.1 Projektrollen in einem Team 106
    6.3.2 Persönlichkeiten in einem Team: Teamrollen 106
    6.3.3 Kulturelle Dimensionen in internationalen Teams.. 110
6.4 Vorbereitung der Teammitglieder auf die internationale Zusammenarbeit................................... 112
6.5 Start-up Workshop (Projekt-Kick-off).................. 115
6.6 Phasen der Teamentwicklung......................... 120
    6.6.1 Orientierungsphase: „Formierung und Teambildung" 121
    6.6.2 Konfliktphase „Storming"....................... 122
    6.6.3 Organisationsphase „Norming".................. 123
    6.6.4 Integrationsphase „Performing".................. 124
    6.6.5 Abschlussphase „Adjourning" 124
6.7 Teamcoaching 126
6.8 Zusammenfassung.................................. 127

7. Führung in Projekten *(Yvonne-Gabriele Schoper).........* 129
7.1 Qualifikation als Projektleiter im internationalen Zusammenhang... 129
7.2 Führung im internationalen Kontext................... 130
7.3 Analyse zu Beginn des Projektes...................... 134
7.4 Zusammenstellen des Teams und kulturelle Teamanalyse.. 135
    7.4.1 Auswahl der Teammitglieder 135
    7.4.2 Persönliche Mitarbeitergespräche 136
    7.4.3 Kulturelle Teamanalyse......................... 137
    7.4.4 Führungsrelevante Kulturdimensionen 138

Inhaltsverzeichnis

7.5 Situative Führung 145
7.6 Verhalten in ausgewählten Führungssituationen 148
    7.6.1 Motivation 148
    7.6.2 Delegation 151
    7.6.3 Zielvereinbarung 154
    7.6.4 Kontrolle 155
    7.6.5 Feedback: Anerkennung und Kritik............... 157
7.7 Führung von virtuellen Teams 158
    7.7.1 Distanz überbrücken in virtuellen Teams 159
    7.7.2 Vertrauen schaffen in einem virtuellen Team 160
    7.7.3 Virtuelle Teams zu einer Einheit verschweißen 162
7.8 Zusammenfassung 163

8. Entscheidungsfindung *(Conor John Fitzsimons)* 167
8.1 Besonderheiten der Entscheidungsfindung im internationalen Kontext 168
8.2 Der Einfluss der Kulturdimensionen auf die Entscheidungsfindung... 169
8.3 Der Einfluss der Persönlichkeit auf die Entscheidungsfindung 171
8.4 Die Sechs Schritte der Entscheidungsfindung 173
    8.4.1 Schritt Eins – Ausgangssituation 174
    8.4.2 Schritt Zwei – Informationssuche 175
    8.4.3 Schritt Drei – Entwicklung von Alternativen 177
    8.4.4 Schritt Vier – Bewertung und Auswahl der geeigneten Lösungsalternative 178
    8.4.5 Schritt Fünf – Mitteilung der Entscheidung 182
    8.4.6 Schritt Sechs – Durchführung 183
8.5 Entwicklung eines projektspezifischen Entscheidungsprozesses 184
8.6 Handlungsempfehlungen 185
8.7 Zusammenfassung................................. 186

9. Konfliktmanagement in internationalen Projekten
(Klaus Wagenhals) 187
9.1 Wie entstehen Konflikte im internationalen Umfeld?..... 190
9.2 Wie sich Konflikte darstellen oder: woran merke ich, dass ein Konflikt entsteht oder im Raum ist?................. 197
9.3 Konfliktdiagnose und Konfliktbehandlung.............. 201
9.4 Lösungsstrategien und Vorgehensweisen 204
9.5 Einige zentrale Handlungsanleitungen zum Schluss 209

10. Projektorganisation *(Anja Walter)* 213
10.1 Grundformen der Projektorganisation 213
10.2 Neue Formen von Projektorganisation................. 216
10.3 Aufbau einer internationalen Projektorganisation....... 220
      10.3.1 Einflüsse durch die Form der Projektfinanzierung 220
      10.3.2 Aufbauorganisation 222
      10.3.3 Ablauforganisation........................... 228
      10.3.4 Aufnahme der vorliegenden Projektorganisation....................................... 228
10.4 Zusammenfassung 229

11. Projektsteuerung *(Anja Walter)* 231
11.1 Aufgaben der Projektsteuerung...................... 231
      11.1.1 Informationsgewinnung....................... 232
      11.1.2 Abweichungsanalyse.......................... 239
      11.1.4 Handhabung von Änderungen 244
      11.1.5 Eskalationen in internationalen Projekten....... 246
11.2 Kulturelle Einflüsse auf die Steuerungsmaßnahmen..... 247
      11.2.1 Produktivitätserhöhung 247
      11.2.2 Kapazitätserhöhung 255
      11.2.3 Reduzierung des Leistungsumfangs 257
      11.2.4 Aufwandsreduzierung......................... 257
11.3 Internationale Besprechungen....................... 258
11.4 Anwendung von Druck 260
11.5 Zusammenfassung 262

12. Risikomanagement *(Heidrun Reckert)* 265
12.1 Der Umgang mit Risiken 266
      12.1.1 Faktor Projektrolle/Verantwortlichkeit 267
      12.1.2 Faktor Persönlichkeit......................... 267
      12.1.3 Faktor kulturelle Herkunft.................... 268
      12.1.4 Individuelle Risikokultur 271
12.2 Risiken kommunizieren 272
      12.2.1 Projektinterne Risikokommunikation........... 273
      12.2.2 Projektexterne Risikokommunikation 274
12.3 Rolle des Risikomanagers 276
12.4 Prozessdefinition 277
      12.4.1 Risikoassessment-Gruppen 277
12.5 Risikoidentifikation 277
      12.5.1 Problem: Risikoerkennung.................... 278
      12.5.2 Problem: Risikobenennung 278

12.5.3 Risikostatement.......................... 279
  12.5.4 Freigabe von Risikostatements 281
  12.5.5 Identifikationsverfahren..................... 281
  12.5.6 Risikochecklisten 282
12.6 Risikobewertung................................ 283
  12.6.1 Bewertungsklassifizierung 283
  12.6.2 Teamorientierte Risikobewertung 284
  12.6.3 Gruppenorientierte versus individualorientierte
         Bewertung................................ 285
12.7 Mehrstufiges Aggregationsverfahren.................. 285
12.8 Risikoplanung.................................. 286
  12.8.1 Kulturabhängige Maßnahmen................. 288
12.9 Risikoüberwachung 289
12.10 Zusammenfassung............................... 290

13. Interkulturelle Unterschiede im Qualitätsverständnis *(Yvonne-Gabriele Schoper)* 293
13.1 Definitionen von Qualität 293
13.2 Unterschiedliche Auffassungen zur Produktqualität 296
13.3 Unterschiede in der Projekt- und Prozessqualität 300
13.4 Kulturelle Prägungen und ihr Einfluss auf das Qualitätsverständnis 302
13.5 Handlungsempfehlungen.......................... 304
13.6 Zusammenfassung 305

14. Lieferantenmanagement *(Yvonne-Gabriele Schoper)* 307
14.1 Ausgangssituationen für die Zusammenarbeit mit ausländischen Lieferanten 307
14.2 Einflussfaktoren für das Lieferantenmanagement 310
14.3 Acht Schritte für die Vergabe von Projektleistungen ins
     Ausland.. 312
14.4 Empfehlungen zum Umgang mit Lieferanten 318
14.5 Zusammenfassung 319

15. Statements: Eine persönliche Aussage eines jeden Autors 321

Glossar.. 323
Literatur und Internet-Links............................ 335
Autorenverzeichnis 341
Autorenadressen 343
Stichwortverzeichnis.................................. 345

Einleitung und Zielsetzung

Die Anzahl internationaler Vorhaben steigt durch die zunehmende Globalisierung der Märkte, durch internationale Fusionen, Akquisitionen und Kooperationen sowie zunehmende Spezialisierungstendenzen. Darüber hinaus erfordert die Nähe zum Markt und das Streben nach Unabhängigkeit von Währungsschwankungen verstärkt die Zusammenarbeit im internationalen Kontext. Dies geschieht größtenteils in Form von Projekten.

Dadurch ist in den letzten fünf bis zehn Jahren ein rapide steigender Bedarf nach Projekten unterschiedlicher Anwendungsgebiete im internationalen Umfeld zu verzeichnen.

In 2001 wurde durch Mitglieder der GPM, Deutsche Gesellschaft für Projektmanagement e.V., ein Projekt namens „Internationale Projektarbeit – neue Ergebnisse, Methoden, Ansätze (IPA NEMA)" gestartet. Dieses Projekt hat erfahrene Projektleiter auch über deren Erkenntnisse aus internationalen Projekten befragt. Die Ergebnisse dieser Umfrage zeigten, dass die Unterschiede in der Arbeitskultur die größte Herausforderung in internationalen Projekten sei. Die Befragten bestätigten den steigenden Bedarf nach praxisnaher Beratung, Training und Literatur.

Zwar gibt es eine Vielzahl an Internet-Foren, Aufsätzen in Fachzeitschriften und Praxisbeiträgen bei internationalen Konferenzen zu diesem Thema, doch ist bis heute kein umfassendes Kompendium auf dem internationalen Buchmarkt zu finden, das dem Projektleiter in kompakter Form praxiserprobte Verfahren, innovative Vorgehensweisen, typische Stolpersteine und mögliche Lösungswege für seinen internationalen Projektalltag bietet.

Eine der aus IPA NEMA entstandenen Arbeitsgruppen wurde von Hans-Erland Hoffmann gegründet, um die Machbarkeit eines Buches zu überprüfen. Die Gruppe tagte zum ersten Mal Ende 2002 und im Frühling 2003 fand sich schließlich das heutige Autorenteam zusammen, das in verschiedenen Bereichen mit

Einleitung und Zielsetzung

weitreichenden Projekterfahrungen und unterschiedlichen kulturellen Regionen Erfahrungen gesammelt hatte. Es setzte sich das Ziel, einen praxisorientierten Leitfaden durch alle wichtigen Situationen im internationalen Projektdschungel zu präsentieren.

Ziel des Buches ist, die umfangreiche Praxiserfahrung dieser Autoren und deren Mitwirkenden für international tätige Projektmitarbeiter zugänglich zu machen. Der Leitfaden stellt in klar strukturierter Form neue Werkzeuge und Methoden des Managements internationaler Projekte vor, die sich in der Praxis bewährt haben. Er stellt konkrete Problembereiche und typische Stolpersteine im internationalen Projektgeschäft dar und bietet dem Leser direkt umsetzbare Lösungshilfen. Das klassische Projektmanagementwissen wird beim Leser dabei als bekannt vorausgesetzt.

Für die Autoren bedeutet Internationales Projektmanagement weitaus mehr als Projektarbeit „auf Englisch". Es gilt vielmehr, im Vergleich von nationalen zu internationalen Projekten die zusätzlichen Dimensionen wie kulturelle Unterschiede, Kommunikation und Sprache, unterschiedliches Projektmanagement-Verständnis, Infrastruktur, rechtliche und persönliche Aspekte zu kennen und zu berücksichtigen. Da internationale Projekte durch internationale Teams realisiert werden, wird auch das Thema Zusammenarbeit in internationalen Teams behandelt.

Dabei will und kann das Buch dem Leser nicht die alles bietende Lösung präsentieren, denn dazu ist das Thema Internationales Projektmanagement zu komplex. Jedes internationale Projekt ist einzigartig, und es wäre aus Sicht der Autoren vermessen, dem Leser den Eindruck zu vermitteln, er wäre mit Hilfe einiger Kochrezept-Anweisungen für alle Situationen in internationalen Projekten vorbereitet.

Es geht in diesem Buch nicht darum, dem Leser eine Landkarte in die Hand zu geben, sondern darum, ihm einen Kompass und einige Ausrüstungsutensilien für den internationalen Projektdschungel mitzugeben, damit er sich orientieren und sein Ziel erreichen kann. Eine Erfahrung hat jeder in internationalen Projekten gemacht: die Vernachlässigung der weichen Faktoren führt zu knallharten Konsequenzen.

Das vorliegende Buch richtet sich vor allem an:
- **Projektleiter und Projektmanager** von internationalen Projekten, die entweder bereits Erfahrung auf diesem Gebiet haben und sich mit dem Buch Lösungsstrategien für ihre Probleme erarbeiten wollen oder gerade erst mit einem internationalen Projekt betraut wurden und sich mittels dieses Leitfadens auf die neue Herausforderung vorbereiten wollen,
- **Trainer und Coaches** sowohl in international tätigen Konzernen als auch Selbstständige, die ihre Kunden auf ihre neuen Aufgaben und Projekte im internationalen Umfeld vorbereiten wollen,
- **Lehrende und Studenten**, die das Fach Projektmanagement um die internationale Komponente erweitern.

Wenn dazu die männlichen Formen und Rollen angesprochen werden, meinen wir gleichermaßen männliche wie weibliche Projektleiter, Projektmitarbeiter, Trainer, Coaches und andere am Projektmanagement beteiligte und interessierte Personen.

Wegweiser durch das Buch

Dieses Buch gliedert sich in drei Hauptteile. Im Folgenden werden diese mit ihren Kapiteln im Überblick vorgestellt.

In **Teil I** behandeln wir die Frage **Was ist anders bei internationalen Projekten?** Sie erfahren Grundsätzliches zur Natur internationaler Projekte. Es werden die unterschiedlichen **Ausgangssituationen internationaler Projekte (Kapitel 1)** vorgestellt und die Stufen der Internationalisierung eines Unternehmens als Rahmenbedingung eines Projektes erläutert.

Darüber hinaus gibt es eine Reihe weiterer spezifischer Herausforderungen internationaler Projekte. Diese werden in **Kapitel 2** vorgestellt, wobei hier der Schwerpunkt auf die **Bedeutung kultureller Unterschiede** gelegt wird. Sie werden dazu in die wesentlichen Kulturmodelle eingeführt und können bald selber erkennen, welch starke Auswirkungen die kulturellen Unterschiede auf die Zusammenarbeit in und für internationale Projekte haben. Die vorgestellten Kulturdimensionen werden im weiteren Verlauf des Buches immer wieder als Erklärungshilfe herangezogen.

In **Kapitel 3 „Phasen in internationalen Projekten"** stellen wir Ihnen die sechs Hauptphasen vor, die Sie in jedem internationalen Projekt durchlaufen. Hierbei arbeiten wir die Besonderheiten jeder Phase aus internationaler Sicht heraus, zeigen mögliche Fallstricke auf und bieten Ihnen schließlich zu jeder Phase zentrale Handlungsempfehlungen an. Dieses Kapitel soll Sie für die besonderen Belange internationaler Projektarbeit sensibilisieren und Ihnen das Verständnis sowie die Zuordnung der nachfolgenden Fachkapitel erleichtern.

Teil II steht unter dem Motto **Erfolgreicher Umgang mit internationalen Besonderheiten – Chancen nutzen, Risiken vorbeugen**. Hier werden die bisher vorgestellten Aspekte aufgegriffen, um begleitende Themen erweitert und vertieft. Dazu werden viele Praxisbeispiele eingebracht und durch weiteres Hintergrundwissen ergänzt.

Einer der größten Erfolgsfaktoren im Projekt ist die professionelle Handlungsweise des Menschen. Neben den eigentlichen Teammitgliedern spielen für die meisten Projekte zusätzlich auch die externen Projektbeteiligten und -betroffenen sowie die gesamte Umgebung eine prägende Rolle. Im internationalen Kontext – vielfach auch bei großen räumlichen und kulturellen Distanzen – kommt daher dem **Umfeldmanagement (Kapitel 4)** eine besondere Aufgabe zu. Wir stellen Ihnen einen bewährten Ansatz zur Umfeld- und Stakeholderanalyse vor und zeigen, wie Sie diesen in ihre Projektroutine einbinden können.

Kommunikation macht es möglich, sich den Menschen im internationalen Projekt mitzuteilen und sie zu professionellem Handeln zu veranlassen. Aus diesem Grund fokussiert **Kapitel 5 „Kommunikation und Information"** auf Besonderheiten der zielgerichteten Kommunikation zwischen Vertretern verschiedener Kulturen. Breiten Raum nehmen dabei konkrete Handlungsempfehlungen ein, wie Kommunikations- und Informationsprozesse in internationalen Projekten effektiver und unter Berücksichtigung der kulturellen Herkunft und der jeweiligen Persönlichkeit gestaltet werden können.

In **Kapitel 6 „Teamentwicklung"** wird die Problematik des Auswahl- und Integrationsprozesses von Teammitgliedern unter den besonderen Bedingungen internationaler Projektarbeit erläutert. Daran schließt sich direkt **Kapitel 7 „Führung in Projekten"** an, in dem die Führung eines international zusammengesetzten Teams sowie das Verhalten in exponierten Führungssituationen beschrieben wird. Besondere Betonung erfährt dort die Arbeit in virtuellen Teams, wo es spezielle Herausforderungen zu bewältigen gilt.

Eine der wesentlichen Führungsaufgaben eines Projektleiters besteht darin, die Entscheidungen schnell und sicher zu treffen, damit die Projektziele erreicht werden können. In internationalen Projekten wird dies aber dadurch erschwert, dass die Projektteammitglieder sehr unterschiedliche Sichtweisen haben können, wie man eine Entscheidung zu treffen hat. Damit Entscheidungen getroffen und durchgeführt werden können, wird in **Kapitel 8 „Entscheidungsfindung"** die Bedeutung herausgearbeitet, die der

Etablierung eines jeweils projektkultur- und persönlichkeitsgerechten Entscheidungsfindungsprozesses zukommt.

Nicht nur bei der Entscheidungsfindung, auch im gesamten Projektverlauf kommt es immer wieder zu Konflikten. Die Grundlagen für ein aktives **Konfliktmanagement** bietet **Kapitel 9**. Neben der Kenntnis möglicher Konfliktursachen und Konfliktmerkmale ist es gerade im internationalen Kontext ungleich komplizierter, einen Konflikt zu diagnostizieren und schließlich proaktive Managementansätze zur Konflikthandhabung zu entwickeln.

Für jedes Projekt ist eine **Projektorganisation (Kapitel 10)** notwendig. Ausgehend von den bekannten Organisationsformen des Projektmanagements stellen wir Ihnen Möglichkeiten zur Gestaltung der Aufbau- und Ablauforganisation eines Projektes in internationalem Umfeld vor, wobei der Einfluss unterschiedlicher Kulturen besonders beleuchtet wird.

Wie eine aktive **Projektsteuerung** das Projekt am Leben halten kann, beschreibt **Kapitel 11**. Hier werden Aufgaben und Inhalte einer internationalen Projektsteuerung diskutiert und eine bewährte Reihe von Maßnahmen zur Beeinflussung des Projektverlaufs vor internationalem Hintergrund vorgestellt.

Auf ein besonders vielschichtiges Thema wird in **Kapitel 12 „Risikomanagement"** eingegangen. Wie mit Risiken umgegangen wird, hängt sehr stark von den beteiligten Kulturen ab. Wir stellen Ihnen einen bewährten Prozess zum Umgang mit Risiken vor und zeigen Ihnen mögliche Stolpersteine und Lösungsansätze bei der Arbeit mit internationalen Beteiligten auf.

Neben der Einhaltung von Kosten-, Termin- und Leistungszielen ist der Projektleiter auch dafür zuständig, dass die richtige Qualität im Projekt erreicht wird. Doch gerade im internationalen Kontext gibt es sehr große **Unterschiede im Qualitätsverständnis (Kapitel 13)**, die es zu kennen und zu berücksichtigen gilt. Hierzu erhalten Sie eine Erläuterung der kulturell unterschiedlich geprägten Qualitätsverständnisse und Hinweise, wie Sie als Projektleiter mit dieser Breite umgehen können.

Eine der einflussreichsten und größten Gruppen des Projektumfeldes stellen die Lieferanten dar. Gerade in internationalen

Projekten ist es oft besonders schwierig, die differierenden Interessen geschickt zu managen. Wir zeigen Ihnen in **Kapitel 14 „Lieferantenmanagement"** auf, wie Sie dieses Thema anpacken können und worauf zu achten ist.

Den Abschluss dieses Teils stellen **Persönliche Statements der Autoren (Kapitel 15)** dar. Losgelöst von der bisherigen thematischen Struktur des Buches möchten wir dem Leser eine Reihe persönlicher Erfahrungen und Einsichten zur internationalen Projektarbeit anbieten.

Im **Anhang** dieses Buches finden Sie das **Glossar**, in dem die zentralen Fachbegriffe dieses Buches zusammengefasst und erläutert werden.

Abgeschlossen wird das Buch durch **Hinweise zu weiterführender Literatur** und eine Zusammenstellung interessanter **Internet-Links**.

Kulturdimensionen im Überblick

Universalismus — **Partikularismus**
Menschen werden nach den gleichen Regeln behandelt — Menschen werden der Situation entsprechend behandelt
Es gilt was im Vertrag steht — Vertragsinhalt nicht bindend

`< USA D    UK  POL        J        CHN  IND                KOR >`

Emotionale Betonung — **Neutrale Betonung**
Menschen zeigen Gedanken und Gefühle — Menschen verbergen Gedanken und Gefühle
Lebendige Gestik und Mimik, — Kontrollierte Gestik und Mimik
dramatischer Ausdruck — Monotoner Ausdruck

`< I F       USA      NL     UK         D   IDN           J >`

Spezifische Beziehung — **Diffuse Beziehung**
Direkte Kommunikation — Indirekte Kommunikation
Präzise Hinweise — Uneindeutige Hinweise
Privates und Geschäftliches getrennt — Privates und Geschäftliches vermischt

`< DK S USA F    D         I E                IND       J    CHN >`

Status nach Leistung — **Status nach Herkunft**
Leistung wird honoriert — Herkunft und Alter bestimmen Status
Chef hat Fachkenntnis — Titel ist wichtig

`< DK USA UK    F                CHN  A   IND                SA >`

Monochrone Zeit — **Polychrone Zeit**
Pünktlichkeit — Flexibles Einhalten von Terminen
Sequentielles Arbeiten — Paralleles Arbeiten

`< D USA NL UK              F I              IND IDN   CHN >`

Innengesteuerte Kultur — **Aussengesteuerte Kultur**
Will die Umwelt im Griff haben — Anpassung an die Umwelt
Standpunkt wird klar vertreten — Harmonie und Sensibilität wichtig

`< USA  BR   DK             D              SA           CHN >`

Abkürzungen: A = Österreich, BR = Brasilien, CHN = China,
D = Deutschland, DK = Dänemark, E = Spanien, F = Frankreich,
I = Italien, IDN = Indonesien, IND = Indien, J = Japan, KOR = Korea,

Kulturdimensionen im Überblick

Kleine Machtdistanz
Statusunterschiede sind klein und
nur durch Leistung zu rechtfertigen
Delegation von Verantwortung

Große Machtdistanz
Statusunterschiede sind
groß und naturgegeben

⟨ DK S　　　　UK D　USA　　　　　　J　　CHN　F　SA　　IND ⟩

Individualismus
Betonung des Individuums
und seiner Bedürfnisse

Kollektivismus
Starke Orientierung an der
sozialen Gruppe, der man angehört

⟨ USA UK NL　　I F　　　　D　　　　　　SA　　　IDN　CHN ⟩

Niedrige Unsicherheitsvermeidung
Ungewisse/unbekannte Situationen
sind interessant

Hohe Unsicherheitsvermeidung
Indirekte Kommunikation
Ungewisse/unbekannte
Situationen sind bedrohlich

⟨ DK　　UK IND USA　S　　　　　　D SA　　E　F　　　　J ⟩

Femininität
Geringe Unterschiede der Geschlechterrollen
Lebensqualität=Freizeit und soziale Kontakte

Maskulinität
Große Unterschiede der Geschlechterrollen
Lebensqualität=materielle Güter und Status

⟨ DK　S　THA　F　E　　　　　IND　SA　　USA D UK　　I　　　J ⟩

Kurzfristorientierung
Orientierung an „Heute"
Unbeständigkeit, Flexibilität

Langfristorientierung
Sparsamkeit, Durchstehvermögen,
Beharrlichkeit

⟨ PAK　　UK USA D　S　　　NL　　　IND　　J　　　　　CHN ⟩

Schwacher Kontextbezug
Information wird explizit geliefert
Fokus auf Sachfragen

Starker Kontextbezug
Information wird implizit geliefert
Fokus auf Beziehungen

⟨ D　NL　DK　　USA　UK　　　　F　　　IND SA　　CHN　　　J ⟩

NL = Niederlande, PAK = Pakistan, POL = Polen, S = Schweden,
SA = Südafrika, THA = Thailand, UK = Großbritannien,
USA = Vereinigte Staaten

Teil I: Was ist anders bei internationalen Projekten?

1. Ausgangssituationen internationaler Projekte

Anja Walter

Projekte können in unterschiedlichen Umfeldern, Interessensbereichen und auf unterschiedliche Arten stattfinden. Unternehmen führen internationale Projekte durch,
- um sich international auszurichten oder
- um ihre bestehende internationale Tätigkeit zu intensivieren,
- um sich als Spezialist auf dem Weltmarkt zu präsentieren oder
- um gemeinsam mit anderen Spezialisten neue Produkte zu entwickeln.

Projekte werden nicht nur von Unternehmen durchgeführt, sondern auch von Regierungen, die im gegenseitigen Austausch stehen, sowie von Einzelnen, die sich in Kooperationen zusammenschließen, um durch Projekte ihre Visionen gemeinsam zu verwirklichen.

Projekte sind damit sehr vielschichtig und können sehr unterschiedlich beschrieben werden. Die im Kapitel genannten Beispiele greifen einzelne Aspekte internationaler Projekte auf. Der Leser erkennt dadurch Teile seines eigenen Umfeldes wieder oder lernt neue Aspekte internationaler Projekte kennen.

In diesem Kapitel werden zuerst konkrete Einzelsituationen dargestellt: Projekte mit internationalen Lieferanten, mit internationalen Auftraggebern, internationalen Partnern und Projekte mit Standort im Ausland. Im Weiteren folgen die möglichen Überlegungen eines Unternehmens, das sich international ausrichten möchte, sowie die Besonderheiten von Projekten, wie sie in den Stufen der Unternehmens-Internationalisierung auftreten.

1. Ausgangssituationen internationaler Projekte

1.1 Projekte mit internationalen Lieferanten

Immer mehr Hersteller und Dienstleister aus früheren Billiglohnländern erobern die Märkte der primär industrialisierten Länder. Beschaffungsprozesse ändern sich im internationalen Umfeld, sowohl in der Produktion als auch in Verhandlungen. So muss z. B. ein Zulieferer in der Automobilbranche an denselben Standort ziehen wie sein Kunde und dort produzieren, um seine Just-in-Time-Verträge zu erfüllen. Dies führt zu einer so genannten Schattenproduktion.

Oder ein europäischer Einkäufer, der seine gewöhnlich „harte" Verhandlungstaktik nutzt, provoziert damit in Kulturen, die beziehungsorientiert sind, Probleme. Manche Lieferanten verzichten gar auf den Auftrag, weil sie es vorziehen, nur geringen Umsatz zu machen als viel Umsatz mit einem Partner, der sie nicht respektiert und wertschätzt. Dies kann Mehrkosten bedeuten, weil die Güter dann separat von anderer Stelle beschafft werden müssen.

Unternehmen binden ausländische Lieferanten ein, um einen Zugang zu diesen Märkten zu erlangen. Sie nutzen diese Projekte dann als Prüfstein: wenn die Zusammenarbeit mit dem Lieferanten gut verläuft, sind weitere gemeinsame Schritte und intensiveres Engagement im Ausland möglich (siehe Kapitel 1.5).

1.2 Projekte mit internationalen Auftraggebern

Auftraggeber internationaler Projekte sind selten vor Ort im Projekt. Daraus ergeben sich meist lange Antwortzeiten, verzögerte Entscheidungen und eine Diskrepanz zwischen den Erwartungen des Auftraggebers und den erreichten Lösungen des Projektteams. In vielen Projekten tritt der Auftraggeber nie persönlich auf. Um dennoch seine Interessen und seine Beweggründe zu verstehen, muss das gesamte Projektteam neben den formalen auch informelle Wege nutzen. Ganz besonders hier empfiehlt sich eine regelmäßige Umfeldanalyse (Details siehe Kapitel 4.1).

Genauso wie Auftraggeber internationaler Projekte ausländische Lieferanten einbinden, kann ein Auftraggeber ein Projekt in mehrere internationale Teilprojekte aufteilen mit dem Ziel, Mitarbeiter verschiedener Kulturen einzubinden, sie kennen zu lernen und sie und sich auf den neuen Markt vorzubereiten.

1.3 Projekte mit internationalen Kooperationspartnern

Die Beteiligten internationaler Projekte verstehen sich zunehmend als gleichberechtigte Partner. Bevor sie sich intensiv vertraglich aneinander binden, führen sie gemeinsam Pilotprojekte durch. In internationalen Pilotprojekten können die Beteiligten die Besonderheiten der internationalen Zusammenarbeit kennen lernen. Dazu gehört z. B. ein Projektbüro, das über mehrere Zeitzonen verteilt betrieben wird, oder die genutzte Infrastruktur, die auf einen gemeinsamen Standard angepasst werden muss.

Neben der gemeinsam genutzten Infrastruktur muss vor allem die Kommunikation für diese Zusammenarbeit abgestimmt werden (siehe Kapitel 5).

Damit sich Vertrauen und Zuverlässigkeit in internationalen Projekten entwickeln können, gilt es die Arbeitsweise des Partners kennen zu lernen. Maßnahmen, die Vertrauen und Zuverlässigkeit fördern, sind
- die Einbindung der Partner in die Projektplanung
- ein veränderter Projektablauf, der z. B. vermehrte Abstimmungen bietet, sowie
- die Etablierung eines respektvollen Umgangs mit Differenzen.

Um diese Maßnahmen angemessen durchzuführen, benötigen internationale Projekte mehr Zeit bei ihrer Vorbereitung als rein nationale.

1.4 Projekte mit Standort im Ausland

National tätige Unternehmen verfügen oft über Spezialwissen, das sie für Projekte im Ausland interessant erscheinen lässt. Besonders wenn staatlich subventionierte Projekte einen konkreten nationalen Standard fordern (z. B. deutscher Hochbau in Shanghai, chinesischer Straßenbau im Jemen), werden Unternehmen aus den jeweiligen Auftragsländern ausgewählt. Diese erbringen ihre Dienstleistung und Beratung im Ausland, die Planung erfolgt jedoch anhand von Annahmen auf Basis der Umstände im Heimatland. Doch vor Ort herrschen meist andere Verhältnisse: es gibt keine Infrastruktur, kein Büro, die Arbeiter sind ab dem Mittagessen nicht mehr ansprechbar. Fehlt das Wissen um diese anderen Verhaltensweisen und Gebräuche, trifft die Einsatzplanung nicht zu und die Erwartungen sind zu hoch: Das Konfliktpotenzial nimmt zu.

1.5 Projekte in internationalen Unternehmen

Firmen führen internationale Projekte durch, wenn sie sich davon einen Nutzen versprechen. Für Unternehmen bieten folgende Aspekte Vorteile:
- der technologisch hohe Entwicklungsstand eines anderen Landes,
- die demographische Situation eines Landes (viele Arbeitslose, die das Unternehmen günstig einstellen kann),
- der Ausbildungsstand (Mitarbeiter mit hoher Bildung können in einem anderen Land zu geringen Löhnen rekrutiert werden),
- Potenziale wie Fähigkeiten, Kompetenzen oder die Ressourcen von Projektpartnern können befristet genutzt werden,
- konkrete Projektziele, wie z. B. die Entwicklung eines neuen Automobils werden realisiert oder
- mit Hilfe von Projekten können übergeordnete Ziele, wie z. B. die Erschließung internationaler Märkte erreicht werden.

Heutzutage wird die Internationalisierung von Unternehmen in der Absicht betrieben, den gesamten Wertschöpfungsprozess neu zu gestalten, indem z. B. Fachkräfte anderer Länder kostengünstig eingebunden werden – auch wenn das Unternehmen sonst im lokalen Markt bleibt.

1.5 Projekte in internationalen Unternehmen

1.5.1 Projekte als Bestandteil der Erschließung internationaler Märkte

Wenn Unternehmen den heimischen Markt ergänzen und weitere Märkte erobern wollen, dann stellt sich die Frage, in welcher Form sie sich dem Zielmarkt nähern können und wollen. Bei der Entscheidung, wie intensiv sich ein Unternehmen im Ausland engagieren soll, sind drei Fragen relevant:
- Wie viel Kapital und Arbeitsleistung soll im Ausland gebunden werden?
- Welche Organisation soll das Engagement im Ausland oder mit Auslandsbeteiligung haben?
- Wie viel Vorgaben sollen vom Unternehmen im Ausland umgesetzt werden?

Je mehr Kapital- und Managementleistungen bei Auslandsaktivitäten gebunden sind, desto größer ist die Orientierung am Zielmarkt. „Markt" versteht sich hier sowohl als Absatz- als auch als Beschaffungsmarkt, zu dem neben den Lieferanten auch die Mitarbeiter zählen.

Abb. 1.1: Systematisierung von Markteintritts- und Marktbearbeitungsstrategien (Quelle: *Kutschker/Schmid*, S. 815)

1. Ausgangssituationen internationaler Projekte

Die Abbildung 1.1 stellt Stufen der Kapitalbindung im Ausland vor. Bei der ersten Stufe, dem Export, werden die Käufer im Zielmarkt betrachtet.

Von der Lizenzvergabe bis zur Tochtergesellschaft wird zunehmend Kapital im Ausland gebunden, dadurch sichert sich das Unternehmen immer mehr Mitsprache- und Gestaltungsmöglichkeiten im Zielland. Wenn ein Unternehmen eine Tochtergesellschaft im Ausland errichtet, muss diese sich dort nicht nur am Absatzmarkt, sondern auch am Beschaffungsmarkt orientieren und ihre Aufgaben und Abläufe an den lokalen Rahmenbedingungen ausrichten.

Projekte werden oft dazu genutzt, die Zusammenarbeit mit ausländischen Partnern zu testen. Im Anschluss an ein gelungenes Projekt kann ein Unternehmen überprüfen, auf welche Art und Weise die Zusammenarbeit mit dem Partner zukünftig erfolgen kann. Dabei kann sich das Unternehmen vermehrt im Ausland binden, wie das folgende Beispiel zeigt:

> Um den hochpreisigen taiwanesischen Haar-Pflege-Markt zu erobern, sprach der japanische Kosmetikhersteller Shiseido Japan das taiwanesische Marketing-Unternehmen Paltac Corporation an. Im Jahr 1999 starteten die beiden Unternehmen ein Projekt, bei dem Shiseido die Haarpflege-Linie „Tessera" nach Taiwan exportierte und Paltac Corporation das Marketing für den lokalen Markt leistete. Die Zusammenarbeit im Projekt war erfolgreich und im Jahr 2000 wagten beide Firmen einen weiteren Schritt der Zusammenarbeit und gründeten im Joint Venture die Firma Taiwan FTS.

Dieses Beispiel zeigt, wie sich nach einem Projekt gleichberechtigte Partner zur Gründung eines gemeinsamen Unternehmens, eines Joint-Venture, entschließen.

1.5.2 Stufen der Internationalisierung und organisatorischen Reife von Unternehmen

Ein Unternehmen durchläuft in seiner Entwicklung vom nationalen zum transnationalen Unternehmen verschiedene Stufen. In jeder Stufe fallen Projekte an, die sich aufgrund des Entwicklungsstandes des Unternehmens und seiner jeweiligen Rahmenbedingung unterscheiden.

1.5 Projekte in internationalen Unternehmen

In diesem Abschnitt wird beschrieben, in welchen Stufen dieser Internationalisierungsprozess durchlaufen wird und welche die Besonderheiten für internationale Projekte sind.

Abbildung 1.2 (S. 8) veranschaulicht diese Stufen. Sie werden von Unternehmen nicht zwingend nacheinander vollzogen, sondern können sich aufgrund des Entwicklungsstandes der Unternehmen und ihrer aktuellen Situation (z. B. Firmenaufkauf, -verkauf) immer wieder neu ergeben.

a) Internationale Unternehmen

Das Etablieren einer internationalen Unternehmensstruktur stellt meist den ersten Schritt eines Unternehmens auf dem Weltmarkt dar.

In internationalen Unternehmen gehen die Vorgaben von der Unternehmensleitung der Muttergesellschaft aus. Wenn dieses Unternehmen andere im Ausland aufkauft, gibt die Muttergesellschaft verbindliche Vorgaben vor, nach denen die Töchter im Ausland handeln. Sämtliche Prozesse, Strukturen und Systeme werden von der Mutter- auf die Tochtergesellschaften übertragen. Allerdings werden die verschiedenen nationalen Gesetzgebungen und häufig auch die kulturellen Unterschiede unterschätzt. Dies führt dann zu Problemen, deren Lösungen sehr kostspielig sein können:

- Unterschiedliche Regelungen und Gesetzgebungen: Die Muttergesellschaft kennt die spezifischen Gesetzgebungen oder Regelungen der Tochtergesellschaft nicht. Bei Entlassung von Mitarbeitern der Tochtergesellschaft ist eventuell nicht bekannt, ob im jeweiligen Land Sozialpläne oder Betriebsvereinbarungen einzuhalten sind und welche Leistungen nur teuer gestrichen werden können (und z. B. hohe Ausgleichszahlungen anfallen).
- Unterschiedliches Verständnis bezüglich „gleicher" Berufsbezeichnungen: Eine amerikanische Muttergesellschaft setzt Aushilfen als Arbeiter ein, Arbeiter in der Schweiz hingegen sind keine Aushilfen, sondern Facharbeiter. Wenn diesen Facharbeitern derselbe Handlungs- und Entscheidungsspielraum wie den amerikanischen Arbeitern eingeräumt wird, werden sie demotiviert.

1. Ausgangssituationen internationaler Projekte

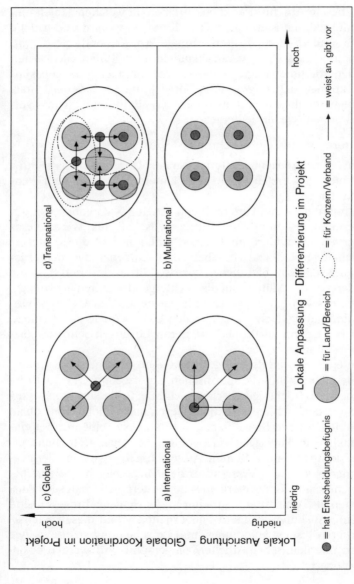

Abb. 1.2: Idealtypisches Strategiemuster (nach Bartlett/Goshal) übertragen auf internationale Projekte

1.5 Projekte in internationalen Unternehmen

- Unterschiedliche Qualifizierung für gleiche Ausbildungsabschlüsse: In einigen Ländern (z. B. Deutschland) werden Theorie und Praxis auch in der Ausbildung miteinander verbunden. In anderen Ländern fokussiert die Ausbildung vorwiegend auf theoretisches Wissen. Wenn für die Leitung einer deutschen Produktionsstätte z. B. in China ein lokaler Verfahrensingenieur eingestellt wird, muss er die geforderten Praxiserfahrungen gegebenenfalls erst nachholen.

Projekte in dieser Stufe der Internationalisierung eines Unternehmens sind wenig effizient, weil die Vorgaben der Muttergesellschaft für die Tochtergesellschaft in deren aktuellen Situation nicht angemessen sind. Solange es keine gemeinsamen Standards von der Muttergesellschaft und den Tochtergesellschaften gibt, werden deren Anforderungen – wenn sie schon in der Linienorganisation nicht berücksichtigt wurden – im Projekt immer wieder akut.

Typische Beispiele für Projekte in dieser Entwicklungsstufe betreffen die Angleichung der Tochter-Prozesse an den Standard der Muttergesellschaft. Dies erfolgt im Rahmen von Fusionsprojekten oder e-Business-Projekten, die den Beschaffungs- oder Vertriebsprozess abbilden (elektronischer Einkauf beim Lieferanten, elektronisch gesteuerter Kundendienst und Kundenpflege) und in Kostensenkungsprogrammen.

Je häufiger ein Unternehmen internationale Projekte durchführt, desto eher entwickelt es interne Standards, die gegebenenfalls von den Vorgaben der Muttergesellschaft abweichen. Nun ist das Unternehmen reif für eine nächste Stufe.

b) Multinationale Unternehmen

Eine multinationale Struktur entsteht, wenn ein Unternehmen Andere im Ausland aufkauft, welche zu diesem Moment unabhängige Einheiten sind. Wenn die Märkte sehr unterschiedlich sind und diese Unternehmen ein lokales Image auf dem Markt behalten wollen, müssen sie ihre Eigenständigkeit wahren und als gleichwertiger Partner handeln können. Die Führungspositionen in multinationalen Unternehmen werden vorwiegend mit einheimischen Kräften besetzt, um die Kenntnisse über den loka-

1. Ausgangssituationen internationaler Projekte

len Markt zu nutzen. Die Muttergesellschaft gibt die umfassende Strategie vor, und die lokalen Ausprägungen legen die Tochtergesellschaften selbst fest. Dabei können jedoch Verbundeffekte und Synergiepotenziale aus dem Unternehmensverbund kaum genutzt werden.

Projekte im multinationalen Unternehmensverbund benötigen vor allem beim Projektstart mehr Zeit, weil die für das Projekt geltenden Grundlagen erst identifiziert werden müssen („Welche Vorgaben gelten hier?"). Der Abstimmungsaufwand ist hier besonders hoch. Es besteht jedoch die Möglichkeit, Vorgaben zu verändern, wenn sie sich als nicht umsetzbar erweisen.

Ein typisches Projekt für diese Stufe ist die Platzierung eines Produktes in einem neuen Markt.

c) Globale Unternehmen

Globale Unternehmen sind in der Regel an mehreren internationalen Standorten vertreten und haben sich auf gemeinsame grundlegende Systeme, Prozesse und Strukturen geeinigt. Sie werden zentral verwaltet, dadurch wird der Aufwand minimiert. Im Gegensatz zum internationalen Unternehmen werden die Abläufe nicht von einer Muttergesellschaft vorgegeben, sondern von allen beteiligten Firmen gemeinsam neu gestaltet und vereinbart.

Projekte in globalen Unternehmen behandeln z. B. die Standardisierung der Prozesse (z. B. globales Personalwesen) oder die Integration der globalen Firmenwerte.

Im Laufe dieser Abstimmungen zu einem globalen Standard lernen die Unternehmen die lokalen Stärken der Auslandsunternehmen zu schätzen. Jetzt sind sie reif für die nächste Stufe.

d) Transnationale Unternehmen

Charakteristisch für Transnationale Unternehmen ist die gleichzeitige Anwendung der schon genannten drei Stufen der Internationalisierung. Je nach aktueller Situation, nach Standort oder nach Geschäftsbereich werden die Vorgaben und Prozesse unterschiedlich zentral vorgegeben und gesteuert, wie die folgenden Beispiele zeigen:

- die Kundenbetreuung wird zentral von der Muttergesellschaft gesteuert, sie befindet sich in der internationalen Stufe
- das Personalwesen ist nicht vereinheitlicht, jedes Land und jede Gesellschaft hat eigene Abläufe und Systeme. Der Funktionsbereich Personalwesen ist multinational
- der Warenwirtschafts- und Beschaffungsprozess ist neu definiert, zentralisiert und extrem harmonisiert, er befindet sich in der Stufe global.

Die Organisation und Steuerung von Projekten in einem transnationalen Umfeld ist sehr komplex, weil je nach Aufgaben, Geschäftsfeld und Funktionen unterschiedliche Maßnahmen, Wege und Mittel zur Verfügung stehen. Ganz besonders hier empfiehlt sich eine ausgiebige Umfeldanalyse (siehe Kapitel 4.1), um die Einbindung des Projektes in das Unternehmen und Chancen und Risiken möglicher Handlungsweisen zu erkennen. Das Projekt fungiert oft als Puffer zwischen den Teilinteressen und den übergreifenden strategischen Anforderungen.

Typische Projekte für transnationale Unternehmen befassen sich z. B. mit der strategischen Platzierung einzelner Wertschöpfungsprozesse.

1.6 Zusammenfassung

Projekte im internationalen Umfeld werden durchgeführt, um durch die Internationalität Vorteile zu gewinnen. Diese Vorteile können in der Erreichung konkreter Projektziele liegen oder Projekte können als strategische Maßnahmen durchgeführt werden, um dem Unternehmen neue Potenziale und Wettbewerbsvorteile zu verschaffen.

Firmen können auf dem Weg ihres internationalen Engagements den vier Stufen folgen. Heute kann nicht damit gerechnet werden, dass sie sich an dieser schrittweisen Internationalisierung orientieren. Oft ergeben sich ad hoc Aufgabenstellungen, die sofortiges globales Handeln erfordern. Die Beteiligten bauen dann eine Organisation auf, die der konkreten internationalen Aufgabenstellung entspricht, insbesondere, wenn ihre eigenen Strukturen einen solchen Rahmen nicht bieten.

1. Ausgangssituationen internationaler Projekte

Jede der Stufen und Strategien bietet Projekten unterschiedlichen Handlungsspielraum und Entscheidungskompetenzen. Projektleiter, die sich der speziellen Unternehmenssituation bewusst sind, sind in der Lage, das konkrete Umfeld für ihr Projekt zu nutzen. Projektmitarbeiter sollten diesen Hintergrund kennen, um ihre eigene Projektstruktur zu verstehen.

2. Die Bedeutung kultureller Unterschiede

Hans-Erland Hoffmann

2.1 Herausforderungen internationaler Projekte

Internationale Projekte stellen andere Forderungen an Projektleiter und -mitarbeiter als nationale Projekte. Um zu erfahren, welche dies sind, hat die Deutsche Gesellschaft für Projektmanagement (GPM) im Jahr 2002 eine Umfrage bei international erfahrenen deutschen Projektmanagern aus verschiedenen Wirtschaftsbereichen durchgeführt. Ziel der Aktion war einzuschätzen, welche die wichtigsten Herausforderungen in internationalen Projekten sind und welche Lösungsansätze sich in der Praxis bewährt haben. Organisator dieser Aktion war die Fachgruppe „Internationale Projektarbeit" der GPM. Abbildung 2.1 stellt aus Sicht der Projektleiter die wichtigsten Problemfelder dar:

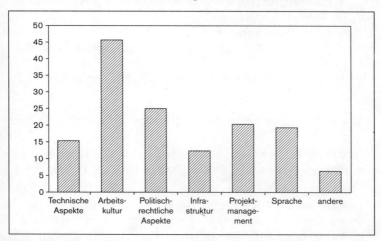

Abb. 2.1: Problemfelder internationaler Projektarbeit (Quelle: O. Scherer, Vortrag auf dem IPMA Weltkongress 2002)

2. Die Bedeutung kultureller Unterschiede

Die Ergebnisse wurden in mehreren anschließenden Workshops verifiziert und von den Teilnehmern ergänzt. Zusammengefasst ergaben sich die folgenden fünf Herausforderungsbereiche:
(1) Kulturelle Unterschiede
(2) Kommunikation/Sprache
(3) Rechtlich-politische Aspekte
(4) Technologie/Infrastruktur
(5) Persönliche Aspekte, z. B. eine Wohnsitzverlegung ins Ausland

Die Workshops räumten den kulturellen Unterschieden die größte Bedeutung ein. Andere Umfragen zu dem Thema liefern ähnliche Ergebnisse. Deshalb wird dem Umgang mit den kulturellen Unterschieden ein besonders breiter Raum in diesem Buch gewidmet.

Dieses Kapitel erläutert die Grundlagen im Umgang mit kulturellen Unterschieden. Alle nachfolgenden Kapitel nutzen diese Grundlagen, um daraus Empfehlungen zu unterschiedlichen Aspekten internationaler Projektarbeit abzuleiten. Die anderen vier Herausforderungsbereiche werden schwerpunktmäßig in folgenden Kapiteln angesprochen:
- Kommunikation/Sprache in Kapitel 5,
- Rechtlich-politische Aspekte sowie Technologie/Infrastruktur in Kapitel 4,
- Persönliche Aspekte wie die Wohnsitzverlegung in Kapitel 3.

2.2 Die Herausforderung kultureller Unterschiede

Kulturelle Unterschiede können internationale Projekte maßgeblich beeinflussen. Ein Beispiel hierzu aus dem Projektalltag:

> Ein deutsches und ein französisches IT-Unternehmen wollten gemeinsam ein neues Produkt auf den Markt bringen. Sie trafen sich, um ein Konzept für die Zusammenarbeit zu entwickeln. Die Sitzung wurde von einem Franzosen geleitet.
>
> Die deutschen Besprechungsteilnehmer bereiteten sich intensiv vor und verfassten ein 12-seitiges Konzept-Papier, das sie zu Beginn der

2.2 Die Herausforderung kultureller Unterschiede

ersten Sitzung als Diskussionsgrundlage verteilten. Die Franzosen reagierten darauf äußerst verärgert. Ihren Ärger verbargen sie jedoch.

Beim zweiten Treffen: der deutsche Sitzungsleiter ermahnte die französischen Kollegen immer wieder, sich an die Tagesordnung zu halten und beim jeweiligen Thema zu bleiben. Diese fühlten sich dadurch in ihrer Kreativität gebremst und von den Deutschen dominiert.

Um ihre Verärgerung zu zeigen, sagten die Franzosen ab einem gewissen Zeitpunkt nur noch „ja" und brachten keine eigenen Vorschläge mehr ein.

Dass dieses „Ja"-Sagen höchst ironisch gemeint war, entging jedoch den deutschen Teilnehmern. Als diese merkten, dass die französischen Kollegen die gemeinsam getroffenen Beschlüsse nicht umsetzten, wurden sie wütend. Sie bezeichneten die Franzosen als „unzuverlässige Windbeutel" und standen kurz davor, die Kooperation abzubrechen.

Wie kam es zu dieser Eskalation?

Am Anfang stand ein unterschiedliches Verständnis des Wortes „Konzept". In der gemeinsamen Projektsprache Englisch wurde von einem „concept" gesprochen. Die Deutschen übersetzten das mit „Konzept". Während dieser Begriff im Deutschen sowohl eine Idee als auch ein mehrseitiges Konzept-Papier bezeichnen kann, bedeutet die französische Übersetzung (ebenfalls „concept" geschrieben) lediglich eine Idee. In Frankreich würde man ein solches „concept" nicht vor einer gemeinsamen Diskussion detailliert ausformulieren. Wenn es ausformuliert wird, dann meist in der Absicht, es genau so durchzusetzen, wie es auf dem Papier steht. Es war in diesem Fall für die Franzosen nicht denkbar, dass die Deutschen eine andere Absicht verfolgen könnten. Nach ihrer Interpretation hatten die Deutschen die unausgesprochenen Erwartungen böswillig verletzt. Von nun an misstrauten sie den Deutschen. Sie unterstellten ihnen, in dieser Kooperation dominieren zu wollen.

In der Regel beeinflusst eine vorgefertigte Meinung die Wahrnehmung. Wenn jemandem Dominanzstreben unterstellt wird, interpretiert man jede seiner Handlungen als dominant, auch wenn sie nur den Anschein davon erweckt.

Die zweite Ursache für die Konflikteskalation ist die unterschiedliche Auffassung der Besprechungsteilnehmer über die Durchführung einer guten Besprechung. Für die Deutschen war das wichtigste Kriterium ein strukturiertes und zügiges Abarbeiten der Tagesordnungspunkte. Für die französische Seite stellte eine Tagesordnung nur einen groben Orientierungsrahmen dar. Sie hätten die Besprechung als gut empfunden, wenn es möglich gewesen wäre, über die Tagesordnung hinauszugelangen und gemeinsam kreativ neue Ideen zu entwickeln. Das deutsche Vorgehen wurde daher von den Franzosen als Bevormundung wahrgenommen und bestätigte ihren Verdacht über das deutsche Dominanzstreben. Das einmal entstandene Misstrauen wurde weiter verstärkt.

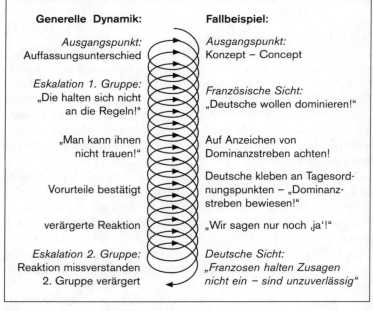

Abb. 2.2: Misstrauensspirale

Auch die Deutschen verstanden die französische Reaktion falsch: zum einen hielten sich die Franzosen nicht an die Tages-

2.2 Die Herausforderung kultureller Unterschiede

ordnung, zum anderen setzten diese die gemeinsam getroffenen Vereinbarungen nicht um. In der Folge entstand Misstrauen auch auf deutscher Seite.

Wenn die Beteiligten in internationalen Projekten den möglichen Konflikten nicht gezielt gegensteuern, entsteht eine unheilvolle, abwärts gerichtete Spirale gegenseitigen Misstrauens. Abbildung 2.2 zeigt auf der linken Seite die Eskalationsdynamik interkultureller Konflikte, auf der rechten Seite wird gegenüber gestellt, wo diese Schritte im obigen Beispiel auftraten.

In dieser Abbildung gibt es in der linken Spalte einen Schlüsselbegriff: „die Regeln". Korrekter wäre es, wenn die 1. Gruppe „unsere Regeln" sagen würde. Jede Kultur besitzt nämlich ihre eigenen Regeln und Normen darüber, welches Verhalten akzeptiert, höflich oder moralisch ist.

Dieses Regelwerk erlernen Menschen zum Großteil durch Nachahmung und indem sie erfahren, welches Verhalten sich in ihrem Kulturkreis bewährt. Es wird über die Jahre zunehmend verinnerlicht und verdichtet sich zu Überzeugungen. Dieses Ergebnis eines kulturspezifischen Lernprozesses wird selten bewusst wahrgenommen.

Menschen eignen sich in verschiedenen Lebensabschnitten unterschiedliche Kulturschichten an, abhängig von dem sozialen Umfeld, in dem sie sich bewegen (siehe Abbildung 2.3). Die innerste Schicht stammt aus der Kindheit. Das soziale Umfeld dieser Zeit ist geprägt durch das Land, die soziale Schicht, die ethnische Gruppe (beispielsweise Afro-Amerikaner in den USA, Flamen und Wallonen in Belgien), den religiösen Glauben oder auch die Region (z. B. Bayern oder Rheinland), in der sie aufwachsen.

Die zweite Schicht stammt aus der Berufsausbildung. Juristen, Ingenieure, Psychologen, Facharbeiter – jede dieser Gruppen hat ihre eigene Berufskultur. Es kommt häufig vor, dass z. B. Ingenieure aus unterschiedlichen Ländern besser miteinander auskommen, als Ingenieure und Juristen aus demselben Land.

Die dritte Schicht resultiert aus unternehmensspezifischen Normen und Verhaltensweisen. Es ist die Schicht der Unternehmenskultur.

2. Die Bedeutung kultureller Unterschiede

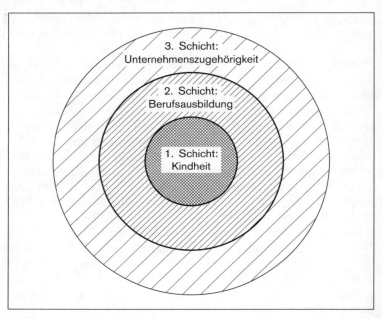

Abb. 2.3: Schichten kultureller Prägung nach Sozialisationsfeld

Wenn im Folgenden von „Kultur" oder „Kulturkreisen" die Rede ist, kann sich dies auf jede der drei genannten Schichten beziehen. Das gesamte Umfeld einer Situation bestimmt, welche dieser Schichten eine größere oder kleinere Rolle spielt.

Wenn Menschen aus verschiedenen Kulturkreisen einander begegnen, geht jede Seite unbewusst davon aus, dass die andere sich am gleichen Regelwerk orientiert wie sie selbst. Missverständnisse und daraus entstehende Konflikte folgen häufig.

Ein Beispiel für die innerste Schicht, die in der Kindheit geprägt wird, ist der unterschiedliche Ausdruck von Unzufriedenheit im Fallbeispiel: bei den Franzosen das ironische „Ja"-Sagen, bei den Deutschen die direkt geäußerte Wut.

Wenn man einen Regelverstoß durch einen Menschen anderer Kultur wahrnimmt, sollte die Schlussfolgerung nicht „er verstößt gegen *die* Regeln", sondern „er verstößt gegen *unsere* Regeln" sein, das heißt gegen die Regeln unseres Kulturkreises. In dem anderen Kulturkreis könnten eventuell ganz andere Regeln gelten. So lange man diese nicht kennt, interpretiert man das Verhalten seines Gegenübers möglicherweise völlig falsch. Man fühlt sich eventuell angegriffen, ohne dass der Partner dies beabsichtigt hätte. Wichtig ist es also, das Verhalten anderer aus den Regeln ihrer Kultur zu verstehen.

Wenn man sich diese Erkenntnis zu Eigen macht, besitzt man ein äußerst wertvolles Werkzeug für die interkulturelle Zusammenarbeit. Die nachfolgenden Kapitel beschreiben die Anwendung dieser Erkenntnis in unterschiedlichen internationalen Projektsituationen.

Um Missverständnisse zu vermeiden: einen Menschen zu „verstehen" bedeutet, die andere Kultur des Partners zu akzeptieren ohne die eigene Kultur aufzugeben. Wenn Sie die wichtigsten Normen und Regeln einer Kultur kennen, können Sie in diesem Sinne verstehen, was die Handlungen eines Menschen aus dieser Kultur bedeuten. Sie können angemessen handeln.

2.3 Vorurteile und Stereotypen

Eine Sammlung von Informationen darüber, welche Verhaltensweisen und Normen in einem Kulturkreis typischerweise vorherrschen, wird als Stereotyp bezeichnet. Stereotypen helfen den Menschen, das Verhalten von Menschen aus einem Kulturkreis zu interpretieren, weil sie ein Raster darstellen für die Einordnung weiterer Informationen. Nun ist es häufig so, dass Stereotype auf Fehlinterpretationen der gesammelten Informationen beruhen. Wenn nun die so fundierten Stereotype nicht mehr durch weitere Informationen verändert werden, spricht man von einem Vorurteil. Eine Person, die diese hegt, ist nicht bereit, diese Vorurteile aufgrund neuer Erkenntnisse zu revidieren oder erklärt sie für alle Menschen eines Kulturkreises für gültig, ohne die Möglichkeit individueller Abweichungen in Betracht zu ziehen.

Vorurteile entstehen z. B. durch ständig wiederholte Behauptungen, wie: „Deutsche, US-Amerikaner, Japaner, Afrikaner sind humorlos, oberflächlich, detailversessen, korrupt." Wer es nur oft genug gehört hat, glaubt es am Ende.

Vorurteile entstehen auch, wenn das Verhalten anderer an den Maßstäben der eigenen Kultur bewertet wird. Gemessen an deutschen Verhaltensnormen ist z. B. ein Spanier unhöflich, wenn er zu einer Besprechung nicht pünktlich erscheint. Die deutsche Logik besagt: jeder kann seine Zeit am effizientesten nutzen, wenn er so wenig wie möglich auf andere warten muss. Die spanische Logik besagt: jeder kann seine Zeit am effizientesten nutzen, wenn in einer Besprechung die anstehenden Themen abgeschlossen und keine zweite Besprechung anberaumt werden muss. Wer eine Besprechung abbricht, weil der nächste Termin ansteht, gilt in Spanien als unhöflich. Eine Besprechung wird dann beendet, wenn die Sachthemen abgeschlossen sind und die persönlichen Beziehungen ausreichend gepflegt wurden. Wer dies nicht berücksichtigt, dem wird unterstellt, dass ihm der Gesprächspartner nicht wichtig ist. Vom Gesprächspartner der Folgebesprechung wird Verständnis für eine eventuelle Verspätung erwartet.

Wichtig ist hierbei die Erkenntnis, dass die Normen und Verhaltensmuster jeder Kultur ein komplexes Ganzes bilden. Verhalten lässt sich nur als Teil dieses Ganzen richtig interpretieren. Bei diesem Beispiel bedeutet das: Kulturen mit geringer Betonung von Pünktlichkeit legen großen Wert auf Flexibilität in der persönlichen Arbeitseinteilung. Es ist für Menschen aus diesen Kulturen wesentlich leichter, Wartezeiten effizient zu überbrücken. Sie üben es, weil es in ihrer Kultur ständig vorkommt.

Ideal wäre es, alle logischen Zusammenhänge zwischen den Normen und Regeln einer fremden Kultur zu verstehen. Dies tun jedoch bereits in ihrer eigenen Kultur die Wenigsten. Zu viele ihrer eigenen kulturellen Normen bleiben selbst ihnen unbewusst. Hilfreich ist, einige wichtige Zusammenhänge zu kennen. Die nachfolgend geschilderten kulturellen Dimensionen dienen diesem Zweck.

Die Starrheit von Vorurteilen lässt keinen Raum dafür, diese zu relativieren. Sie lassen keine Einordnung in eine komplexe Gesamtheit von kulturellen Regeln und Normen zu. Sie sind meist mit einer mehr oder weniger deutlich ausgesprochenen negati-

2.3 Vorurteile und Stereotypen

ven oder positiven Bewertung verknüpft, z. B. „Spanier sind unpünktlich" (also unhöflich), „Franzosen sind kreativ".

Hilfreich sind zutreffende, neutrale Aussagen über einen Standard: „in Spanien wird auf Pünktlichkeit weniger Wert gelegt als in Deutschland", „in Frankreich wird viel Wert auf persönliche Kreativität gelegt." Diese neutralen Formulierungen ermöglichen die gedankliche Einordnung des beschriebenen Phänomens in eine Gesamtheit kultureller Regeln und Normen. Sie drücken Wertschätzung gegenüber den Menschen des anderen Kulturkreises aus.

Da jeder Mensch einmalig ist, treffen diese Standards jedoch nicht immer zu. Kein Mensch entspricht den Standards seiner Kultur in allen Punkten, einige weichen sogar stark davon ab. Dies wird in Abbildung 2.4 verdeutlicht:

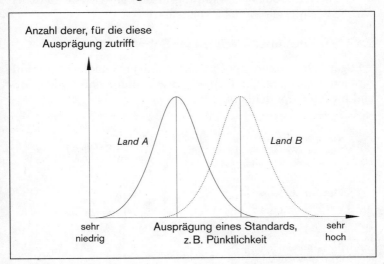

Abb. 2.4: Bevölkerungsverteilung und Stereotypen

In dieser Abbildung stellt der Mittelwert der jeweiligen Verteilungskurve den Stereotyp der betreffenden Kultur dar. Wenn in den nachfolgenden Kapiteln Aussagen über kulturtypische Verhaltensweisen gemacht werden, gelten diese immer nur für den jeweiligen Mittelwert in einer Kultur. Es gibt selbstverständlich immer Abweichungen dazu. Die Intention der Beschreibung ist: der Standard in dieser Kultur ist so. Einzelne Personen können davon erheblich abweichen, ja diesen sogar bewusst ablehnen. So gibt es z. B. auch viele unpünktliche Deutsche.

2.4 Modelle kultureller Zusammenhänge

Die letzten Absätze schilderten, wie das Verständnis logischer Zusammenhänge zwischen den Normen und Regeln einer Kultur in internationalen Projekten weiterhilft. Daher liegt es nahe, Erklärungsmuster zu suchen, die dieses Verständnis erleichtern.

Die interkulturelle Forschung hat seit Mitte des 20. Jahrhunderts eine Reihe solcher Erklärungsmuster entwickelt, zu denen wir die wichtigsten Modelle vorstellen.

2.4.1 Kulturebenen nach Edgar Schein

Edgar Schein, einer der Pioniere auf dem Gebiet der interkulturellen Forschung, unterscheidet drei Kulturebenen, wie in Abbildung 2.5 dargestellt:

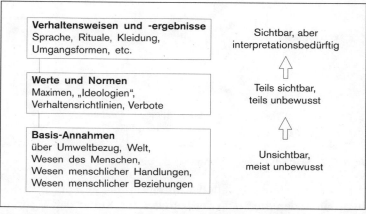

Abb. 2.5: Kulturebenen nach Edgar Schein (Quelle: *E. H. Schein*, Sloan Management Review 1984, 25. Jg., Heft 2)

2.4 Modelle kultureller Zusammenhänge

Die erste, oberste Ebene enthält die direkt wahrnehmbaren Merkmale wie z. B. Kleidung, Essen, Musik oder Umgangsformen. Wenn umgangssprachlich von Kultur die Rede ist, wird oft nur diese Ebene gemeint. Wird Kultur allerdings so definiert, dann werden kulturelle Unterschiede nicht als wichtige Herausforderung in internationalen Projekten verstanden. Auf dieser Ebene sind Unterschiede leicht zu beobachten. Von Ausländern wird nicht erwartet, alle Erscheinungsformen dieser oberen Ebene zu kennen. Dort, wo die tieferen Ebenen mit betroffen sind, wird Ausländern abweichendes Verhalten jedoch häufig übel genommen.

Die zweite Ebene besteht aus den Werten und Normen, die Richtlinien für das Verhalten in einer Kultur geben. Diese sind auch den Mitgliedern der jeweiligen Kultur nur zum Teil bewusst. Sie bilden, zusammen mit der dritten Ebene, das komplexe Geflecht von Regeln, die sich oft gegenseitig bedingen und verstärken. Gleichzeitig sind dies die Regeln, von denen unbewusst angenommen wird, dass sie in anderen Kulturen gleich sein müssten.

Die dritte Ebene geht noch tiefer: Sie beinhaltet Überzeugungen, die als so selbstverständlich gelten, dass nicht darüber nachgedacht wird. Wenn man z. B. einen US-Amerikaner fragt, aus welchem Grund alle Menschen mit dem Anspruch auf gleiche Rechte geboren seien (wie es in der Bill of Rights steht), wird er vermutlich meinen, dass alle rechtschaffenen Menschen so denken müssten. Für einen gläubigen Hindu dagegen drückt gerade die Ungleichheit des Kastenwesens eine universelle Wahrheit aus: man hat immer die Konsequenzen seines Handelns aus den früheren Leben (sein Karma) zu tragen.

Das folgende Beispiel soll diese dritte Ebene verdeutlichen:

> Ein deutscher Abteilungsleiter in Bangkok macht seinen thailändischen Mitarbeiter wütend auf einen Fehler aufmerksam. Die Reaktion des Mitarbeiters ist, dass er und seine Kollegen den Respekt vor dem Chef verlieren und noch weniger das tun werden, was er von ihnen erwartet. Sie werden sogar körperlich aggressiv.

Wenn der Abteilungsleiter der Überzeugung ist, dass es erlaubt sein muss, gerechtfertigte Wut zu äußern, kann er die Überzeu-

2. Die Bedeutung kultureller Unterschiede

gung behalten, aber er muss wissen, welche Konsequenzen seine Wutäußerungen in einem thailändischen Kontext haben. Auf der Grundlage dieses Wissens kann er dann erst entscheiden, ob er diese Konsequenzen tragen will, oder ob er sein Verhalten anpassen will, oder ob er sich vielleicht sogar bewusst dagegen entscheidet, in Thailand zu arbeiten, weil er sich zu sehr verändern müsste. Wenn er erreichen will, dass der thailändische Mitarbeiter seinen Fehler einsieht und nicht wiederholt, muss er die Botschaft so an ihn herantragen, dass dieser sie akzeptieren kann. Um dies zu erreichen, muss er wissen, wie dies in Thailand funktioniert.

Je tiefer und unbewusster die angesprochene Kulturebene, desto weniger sind Menschen bereit, die Regeln dieser Ebene in Frage zu stellen. Um diesen Zusammenhang zu wissen, hilft zu erkennen, wo realistische Chancen bestehen, Verhaltensänderungen zu bewirken und wo man möglicherweise gegen Windmühlen kämpft. In internationalen Teams hilft den Beteiligten eine gemeinsame Analyse der Ebenen zwei und drei, Konfliktpotenziale zu erkennen und zu entschärfen. Die meisten dieser tiefer liegenden Regeln werden für allgemeingültig und selbstverständlich gehalten.

Am Beispiel der Entwicklung des Anspruchs auf die Gleichheit aller Menschen lässt sich gut die historische Entstehung kultureller Unterschiede nachvollziehen. Im 17. Jahrhundert waren viele Siedler in Nordamerika Mitglieder religiöser Minderheiten aus verschiedenen europäischen Ländern. Sie lehnten den traditionellen Ritus und den hierarchischen Aufbau der katholischen, anglikanischen und auch der lutherischen Kirche vehement ab. Dass ihre Nachkommen noch heute die Gleichheit der menschlichen Rechte stärker betonen als andere, wird dadurch leichter verständlich.

Wann immer möglich, empfehlen wir daher, Informationen zu sammeln über die Geschichte des Landes oder der Region in der man lebt oder des Unternehmens, mit dem man zusammenarbeitet. Viele Zusammenhänge werden dadurch bewusst, die sonst nur mühsam über Versuch und Irrtum entdeckt werden müssten.

2.4.2 Die Kulturdimension „Kontextbezug" von Edward Hall

Neben der Unterscheidung von Kulturebenen ist eine zusätzliche Betrachtungsweise die Unterscheidung kultureller Dimensionen. *Edward Hall*, ein weiterer Pionier interkultureller Forschung, vergleicht Kulturen hinsichtlich der Stärke ihres Kontextbezugs.

Mit dem Kontext einer Situation oder Botschaft ist alles gemeint, was damit in irgendeinem Zusammenhang stehen könnte. Dazu ein Beispiel: Wenn ein Kollege sagt „ich verstehe Ihre Konstruktionszeichnung nicht", nimmt man diese Botschaft unterschiedlich auf, abhängig davon, ob er ein erfahrener oder unerfahrener Kollege ist, ob er Vorgesetzter, Kollege oder Mitarbeiter ist, ob er es in einem neutralen, ärgerlichen oder verzweifelten Tonfall sagt oder ob man allein ist oder weitere Personen anwesend sind. Ist der Tonfall ärgerlich, reagiert man, wenn andere Personen anwesend sind, anders als wenn man mit dem Kollegen alleine wäre. Alle diese Elemente gehören zum Kontext einer Botschaft.

In jeder Kultur spielt der Kontext einer Situation oder Botschaft eine wichtige Rolle, in manchen jedoch wesentlich mehr, als in anderen. Je mehr Aufmerksamkeit in einer Kultur dem Kontext gewidmet wird, desto stärker ist laut Hall ihr Kontextbezug.

Deutsche haben im Vergleich zu fast allen anderen einen sehr schwachen Kontextbezug. Sehr starken Kontextbezug findet man dagegen in Ostasien.

Mit der Aussage „Nun lasst uns endlich zur Sache kommen!" kann ein Deutscher seinen ausländischen Kollegen, dem es noch um den Aufbau einer persönlichen Beziehung geht, leicht verprellen. Ein Ausdruck stärkeren Kontextbezugs ist das von Deutschen oft als lästig empfundene „endlose" Mittagessen in Frankreich. Der Sinn liegt aus französischer Sicht nicht nur im kulinarischen Genuss, sondern gleichzeitig darin, in entspannter Atmosphäre den neuen Partner besser kennen zu lernen oder die bestehende Beziehung weiter auszubauen.

2. Die Bedeutung kultureller Unterschiede

Weitere Aspekte des Kontextbezugs sind:
- Die direkte oder indirekte Vermittlung einer Botschaft, siehe das Beispiel der Misstrauensspirale, in der die französischen Partner ihre Unzufriedenheit durch „Ja"-Sagen ausdrückten.
- Die Nutzung des Raums – je stärker der Kontextbezug, desto kürzer ist der als angenehm empfundene räumliche Abstand zu einem Gesprächspartner. Wegen ihres relativ größeren Abstandsbedürfnisses werden Deutsche im Süden oft als kühl und „distanziert" bezeichnet, Deutsche empfinden Südländer oft als „aufdringlich".
- Das Bedürfnis nach situationsbezogenen Informationen: je stärker der Kontextbezug, desto größer dieses Bedürfnis; Während ein deutscher Projektleiter z. B. über die Arbeitsinhalte reden will, erwartet sein chinesischer Auftraggeber zunächst eine Grußbotschaft von der deutschen Firmenleitung. Wenn der Projektleiter diese nicht bringt, schließt der Auftraggeber möglicherweise daraus, dass dieser in seinem Unternehmen wenig zu sagen hat nach dem Motto „wenn er nicht mal Kontakt mit der Unternehmensleitung hat …"

2.4.3 Die Kulturdimensionen von Geert Hofstede

Geert Hofstede unterscheidet fünf Dimensionen kultureller Prägungen. Sie sind das Ergebnis einer umfangreichen Studie in den 70er Jahren und daraus entstandener Folgeaktivitäten. Die ursprüngliche Studie bestand aus einem umfangreichen Fragebogen, den über 100.000 Mitarbeiter von IBM weltweit ausgefüllt haben. Die Unternehmenskultur war dadurch immer die gleiche, die Landeskulturen unterschiedlich. Diese Kulturdimensionen werden im Folgenden vorgestellt.

Machtdistanz

Machtdistanz ist die emotionale Distanz zwischen Vorgesetzten und Mitarbeitern.

Mitglieder aus Kulturen mit großer Machtdistanz (insbesondere lateinamerikanische, asiatische und afrikanische Länder) betrachten Vorgesetzte als von Natur aus mit mehr Rechten ausgestattet; sie akzeptieren ihren Chef als denjenigen, der ihnen klare Anweisungen gibt und der dafür entsprechende Privilegien erhält.

Mitglieder aus Kulturen mit kleiner Machtdistanz (USA, Großbritannien, Nord- und Mitteleuropa) hingegen betrachten sich und den Vorgesetzen als von Natur aus gleichwertig und mit gleichen Rechten ausgestattet. Die Hierarchiestufen sind flach, und als Chef sollte man jederzeit für seine Mitarbeiter ansprechbar sein. Die Mitarbeiter erwarten, dass sie bei Entscheidungen, die ihre Arbeit betreffen, miteinbezogen werden.

Individualismus/Kollektivismus

Mitglieder aus individualistischen Kulturen (englischsprachige Länder, Skandinavien, deutschsprachiger Raum) sehen die Identität verankert im Individuum. Sie handeln nach ihren eigenen Interessen und werden im Beruf individuell eingesetzt.

Mitglieder aus kollektivistischen Kulturen (Lateinamerika, Asien, Arabische Länder, Afrika) sehen ihre Identität verankert in der Zugehörigkeit zu einer Gruppe, die die Familie, der Klan, die Firma oder die ethnische Gruppe sein kann. Ist es z. B. die Firma, so haben sie eine starke moralische Beziehung zu ihrem Arbeitgeber, die einer familiären Beziehung mit beiderseitigen Verpflichtungen gleicht. Die Loyalität zu der jeweiligen Bezugsgruppe ist in kollektivistischen Kulturen sehr ausgeprägt. Entscheidungen müssen das Wohl der Gruppe immer mitberücksichtigen.

Welche Gruppe in einer kollektivistischen Kultur den Bezugspunkt bildet, ist sehr unterschiedlich. In Japan ist der Bezug zum eigenen Unternehmen als soziale Gruppe sehr ausgeprägt. Familiäre Interessen werden dem Firmeninteresse weitgehend untergeordnet. In afrikanischen Ländern ist es meist umgekehrt.

Unsicherheitsvermeidung

Unsicherheitsvermeidung entspricht dem Grad, in dem Mitglieder einer Kultur sich durch ungewisse oder unbekannte Situationen bedroht fühlen.

Mitglieder aus Kulturen mit hoher Unsicherheitsvermeidung (Japan, Südeuropa, deutschsprachige Länder) scheuen uneindeutige Situationen, sie suchen in Institutionen nach ausgesprochenen oder unausgesprochenen Regeln und einer Struktur, mit der sich Ergebnisse interpretieren und vorhersehen lassen.

Mitglieder aus Kulturen mit niedriger Unsicherheitsvermeidung (Skandinavien, die englischsprachigen Länder, Asien) haben eher einen Widerwillen gegen formelle Regeln. Unsicherheit im Leben wird akzeptiert, Fremdes löst eher Neugier als Furcht aus. Man legt Wert auf spontane, kreative und innovative Problemlösung.

Je höher die Unsicherheitsvermeidung, desto stärker das Bedürfnis nach Absicherung z. B. eines einmal eingegangenen Beschäftigungsverhältnisses. Je nach Ausprägung der anderen Dimensionen werden die Strategien zur Vermeidung von Unsicherheit anders ausfallen. Ein Franzose, mit stärkerem Kontextbezug und größerer Machtdistanz, würde sich eher auf unausgesprochene Regeln beziehen und Verantwortung an einen Vorgesetzen abgeben, während ein Deutscher eher versuchen würde, sich an einem schriftlich fixierten Regelwerk zu orientieren.

Es ist übrigens sehr wichtig, Unsicherheitsvermeidung (das vermeiden unbekannter Situationen, wie z. B. ein neuer Arbeitgeber) nicht mit Risikovermeidung (das Vermeiden bekannter Risiken, wie z. B. riskantes Autofahren) zu verwechseln. Ein starker Unsicherheitsvermeider kann durchaus bereit sein, solche bekannten Risiken ohne Zögern einzugehen.

„Maskulinität"/„Femininität"

Die Begriffe stehen in Anführungsstrichen, um klarzustellen, dass sie sich nicht auf männlich oder weiblich beziehen.

Maskuline Kulturen zeichnen sich dadurch aus, dass die Rollen der Geschlechter durch eine klare Rollentrennung zwischen Mann und Frau voneinander abgegrenzt. In maskulinen Kulturen werden Männer als bestimmt, hart, materiell orientiert und Frauen als bescheiden, sensibel und zuständig für Hausarbeit gesehen. Man lebt um zu arbeiten, Geld und Erfolg sind in diesen Gesellschaften wichtig. Mitglieder aus maskulinen Kulturen erwarten von ihrem Chef ein entschlussfreudiges, selbstbewusstes Auftreten. Konflikte werden durch Kampf entschieden.

In „femininen" Gesellschaften wird diese Rollenteilung nicht angestrebt, die Geschlechterrollen sind fließend, Menschen stehen im Vordergrund. Das Ideal ist für beide Geschlechter, bescheiden und sensibel zu sein und Wert auf Lebensqualität zu legen. Konflikte werden durch Verhandlung und Kompromiss gelöst.

Langfrist-Orientierung oder Konfuzianische Dynamik

Mitglieder aus Kulturen mit Langzeit-Orientierung (Paradebeispiele sind hierfür Japan und China) richten ihr Handeln stark an langfristigen Zielen und Perspektiven aus. Ein vergleichsweise sparsamer Umgang mit Ressourcen, eine höhere Sparquote, Ausdauer und eine größere Beharrlichkeit beim Erreichen von Ergebnissen ist hier festzustellen. Es herrscht die Bereitschaft, eine Rangordnung der Beziehungen nach dem persönlichen Status zu akzeptieren.

Mitglieder aus Kulturen mit Kurzzeit-Orientierung (Indien, Mexiko, Südamerika) richten ihr Handeln vor allem am Hier und Jetzt aus, über die Zukunft macht man sich kaum Gedanken. Häufig begegnet man in diesen Ländern einer hohen Inflationsrate. So ist es verständlich, dass man in Kenia mit einer Inflationsrate von teilweise 100 % nicht für die Zeit in 10 Jahren plant. Man lebt hier und heute.

2.4.4 Die Kulturdimensionen von Fons Trompenaars

Ein weiteres wichtiges Kulturmodell wurde von Fons Trompenaars und Charles Hampton-Turner entwickelt. Sie unterscheiden dabei die folgenden sieben Dimensionen.

Universalismus/Partikularismus

In universellen Kulturen (z. B. angelsächsische und deutschsprachige Länder, Holland, Skandinavien) werden alle Menschen nach den gleichen Regeln und Gesetzen behandelt. Was in einem Vertrag steht, das gilt. Es gibt keine Sonderfälle.

Auch Menschen in partikularistischen Kulturen (fast alle anderen Länder) respektieren Regeln und Gesetze, außer wenn eine für diesen Menschen wichtige Person (z. B. ein Verwandter oder enger Freund) benachteiligt würde. In diesem Fall berücksichtigt er die besonderen Umstände und handelt dem entsprechend. Die

2. Die Bedeutung kultureller Unterschiede

Konsequenz in partikularistischen Kulturen ist, dass die Pflege persönlicher Beziehungen große Bedeutung hat.

Individualismus/Kollektivismus

Gleiche Dimension wie bei Hofstede.

Gefühlsbetonung

Gefühlsbetonung beschreibt in einer Kultur das Maß, in dem erwartet wird, dass Gefühle wie Freude, Trauer oder Engagement gezeigt bzw. nicht nach außen gezeigt werden. So ist es z. B. in Verhandlungen mit Arabern wichtig, sein Interesse nicht nur durch großes zeitliches Engagement zu zeigen, sondern auch durch eine laute Stimme seinen Intentionen Nachdruck zu verleihen. Im Gegensatz dazu wird eine laute Stimme in Japan z. B. als Ausdruck von Wut interpretiert. Man schließt daraus, dass der Mensch nicht in der Lage ist, sich selbst unter Kontrolle halten zu können und diszipliniert zu handeln.

Spezifische/diffuse Kulturen

Die Dimension bezieht sich auf das Umfeld, in dem eine gesellschaftliche Rolle als abgegrenzt gilt und welche Grenzen innerhalb dieser Rolle gelten. Spezifische Kulturen (z. B. USA, angelsächsische Länder, Skandinavien, Holland) definieren Rollen klar und ordnen diesen konkrete Situationen oder Lokalitäten zu. So ist z. B. ein Vorgesetzter in den USA im Unternehmen der Chef, dem man mit Respekt begegnet. Sobald dieser Chef ein anderes Umfeld betritt, in dem er eine andere Rolle einnimmt, z. B. als Anfänger beim Golfspiel, wird er dort nur seiner spezifischen Rolle entsprechend handeln: er kann z. B. seinen Auszubildenden bitten, ihn bei seinen Abschlägen zu kontrollieren.

In diffusen Kulturen (arabische Länder, Afrika) hingegen bedeutet die Übernahme einer Rolle, dass der Inhaber damit eine Beziehung zu seiner Umwelt eingeht, die ihn auch bei einem Umfeldwechsel begleitet. Ein Beispiel hierfür ist Deutschland, in dem der „Herr Doktor Mayer, Allgemeinarzt" auch im privaten Umfeld, z. B. im Kegelverein der „Herr Doktor" bleibt. Diffuse Kulturen erschweren es Mitarbeitern, z. B. auf dem Golfplatz direkten Kontakt mit dem Vorstand des Unternehmens zu pflegen, da dies nicht Bestandteil der Rolle eines Mitarbeiters ist.

Leistung versus Herkunft

Diese Dimension beschreibt, wie in einer Kultur der Status zugeschrieben wird. Mitglieder leistungsorientierter Kulturen (z. B. angelsächsische und skandinavische Länder) respektieren Chefs, die ihre Aufgaben kompetent ausführen und adäquate Fachkompetenz beweisen. In herkunftsorientierten Kulturen (z. B. China, Malaysia) hingegen erhält der Projektleiter seinen Status durch seinen Titel, sein Alter oder seine Familienzugehörigkeit. In diesen Ländern, in denen die Autorität einer Person von ihrem Alter abhängt, wird erwartet, dass der jüngere Projektleiter aus Belgien den älteren lokalen Teammitgliedern seinen Respekt zeigt.

Das Verhältnis zur Zeit

Ein Aspekt dieser Dimension ist die Tendenz, gleichzeitig mehrere Aufgaben zu erledigen. In polychronen Kulturen (Lateinamerika, Afrika, dem Mittleren Osten, aber auch in Frankreich) ist Zeit ein unbegrenztes, simultanes Gut, dass sich dehnen kann. Man plant, aber kann die Planungen auch leicht ändern. Verspätungen sind weniger wichtig. Mehrere Dinge werden gleichzeitig erledigt, z. B. eine Besprechung und wichtige Telefongespräche oder Besprechungen mit verschiedenen Personen.

In den monochronen Kulturen (angelsächsische, nord- und mitteleuropäische Länder) hingegen gilt Zeit als ein begrenztes Gut, das entsprechend sorgfältig zu planen und einzuhalten ist. Zeit ist linear, es wird eher sequentiell gearbeitet. Sequentiell denkende Deutsche sind irritiert, wenn eher simultan geprägte Franzosen während einer Besprechung parallel noch andere Dinge erledigen. Dies gilt jedoch für Franzosen nicht als Missachtung des Partners, sondern als normaler Arbeitsstil, der in ihren Augen hoch effizient ist.

Ein anderes Verhältnis zur Zeit drückt die Zeitorientierung einer Kultur aus: Hier gibt es z. B. einen deutlichen Unterschied zwischen den USA einerseits, wo das Hauptaugenmerk auf die Zukunft gerichtet wird, und Europa und Asien andererseits, wo mehr Wert auf die Vergangenheit und das Heute gelegt wird und Traditionen entsprechend gepflegt werden.

Ein dritter Aspekt der Zeitorientierung betrifft den Zeithorizont, d. h. jenes Maß, in dem in einer Kultur die Zukunft erfasst wird.

Beziehung zur Natur

Menschen aus innengesteuerten Kulturen (angelsächsischen Länder, Nordeuropa, weniger ausgeprägt in deutschsprachigen Ländern) glauben, sie sollten ihre Umgebung und die Umwelt unter Kontrolle halten. Dies wird damit in Zusammenhang gesehen, inwieweit man glaubt, das eigene Schicksal durch Handlungen beeinflussen zu können. Vertreter dieser Kultur neigen dazu, Entscheidungen aktiv zu treffen.

Menschen aus außengesteuerten Kulturen (z. B. arabische, afrikanische und asiatische Länder) hingegen glauben, der Mensch sei Teil der Natur und sollte sich deswegen an seine Umgebung anpassen. Sie glauben, dass ihr Schicksal weitgehend von äußeren Faktoren abhängt, die sie nicht beeinflussen können und es einfacher ist, die äußeren Umstände zu akzeptieren, als sich ihnen entgegen zu stellen.

2.4.5 Nutzen der Kulturdimensionen

Ein Modell ist eine Vereinfachung der Realität. Es dient dazu, komplexe Zusammenhänge zu verstehen. Da durch diese Vereinfachung nicht alle Aspekte der Wirklichkeit berücksichtigt werden können, stellt jedes Modell nur einen Ausschnitt der Realität dar und ist damit nie vollständig. Deshalb gibt es auch zur interkulturellen Zusammenarbeit verschiedene Modelle, die jeweils unterschiedliche Aspekte berücksichtigen. Es ist für die Interpretation einer spezifischen Projektsituation hilfreich, wenn man mehrere Modelle zur Verfügung hat, die herangezogen werden können, um diese Situation erklären zu können.

Die Kulturmodelle von Hofstede und Trompenaars bieten für eine Vielzahl von Ländern Punktwerte für die jeweilige Dimension an, die eine Orientierungshilfe geben, wodurch sie die Kulturen in ihrem Verhalten klassifizieren. Zusätzlich zu diesen Hilfsmitteln sollte jeder Beteiligte eines internationalen Projektes selbst nachforschen, wie die spezifische Situation in seinem Projekt ist. Neben den persönlichen Abweichungen vom kulturspezifischen Verhalten spielen auch Unternehmens- und Standortspezifische Faktoren eine Rolle. In manchen Fällen dominiert die Unternehmenskultur die jeweilige Landeskultur, in anderen gibt es ausgeprägte ethnische Gruppen, deren Kultur zum Teil erheblich vom Landesdurchschnitt abweichen. Einige Länder befinden sich in einem so starken Umbruch, dass es deutliche Kulturunterschiede zwischen Teilen der jüngeren und der älteren Generation gibt, wie z. B. die ehemals kommunistischen Staaten.

2.5 Gefahren und Chancen interkultureller Arbeit

Um die Effektivität internationaler Gruppen zu erfassen, wurde an der University of California die Zusammenarbeit von monokulturellen und multikulturellen Gruppen untersucht. Abbildung 2.6 (S. 34) stellt die Ergebnisse der Untersuchung in kulturell homogenen und kulturell gemischten Gruppen dar. Zwei Folgerungen ergeben sich aus dieser Untersuchung:
- Wenn es in internationalen Projekten Probleme bei der Zusammenarbeit gibt, sind diese meist größer als bei nationalen Projekten.
- Wenn man ein internationales Projekt richtig angeht, ist sein Erfolgspotenzial wesentlich höher als bei einem vergleichbaren nationalen Projekt.

Um dieses Potenzial zu nutzen, muss der Projektleiter die Mechanismen durchbrechen, die es zum Scheitern bringen können. Dazu muss er den Gefahren interkultureller Zusammenarbeit begegnen und die möglichen Synergien gezielt nutzen. Beide Strategien werden in den weiteren Kapiteln dargestellt.

Eine der größten Gefahren interkultureller Zusammenarbeit besteht im Entstehen von Missverständnissen und Konflikten, wie in den geschilderten Beispielen verdeutlicht wurde.

Ein besonders hilfreiches Vorgehen zur Verminderung dieser Gefahren ist die Suche nach einem **kulturellen Dolmetscher** (ge-

2. Die Bedeutung kultureller Unterschiede

legentlich auch „Cultural Agent" genannt). Ein kultureller Dolmetscher ist jeder, der helfen kann, die Handlungen von Menschen einer fremden Kultur zu verstehen. Geeignet dafür ist jedes Mitglied aus der jeweils anderen Kultur, zu dem eine tragfähige Vertrauensbasis besteht. Wenn diese Person nichts mit dem Projekt zu tun hat, kann man davon ausgehen, dass ihre Aussagen frei von Eigeninteresse sind. Wenn es zu aufwändig ist, einen Externen zu finden, kann man sich auch einen Kollegen vor Ort suchen, zu dem das notwendige Vertrauen besteht; eventuell kann man sich auch gegenseitig als kulturelle Dolmetscher nutzen. Denkbar ist auch ein Kollege aus der eigenen Kultur, der reiche Erfahrungen mit der anderen Kultur hat. Die große Gefahr dabei ist, auf jemanden zu treffen, der sich nicht um ein tieferes Verständnis für die fremde Kultur bemüht hat. Der Kollege wird dann nur seine über die Jahre verfestigten Vorurteile weitergeben.

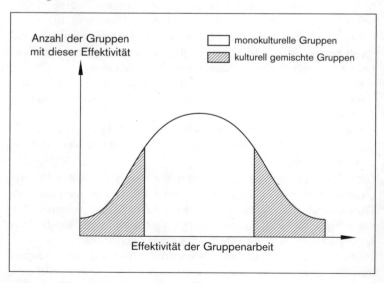

Abb. 2.6: Effektivität interkultureller Zusammenarbeit (Quelle: Carol Kovach, Some notes for observing group process in small task oriented groups, University of California, Los Angeles 1976, paper)

Nicht alle international erfahrenen Projektleiter sehen kulturelle Unterschiede als wichtige Herausforderung an. In der eingangs zitierten Umfrage der GPM stellte die fremde Arbeitskultur für 10 % der befragten Projektleiter kein wichtiges Thema dar. Dafür gibt es unseres Erachtens mehrere Gründe:
- Nicht jedes Problem internationaler Projektarbeit hat kulturelle Ursprünge. Es gibt auch genügend Schwierigkeiten technischer und allgemein menschlicher Natur. Wenn diese im Vordergrund stehen, findet das Interkulturelle keine besondere Beachtung.
- Einige Menschen besitzen ein naturgegebenes Talent dafür, sich in verschiedenen Kulturen mühelos zu bewegen. Sie befolgen instinktiv die Verhaltensregeln, die die Zusammenarbeit fördern.
- Es gibt interkulturell bedingte Probleme, die nicht als solche wahrgenommen werden. Die bereits erwähnten Beispiele verdeutlichen dies. Die Vertreter anderer Kulturen werden einfach als unzuverlässig, unehrlich, faul oder dergleichen gebrandmarkt, ohne dass die Beteiligten erkennen, welche Mechanismen interkultureller Missverständnisse zu dieser Einschätzung geführt haben können. Um diese Vorurteile zu vermeiden und um die andere Kultur besser zu verstehen, können die genannten Kulturmodelle zur Erklärung herangezogen werden.

2.6 Zusammenfassung

Einer der wichtigsten Aspekte internationaler Projektarbeit sind die kulturellen Unterschiede. Die Größe der Herausforderung liegt dabei in der Komplexität der Regeln und Normen einer Kultur und darin, dass die wichtigsten dieser Regeln und Normen meist unbewusst bleiben und dass es am Anfang Zeit kostet, sich damit zu beschäftigen. Ein besonderes Risiko interkultureller Projektarbeit ist die Gefahr, in eine Misstrauensspirale abzugleiten. Gelingt es, diese zu durchbrechen, erhöhen interkulturelle Synergien die Chancen eines internationalen Projektteams. Um diese Spirale zu durchbrechen, muss man die Bereitschaft auf-

2. Die Bedeutung kultureller Unterschiede

bringen, andere Kulturen zu respektieren und sich bemühen, die logischen Zusammenhänge zwischen ihren Regeln und Normen zu verstehen. Dabei hilft es, wenn man die dargestellten Kulturdimensionen kennt und einen kulturellen Dolmetscher als Berater gefunden hat.

3. Phasen in internationalen Projekten

Florian E. Dörrenberg und *Hans-Erland Hoffmann*

Dieses Kapitel gibt einen Überblick, in welchen allgemeinen Schritten ein Projekt im internationalen Umfeld abläuft. Es stellt ein allgemeingültiges Lebenswegmodell der Phasen eines internationalen Projektes vor, das für viele Projektarten als grundsätzliche Orientierungshilfe dient. Bei Bedarf kann das Modell entsprechend der Projektsituation ergänzt oder weiter verfeinert werden. Unsere Erfahrung zeigt allerdings, dass die im Folgenden erläuterten Aspekte als Mindestinhalt erhalten bleiben sollten.
Mit diesem Kapitel wollen wir Projektleiter und Projektmitarbeiter für die phasenspezifischen Besonderheiten in internationalen Projekten sensibilisieren und erste Handlungsempfehlungen geben. Da die Lösungen oft sehr komplex sind und unterschiedliche Probleme betreffen, kann man keine allgemeingültigen schablonenartigen Lösungen erwarten. Umfangreiche Erläuterungen zu den einzeln angesprochenen Themen und dem internationalen Kontext werden in den jeweils aufgeführten Kapiteln gegeben.

3.1 Relevanz des Themas für die Projektarbeit

Im internationalen Umfeld ist in einem Projekt manches anders, als man es aus dem rein nationalen Bezug kennt. Einzelne Phasen haben im internationalen Kontext ganz andere Schwerpunkte, und es sind oft neue Problembereiche zu meistern. In manchen Kulturen steht die phasenbezogene Betrachtung der Projektarbeit stärker im Vordergrund, in anderen Kulturkreisen werden eher Aspekte wie Kommunikationsnetze, Erfolgskriterien und dergleichen fokussiert. Da die phasenorientierte Projektplanung auch im europäischen Projektumfeld weit bekannt ist und häufig eine zentrale Rolle spielt, wurden die Phasen als Orientierungsrahmen für die nachfolgenden Absätze gewählt.

3. Phasen in internationalen Projekten

Ein Phasenmodell sollte grundsätzlich *projektindividuell* definiert werden, denn jedes Projekt hat eine eigene Ausgangssituation, Zielsetzungen und Aufgabenstellungen. Dabei kann nicht nur die durchschnittliche Dauer der einzelnen Phasen variieren, sondern auch deren Reihenfolge unterschiedlich sein oder einzelne Phasen werden besonders hervorgehoben.

Für den Projektleiter stellen sich die Fragen „Wie kann ich meinem Projekt eine erste grobe Ablaufstruktur geben?" und „Was bringt es meinem internationalen Projekt, wenn ich ein eigenes Phasenmodell anwende?".

Zum einen kann die Vorlage und gegebenenfalls sogar Freigabe eines schlüssigen Phasenmodells zwingend notwendig sein (z. B. bei Verträgen, Auflagen, Branchenstandards), zum anderen kann die Vorgabe der Phasen verbindlicher Bestandteil eines bestehenden Projektmanagement-Systems in einem Unternehmen oder einer (staatlichen) Organisation sein, nach dem der Projektleiter sich im Rahmen einer Projektkooperation (z. B. mit Konsortialpartnern oder Finanziers) richten muss.

Meilensteine an den Phasenübergängen erleichtern die Auflösung von schwierigen Entscheidungssituationen. Durch unterteilte Projektabschnitte werden auch die Fortschrittskontrolle handhabbar und Missstände leichter erkannt. Gerade bei Projektbeteiligten mit verschiedenen kulturellen Hintergründen ist Projektplanung unbedingt gemeinsam durchzuführen, denn hier können bei verschiedenen Kulturen die Erwartungen an Planungstiefe und -verbindlichkeit zum Teil erheblich differieren. So werden z. B. in Japan detaillierte Festlegungen, in den USA hingegen eher umfangreiche Regelungen erwartet und in Deutschland wird zunächst ein grober Ansatz mit dann schrittweiser Verfeinerung bevorzugt.

3.2 Bedeutung bestehender allgemeiner Phasen- und Vorgehensmodelle

Einige Unternehmen erwarten von ihren Projektleitern sowie Unterauftragnehmern oder Kooperationspartnern, dass sie sich an eines der etablierten Phasen- und Vorgehensmodelle halten. Teilweise sind diese branchenspezifisch ausgerichtet (z. B. Leistungsphasen nach HOAI[1] im Bauwesen, Phasenschema der pharmazeutischen Industrie, Produktentwicklungsphasen nach VDA[2] im Automotive-Bereich), andere ergeben sich nach vertraglich fixierten Arbeitsschritten oder sind landesspezifisch aufgestellt. Es existieren hierzu eine Reihe unterschiedlicher, manchmal konkurrierender Ansätze, die vielfach auch nicht der weiteren Fachöffentlichkeit bekannt sind.

Allen Ansätzen ist eines gemein: Der Versuch, die Komplexität der bevorstehenden Aufgabe zu reduzieren und einen sinnvollen Orientierungs- und Planungsrahmen für die Projektarbeit zu liefern. An dieser Stelle wollen wir diese Ansätze nicht weiter diskutieren und verweisen auf die einschlägige Literatur.[3]

3.3 Ein Arbeitsmodell für Phasen in internationalen Projekten

Es ist nicht realistisch, den Anspruch an „das" einzig wahre, international allgemein geltende Modell zu erfüllen. Dazu sind die einzelnen Branchen und Anwendungssituationen zu unterschiedlich. Sehr wohl lässt sich aber der kleinste gemeinsame Nenner aus den unterschiedlichen Ansätzen herausarbeiten.

Dies sind die wichtigen Hauptphasen (mit den dazugehörigen Meilensteinen wie in Abbildung 3.1 (S. 40) dargestellt), die in unterschiedlichen Ausprägungen und Benennungen in internationalen Projekten zu finden sind:
- **Anbahnung** (Projekt-Impuls)
- **Initialisierung** (Initiierung des Projektes)
- **Planung** (gegebenenfalls getrennt in Grob- und Feinplanung)
- **Durchführung** (Realisierung des Projektes)
- **Abschluss** (Beendigung der Projektarbeiten)
- **Follow-up** (Folgeaktivitäten)

Die erste und letzte Phase werden in vielen Projekten nicht als Projektbestandteil gesehen, sondern jeweils als eine Reihe vor- und nach gelagerter Aktivitäten. Die praktische Erfahrung zeigt aber, dass gerade sie im Zusammenhang mit internationalen Projekten sehr wichtig sind, deshalb berücksichtigen wir sie in unserem Ansatz.

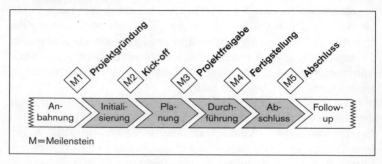

Abb. 3.1: Lebenswegmodell für internationale Projekte

Dieses – scheinbar einfache – Modell gilt prinzipiell für alle internationale Projektarten und ähnelt den bekannten Standard-Phasenmodellen sehr. Die nachfolgenden Ausführungen zu allen Phasen sind gegliedert in:
- Besonderheiten aus der Sicht internationaler Projekte
- Fallstricke und Stolpersteine
- Zentrale Handlungsempfehlungen

Bei den zentralen Handlungsempfehlungen handelt es sich um stichwortartige Empfehlungen. Weitere Erläuterungen der teilweise hoch-komplexen Zusammenhänge sind in den nachfolgenden Kapiteln aufgeführt. Es ist wichtig diese Empfehlungen lediglich als Orientierungshilfe zu verstehen, die nach unserer Erfahrung in der überwiegenden Mehrzahl internationaler Projekte gelten können.

Im spezifischen Projekt können jedoch besondere Faktoren zum Tragen kommen, für die unsere Empfehlungen nicht oder nur in abgewandelter Form Gültigkeit finden.

3.3.1 Projektphase Anbahnung

▶ **Ergebnis-Meilenstein:** Projektgründung (manchmal bevorzugt als Start-Meilenstein der Phase Initialisierung)

3.3 Ein Arbeitsmodell für Phasen in internationalen Projekten

Erste Überlegungen hinsichtlich eines möglichen Projektes finden bereits statt, bevor konkrete Maßnahmen für ein Projekt formell ergriffen werden. Mit der Erkenntnis einer neuen Anforderung oder eines Veränderungsbedarfs kann eine Problemanalyse initiiert werden. Es wird über den Projektgegenstand entschieden. Hierzu gehört die Konkretisierung einer zunächst vagen Vorstellung vom späteren Ergebnis, sowie die überschlägige Betrachtung von Kosten und Terminen. Zudem ist die Machbarkeit zu hinterfragen und – gegebenenfalls – eine Marktstudie durchzuführen. Daran schließen sich Fragen zum Vorgehen und zur möglichen Finanzierung an, die schließlich in einer Projektgründung münden. Die Inhalte dieser Phase sind von besonderem Interesse für den Projektleiter, da hier bereits viele Faktoren determiniert und die spätere Projektabwicklung beeinflusst werden.

Besonderheiten aus der Sicht internationaler Projekte

- Festlegung der Erfolgsfaktoren, nach denen die Beteiligten das Projekt bewerten. Beispiel: in Schwellenländern kann es vorkommen, dass bereits die Tatsache der Projektdurchführung als Erfolg des Gesamtprojektes gesehen wird.
- Gute Beziehungen zur oberen Management-Ebene sind in Ländern mit großer Machtdistanz weitaus wichtiger als in solchen mit kleiner Machtdistanz. Wenn es irgendwo klemmt, sind sie dort oft die einzige Möglichkeit, um das Projekt wieder zum Laufen zu bringen.
- Gute Beziehungen zu den richtigen Informationsquellen sind im Ausland oft wesentlich wichtiger als in nationalen Projekten.
- Im internationalen Kontext entscheidet sich die Qualität einer Beziehung oft bei der ersten Begegnung. Die unbewusste Bereitschaft, vorhandene Vorurteile bestätigt zu finden oder neue zu bilden, ist besonders groß. Wenn bei den Akteuren in dieser Phase nicht gezielt gegen diese unbewusste Bereitschaft angegangen wird, sind hier spätere Probleme vorprogrammiert.

Fallstricke und Stolpersteine

- Obwohl es einen offiziellen Projektleiter gibt, wird das Projekt lokal stark von einem informellen Projektleiter beeinflusst.

Dies kann leicht geschehen, wenn die Machtverhältnisse vor Ort nicht geklärt sind oder eine starke Persönlichkeit sich in dem Projekt engagiert. Es besteht die Gefahr, dass dem Projektleiter das Projekt auf inoffiziellem Weg aus den Händen genommen wird.
- Die Aufgaben Informationsbeschaffung und Verhandlungsführung müssen vor Ort nach anderen Regeln als gewohnt durchgeführt werden (vgl. Kapitel 4).
- Es kommt vor, dass ein Projekt lediglich als Mittel zum Zweck gesehen wird. Damit sind andere Erwartungen und Absichten verbunden, als bei Beauftragung dargelegt wird.
- Es ist sehr riskant, sich in anderen Kulturen nur auf eine einzige Informationsquelle zu verlassen. Ebenso problematisch kann es sein, wenn man sich zu stark auf die – scheinbar guten – Informationen eines erfahrenen Kollegen verlässt, der bereits Erfahrungen mit dem entsprechenden Land gesammelt hat, aufgrund dieser Erfahrungen jedoch nur Vorurteile aufgebaut und zementiert hat.
- Informationen sind nicht viel wert, solange sie ohne eine konkrete Bezugsbasis (Zahlen und Fakten) verwendet werden müssen. Dies gilt auch, wenn Sie sich auf Zahlen verlassen, ohne deren Hintergründe und Zusammenhänge zu verstehen.

Zentrale Handlungsempfehlungen
- Achten Sie darauf als Projektleiter möglichst frühzeitig in das Projekt mit einbezogen zu werden.
- Der Aufbau persönlicher Beziehungen zu wichtigen Akteuren und Informationsquellen ist viel wichtiger als im rein nationalen Kontext. In Ländern mit starkem Kontextbezug dauert er für deutsche Verhältnisse lange und sollte daher so früh wie möglich beginnen.
- Interkulturelles Coaching für die beteiligten Führungskräfte anfordern und annehmen.

3.3.2 Projektphase Initialisierung

▶ **Start-Meilenstein:** Projektgründung (als Vorarbeit aus der Projektphase Anbahnung)

▶ **Ergebnis-Meilenstein:** Kick-off (alternative Bezeichnungen für diese Phase in der Praxis sind Vorbereitung, Initiierung, Projektanstoß, Definition und Start-up.)

Der Zweck dieser Phase liegt darin, die Anforderungen des Auftraggebers formal festzuhalten und daraus den offiziellen und konkreten Projektauftrag (oder Vertrag) zu erhalten. Im Weiteren gilt es in dieser Phase festzustellen, ob der Impuls wirklich zu einem Projekt reicht, ob es sich gar um ein Programm oder eher nur um eine Linienaufgabe handelt. Zudem sind erste wichtige Weichenstellungen vorzunehmen. Bei gleicher Aufgaben- bzw. Problemstellung eines Projektes wird in unterschiedlichen Ländern eine differenzierte Reihenfolge der Aufgaben oder gar ein komplett anderer Weg zur Lösungsfindung beschritten. Wichtig ist hierbei, die eigene Positionsbestimmung mit Betrachtung des eigenen Ausgangspunktes vorzunehmen. Es gibt zwei generelle Möglichkeiten: entweder ist der Projektleiter bereits im Amt, oder der Projektauftrag ist zwar erteilt, aber noch kein Projektleiter eingesetzt. Im ersten Fall kann noch alles frei gestaltet werden. Im zweiten Fall muss der neue Projektleiter nachholen, was bei Auftragserteilung bisher versäumt wurde.

Besonderheiten aus der Sicht internationaler Projekte

- Der Projektleiter muss sich möglichst schnell Kenntnis über die Vergangenheit des Projektes verschaffen. Oftmals hat das Projekt bereits eine umfangreiche Entwicklungsgeschichte hinter sich, z. B. Vereinbarungen zur Projektfinanzierung sowie Garantien und Bürgschaften erfahren; diese können sich unter Umständen nachhaltig auf die Planung und Steuerung des Projektes auswirken.
- Speziell in dieser Phase kommt es nicht primär auf methodisches Projektmanagement an, vielmehr gilt es die notwendigen Beziehungen aufzubauen und die richtige Atmosphäre (z. B. durch ein positives Image des Projektes) zu schaffen. Es geht darum, die zunächst „bunte Gruppe" bald als Team arbeitsfähig zu bekommen. Dies nicht zu beachten kann mitunter im weiteren Projektverlauf harte Konsequenzen haben (z. B. Fluktuationsrate im Projekt).

3. Phasen in internationalen Projekten

- Je stärker die Unterschiede zwischen den beteiligten Kulturen sind, desto wichtiger ist die gemeinsame Entwicklung eines übergeordneten Zielverständnisses und Leitbildes (oftmals auch als „Mission and Vision Statement" bezeichnet).
- Es kann nicht vorausgesetzt werden, dass international die technischen Möglichkeiten denen Ihres nationalen Umfeldes entsprechen.
- Es ist wichtig, dass sich die Projektmitglieder der beteiligten Kulturen persönlich kennen lernen und sich über ihre jeweiligen Besonderheiten verständigen und z. B. ein gegenseitiges Verständnis für andere Motivationsfaktoren erlangen. Viele Kulturen legen deutlich höheren Wert auf den Aufbau von Beziehungen (Asien, Naher Osten, romanischer Sprachraum) als auf die Erledigung der Aufgaben.
- Der Prozess der Stakeholdereinbindung ist wesentlich komplexer und heikler als bei nationalen Projekten (vgl. Kapitel 4).
- Vielfach liegt eine komplexe Rechts- und Vertragssituation vor, die entsprechend hohe Anforderungen an die Umfeldanalyse stellt.
- Die Verständigung auf der rein sprachlichen Ebene kann sehr mühsam sein aufgrund unterschiedlicher oder geringer Sprachkenntnisse und unklarer Sprachverwendung (vgl. Kapitel 5).
- Die ins Ausland zu entsendenden Mitarbeiter sowie deren Familien (Expatriates) sind unbedingt auf diesen Einsatz umfangreich vorzubereiten. Die Erfahrung zeigt, dass es bei nicht ausreichend vorbereiteten Familien in bis zu 60 % der Fälle zum Abbruch des Auslandsaufenthaltes kommt. (Beispiel eines großen deutschen Chemiekonzerns: Weil ein langzeitiger Auslandsaufenthalt sehr teuer ist, wird für derartige Aufgaben in der Regel ein Projektleiter ohne Familie ausgewählt oder jemand, dessen Familie in Deutschland bleibt.)
- Der Planungsprozess läuft in anderen Kulturkreisen vielfach anders ab. Dies schlägt sich auch in der Intensität und Ausgestaltung der einzelnen Projektphasen nieder. Ostasiaten z. B., besonders Japaner, verwenden ein Vielfaches an Zeit für Planung und Zielklärung als der Westen. Hier braucht die Notwendigkeit eines Start-up nicht mühsam erläutert zu werden.

3.3 Ein Arbeitsmodell für Phasen in internationalen Projekten

Fallstricke und Stolpersteine
- Viele bekannte Aufgaben dauern deutlich länger als bei rein nationalen Projekten. (Daumenregel: für internationale Startup/Kick-off Veranstaltungen ist mit etwa 50 % mehr Zeitaufwand zu rechnen.)
- Unzureichende oder falsche Kommunikation. Dies betrifft die verbale Kommunikation (z. B. unterschiedliche sprachliche Ausdrucks- und Sprachfähigkeiten der Teammitglieder) ebenso wie die non-verbale Kommunikation (z. B. werden non-verbale Äußerungen nicht wahrgenommen oder falsch interpretiert).
- Gefahr von Stereotypen und Vorurteilen. Ebenso riskant ist in diesem Kontext die mangelhafte Klärung von Missverständnissen aufgrund falscher Interpretation der Sachlage.
- Es können sehr unterschiedliche Prozesse der Entscheidungsfindungen aufeinander treffen. Hier ist eine Klärung unumgänglich, beispielsweise durch Erarbeitung einer gemeinsam akzeptierten Vorgehensweise.
- Offene, versteckte und konkurrierende Machtansprüche der beteiligten Personen oder Organisationen. Zusätzlich können für die einzelnen Menschen unterschiedliche Ziele oder Motivationen bestehen, die nicht offen kommuniziert oder auch nicht offen gezeigt werden.
- Die politische Sensibilität des Projektes kann nicht eingeschätzt werden.
- Die Auftragsklärung kann nicht ohne Verständnis für andere Kulturen erfolgen. Hier sollte ein Projektleiter im Vorfeld überlegen, welche Faktoren im aktuellen Fall wichtig sind und wie diese thematisiert werden können.
- Schließlich ist noch darauf hinzuweisen, dass mit unerwarteten Ressourcenproblemen zu rechnen ist. Zum einen sind Ressourcen oft stärker begrenzt als im heimischen Umfeld, zum anderen können aufgrund unterschiedlicher Prioritätensetzung die Ressourcen sehr unterschiedlich zugeteilt worden sein.

Zentrale Handlungsempfehlungen
- Die aus nationalen Projekten bekannten Hilfsmittel, Verfahren und Methoden (inklusive Fragemodi) sollten nicht unreflek-

tiert verwendet werden, sondern sind mit Hilfe eines **kulturellen Dolmetschers** an die lokalen Gegebenheiten anzupassen.
- Frühzeitiges Kontaktieren der Schlüsselpersonen und intensive Einzelgespräche vor Ort helfen oftmals, eine Verpflichtung gegenüber dem Projekt zu entwickeln, auszubauen und zu pflegen.
- Im internationalen Umfeld kommt der gemeinsamen Entwicklung und Vereinbarung von Spielregeln zum Umgang miteinander sowohl im täglichen Geschäft als auch in Krisen eine wesentlich höhere Bedeutung zu. Die dafür notwendige Zeit sollte bereits möglichst frühzeitig investiert werden.
- Damit die Beteiligten bereit sind, diese Zeit zu investieren, muss der Projektleiter diese Regeln vorantreiben. Dabei kann die Unterstützung durch einen kompetenten interkulturellen Coach mit Projektmanagement Erfahrung oftmals große Hilfe leisten.
- Die Erarbeitung eines projektspezifischen Phasenmodells hilft ein gemeinsames Projektverständnis zu entwickeln. Die Maßnahme dient vor allen Dingen dazu, die Menschen im Projekt zu beteiligen und unterschiedlichen Auffassungen zusammen zu bringen.

3.3.3 Projektphase Planung

▶ **Ergebnis-Meilenstein:** Projektfreigabe

Diese Phase der Planung wird vielfach nach Grob- und Feinplanung unterschieden. Sie wird in der Praxis auch als Konzeptionierung bezeichnet. Hier werden in der Regel die im Projektauftrag definierten Anforderungen zu ausführungsreifen Lösungsideen ausformuliert und festgehalten. Das Ergebnis dieser gedanklichen Vorwegnahme des Projektablaufes wird in unterschiedlich detaillierten Plänen niedergelegt. Es geht hierbei auch darum, die Komplexität des Projektes richtig zu erfassen und einen entsprechend angemessenen Vorgehensansatz zu entwickeln. Spätestens hier wird der Start-up-Workshop durchgeführt, an dem alle relevanten Personenkreise des Projektes teilnehmen.

Besonderheiten aus der Sicht internationaler Projekte

- Die Definition von Zielen (Zwischen- und Vorgehensziele) hat höchste Priorität. Dieser Prozess sollte unbedingt offen und umfassend gemeinsam mit dem Team erfolgen.
- Die „Planungsfreudigkeit" anderer Kulturen ist oftmals nicht mit dem deutschen Ansatz zu vergleichen. So wird beispielsweise in Frankreich und Italien eine geringere Planungstiefe am Projektbeginn als normal erachtet. Generell wirken sich hier die unterschiedlichen Kulturdimensionen erkennbar aus. Der Bedarf nach Unsicherheitsvermeidung bestimmt hier vielfach die Intensität der Bemühungen. Dies zeigt sich beispielsweise im Ostasiatischen Raum sehr deutlich, wo sehr exakt geplant wird.
- Bei Beteiligung anderer Kulturen können die zeitlichen Aufwände zur Abstimmung von Planungsleistungen erheblich von bekannten Zeitaufwänden abweichen, z. B. die Länge der Aufwärmphasen in Meetings.
- Es ist notwendig, ein sinnvolles Planungsvorgehen für das Gesamtprojekt zu entwickeln. Das kann ein gemeinsames Vorgehen aller Beteiligten sein und eine Zwischenform zwischen extremer Detaillierung und grober Orientierung darstellen. Es kann auch ein angepasstes Vorgehen sein, das für jede beteiligte Kultur andere Schwerpunkte setzt.

Fallstricke und Stolpersteine

- Teammitglieder, die aus unterschiedlichen Unternehmens- oder Länderkulturen kommen, können komplett verschiedene Planungsverständnisse haben.
- Die Vertreter anderer Nationen können der Verbindlichkeit der Projektplanung einen niedrigeren Stellenwert geben.
- Man nimmt sich zu wenig Zeit, um die Besonderheiten der anderen Kulturen wahrzunehmen, zu formulieren, allen bewusst zu machen und zu berücksichtigen.
- Der vorgesehene Budgetansatz für Kommunikation und Reisen ist viel zu gering. Oftmals hilft es, diese Kosten als „Versicherungsprämie" zur Sicherung des Projekterfolges zu verstehen.

- Die Bedeutung des Risikomanagements in internationalen Projekten wird unterschätzt und die notwendigen Prozesse zwischen Beteiligten unterschiedlicher Kulturen werden ungenügend unterstützt.

Zentrale Handlungsempfehlungen
- Der Kommunikationsplan muss die spezifischen Besonderheiten der Kommunikation in den verschiedenen Kulturen berücksichtigen.
- Jedes Teammitglied, zumindest im Kernteam des Projekts, sollte sein Verständnis von Planung äußern, um eine gemeinsame Sichtweise herstellen zu können.
- Achten Sie in der Kommunikation darauf, dass in manchen Kulturen zwar verbales Einverständnis zu diesem Vorgehen gegeben wurde, dass aber dennoch eine versteckte Ablehnung enthalten ist oder dieses Einverständnis nur unter unausgesprochenen Vorbehalten gilt.

3.3.4 Projektphase Durchführung

▸ **Ergebnis-Meilenstein 1:** Fertigstellung

▸ **Ergebnis-Meilenstein 2:** Abnahme (optional) (alternative Bezeichnungen für diese Phase in der Praxis sind Realisierung oder Umsetzung)

In dieser Phase wird das Projekt realisiert, im juristischen Sinne wird der Vertrag erfüllt. Die Grundlage hierfür bieten die aktuellen Detailpläne, nach denen die Teilprozesse und Beteiligten koordiniert und gesteuert werden müssen. Die meist knappe Zeit bekommt einen hohen Stellenwert. Das Projekt ist ständig in Bewegung und Änderungen sind laufend zu handhaben. Bei der Entscheidungsfindung sowie der Integration der Einzelkomponenten und Teilleistungen ist im internationalen Kontext für den Projektleiter mit einem ein höheren Koordinationsaufwand zu rechnen als im nationalen Umfeld.

Besonderheiten aus der Sicht internationaler Projekte
- In manchen Kulturen werden schlechte Nachrichten nur sehr zögerlich bekannt gegeben und über Fehler wird teilweise nicht

offen gesprochen. Dies kann zu Schwierigkeiten in der Projektsteuerung führen, wenn die aktuelle Ist-Situation nicht kommuniziert wird, z. B. Teammitglieder in den USA reden nur sehr zurückhaltend über vermeintlich eigene schlechte Leistungen aus Angst vor Verlust des Arbeitsplatzes.
- Ein deutscher Projektleiter sollte aufpassen, dass Teammitglieder aus anderen Kulturen sich nicht von einem sehr intensiven Kontroll-Mechanismus überfahren fühlen.
- Die Berücksichtigung nationaler Sensibilitäten ist gerade in Kulturen mit starkem Kontextbezug erfolgsentscheidend, z. B. im asiatischen Raum ist es sehr wichtig, das Gesicht von allen zu wahren.
- In manchen Kulturen erwartet man geradezu von „den Deutschen", sie als knappe, intensive und formalistische Kontrolleure zu erleben. Wenn dann zu betont kooperativ gearbeitet wird, verlieren deutsche Teammitglieder schnell ihre Glaubwürdigkeit.

Fallstricke und Stolpersteine

- Der reale Fortschritt ist vielfach schwer einzuschätzen, weil in einigen Kulturen nur Erfolge, in anderen wiederum nur mögliche Probleme kommuniziert werden. Es besteht in manchen Kulturen die Gefahr, dass Probleme und Risiken verschwiegen werden, bis es zu spät ist, um dagegen anzusteuern. Daher muss der Projektfortgang unbedingt klar kommuniziert werden und für alle (ohne Einzelne zu deklassieren) erkennbar sein.
- Sie werden vermutlich mehr Überprüfungen des Projekt-Status benötigen, als Sie aus dem eigenen Umfeld gewöhnt sind. Hier sind klare Vereinbarungen über die Vorgehensweise unumgänglich. Je nach Situation können diese auch informell sein.
- In Deutschland wird dem projektbezogenen Risikomanagement vielfach noch keine hohe Priorität beigemessen. Im internationalen Umfeld sollten Sie wesentlich mehr Aufwand hierfür vorsehen, weil ein fehlendes Risiko-Controlling („Tracking") und eine entsprechend diskontinuierliche Neubewertung der Risikolage sich sehr negativ auswirken können.

Zentrale Handlungsempfehlungen

- Der Projektleiter sollte frühzeitig für eine der jeweiligen Kultur angemessene Klärung von Kriterien zur Überprüfung von Projekt-Fortschritten sorgen und bei der Überprüfung auf einen entsprechenden Umgang mit den Beteiligten achten.
- Der Projektleiter sollte überprüfen, ob bei der Ermittlung des Projektfortschritts die dafür notwendigen Informationen in angemessener Weise gehandhabt wird. Es ist ratsam in der Frage, ob die Informationsversorgung eine Hol- oder Bringschuld darstellt, flexibel zu sein.
- Der Projektleiter muss mit allen internen und externen Kontaktpersonen im Gespräch bleiben. So erfährt er frühzeitig Veränderungen, insbesondere in den Kulturen, in denen er nicht so genau weiß, wie Unmut, Kritik, Ärger usw. geäußert wird.
- Der Projektleiter sollte sich in den Meetings Zeit nehmen, um das Funktionieren von Prozessen und Zusammenarbeit zu reflektieren. Auf die Einhaltung der zu Beginn vereinbarten Spielregeln sollte geachtet werden. Es ist ratsam, Veränderungen, die sich aus der Reflexion ergeben, direkt umzusetzen.
- Wenn ein Projektleiter hinsichtlich nötiger Eingriffe oder Veränderungsnotwendigkeiten unsicher ist, sollte er auf die Unterstützung eines kulturellen Dolmetschers zurückgreifen.

3.3.5 Projektphase Abschluss

▶ **Ergebnis-Meilenstein:** Projektabschluss

Hier wird das Projektergebnis für den Gebrauch freigegeben. Dazu muss es vom Auftraggeber abgenommen werden. Dieser Abnahmeprozess erfordert Aufmerksamkeit und entscheidet über die Verwertbarkeit des Projektergebnisses. Daneben gilt es auch, die Projektorganisation aufzulösen. Dies umfasst in internationalen Projekten insbesondere die Frage nach der Heimsendung der Mitarbeiter. Ein Projekt kann erst dann korrekt abgeschlossen werden, wenn alle für den Systembetrieb und -unterhalt erforderlichen Grundlagen erstellt wurden und das Resultat formell übergeben wurde. Es ist wichtig, alle **lokalen Abschlusskriterien** zu erfüllen.

3.3 Ein Arbeitsmodell für Phasen in internationalen Projekten

Besonderheiten aus der Sicht internationaler Projekte

- Die Themen Repatriierung und Relocation brauchen einen langen Vorlauf und sind für die Betroffenen von hoher Bedeutung.
- Besonderer Aufwand ist für die Projektauswertung im Hinblick auf interkulturelles Management bzw. dokumentierte Erfahrungen anzusetzen. Hierzu gehört die gezielte Steuerung der Wissensübergabe an die Nachfolgeorganisation, bevor wichtige Teammitglieder das Projekt verlassen.

Fallstricke und Stolpersteine

- Im internationalen Anlagenbau und in Lieferprojekten ist die technische Abnahme sehr wichtig. Nicht selten versucht der Auftraggeber durch gezieltes Mäkeln und kreative Nachforderungen eine Preisreduzierung zu erhalten.
- Der vielfach bewährte und geforderte Ansatz, die gemeinsam erarbeiteten Projektergebnisse abschließend auch im Team zu präsentieren, ist oft realitätsfremd und nicht empfehlenswert. In manchen Kulturen wird der Projektabschluss offensiv dazu genutzt, sich zu profilieren wobei die Inhalte und Endergebnisse verloren gehen können.
- Es kommt immer wieder vor, dass der Projektleiter in seine Heimatorganisation zurückkehrt und für ihn keine Planstelle verfügbar ist. Das kann Frustration erzeugen.
- Bei der Rückkehr in die eigene Heimatorganisation kann es zu einem regelrechten Kulturschock kommen, wenn die Aufbauorganisation sich verändert hat und neue Werte und Prozesse gelten, oder wenn ehemalige Ansprechpartner nicht mehr verfügbar sind. Bei fehlender rechtzeitiger Information über diese Veränderungen kann dies dazu führen, dass sich der Zurückkehrende nicht zurecht findet.

Zentrale Handlungsempfehlungen

- Der Projektleiter sollte sowohl für die inhaltlich-methodische Auswertung der Projektarbeit als auch für die Zusammenarbeit eine Form auswählen, die für alle beteiligten Kulturvertreter angemessen ist. Dies ist frühzeitig zu planen – beispielswei-

se bevor die Teammitglieder wieder in ihren Strukturen verschwinden.
- Das Projektergebnis und die dokumentierten Erfahrungen sollten so im Projekt und ins Unternehmen kommuniziert werden, dass das Projekt einen würdigen Abschluss findet und die Erfahrungsschätze anderen zur Verfügung stehen.
- Der Projektleiter sollte frühzeitig an die Rückkehr der Teammitglieder denken und mit den zuständigen Stellen entsprechende Maßnahmen abklären.
- Im Ausland arbeitende Projektmitglieder sollten im Laufe des Projektes daran denken, dass sie irgendwann wieder zurückkehren werden und sollten daher sowohl zu ihrer Heimatorganisation (Unternehmen), als auch zu ihren Freunden guten Kontakt pflegen.
- Der Projektleiter kann seine Mitarbeiter unterstützen, indem er auch für sie seine Kontakte und Beziehungen nutzt.

3.3.6 Projektphase Follow-up

▶ **Ergebnis-Meilenstein:** Kann hier nicht pauschal angegeben werden, da diese Phase meist nach dem vermeintlichen Projektende liegt und eine unbestimmte zeitliche Ausdehnung haben kann, oder in andere Projekte überleitet.

Auch nach dem vermeintlichen Abschluss des Projektes fallen oftmals Aufgaben an, die das Projekt im nachhinein belasten, da sie sich auf den Auftrag als solchen beziehen. Inzwischen ist jedoch die Organisation bereits abgebaut und das Personal in anderen Aufgaben gebunden. Für diese Nachbereitung trifft der Projektleiter vorausschauend Regelungen und ergreift Vorsorgemaßnahmen. Das Ergebnis dieses Schritts schließt die Pflichten des Auftragnehmers gegenüber dem Auftraggeber ab.

Besonderheiten aus der Sicht internationaler Projekte

- Wertvolle, mit viel Aufwand aufgebaute Beziehungen gehen im internationalen Umfeld leichter verloren als in rein nationalen Projekten – weil es über große Distanzen mühsamer ist, den Kontakt aufrecht zu erhalten. Diese Beziehungen stellen jedoch ein wertvolles Kapital dar:

- Für das **Unternehmen**: Die Vorlaufzeit in einem Folgeprojekt kann drastisch reduziert werden. Das Unternehmen erhält wichtige Informationen deutlich früher als die Wettbewerber.
- Für den **Projektleiter**: Die gewonnenen Beziehungen erhöhen seinen Marktwert, da er diese Beziehungen in einem Folgeprojekt im gleichen Land sowohl im eigenen Unternehmen als auch nach einem Stellenwechsel nutzen kann.
- Für die **Projektmitarbeiter**: Diese wissen, wo Know-how im Unternehmen verteilt ist und wie sie an Informationen gelangen.
- Der Informationsfluss zwischen Anwender des Projektergebnisses und dem Projektleiter ist schwierig einzurichten und aufrecht zu erhalten. Hinzu kommt, dass die Anwender meist keine oder nur eine holprige gemeinsame Projektsprache haben. Gerade dieser Informationsfluss ist sehr wichtig, um die in der vorangegangenen Phase gesammelten Erfahrungen noch um die Erkenntnisse aus der laufenden Anwendung zu ergänzen.

Fallstricke und Stolpersteine

- Siehe oben bei „Besonderheiten aus der Sicht internationaler Projekte".

Zentrale Handlungsempfehlungen

- Es ist ratsam, das im Projekt aufgebaute, persönliche Beziehungs-Netzwerk weiterzupflegen. Dies ist gerade für internationale Unternehmen ein strategisch wichtiger Punkt, weil er auf weitere Projekte gerichtet ist. Falls der Projektleiter dazu nicht zur Verfügung steht, sollte er den neuen Ansprechpartner bei seinen Kontaktpersonen persönlich einführen. Dies ist umso wichtiger und sinnvoller, je stärker der Kontextbezug in der jeweiligen Kultur ist.
- Der Projektleiter muss rechtzeitig dafür sorgen, dass wichtige Erfahrungen zum Projektergebnis, die erst während der Anwendung gemacht werden, in die schon angelegte Sammlung der Erfahrungen einfließen. Jemand muss bestimmt werden, der für den dafür notwendigen Prozess verantwortlich ist. Die-

ser Prozess kann in Form einer Reihe von Workshops mit den wichtigsten Anwendergruppen durchgeführt werden.

3.4 Phasenübergreifende Hinweise

Abschließend können wir aus realen Fehlern der Praxis noch einige Ratschläge ableiten, die nicht an einzelne Projektphasen gebunden sind, sondern vielmehr das gesamte internationale Projekt begleiten:
- Die genaue Kenntnis des Projektumfeldes ist unerlässlich. In jeder Projektphase sollte sich der Projektleiter bemühen, die feinen Strömungen und Veränderungen in seinem Umfeld wahrzunehmen.
- Es sollte vermieden werden, die Planung nach überwiegend nationalen Gesichtspunkten und Erfahrungswerten durchzuführen, wenn die Umsetzung unter internationalen Bedingungen vorgenommen werden soll.
- Es hat sich bewährt, ein Projekt auf internationaler Ebene zu planen und dann die Durchführung der einzelnen Leistungseinheiten in unterschiedlichen Ländern nach rein nationalen Gesichtspunkten vornehmen zu lassen. Es ist wichtig, die übergreifende Projektsteuerung des Gesamtprojektes international zu gestalten.
- Wenn in einem Projekt Beteiligte aus verschiedenen Kulturen zusammenarbeiten, werden scheinbar die gleichen Maßnahmen bzw. Prozesse verwendet. Diese könnten mit völlig unterschiedlichen Bedeutungen und Schwerpunkten versehen werden.
- Wenn ein Projekt in Schieflage geraten ist, bestehen oftmals sehr unterschiedliche Auffassungen und Erwartungen darüber, wie die Projektsanierung zu erfolgen hat. Hier ist unbedingt für ein gemeinsames Problemverständnis zu sorgen und ein gemeinsamer Vorgehensweg zu erarbeiten.
- Das typisch deutsche Bedürfnis nach Klarheit und Unsicherheitsvermeidung wird in anderen Kulturen vielfach als völlig überzogen und unnötig betrachtet. Es lohnt sich, eine gewisse Ambiguitätstoleranz zu entwickeln.

3.5 Zusammenfassung

Im internationalen Umfeld ergeben sich oft neue Problembereiche, die Folgen für die Phasengestaltung haben.

Dieses Kapitel stellt ein generisches Lebenswegmodell der Phasen eines internationalen Projektes vor, das nach Bedarf an die eigene Projektsituation angepasst werden kann. Der Leser wird für die phasenspezifischen Besonderheiten bei internationalen Projekten sensibilisiert und bekommt erste stichwortartige Handlungsempfehlungen.

Anmerkungen

[1] HOAI: Honorarordnung für Architekten und Ingenieure
[2] VDA: Verband der Automobilindustrie
[3] Beispiele finden sich bei *Madauss, B.*, bei *Jenny, B.* und *Möller/Dörrenberg* sowie in der Loseblattsammlung „Projekte erfolgreich managen" der GPM

Teil II: Erfolgreicher Umgang mit internationalen Besonderheiten – Chancen nutzen, Risiken vorbeugen

4. Umfeldmanagement

Hans-Erland Hoffmann und *Florian E. Dörrenberg*

Alles was nicht unmittelbar im Einflussbereich eines Projektes liegt, aber gleichzeitig einen wesentlichen Einfluss auf Projektverlauf oder -ergebnis haben kann, bezeichnet man als sein „Umfeld".

Wesentliche Elemente dieses Umfelds sind:
- Alle Personen, Organisationen oder Interessengruppen, die in irgendeiner Weise vom Projekt oder seinem Ergebnis betroffen sind. Häufig werden sie auch als Stakeholder bezeichnet
- Politische Rahmenbedingungen
- Rechtliche Bedingungen
- Geografische Bedingungen
- Infrastruktur und technische Normen

Umfeldmanagement bezeichnet alle Aktivitäten der Projektleitung die durchgeführt werden, um relevante Einflüsse des Umfelds rechtzeitig zu erkennen, positive Einflüsse auf das Projekt zu lenken oder zu verstärken, um negative Einflüsse vom Projekt fernzuhalten oder abzuschwächen und ggf. Maßnahmen, um das Umfeld zu verändern.

Aus dieser Definition lässt sich leicht erkennen, dass es inhaltlich große Überschneidungen mit dem Risikomanagement gibt. Während beim Risikomanagement jedoch die Betrachtung aus dem Blickwinkel potenzieller Risiken erfolgt, steht beim Umfeldmanagement der jeweilige Ausschnitt des Umfelds im Vordergrund. Das spiegelt sich in der Gliederung dieses Kapitels wider:

4. Umfeldmanagement

(1) Stakeholder-Management
(2) Management der politischen Situation
(3) Rechts- und Vertragsmanagement
(4) Internationale Verhandlungsführung und
(5) Infrastruktur-Management

4.1 Stakeholder-Management

Es wurde bereits in Kapitel 3 in den Phasen Anbahnung und Vorbereitung festgestellt, dass in vielen Ländern persönlichen Beziehungen ein hoher Stellenwert eingeräumt wird. Je stärker der Kontextbezug einer Kultur, desto höher ist dieser Stellenwert. Wenn Sie als Projektleiter nicht wissen, wer Ihr Projekt von außen entscheidend beeinflussen kann und diese Personen nicht für sich gewinnen, ist das Scheitern schon zu Beginn vorprogrammiert.

Wer denkt schon daran, beim Aufbau einer neuen Fabrik in Marokko den religiösen Führer des Ortes mit einzubeziehen? Ein Projektleiter der das nicht getan hatte, musste leidvoll erleben, dass er vor Ort so gut wie keine Mitarbeiter für die Produktion einstellen konnte. Ein Wink dieses vernachlässigten Imam genügte und trotz hoher Arbeitslosigkeit bewarb sich keiner auf die angebotenen Stellen.

Es gilt
- die für ihr Projekt relevanten Stakeholder zu identifizieren und
- sie dafür zu gewinnen, das Projekt zu unterstützen.

4.1.1 Identifizierung der relevanten Stakeholder

Wer sind diese relevanten Stakeholder? Mit anderen Worten: „Wer könnte dem Projekt wichtigen Schaden zufügen oder es entscheidend fördern?" Nach der Definition zu Beginn des Kapitels, sind Stakeholder alle, die sich vom Projekt betroffen fühlen. Das können sowohl Mitglieder von Projektleitung und -team als auch Externe, zum Umfeld gehörende Personen und Organisationen sein.

4.1 Stakeholder-Management

Obwohl Projektleiter und Teammitglieder zum Projekt selbst und nicht zum Umfeld gehören, empfiehlt es sich, die Methoden der Stakeholderanalyse auch auf sie anzuwenden. Durch diese Vorgehensweise wird der Blick dafür geschärft, dass jeder von ihnen auch Interessen und Bindungen hat, die außerhalb des Projektes liegen. Diese externen Interessen und Bindungen (z. B. Familienbeziehungen zu wichtigen Wettbewerbern, Lieferanten oder Behörden) können eine große Bedeutung für den Projektverlauf haben.

Die einzelnen Schritte der Stakeholder-Identifizierung sind:

(1) Eigene Wissenslücke eingestehen: Sie können als Projektleiter natürlich versuchen, die Frage nach den Stakeholdern ganz alleine für sich zu beantworten. Wenn Sie aber ehrlich zu sich selber sind, fehlen Ihnen dazu in einem internationalen Projekt wahrscheinlich eine ganze Reihe wichtiger Informationen. Sich selber diese Wissenslücke einzugestehen, ist der erste wichtige Schritt.

(2) Mögliche Kontakte auflisten: Der zweite Schritt ist, sich so viele und so gute Informationsquellen zu erschließen wie möglich. Hier kommt der kulturelle Dolmetscher aus Kapitel 2.5 ins Spiel. Je besser jemand die Verhältnisse vor Ort kennt, desto eher kann er sagen, wer die für das Projekt entscheidenden Personen sind oder wer darüber Auskunft erteilen kann. Wenn Sie diese Personen ansprechen, werden sie Ihnen vielleicht zusätzliche Kontakte nennen.

(3) Sinnvolle Namen aus der Liste filtern: Wenn Sie eine ausreichende Zahl von Personen identifiziert haben, die als Stakeholder in Frage kommen, ist es wichtig, diejenigen zu identifizieren, die Ihr Projekt entscheidend beeinflussen können. Die Herausforderung besteht darin, einerseits keine wichtigen Stakeholder zu übersehen (wie im Beispiel des Imam zu Beginn dieses Abschnitts) und andererseits keine Zeit zu verlieren mit der Betrachtung von Personen, die keine wesentliche Bedeutung für Sie haben.

(4) Wichtige und erfolgsrelevante Außenstehende berücksichtigen: Um wichtige Personen nicht zu übersehen, ist es sinn-

4. Umfeldmanagement

voll, die aus der Liste gefilterten Personen zu hinterfragen und weitere Informationen über sie zu gewinnen. Hier sind einige Fragen, die bei der Stakeholderidentifizierung und Informationsgewinnung helfen können:
- Wer sind unsere Wettbewerber?
- Wer sind die Anwender des Projektergebnisses?
- Wer wird nach Projektende die Wartung durchführen?
- Bei Produktentwicklung: Wer wird die Produkte fertigen?
- Wer wird das Projekt finanzieren?
- Wer muss dem Projekt Mitarbeiter zur Verfügung stellen?
- Wer könnte Vorteile vom Projektergebnis haben?
- Wer könnte Nachteile vom Projektergebnis haben?
- Wer könnte Vorteile von der Projektdurchführung haben?
- Wer könnte Nachteile von der Projektdurchführung haben?
- Wer sind entscheidende Meinungsführer in der Region (Politiker, Clan-Führer, religiöse Autoritäten), in den betroffenen Organisationen und Organisationseinheiten?
- Wer im Projekt und in den betroffenen Organisationen hat besondere Beziehungen zu einem dieser entscheidenden Meinungsführer?

Nur in Ländern mit schwachem Kontextbezug können einfache, direkte Fragen gestellt werden und kann mit eindeutigen Antworten gerechnet werden. In Ländern mit starkem Kontextbezug muss eine Beziehung erst aufgebaut werden. So kann z. B. in Ägypten eine Beziehung dadurch zustande kommen, dass ein ausländischer Besucher durch jemanden, der dessen Gesprächspartner gut kennt, eingeführt wird.

In Ländern mit großer Machtdistanz ist es üblich, dass Angestellte keinen näheren Kontakt zum Vorgesetzten oder Unternehmensleiter pflegen. Indem der Vorgesetzte eines Projektmitarbeiters den Kontakt zur Führungskraft vor Ort selbst pflegt, kann er an Informationen gelangen, die seinem Mitarbeiter ohne ihn nicht bereitgestellt würden.

Ein erprobtes Hilfsmittel bei der Stakeholder-Identifizierung ist das Zeichnen einer Organisationslandschaft, wie sie in Abbildung 4.1 dargestellt wird.

4.1 Stakeholder-Management

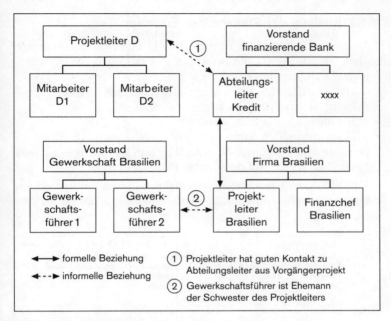

Abb. 4.1: Beispiel einer Organisationslandschaft

Bestandteil der Darstellung sind Organisationseinheiten des Unternehmens, des Projektes und die identifizierten Stakeholder. Die Pfeile zwischen den Elementen stellen formelle und informelle Beziehungen dar. Zur Vervollständigung und Präzisierung des Diagramms kann man beliebige Ergänzungen vornehmen, wie beispielsweise inhaltliche Erläuterungen zur Qualität der Beziehung durch nummerierte Fußnoten.

Mit jedem neu eingetragenen Personenkreis kann man die Frage verknüpfen: „Und mit wem stehen diese Personen noch in Kontakt, welchen weitere Personen von Bedeutung können durch diesen neuen Kontakt erreicht werden?"

Indem diese Organisationslandschaft mit verschiedenen Beteiligten im Projekt gemeinsam erstellt wird, können Personen und Fragen identifiziert werden, die einer Einzelperson nicht möglich gewesen wären.

4.1.2 Analyse der Stakeholder-Situation

Wenn die Stakeholder für das Projekt eingenommen werden sollen, ist es hilfreich, die Informationsbasis noch weiter auszubauen. Es stellen sich Fragen wie
- Welche Einstellung hat Stakeholder X zu dem Projekt?
- Welche Art von Einfluss könnte er ausüben?
- Wie kann er beeinflusst werden?
- Welche kulturellen Aspekte sind dafür relevant? z. B. Wie groß ist seine Machtdistanz? Wie stark ist sein Kontextbezug? Welchen Wert legt er auf detaillierte Planung?

Um die Antworten übersichtlich darzustellen empfehlen wir eine tabellarische Stakeholder-Analyse wie sie in Tabelle 4.1 dargestellt wird.

	z. B. Frage 1: Welchen Einfluss hat diese Person auf das Projekt?	z. B. Frage 2: Wie berührt das Projekt diese Person?	z. B. Frage 3: Was motiviert diese Person?	z. B. Frage 4: Wie groß ist die Machtdistanz dieser Person?	z. B. Frage 5: Wie stark ist der Kontextbezug dieser Person?	z. B. Frage 6: Wie plant diese Person?
Stakeholder 1						
Stakeholder 2						
⋮						

Tab. 4.1: Tabellarische Stakeholderanalyse

Um die Tabelle auszufüllen sind sechs Schritte zu vollziehen:
(1) Eintragen der Namen in der ersten Spalte
(2) Festlegen der relevanten Fragen, wie sie in den Spaltenüberschriften exemplarisch vorgestellt werden
(3) Beantworten der Fragen jeweils für jeden Stakeholder. Ist die Antwort nur eine Vermutung, so ist sie mit einem Fragezeichen zu versehen.
(4) Identifizieren offener Fragen (leere Felder, Fragezeichen)
(5) Entwicklung einer Strategie zur Beantwortung offener Fragen

(6) Klärung der Risiken und Chancen der Stakeholdersituation.

Um festzustellen, welche Beziehungen zwischen den Stakeholdern bestehen, empfehlen wir, die geschilderte Organisationslandschaft durch eine Organisationsanalyse zu ergänzen:
(1) Fragen formulieren, die aus der Organisationslandschaft heraus geklärt werden sollten, z. B. Welche Art von Beziehungen bestehen zwischen wem? Welche Art von Informationen fließt zwischen wem? Wer macht die Arbeit? Wer versteht das Geschäft? Wer kennt die vertraulichen Informationen?
(2) Antworten auf die Fragen nummerieren und die entsprechende Nummer neben dem Stakeholderkasten oder Verbindungspfeil eintragen.
(3) Wo die Antwort nur eine Vermutung darstellt oder kontrovers ist, ein Fragezeichen setzen.
(4) Festlegen einer Strategie, um die offenen Fragen zu klären.
(5) Identifizieren der Chancen & Risiken, die sich aus der Organisationsanalyse ergeben.

Sowohl die tabellarische Stakeholderanalyse als auch die Organisationsanalyse kann der Projektleiter nutzen, bevor das Team gebildet ist. Dabei besteht die Gefahr, dass er wichtige Stakeholder nicht kennt oder aus Unkenntnis wichtige Aspekte vernachlässigt. Die Durchführung beider Analysen im Team bietet den Vorteil, solche blinde Flecken zu verhindern und bestenfalls durch eine kulturell gemischte Gruppe die Aspekte verschiedener Kulturen einzubinden.

Beide Analysen ermöglichen Einsichten, die nicht an jeder Stelle im Projekt bekannt gemacht werden sollten. Der Projektleiter sollte deshalb sorgfältig abwägen, wen er bei der Anwendung dieser Instrumente einbindet und wen nicht.

4.1.3 Methoden um Stakeholder zu beeinflussen

Aus den Chancen und Risiken, die sich aus den vorangegangenen Analysen ergeben haben, zu begegnen, kann der Projektleiter eine Strategie festlegen, die Stakeholder dazu veranlasst, das Projekt zu unterstützen. Grundsätzlich gibt es dabei folgende Möglichkeiten:

- Persönliche oder telefonische Gespräche. Dabei besteht die Strategie darin, welche Argumentation Sie benutzen, welchen Zeitpunkt und Ort Sie für das Gespräch wählen wollen und dergleichen.
- Beteiligung an einem gemeinsamen Workshop mehrerer Stakeholder.
- Indirekte Beeinflussung über Dritte. Gerade in Kulturen mit starkem Kontextbezug wird dies oft sinnvoll sein.
- Schriftliche Kontakte.

Gemeinsame Start-up Workshops mit mehreren Stakeholdern in der Vorbereitungsphase sind in vielen Fällen ein geeignetes Mittel, um die Projektziele zu klären, die Erwartungen der Beteiligten aufeinander abzustimmen und persönliche Beziehungen auch auf höherer Management-Ebene in die Wege zu leiten. Dabei können kulturelle Unterschiede angesprochen und gemeinsame Regeln zum Umgang damit entwickelt werden. Auf oberer Management-Ebene ist dabei allerdings noch mehr Fingerspitzengefühl nötig, als bei den Projektteams. Dass bei seinen Mitarbeitern noch Lernbedarf zu diesem Thema besteht, wird ein Vorgesetzter eher einsehen, als er dies für die eigene Person zugeben wird.

Die Besonderheiten von Start-up Workshops in internationalen Projekten liegen z. B. in
- einer Projektsprache, die nicht eines jeden Muttersprache ist
- einem vermehrten Zeitaufwand, der sich z. B. aus der notwendigen Übersetzung ergibt
- den unterschiedlichen Erwartungen, wie eine Besprechung abzulaufen hat und was sie erfolgreich macht
- den kulturellen Unterschieden der Beteiligten, die z. B. unterschiedlich ausführliche Erklärungen erwarten (starker/schwacher Kontext) oder die in der Gruppe keine kritischen Kommentare an den Vorgesetzten richten (große/kleine Machtdistanz).

4.1.4 Die Pflege der Beziehungen zu den Stakeholdern

Die bisherigen Ausführungen bezogen sich im Wesentlichen auf Aktivitäten in der Vorbereitungsphase des Projekts. Leider wird gerade in internationalen Projekten, das aktive Stakeholder-Management an dieser Stelle häufig beendet.

In Kapitel 2.2 wurde geschildert, wie leicht zwischen Menschen unterschiedlicher Kultur Missverständnisse entstehen und zu Konflikten eskalieren können. Deshalb ist es wichtig, an die im Start-up aufgebauten Beziehungen anzuknüpfen und für regelmäßige Treffen von internationalen Lenkungsausschüssen zu sorgen. Intervalle von drei Monaten sind ein Orientierungswert, der für viele Projekttypen geeignet ist.

Ein ausgeglichenes Reisebudget ermöglicht dem Projektleiter, die Kontakte auch weiterhin zu pflegen und diese Kontakte nicht auf das höhere Management zu beschränken. Im weiteren Verlauf des Projektes ist es wichtig, positiv eingestellte Stakeholder zu halten und sie immer wieder einzubinden, um Missverständnisse und Gerüchte zu verhindern.

Wenn die Informationen in der tabellarischen Stakeholderanalyse und der Organisationsanalyse ständig aktualisiert werden, können Veränderungen der Einstellungen oder weitere Stakeholder wahrgenommen und gesteuert werden. Zu oft haben wir von international erfahrenen Kollegen gehört: „Wir wollten € 20.000 Reisekosten sparen und hatten € 200.000 Mehraufwand durch entstandene Missverständnisse".

Ein gezieltes Projektmarketing muss Visionen, Ziele und Erfolge des Projektes an die Stakeholder weiter kommunizieren.

Nur wenn Sie regelmäßig mit diesen Werkzeugen weiterarbeiten, können Sie einen maximalen Nutzen daraus ziehen und die jeweils aktuelle Stakeholdersituation optimal überblicken.

Geschenke und Bestechung

In einigen Kulturen sind Geschenke Zeichen von Wertschätzung. Geschenke dürfen nicht mit Bestechungsgeldern verwechselt werden:
- Geschenke sind ein Zeichen der Wertschätzung und werden in Kulturen mit starkem Kontextbezug zur Geschäftsanbahnung erwartet.
- Bestechung wird bezahlt, wenn eine Gegenleistung erwartet wird.

4. Umfeldmanagement

Es empfiehlt sich, sich über die lokalen Sitten und Gebräuche im Vorfeld zu informieren und entsprechend zu handeln.

4.2 Management der politischen Situation

Die politische Situation kann bei internationalen Projekten einen wesentlichen Einfluss nehmen. So können z. B.
- wichtige Genehmigungen von Regierungsmitgliedern abhängen,
- lokalpolitische Entscheidungen sich auf gewählte Standorte auswirken,
- örtliche Meinungsführer das Projekt beeinflussen, wie der zu Beginn des Kapitels erwähnte Imam,
- tarifbezogene oder politische Streiks die Zeitplanung gefährden.

Daraus resultieren zwei Empfehlungen:
(1) politische Aspekte und Personen im Stakeholdermanagement berücksichtigen
(2) ein gutes Risikomanagement aufbauen.

4.3 Rechts- und Vertragsaspekte

Ein Vertrag ist nicht nur als Protokoll des Vereinbarten zu verstehen, sondern kann auch als Symbol für die Geschäftsbeziehung stehen. Deshalb und wegen der unterschiedlichen Rechtslagen lohnt es sich für den Projektleiter, dem Vertrag eine besondere Aufmerksamkeit zu schenken.

4.3.1 Rechtliche Grundlagen und Gesetze

Im Ausland gibt es nur selten Schutz durch grundsätzliche und allgemein geltende Gesetzeswerke zum Wirtschaftsrecht wie einem Bürgerlichen Gesetzbuch oder Handelsgesetzbuch. Im angloamerikanisch beeinflussten Rechtskreis beispielsweise basiert das Rechtssystem primär auf Präzedenzfällen, d. h. es gilt allein der Vertragstext mit allen inkludierten Regelungen. Deshalb ist für jedes internationale Projekt eine grundlegende Entscheidung über das anzuwendende Recht notwendig. Aufgrund seiner Klarheit wird oftmals das Schweizer Recht angewendet.

4.3 Rechts- und Vertragsaspekte

Nach dieser „Bezugsgröße" richten sich die Auslegung der Verträge, die notwendige Regelungstiefe sowie die Möglichkeiten der gerichtlichen und außergerichtlichen Streitbeilegung. Hier sind Schiedsgerichte besonders wichtig. Zusätzlich können gerade im internationalen Projektgeschäft länderübergreifende Gesetze, Abkommen und Regelungen relevant sein, z. B. die United Nations Convention on Contracts for the International Sale of Goods (1980).

Im internationalen Geschäft werden weitere Vertragsinstrumente verwendet wie z. B. die Eckpunktevereinbarungen (Heads of Agreement) oder die Absichtserklärung (Letter of Intent), die als Vorverträge gelten und deren Gewichtung von dem ausgewählten Rechtssystem abhängt. Darüber hinaus werden Verträge im internationalen Umfeld auch anhand ihrer Preisbildungsmodalitäten differenziert. Hieraus ergibt sich eine breite Palette von Vertragsarten (von cost reimbursement bis zu lump sum), die durch weitere und relativ neue Vertragsarten (z. B. Guaranteed Maximum Price, GMP, im Bauwesen) fortentwickelt werden. Hier ist es wichtig zu bemerken, dass die ausgewählte Modalität entscheidet, bei welchem der Vertragspartner das Risiko liegt.

Ein Projektleiter sollte sich bei der Informationssammlung über die rechtlichen Gegebenheiten vor Ort niemals auf Aussagen einer selbst betroffenen Person verlassen, weil sein fehlendes Wissen ausgenutzt werden könnte.

4.3.2 Kulturell geprägter Umgang mit Verträgen

Partikularistische und universalistische Kulturen messen Verträgen unterschiedliche Bedeutung bei: während in partikularistischen Kulturen fallweise Ausnahmen vom Vertrag zugelassen werden, bleiben Verträge in universalistischen Kulturen immer gültig, auch dann, wenn sich eine Situation ändert. Dies beschreibt das folgende Beispiel, in dem die Zusammenarbeit eines partikularistischen, französischen Unternehmer und einem universalistischen, deutschen Unternehmer vorgestellt wird:

> Für ein Projekt zwischen einem französischen und einem deutschen Unternehmen wurden – in partnerschaftlicher Absicht – vertraglich Lieferungen vereinbart, das Budget knapp kalkuliert und die Finan-

zierungskosten moderat vereinbart. Im Projektverlauf stiegen die Ressourcenpreise und entsprechend die Finanzierungskosten des Franzosen. Der Franzose stoppte seine Lieferung.

Der deutsche Partner sah im Preisanstieg nicht sein Problem, es bedeutete lediglich Pech des französischen Partners. Er ging davon aus, dass der Franzose weiterhin zu den für ihn günstigen Konditionen liefern würde.

Der Franzose hingegen sah sich zwischen den zwei Optionen gefangen: entweder zu überhöhten Kosten termingerecht zu liefern oder Vertragsstrafe an den Deutschen zu zahlen. In beiden Fällen war seine wirtschaftliche Existenz gefährdet. Für den Franzosen war der deutsche Partner zwar nach den Buchstaben des Vertrages im Recht, aber nicht dem Geist des Vertrages nach.

Da beide Partner bei der Absprache der Zusammenarbeit die Absicht hatten, eine längere Zusammenarbeit zu beginnen, stand für ihn außer Frage, sich mit diesem Projekt zu ruinieren. Er ging davon aus, dass der deutsche Partner dies ebenso sah und hoffte auf außervertraglich bessere Abnahmekonditionen, die seinen erhöhten Preis berücksichtigten, oder auf ein Zeichen des Deutschen, den Vertrag auf Basis der neuen Situation nachzuverhandeln.

Der deutsche Unternehmer wertete den Lieferstopp als Vertragsbruch und verklagte den Franzosen.

Dieses Beispiel zeigt, dass der Geist eines Vertrages von den beteiligten Kulturen unterschiedlich interpretiert werden kann.

In vielen Ländern werden Verträge per Handschlag abgeschlossen. Dies bedeutet, dass das persönliche Vertrauen wichtiger ist als der dokumentierte Vertrag. In der Realität passiert es jedoch häufig, dass die Einzelpersonen wenig Vertrauen zueinander haben und versuchen, sich abzusichern (z. B. im arabischen Raum).

Der Projektleiter sollte berücksichtigen, dass Ansprechpartner wechseln können. Eine überwiegend mündlich getroffene Vereinbarung kann sich als Problem erweisen, wenn die abgesprochenen Bedingungen nachgewiesen werden müssen.

4.3.3 Verträge vorausschauend gestalten

Im Idealfall werden Sie als Projektleiter bereits frühzeitig bei der Anbahnung des Projektes hinzugezogen und können an der Vertragsgestaltung mitwirken. Aus Sicht des Projektmanage-

4.3 Rechts- und Vertragsaspekte

ments sollte ein Vertrag auf jeden Fall handhabbar bleiben. Um die Projektabwicklung möglichst flexibel zu halten, sollten Konfliktlösungsfilter und -mechanismen integriert werden, beispielsweise durch Aufnahme einer expliziten Mediationsklausel[1] in den Vertrag.

Gerade bei internationalen Verträgen sollte man sich des Facettenreichtums der Vertragssprache (meist Englisch) bewusst sein. Daher ist unbedingt die Hilfe eines versierten Fachmanns heranzuziehen.

Folgende Aspekte können in internationalen Projekten die Ursache für Komplikationen sein.
- Risiken erkennen und gegensteuern
- Umgang mit und Wirkung von Garantieerklärungen
- Bedeutung pauschalierter Vertragsstrafen für die Projektabwicklung
- Bürgschaften
- Handhabung und Gestaltung von Konkurrenzklauseln
- Klärung der Schnittstellen bei Auslandsberührung

Daher sollten diese Aspekte im Vorfeld angemessen berücksichtigt werden, denn sie dienen zur Sicherung der Vertragsdurchführung:

Bei internationalen Vertragswerken ist ergänzend besonders das Thema **Claim-Management** zu berücksichtigen. Ein Claim basiert vorwiegend auf nicht erfüllten Erwartungen, egal ob diese berechtigt sind oder nicht. Auf dieser Grundlage wird eine Nachforderung gestellt, die entweder in Geld (zusätzliche Zahlung oder geringerer Rechnungsbetrag), Zeit (mehr Zeit zur Aufgabenerfüllung oder schnellere Leistungserbringung) oder Leistung (bessere Leistung für gleiches Geld oder Nachbesserung) ausgedrückt wird.

Das Claim-Management und seine Vorbereitung sind ein wichtiger Aspekt des Stakeholder-Managements. Insbesondere in den Vereinigten Staaten wird mit dem Instrument Claiming wesentlich härter gearbeitet, da dort der Gedanke der buchstabengetreuen Vertragserfüllung im Vordergrund steht.

4.4 Internationale Verhandlungsführung

Verhandlungen finden zu vielen Anlässen im Projekt statt. Typische Verhandlungssituationen in internationalen Projekten sind:
- einen bestimmten Zweck zu erreichen
- Personen zu überzeugen
- gegenläufige Interessen zu beschwichtigen
- unterschiedliche Ansichten zu versöhnen.

Die Verhandlung gilt als primäres Mittel der friedlichen Konfliktlösung. Es geht vor allem darum, unterschiedliche Interessenlagen so weit in Übereinstimmung zu bringen, dass die Beteiligten ihre Erwartungen erfüllt sehen.

In vielen Ländern ist die Verhandlungsführung geschickter als in Deutschland, es wird als eine Art Kunst betrachtet. Man muss sich darauf einstellen, mit geschulten sowie deutlich routinierteren und eventuell besser vorbereiteten Verhandlungspartnern umzugehen.

Eine weitere Schwierigkeit ergibt sich aus den sehr unterschiedlichen Heran- und Vorgehensweisen bei einer Verhandlung. In Deutschland wird die Sache in den Vordergrund gestellt, die Beziehung entsteht im Laufe der Vertragsverhandlungen (ebenso in Skandinavien). In anderen Kulturen läuft es genau umgekehrt. Grundsätzlich kann folgender allgemeiner Grundsatz formuliert werden: Zuerst die Beziehung – dann die Sache – und die Formulierungen später.

4.4.1 Verhandlungen in und mit anderen Kulturen

Verhandlungen werden in anderen Kulturen auf eine andere Art und Weise geführt. Im Folgenden werden einige besondere Aspekte näher betrachtet, um die Breite des Themas darzustellen:

Intensität der vertraglichen Regelungen

In Ländern wie den USA wird alles im Detail vorbereitet und abgesichert, um spätere hohe Gerichtskosten zu vermeiden. In anderen Ländern (z. B. in China) wird ein Vertrag als allgemeines Abkommen zur Formulierung einer Vertrauensbasis gesehen.

Härte des Verhandlungsstils

In einigen Ländern wird die gesamte zur Verfügung stehende Verhandlungszeit dazu genutzt, die eigene Verhandlungsposition zu maximieren (insbesondere in Deutschland und in den Niederlanden). In anderen Ländern (z. B. in den USA und in Spanien) wird hingegen Wert darauf gelegt, zu einem für beide Seiten vorteilhaften Vertrag (zum so genannter Win-Win Vertrag) zu kommen.

Wenn klar ist, was das für alle Beteiligten befriedigende Ergebnis sein könnte, wird dies als Lösung frühzeitig vorgeschlagen. Wenn in diesem Fall ein deutscher Projektleiter weiterverhandeln will, kann dies zum Abbruch der Verhandlungen führen.

Sprache als Instrument

In Ländern wie Deutschland wird die Sprache als funktionales Werkzeug zur Klärung von Anliegen und Interessen gesehen. In Verhandlungen mit Franzosen oder Engländern hingegen wird sehr viel Wert auf die Ausdrucksform gelegt.

Auftreten und Verhalten des Verhandlungspartners

In Frankreich ist beispielsweise souveränes und kultiviertes Auftreten unumgänglich, mangelnde Detailkentnisse (technisch und fachlich) werden eher nachgesehen. In Deutschland steht die fachliche Detailkenntnis im Vordergrund. Etikette und Förmlichkeit (z. B. Kleidung) spielen wiederum in anderen Ländern (z. B. in Indien) eine große Rolle.

Strukturierung des Gesprächs und thematischer Ablauf

In Deutschland wird zunächst eine klare Struktur erstellt und dann die Einzelthemen nacheinander abgearbeitet. In Kulturen mit starkem Kontextbezug (z. B. in Frankreich und Brasilien) ist hingegen ein breites Sondieren des gesamten Themenfeldes üblich. Im nächsten Schritt werden dann die Detailthemen (z. B. Ziele, Methoden, Finanzen) nebeneinander behandelt.

4. Umfeldmanagement

Bedeutung von Faktenwissen

In den USA wird z. B. ein schnelles „auf den Punkt kommen" geschätzt. Vom Vertragspartner wird verlangt, dass er die Verhandlungsbestandteile wie Forderungen, Angebot und Kosten sofort abrufbar hat. Daher muss man die Verhandlung sorgfältig vorbereiten und die Fakten parat haben.

Offene oder implizite Verhandlungsführung

In Ländern mit niedrigem Kontextbezug wie in Deutschland ist das schnelle Einnehmen einer expliziten Position und eine offene Konfrontation in Verhandlungen üblich. Diesem direktem Verhandlungsstil steht die elegant-implizite Nutzung der Gesprächsdynamik und sprachlicher Finesse wie z. B. in Frankreich gegenüber.

Betonung der Gemeinsamkeiten oder Unterschiede

In Deutschland wird in Verhandlungen das Thema fokussiert, bei dem Uneinigkeit herrscht. In anderen Ländern wie z. B. China werden hingegen die Bereiche betont, in denen eine Übereinstimmung möglich erscheint.

Nutzung von Beziehungen und Referenzen als Einstieg

In machtdistanten Kulturen wird die Empfehlung durch eine beiderseits bekannte, honorige Persönlichkeit als Einstieg in Verhandlungen erwartet (z. B. in Spanien). Es kann hilfreich sein, sich hierbei eines professionellen Vermittlers zu bedienen.

Bedeutung der persönlichen Beziehungsebene

In stark kontextbezogenen Kulturen kommt der persönlichen Beziehung eine deutlich höhere Bedeutung zu. Vielfach wird der direkte Beginn einer Verhandlung zum angesetzten Termin vermieden, bis eine persönliche Beziehung aufgebaut ist.

Bedeutung von Ehre, Achtung und Ansehen

Gerade im arabischen Raum kommt diesen drei Grundwerten eine hohe Bedeutung zu. Es ist eine hohe Sensibilität erforderlich, der gegenseitigen Achtung wird ein wesentlich höherer Stellenwert beigemessen.

4.4 Internationale Verhandlungsführung

Umgang mit Verhandlungsteams und Delegationen

Nicht selten wird die Verhandlung durch eine Delegation bestritten, die in ihrer Teilnehmerzahl variieren kann. Hier ist es oftmals schwer, die Hierarchieebenen zu erkennen und den fachlich richtigen Gesprächspartner zu identifizieren. Die Erfahrung zeigt, dass mit zunehmender Größe des Verhandlungsteams auch der Bedarf an Abstimmung steigt. Dazu sind Unterbrechungen, Pausen und Rücksprache-Runden notwendig, die im Vorfeld bei der Planung berücksichtigt werden sollten.

Unterschiedliche zeitliche Ausdehnung der Verhandlungen

In Ländern wie z. B. China wird für eine Verhandlung so viel Zeit verwendet, wie es für die Sache notwendig erscheint. Wenn ein Verhandlungspartner dort auf die Zeit drängt (z. B. mit dem Hinweis auf seinen bereits gebuchten Rückflug) wird dies gegen ihn verwendet, indem im letzten Moment neue Forderungen gestellt werden, zu denen der andere aufgrund des Erfolgsdrucks inhaltliche Zugeständnisse machen muss.

4.4.2 Phasen der Verhandlung

Unabhängig von den beteiligten Kulturen folgt der gesamte Prozess der **Verhandlungsführung** den folgenden fünf Hauptschritten:

(1) Informationsbeschaffung und Zielsetzung: Grundsätzlich ist zuerst das eigene Verhandlungsziel zu definieren. Um dies erfolgreich tun zu können, braucht man ausreichende Informationen über den Verhandlungspartner, dessen Hintergrund, Motivationen, Notwendigkeiten und Handlungsspielräume. Auch die Frage, welcher relative Stellenwert Beziehungs- und Sachzielen beigemessen wird, ist von großer Bedeutung. Gerade bei der Vorbereitung internationaler Verhandlungen kann ein kultureller Dolmetscher behilflich sein.

(2) Entwicklung der Verhandlungsstrategie: Hierbei wird der „rote Faden" der Verhandlung festgelegt. Die Umsetzung dieser Strategie orientiert sich an der Verhandlungssituation. Die eigene Taktik wird in den Pausen den Rahmenbedingungen ange-

passt. Dabei gilt es zu bedenken, wie stark die jeweiligen Positionen wirklich sind, welche Prioritäten bestehen und in wieweit der Zeitrahmen dem gewählten Vorgehen entspricht. Folgende Fragen sind vorab zu klären:
- Welches Ergebnis ist unbedingt zu erreichen?
- Wo liegt die eigene Schmerzgrenze?
- Wann sind die Verhandlungen abzubrechen?

(3) Vorbereitung der Lokalitäten: Der Verhandlungsort spielt eine wichtige Rolle. Zudem ist die sorgfältige Zusammenstellung der Verhandlungsdelegation mit interner Rollenverteilung erfolgskritisch und sollte gezielt geplant werden.

(4) Durchführung der Verhandlung: In Ländern mit schwachem Kontextbezug wird normalerweise in mehreren Schritten verhandelt. Zuerst werden die Probleme benannt, thematisch voneinander abgegrenzt und logisch geordnet. Aus Sicht des Projektleiters sind auch prozedurale Regelungen für die Handhabung des Vertrags im Tagesgeschäft zu vereinbaren (wird von Juristen gerne vergessen).

In Verhandlungen mit Partnern aus Kulturen mit starkem Kontextbezug wird keiner festen Reihenfolge gefolgt. In kollektivistischen Kulturen beginnt man Verhandlungen mit den Themen, über die Konsens herrscht und erst danach werden die kritischen Themen behandelt.

(5) Auswertung und Nachbereitung: Jede Verhandlung ist unbedingt zu dokumentieren und auszuwerten. Dies hilft bei weiterführenden Verhandlungen. Dabei sollte das Gesagte, Vermiedene und Signalisierte aus den verschiedenen Blickwinkeln der Verhandlungspartner analysiert und die Lehren daraus zeitnah festgehalten werden. In dieser Stufe sollte das Vertragscontrolling bzw. Vertragsmanagement initiiert werden.

4.5 Infrastruktur-Management

Bericht einer deutschen Projektleiterin über ihre Erfahrungen in der Haupstadt der Ukraine:

4.5 Infrastruktur-Management

Ich wurde von einem deutschen Unternehmen beauftragt, vorübergehend die Leitung einer Softwareentwicklung in Kiew zu übernehmen.

Bei meinem ersten Informationsgespräch wurde mir gesagt, dass es ziemlich viele Probleme mit dem ukrainischen Software-Team gebe. Die Entwickler würden auf E-Mails frühestens nach vier bis fünf Tagen reagieren, Faxe könnten überhaupt nicht gesendet werden und telefonische Kontakte wären auch sehr spärlich. Man war über das Verhalten der ukrainischen Entwickler sehr verärgert und die Kommunikation war auf dem Tiefpunkt.

Der erste Eindruck nach meiner Ankunft in Kiew hat meine Erwartungen und Vorstellungen völlig über den Haufen geworfen. Das Büro war in einem etwas verfallenen Wohnhaus, der Aufzug war nicht besonders zuverlässig und das was hier Büro genannt wurde, war eine ehemalige Einzimmerwohnung mit einem PC (Windows95 russisch und ein Modem). Die Entwickler arbeiteten von zu Hause aus, und trafen sich gelegentlich in diesem Büro für Besprechungen und zum Speichern dessen, was sie in der Zwischenzeit entwickelt hatten.

Die Telefonkosten und damit auch Internet waren so teuer, dass sich die meisten Entwickler dieses gar nicht leisten konnten. Der Einzige, der einen Internetzugang hatte, war der Teamleiter, der aber verständlicherweise sparsam mit dieser Verbindung umging. Faxe konnten nur von der Zentralpost versendet werden (das heißt drei Stunden Aufwand für ein einziges Fax). Telefonate nach Deutschland waren so teuer, dass die Entwickler immer auf einen Anruf warteten, oder per E-Mail um Rückruf baten. Um sich zu einem Meeting zu treffen, benötigten die meisten innerhalb Kiews eine Anreise von ein bis zwei Stunden einfache Fahrtzeit. Die Computer, auf denen sie arbeiteten, waren alte Modelle, auf denen die neueste Version des Entwicklungstools nicht laufen konnte.

Der Aufbau einer funktionierenden Infrastruktur hat ca. vier Monate unter teils abenteuerlichen Bedingungen gedauert. Danach waren wir in der Lage, mit dem technischen Stand zu arbeiten, der für das gesamte Projekt notwendig war. Der ursprüngliche Zeitplan wurde dadurch zwar um drei Monate überschritten. Von diesem Zeitpunkt an haben aber alle Projektteammitglieder immer termingerecht ihre Aufgabenpakete geliefert.

Dies ist ein Extrembeispiel. Es vermittelt einen guten Eindruck davon, was zum Thema Infrastruktur alles zu berücksichtigen ist. Auch in hoch entwickelten Ländern wie den USA oder Japan können unterschiedliche Normen und Standards einem internationalen Projektteam Schwierigkeiten bereiten.

Stellen Sie sich deshalb darauf ein, so früh wie möglich Ihre Erwartungen an vorhandene Infrastruktur zu überprüfen und den Standard der Projektpartner in Erfahrung zu bringen. Planen Sie Maßnahmen zum Umgang mit diesen Problemen. Stellen Sie sich darauf ein, dass auch scheinbare Selbstverständlichkeiten wie Steckdose, Voltzahl, ISDN oder Mobiltelefone dort anders sein können.

4.6 Zusammenfassende Handlungsempfehlungen

- Verschaffen Sie sich durch systematische Informationssammlung und -auswertung einen Überblick über die Stakeholder-Situation.
- Bauen Sie frühzeitig persönliche Beziehungen zu den wichtigsten Stakeholdern auf und pflegen Sie diese das ganze Projekt hindurch.
- Planen Sie einen kulturell abgestimmten Start-up Prozess. Dessen Ziel sollte sein, möglichst viele Stakeholder als Unterstützer zu gewinnen und den Einfluss derer, die Sie nicht gewinnen können, soweit es geht zu reduzieren.
- Verschaffen Sie sich einen klaren Überblick über eventuelle Einflüsse von Landes- und Lokalpolitik auf Ihr Projekt und entwickeln Sie Strategien zum erfolgreichen Umgang damit.
- Achten Sie bei internationalen Verträgen sowohl auf Unterschiede in den Rechtssystemen der beteiligten Länder als auch auf die kulturellen Unterschiede im Umgang mit Verträgen.
- Falls Sie internationale Verhandlungen führen, bereiten Sie sich auf die kulturell geprägten Vorgehensweisen Ihrer Verhandlungspartner vor.
- Bereiten Sie sich frühzeitig auf die Herausforderungen aufgrund der unterschiedlichen Standards bei der Infrastruktur vor.

Anmerkungen

[1] Eine Möglichkeit zur weiteren Information bietet die International Arbitration Association www.i-a-a.ch

5. Kommunikation und Information

Dr. Klaus Wagenhals

Mit den in diesem Kapitel vorgestellten Modellen und Erkenntnissen soll der Leser angeregt werden, sein eigenes Kommunikationsverhalten im internationalen Zusammenhang zu überprüfen und durch die Erprobung von neuem seine Kommunikation zu verbessern.

Zur Einführung in das Thema ein Beispiel:

Ein Projektteam – bestehend aus Amerikanern, Franzosen, Japanern und Deutschen – trifft sich zum Meeting. Die Deutschen repräsentieren das Mutterhaus und stellen auch den Projektleiter. Die gemeinsame Sprache ist Englisch.

Inhaltlich geht es um den Austausch über den Stand der Projektarbeiten, um die Lösung eines fachlichen Problems und um Entscheidungen, die sich aus obigem ergeben – entsprechend war die Tagesordnung allen per E-Mail zur Verfügung gestellt worden.

Beim Durchsprechen der Liste offener Punkte wird von den Verantwortlichen über den Status unterschiedlich berichtet: die Franzosen sprechen manches sehr detailliert an, sagen zu anderen Aspekten aber nichts, die Amerikaner arbeiten die Punkte kurz und knapp ab mit dem Tenor „keine Probleme", die Japaner sagen wenig und bleiben bei konkreten Nachfragen unverbindlich und die Deutschen berichten teilweise kurz und knapp, teilweise bleiben sie aber auch an Teilaspekten länger hängen als nötig. Sie zeigen im Gegensatz zu den Amerikanern ihre Ungeduld, indem sie immer wieder auf die Uhr schauen oder den Besprechungsraum verlassen, um zu telefonieren.

Am Ende dieses Tagesordnungspunktes gibt es unzufriedene Gesichter, weil diese Berichtseinheit länger gedauert hat als gedacht, aber auch Erleichterung, weil sie vorbei ist. Der Projektleiter ist nicht der einzige, dem unklar ist, wie weit Franzosen und Japaner nun wirklich sind und wo sie vielleicht Unterstützung benötigen.

Beim nächsten Tagesordnungspunkt – der Problemdiskussion – stellt sich heraus, dass das Problem aus der Sicht der Beteiligten jeweils anders beschrieben wird. Der Projektleiter versucht, seine Sicht der Dinge durchzusetzen. Das erzeugt bei den Amerikanern und den

> Deutschen Widerstand und führt dazu, dass man sich die jeweiligen Sichtweisen erläutert – allerdings in einem Stil, der die Sicht des anderen abwertet. Obwohl dadurch kein Konsens erzielt wird, greift der Projektleiter für die Problemlösung auf ein altbewährtes Mittel für derartige Gelegenheiten zurück: das Brainstorming. Die Lösungsideen werden – entgegen den Spielregeln zum Brainstorming – von den anderen außer den Japanern kommentiert, woraus sich eine ausufernde Diskussion über einen Aspekt einer Lösungsidee ergibt. Der Projektleiter versucht das abzublocken und zur Tagesordnung zurückzukehren; um den „Dampf" aus der Diskussion zu nehmen, schlägt er vor, die Lösungsfindung zu vertagen. Daraufhin zeigen die Amerikaner ihren Ärger offen, weil sie sich eine klare Entscheidung in Bezug auf die Lösungsvarianten dieses Problems gerade für dieses Meeting erhofft haben: Sie ziehen daraus den Schluss, dass der deutsche Projektleiter seiner Führungsaufgabe nicht gewachsen zu sein scheint.

Was ist passiert? In diesem interkulturell zusammengesetzten Team wurden Informationen ausgetauscht und es wurde kommuniziert, aber man hat den Eindruck, dass es nicht gut funktionierte. Wir werden dieses Beispiel weiter unten auswerten; zunächst brauchen wir aber ein Verständnis davon, wie der Informationsaustausch durch die unterschiedlichen Kulturen beeinflusst wird und was einen Kommunikationsprozess im internationalen Kontext ausmacht.

5.1 Grundlagen zum Informationsaustausch und zu Kommunikationsprozessen

Die für Projekte entscheidende Frage an dieser Stelle ist, wie man mit Vertretern anderer Kulturen Informationen so austauschen kann, damit
- jeder im Team oder auch jeder Stakeholder diejenigen Informationen bekommt, die für ihn und eine qualifizierte Erledigung seiner jeweiligen Aufgaben und Ausfüllung von Positionen wichtig sind
- jeder diejenigen Informationen, die entsprechend für andere wichtig sind, so weitergibt, dass auch dort das angesprochene Ergebnis erzielt werden kann und

- jeder die jeweils gegebenen Informationen versteht, als eindeutig und relevant für sich und seine Handlungen bewertet und im gegenseitigen Austausch ein angenehmes Gefühl hat.

Eine Grundlage für die Antwort zur obigen Frage liefert uns das **Vier-Ohren-Modell** von *Schulz von Thun*, das die Erkenntnis zusammenfasst, dass ein Interaktionsprozess (das heißt ein Austausch von Informationen) zwischen zwei Personen immer geprägt ist von vier verschiedenen Botschaften:
- dem Appell,
- der Selbst-Offenbarung,
- der Sach-Information und der
- Beziehungs-Information.

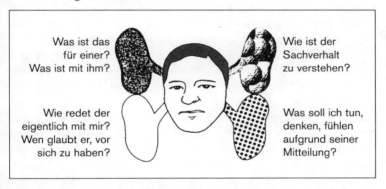

Abb. 5.1: Das Vier-Ohren-Modell (Quelle: *Schulz von Thun*, 1993)

Aus diesem Modell lässt sich ableiten, dass eine Information nie rein sachlich gegeben werden kann, auch wenn das häufig ein Wunsch in Projektsitzungen ist. Daraus ergibt sich für den Informationsaustausch auf internationaler Ebene, dass jede der Botschaften vor dem Hintergrund der jeweiligen kulturellen Herkunft (und damit Prägung) bewertet werden muss. Das hat Folgen für den Kommunikationsprozess auf die wir weiter unten ausführlich eingehen.

Für die Anwendung im internationalen Umfeld ist es wichtig zu realisieren, dass dieses Vier-Ohren-Modell den Austauschprozess auf den Kopf beschränkt. Besser ist es, den ganzen Mensch

und seinen jeweiligen Kontext in die Kommunikation ein zu beziehen:
(1) sein Körper: er bewegt sich aus seiner Geschichte heraus und je nach Situation impulsiv oder kontrolliert und drückt manches aus, was ihm nicht bewusst ist und was er vielleicht auch gar nicht sagen will
(2) seine Sinnesorgane, die seine Wahrnehmung der augenblicklichen Situation auf der Basis seiner Kultur und gelernten Muster steuern
(3) seine Stimme und Sprachfähigkeit
(4) sein Gehirn, sein Wissensspeicher, sein Bewertungszentrum für gesammelte Informationen sowie seine Denkmodelle
(5) seine Werte, Grundsätze und jene Konzepte, die Auskunft darüber geben, was für ihn wichtig ist im Leben, welches Menschenbild er hat, was er tun oder lassen sollte
(6) seine Erwartungen an den Augenblick und den oder die Gesprächspartner, gespeist aus seiner Erfahrung, den momentanen Kontexten und abhängig von der Art bzw. Qualität der Beziehung

Wenn sich Menschen miteinander austauschen, werden alle diese Aspekte einbezogen, meist ohne dass sie es merken. Im internationalen Kontext sollte man sie sich bewusst machen um die Kommunikationsprozesse unter Berücksichtigung der jeweiligen Kulturspezifika angemessen zu gestalten und praktisch umsetzen zu können.

Dafür werden als nächstes die Besonderheiten auf der Ebene verbaler und non-verbaler Kommunikation herausgearbeitet.

5.2 Verbale und non-verbale Ausdrucksfähigkeit im interkulturellen Vergleich

5.2.1 Besonderheiten im verbalen Austausch

Grundsätzlich lassen sich bei der verbalen Kommunikation verschiedene Richtungen unterscheiden:
- eine Person richtet sich an eine andere Person – dann spricht man von Gespräch, Dialog, Streit, Verhandlung;

5.2 Verbale und non-verbale Ausdrucksfähigkeit

- eine Person richtet sich an mehrere Personen – dann spricht man von Rede, Diskussionsbeitrag, Präsentation, Monolog
- mehrere Personen richten sich an mehrere Personen – dann spricht man von Gruppendiskussion, Streit bzw. Auseinandersetzung, Gespräch, Verhandlung oder auch Durcheinander

In der Art und Weise, wie diese Richtungen ausgestaltet werden, gibt es gravierende Unterschiede zwischen den Kulturen: in Kulturen mit schwachem Kontextbezug achten die Gesprächsteilnehmer auf den eigentlichen Gesprächsinhalt, während in Kulturen mit starkem Kontextbezug und kollektivistischer Ausprägung die Aufmerksamkeit mehr auf den Zusammenhang, in dem das Gespräch stattfindet, auf die Beziehung, die man zum Sprechenden hat, auf dessen Situation und auf die non-verbalen Anteile (wie Distanz zwischen den Körpern, Augenkontakt, Betonung usw. – dazu mehr weiter unten) lenkt.

In kollektivistischen Kulturen ist die Harmonie der Beziehung eine wichtige Größe. Erst wenn eine gewisse Vertrauensgrundlage geschaffen ist, können eigentliche Inhalte besprochen werden. Der Aufbau dieser Vertrauensgrundlage erfolgt oft über Themen und Gespräche, die aus deutscher Sicht Nebensächlichkeiten betreffen.

In individualistischen Kulturen hingegen wird weniger Wert auf den Aufbau der guten Beziehung gelegt. Hier kann der Projektauftrag bereits am Anfang der Projektlaufzeit klar und präzise formuliert werden, wohingegen in kollektivistischen Kulturen in diesem frühen Stadium der Zusammenarbeit der Projektauftrag eher umschrieben werden sollte. Dies ermöglicht es, eine Zeitschiene zu präzisieren und die Verantwortlichkeit festzulegen.

Die Ausgestaltung des Informationsaustausches in Kulturen mit starkem Kontextbezug hat in Japan eine Besonderheit wenn es um den Austausch über Gefühle geht: da dies in Japan als unmännlich gilt und es zusätzlich die kulturbedingte Annahme gibt, dass Gefühle durch ihre Aussprache ihren Wert verlieren, wird dort in solchen Situationen eher geschwiegen. Es handelt sich dann quasi um eine Kommunikation höherer Ordnung.

Ein weiterer Grund für das Schweigen von Japanern z. B. in

Meetings kann darin liegen, dass sie einen möglichen Gesichtsverlust zu vermeiden versuchen, solange der Status des Gesprächspartners für sie nicht klar ist.

Ein Trainings-Teilnehmer von uns fasst einen weiteren Unterschied zu unserem Kommunikationsverhalten so zusammen: „Anglo-Saxons wait till the pre-speaker has stopped to talk to the others, Latinos interrupt ...". Lateinamerikaner (übrigens wie die Spanier, Italiener und Franzosen) fallen also den Mitdiskutierenden ins Wort und die höflichen Engländer warten, bis der Sprechende geendet hat. Die erste Verhaltensweise bedeutet aber nicht – wie man gerne interpretieren würde – dass die Lateinamerikaner unhöflich sind. Vielmehr zeigen sie durch ihr Engagement, wie sehr sie am Thema interessiert sind.

Neben den obigen Besonderheiten gehören auch die Sprachmelodie und Sprachfluss zur Gestaltung der Kommunikation. Abbildung 5.2 zeigt einige kulturellen Unterschiede in Melodie und Tonhöhe.

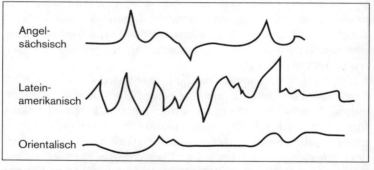

Abb. 5.2: Kulturelle Unterschiede in Melodien und Tonhöhen (Quelle: *Trompenaars/Hampden-Turner*, 1997)

Es lohnt sich zu überprüfen, wie diese unterschiedlichen Melodien auf einen selbst in der Zusammenarbeit wirken.

Die Lautstärke differiert ebenfalls: Menschen aus den Mittelmeerkulturen und Araber sprechen mit Vorliebe laut; Araber z. B. machen dies aufgrund ihrer Überzeugung, dass leise gesprochene Unterhaltungen unaufrichtig und falsch sind. In den USA da-

5.2 Verbale und non-verbale Ausdrucksfähigkeit

gegen hält man laut für grob und negativ. In laut sprechenden Kulturen sind oft auch Übertreibungen und blumige Umschreibungen üblich.

Gehen wir nun zu dem eingangs geschilderten Beispiel zurück. Dort ging es um die vom Projektleiter in der Einladung formulierte Erwartung, den Stand der Dinge aus den Aufgabenpaketen bzw. Teilprojekten zu erfahren, ein schwieriges Problem gelöst zu bekommen und diesbezügliche Entscheidungen treffen zu können.

Damit geht es für die Auswertung um folgende Fragen:
(1) Wurde dieser Auftrag von allen Beteiligten so verstanden, wie ihn der Projektleiter meinte?
(2) Welche Informationen konnten bzw. mussten für den Statusbericht aufbereitet werden?
(3) Wie wurden diese präsentiert und kamen bei den anderen Teammitgliedern an?
(4) Wie gelang der interkulturelle Informationsaustausch im Interesse einer Problemlösung?
(5) Waren alle nötigen Informationen für eine qualifizierte Entscheidung vorhanden?

Bei der Beantwortung dieser Fragen kann man feststellen, dass vor allem die Dimensionen Kontextbezug, Machtdistanz und Kollektivismus/Individualismus den Informationsfluss in Projekten weitgehend prägen. Wir haben die wichtigsten Merkmale der Kommunikation in den folgenden drei Tabellen zusammengestellt.

Frankreich und andere romanische Länder liegen zwar zwischen den Polen dieser Dimension, es wird dennoch von Vorgesetzten und Kollegen erwartet, dass diese sich in einem fortwährenden persönlichen Informationsaustausch mit allen Betroffenen befinden. Wenn vom Projektleiter nicht nachgefragt wird, wird dies als Desinteresse interpretiert. Insofern kann auch passieren, dass Franzosen bei langen Statusberichten leicht ungeduldig werden.

Deutschland und die USA sind Länder mit schwachem Kontextbezug.

5. Kommunikation und Information

Länder mit schwachem Kontext-Bezug	Länder mit starkem Kontext-Bezug
Information ist Bringschuld (Deutschland).	Information wird durch ständigen Austausch gewonnen, es gibt keine „Hol-" oder „Bringschuld".
Dinge werden direkt und meist klar angesprochen.	Man spricht etwas um die Dinge herum.
Kommunikation wird als Möglichkeit verstanden, Informationen, Ideen, Ansichten auszutauschen – möglichst „sachlich".	Wichtiger als Tatsachen sind die Situationen, Umstände, Personen. Man schmückt gerne aus.
	Man macht gerne über Kommunikation auf sich aufmerksam.
In Amerika ist es üblich, die Projektstände so aufbereitet auf dem Rechner zu halten, dass man sich schon vor bzw. zwischen den Meetings dazu informieren kann.	Die Arbeitsstände werden eher in einer Art Geschichtenerzählen dokumentiert und sind in ihrem Informationsgehalt oft sehr unterschiedlich; teilweise wird informell ausgetauscht. Es wird auf konkrete Anweisungen gewartet.

Tab. 5.1: Verhaltensmuster Kulturdimension Kontextbezug

Dazu ein weiteres Beispiel für die Probleme, die sich aus der direkten Art von uns Deutschen ergeben können:

In einem deutsch-französischen Projekt hatte eine deutsche Mitarbeiterin ein Fax folgenden Wortlauts nach Frankreich geschickt:

„… Ich hatte Sie bereits mehrfach darum gebeten, mir die wichtigsten Ergebnisse des Meetings vom vergangenen Montag mitzuteilen. Da ich morgen früh meinem Vorgesetzten darüber berichten muss, bitte ich Sie nun dringend, mir diese noch heute zu mailen. …"

Der Vorgang wurde von französischer Seite bis zum Vorstand eskaliert. Die Mitarbeiter beschweren sich über die völlig unangemessene, unhöfliche Tonart. Ein persönlicher Anruf hätte dieses Problem vermieden.

Sowohl Frankreich als auch Japan liegen in ihrer Zuordnung zur Machtdistanz ungefähr in der Mitte. Das bedeutet, dass Franzosen und Japaner ihren Umgang mit den Informationen aufgrund ihrer starken Hierarchie-Orientierung eher so organisiert haben, dass die Informationen dem Vorgesetzten gefallen. Bei Japanern kommt hinzu, dass sie Informationen derart auswählen und zusammenstellen, dass sie durch ihre Verbreitung keine Bedrohung für die Gruppe darstellen.

Länder mit großer Machtdistanz	Länder mit kleiner Machtdistanz
Hierarchie hat hohe Bedeutung.	Hierarchie hat geringer werdende Bedeutung.
Andere stellen Bedrohung für die eigene Macht dar.	Jeder organisiert sich die Dinge, die er für seine Arbeit braucht.
Die an der Macht sind, zeigen, dass sie sie haben und zu nutzen verstehen.	Wer Macht hat, zeigt dies nicht unbedingt, sondern nutzt sie unterschwellig oder zeigt sich sehr gleich mit den anderen Hierarchieebenen.
Man kann z. B. nicht einfach in Meetings über Fehler anderer oder mangelnde Qualität reden.	Man kann auch in hierarchieübergreifenden Meetings Klartext reden und andere kritisieren.

Tab. 5.2: Verhaltensmuster Kulturdimension Machtdistanz

Länder mit eher kollektivistischer Orientierung	Länder mit eher individualistischer Orientierung
Man hält sich in der Wir-Gruppe auf dem Laufenden.	Jeder kümmert sich um seine Informationen selbst.
Berichtet wird, was abgestimmt ist mit den anderen.	Bei Berichten versucht man sich zu profilieren und seine Leistung herauszustellen.
Vom Projektleiter wird Schutz erwartet und Loyalität – dann gibt man selbst auch.	Der Projektleiter muss nehmen, was er bekommt – muss selbst den Zusammenhang herstellen.

Tab. 5.3: Verhaltensmuster Kulturdimension kollektivistisch-individualistisch

Deutschland und die USA gelten als Kulturen mit individualistischer Orientierung, Frankreich findet sich in dieser Dimension auf jeden Fall um einiges näher am individualistischen Pol, als

5. Kommunikation und Information

Japan am kollektivistischen. Insofern ist damit zu rechnen, dass die Franzosen die Kommunikation ähnlich den Deutschen und Amerikanern gestalten. Die Japaner im Eingangsbeispiel hingegen haben beim Brainstorming geschwiegen. Das wird kulturell damit begründet, dass es für sie wichtig ist, zu sehen, wieweit sie einverstanden sein können.

In Kapitel 2 wurde ja bereits anhand des Begriffs „concept" demonstriert, wie schwierig es ist, sich über Bedeutungen von Begriffen klar zu sein und sich zu einigen. Aus unserer Erfahrung potenziert sich die mögliche negative Folgewirkung eines Missverständnisses im weiteren Projektverlauf, weil Faktoren wie Verfahrensweisen, mehr oder weniger klare Strukturierung der Schritte oder auch die Planung ständige Reibungspunkte sein können, wenn diese Begriffe nicht zu Beginn gleich geklärt werden.

Schon im obigen Fax-Beispiel wurde die Art der Formulierung von Botschaften angesprochen. Zusätzlich sollte der Zeitpunkt und die Umgebung ebenfalls berücksichtigt werden, denn beide haben in den Kulturen unterschiedlich großen Einfluss auf die Bereitschaft, der Handlungsaufforderung in der Mitteilung nachzukommen.

Vergleicht man z. B. deutsche und US-amerikanische Projektmitarbeiter, so ist es oft wesentlich mühsamer, deutsche Mitarbeiter dazu zu bringen, regelmäßige schriftliche Berichte zu verfassen als US-Amerikaner, für die dies eine Selbstverständlichkeit ist. Umgekehrt werden US-Amerikaner auftretende Schwierigkeiten im Durchschnitt viel länger verschweigen, da dies in ihrer gewohnten Arbeitsumgebung sehr schnell zu dramatischen Auswirkungen auf Arbeitsplatz und Karrierechancen führen kann.

Das zeigt, wie sorgfältig Begriffe oder Botschaften formuliert werden sollten, um den Vertretern aus unterschiedlichen Kulturen eine Verständigungschance zu geben.

Sprache transportiert Symbole z. B. über Bilder oder Metaphern, aber auch über die Betonung von Worten. Das Erstere hat mit der Art des Denkens zu tun: denkt man in kollektivistischen Kulturen mit starkem Kontextbezug eher assoziativ, so drückt sich dies natürlich auch in der Sprache aus. Denkt man wie in individualistischen Kulturen mit schwachem Kontextbezug eher

5.2 Verbale und non-verbale Ausdrucksfähigkeit

abstrahierend, so kann man davon ausgehen, dass in der Sprache genauer formuliert werden muss, was gemeint ist, weil die Assoziationen zum Gesagten nicht übereinstimmen.

Diese starke Verknüpfung von Denken und Sprache zeigt sich als eine wichtige Besonderheit in internationalen Projekten: jedem Menschen, der verschiedene Sprachen spricht dürfte auffallen, dass sie unterschiedliche Denkstile repräsentieren. Dazu einige Beispiele:

- Englisch wendet einen meist linearen Denkprozess an, entweder mit induktiver Argumentation (man fängt mit der zentralen Idee an, verbindet sie mit anderen relevanten Ideen und baut die Beweisführung darauf auf) oder mit deduktiver Argumentation (zuerst die Grundsätze, dann der Aufbau der individuellen Fälle). Dies gilt im Wesentlichen auch für das Deutsche.
- Die romanischen Sprachen verwenden die gleiche Basis-Satzstruktur wie Englisch. Sie ermöglicht mehr Exkurse oder die Einführung belangloser Themen in die Diskussion. Die Tendenz ist dabei, auf Emotionen und Erwartungen in Verhalten und Urteilsvermögen zu fokussieren.
- Orientalische Sprachen (z. B. Japanisch und Chinesisch) beruhen auf indirektem Vorgehen und einer zyklischen Bewegung der Ideen, die entwickelt werden. Dabei wird dargelegt was sie nicht sind, anstatt was sie sind.
- Semitische Sprachen sind hochflexibel und verwenden einen intuitiven und affektiven Denkprozess, der auf einer Reihe von parallel positiven und negativen Konstruktionen beruht.
- Die russische Sprache verwendet einen deduktiven Denkprozess, der sich auf eine Reihe möglicher paralleler Konstruktionen bezieht und beinhaltet einige zu der zentralen Struktur irrelevante, untergeordnete Elemente. Dies fordert sowohl Geduld als auch Ausdauer vom Zuhörer.

Menschen aus unterschiedlichen Kulturen nutzen also meist verschiedene Arten von Logik oder Argumentation. Westliche Formen sind in der Regel linear, während die aus nicht-westlichen Kulturen eher wie eine Reihe Punkte aussehen (aus westlicher Sicht). Diese Punkte bilden unterschiedliche Aspekte oder

Facetten des Themas ab: nur wenn man alle in Beziehung zueinander betrachtet hat, ist z. B. eine Entscheidung möglich. Die verschiedenen Formen der westlichen Logik sind:
- Universalistisch (oder kartesisch): wird in den französischen, mediterranen und südamerikanischen Kulturen verwendet. Die universalistische Logik legt Wert auf eine Hierarchie von direkt beweisbaren Konzepten.
- Die angelsächsische Sprache verwendet eine nominalistische Logik, die Induktion und Empirie betont.
- Die germanischen oder slawischen mitteleuropäischen Kulturen verwenden eine intuitive Logik, die eine Mischung aus der universalistischen und nominalistischen ist.
- Die Dialektik wird teilweise in Ländern, die kollektivistische Kulturen repräsentieren, angewendet.

Dieser kurze Überblick zeigt die große Herausforderung für den Projektleiter auf: er muss sich im Projektgeschehen nicht nur auf unterschiedliche Sprachen einlassen, sondern – selbst wenn die Projektsprache Englisch ist – auf teilweise sehr unterschiedliche Denkstile. Diese sind der Grund für die Unterschiede in der Art und Weise der Kommunikation – aber auch für die unterschiedlichen Verfahren, um zu Entscheidungen zu kommen (siehe Kapitel 8).

Sprache ist sehr dynamisch, was sich in Dialekten und verschiedenen Sprachstilen ausdrückt. Man muss sich in internationalen Projekten darauf einstellen, dass Mitarbeiter vor allem in Stresssituationen oder bei Unklarheiten zu ihrer Muttersprache oder zu dem gewohnten Dialekt zurückkehren. Dies spielt natürlich besonders dann eine Rolle, wenn es Teilprojekte gibt, in denen nur Projektmitarbeiter aus einer Kultur mitwirken. Gerade vor diesem Hintergrund empfehlen wir die Hinzuziehung eines kulturellen Dolmetschers, wie er in Kapitel 2.5 beschrieben wurde.

5.2.2 Besonderheiten bei non-verbalem/unbewusstem Ausdruck

Viele Fachleute im internationalen Geschäft sagen, dass den non-verbalen oder unbewussten Ausdrucksformen noch eine we-

5.2 Verbale und non-verbale Ausdrucksfähigkeit

sentlich höhere Bedeutung für das Klar-Kommen mit anderen Kulturen zukommt als der Sprache. Dies leuchtet auch ein, wenn man sich vor Augen führt, dass sich hinter diesen non-verbalen Äußerungen Bedeutungen verbergen, die die jeweiligen Kommunikationspartner aus anderen Kulturen schlicht nicht kennen.

In Ergänzung zur Sprache füllen non-verbale Botschaften folgende Funktionen im Kommunikationsprozess aus:
- Wiederholung bzw. Verstärkung des Gesagten
- Ersatz für verbale Kommunikation
- Betonung/Akzentuierung
- Widerlegung/Widerspruch
- Überwachung oder Beeinflussung des Verhaltens oder der Handlungen anderer.

Sie können sich ausdrücken als Körperbewegungen, Gesichtsausdrücke, Augenkontakt/-bewegungen, Gesten oder Berührung. Im Folgenden stellen wir ein Beispiel zu Gesichtsausdruck, Augenkontakt und Nähe/Distanz vor (vgl. Tabelle 5.4).

> In einem Projekt musste der Projektleiter einem indischen Projektmitarbeiter sagen, dass die Qualität seiner Aufgaben-Bearbeitung sehr zu wünschen übrig lässt und dass er von ihm eine erneute Bearbeitung erwartet. Dies formulierte er in einem sehr bestimmten Ton, mit erhöhter Stimme, mit direktem Augenkontakt und verlieh dem ganzen Nachdruck über einen angespannten Körper und einem ernsten Gesichtsausdruck.
>
> Der Inder reagierte irritiert und lächelte den Projektleiter an. Dieser fühlte sich dadurch nicht ernst genommen und verstärkte seinen Nachdruck, indem er die Stimmlage noch erhöhte und einen herrischen Ton bekam. Das führte dazu, dass der Inder sich völlig verschloss und die Anweisung des Projektleiters zur Nacharbeit kommentarlos hinnahm.

Fokussiert man zunächst auf den Gesichtsausdruck, kann man z. B. feststellen, dass es in westlichen Gesellschaften üblich ist, Lachen als Ausdruck von Glück, Freude, Spaß zu interpretieren. In China, Japan und eben auch Indien hingegen – also in Kulturen mit starkem Kontextbezug – wird Lachen bzw. Grinsen auch zur Überspielung von Verlegenheit und Unwohlsein benutzt. Der Inder reagierte also verunsichert, stellte sich sehr grundsätzliche

5. Kommunikation und Information

Fragen und traute sich nicht, zu den Anwürfen des Projektleiters Stellung zu nehmen, das wäre ihm zu direkt.

Nonverbaler Ausdruck	Intention	Wirkung
Direkter Augenkontakt	Nicht ausweichen, Strenge, soll bedrohlich wirken	Das ist nicht angemessen / nimmt der mich ernst? Möchte unwillkürlich ausweichen
Körperanspannung	Reißt sich zusammen, um klar und deutlich sein zu können, weil eigentlich ärgerlich	Fühlt sich unwohl, weiß nicht, wohin sich die Anspannung entlädt
Ernster Blick	Ernst und sachlich sein	Möchte die Zuwendung nicht verlieren

Tab. 5.4: Bedeutungsgehalt non-verbalen Ausdrucks

Bezogen auf den Augenkontakt kann man in vielen Studien nachlesen, dass es in den westlichen Kulturen üblich ist und in Kommunikationskursen sogar speziell trainiert wird, den direkten Augenkontakt mit dem Gesprächspartner zu suchen. Dies führt aber – wie im Beispiel sichtbar – im asiatischen Kulturraum sowie in Indien und Pakistan eher zu Irritationen und Missverständnissen; dahinter steckt die Annahme, man zeige dadurch keinen Respekt für die andere Person.

Berührungen sind ebenfalls sehr unterschiedlich in ihrer Bedeutung: während es im mittleren Osten und im alten China z. B. tabu ist, dass sich Frauen und Männer – seien sie auch noch so gut befreundet – in der Öffentlichkeit umarmen (weil es mit sexuellen Aktivitäten assoziiert wird), ist es im europäischen Kulturkreis lediglich ein Zeichen von Freundschaft und wird akzeptiert. Das Händeschütteln, wie dies bei uns in Deutschland zur Begrüßung üblich ist, ist z. B. im nahen und fernen Osten nicht üblich: Bei den Moslems berührt man sich nur mit der rechten Hand – die linke gilt als unsauber.

Generell kann man sagen, dass Menschen in individualistischen Kulturen, teilweise auch in Kulturen mit starkem Kontextbezug eher distanzierter zu und vorsichtiger mit anderen Menschen sind, als in kollektivistischen Kulturen oder in Kulturen mit schwachem Kontextbezug.

Diese Beispiele zeigen die Notwendigkeit, die non-verbale Sprache ebenso zu erlernen wie die verbale. Daher stellen wir im Anhang A ein Trainingskonzept vor, das Sie leicht in Ihren Alltag integrieren können.

Sie sollten sich die Frage stellen, wie Sie an die Aussagen, Bilder, Metaphern Ihres Gesprächspartners anschließen können, damit er und Sie eine gewisse Sicherheit haben, dass Sie sich auch wirklich versuchen zu verstehen. Gleichzeitig sollten Sie sich die Frage stellen, ob Ihr Ausdruck verbal und non-verbal ungefähr übereinstimmt, das heißt ob das, was Sie sagen und das, was Sie meinen, deckungsgleich sind.

Erst wenn auf diese Weise eine gewisse Deckungsgleichheit von Aussage und Verständnis erreicht ist kann davon ausgegangen werden, dass genau zu dem, was gefragt oder gesagt worden ist auch die passende Antwort kommt. Wir gehen nämlich mit V. Satir davon aus, dass das Erreichen dieser Deckungsgleichheit sowohl im non-verbalen als auch im verbalen Ausdruck ein wichtiges Ziel unserer Arbeit an der Professionalisierung unserer Kommunikation im internationalen Kontext sein sollte.

Allerdings sollte man sich eingestehen, dass für uns – als Repräsentanten unserer spezifischen Kultur – die hinter den zitierten Ausdrucksformen steckenden Normen, Werte usw. einer anderen Kultur nie voll erfasst werden können.

5.3 Wahrnehmung und ihre Prägung durch die Kultur

In der Rolle des Projektleiters oder des Projektmitarbeiters in dem zu Beginn des Kapitels geschilderten Beispiel werden Sie – meist unbewusst – all die oben geschilderten Verhaltensweisen wie Sprache, Gestik, Mimik, Körperhaltung wahrnehmen und miterleben. Dabei werden Ihnen wahrscheinlich nur diejenigen auffallen, die Ihnen fremd sind.

5. Kommunikation und Information

Das ist deshalb so, weil wir in einer derartigen Situation den typischen Prozess menschlicher Wahrnehmung durchlaufen:
- Sammeln,
- Sortieren und
- Bewerten von Informationen.

Dabei lenken wir unsere Aufmerksamkeit nur auf diejenigen Signale, die nicht automatisch sortiert werden (können). Wir haben im Zuge unseres Erwachsenwerdens für die meisten Verhaltensweisen, die wir wahrnehmen in unserer Kultur Stereotype ausgebildet, mit denen wir Verhalten sortieren und Referenzklassen zuordnen. Referenzklassen sind Ansammlungen von Informationen, mit denen bestimmte Verhaltenstypen gleichgesetzt werden.

Dabei geht in das Bewerten der Information nicht nur die geistige Bewertung im Sinne von innerem Argumentieren oder was man für falsch oder richtig hält ein, sondern auch die emotionale Bewertung: man entwickelt Gefühle im Hinblick auf das Wahrgenommene, manchmal ohne dass man es merkt (vgl. dazu auch die Ausführungen in Kapitel 2).

Die Maßstäbe, nach denen wir die Bewertung vornehmen, sind hochgradig kulturell geprägt. Dazu gehören die grundlegenden Annahmen von dem, was gut und böse, was tabu und was erlaubt ist, welche Einschätzung wir in Bezug auf den Menschen, die Natur, die Spiritualität haben – ebenso, wie sonstige wichtigen Normen und Werte.

Die oben angesprochenen Referenzklassen entlasten zwar unsere geistigen Kapazitäten, sie bergen aber die Gefahr, dass zu den Wahrnehmungen einer Person keine weiteren, differenzierten Wahrnehmungen mehr aufgenommen werden, sondern ausgeblendet oder den bereits bestehenden Klassen zugeordnet und damit der Person nicht gerecht werden. Dies nennt man **selektive Wahrnehmung**.

Dort erfolgt die Auswahl der Informationen danach, ob und wie wir sie überhaupt verstehen z. B. aufgrund von sprachlichen Besonderheiten (Fremdsprache, aber auch unterschiedliche Tonalitäten), aber auch ob und wieweit wir sie interpretieren können und wollen. Dies stellt eine Gefahr dar, weil wir für die uns fremden Verhaltensweisen oft keine Stereotypen ausgebildet haben, und das beobachtete Verhalten nirgends so richtig zu passen scheint und daher schnell ausgeblendet oder fehl gedeutet wird.

Das verursacht Unsicherheit und Stress (man kann dem Unbewussten weniger überlassen) und provoziert den Rückzug auf irgendwo gehörte, meist übermäßig generalisierte und vereinfachte Glaubenssätze („der Afrikaner ist …").

Genau diese starke Prägung unserer Bewertungen der anderen Länder bzw. ihrer Bewohner durch unsere Kultur, unsere persönlichen Werte und Normen ist uns oft gar nicht so richtig bewusst. Sie spielt jedoch für die weitere Zusammenarbeit im Projekt eine wichtige Rolle.

Für diesen ständigen Prozess des Vergleichs von Wahrgenommenem mit den genannten Stereotypen und unseren Werten/Normen ist natürlich entscheidend, wie die Maßstäbe dieser Bewertung ausgerichtet sind:
- Wird die Bewertung im Sinne von Abwertung (nur meine Normen/Werte zählen und die gelernten Stereotypen werden nicht überprüft) vorgenommen
- oder wird die Bewertung im Sinne von Offenheit (interessant, ist neu, und: muss ich darüber nachdenken, was das bedeutet) vorgenommen.

Wenn man sich seine Wahrnehmung für andere Kulturen offen hält entsteht Neugier und die Bereitschaft, neue Referenzpunkte für unser Denken und Fühlen zu bilden. Dadurch funktioniert die Verständigung mit anderen Kulturen besser, was zu einem offeneren Verhalten gegenüber anderen Kulturen führt.

Werden in der Begegnung mit anderen Kulturen gezielt Informationen, die nicht zu den Stereotypen oder unseren Bewertungen passen, ausgeblendet oder gar gezielt jene Informationen gesucht, die eine Abwertung anderer kultureller Äußerungsformen ermöglichen, um sich abgrenzen zu können, dann ist man mitten drin in der Bildung von Vorurteilen (vgl. dazu auch die Misstrauensspirale in Kapitel 2).

Richtig gefährlich wird dies, wenn die unzulässigen Verallgemeinerungen und Vereinfachungen zu einem festen Set von Meinungen und inneren Haltungen gegenüber einer anderen Kultur bzw. deren Repräsentanten werden: dann reagieren wir nämlich mit negativen Gefühlen bzw. Ablehnung und das führt zu Diskriminierung bis hin zu aggressivem Rassismus.

Das oft hektische Projektgeschehen fördert die schnellen Zuschreibungen, die Unaufmerksamkeit für kulturelle Eigenarten und damit die Bildung bzw. Nicht-Hinterfragung von Vorurteilen. Sie sollten sich aber auch in einem hektischen Projekt vornehmen, so wenig wie möglich zu vereinfachen, auszublenden und vorschnelle Annahmen zu machen. Dies geht dadurch, dass Sie

- Wahrnehmungen und deren Interpretationen auseinander halten und Ihre Wahrnehmung bewusst auf das Ihnen Unbekannte bzw. auf das zu Ihrer eigenen kulturellen Prägung Unterschiedliche richten
- das Wahrgenommene im Gespräch mit den Beteiligten oder auch mit dem Kultur-Dolmetscher vergleichen und
- die hierauf bezogenen Verhaltenserwartungen mit Ihren Gesprächspartnern austauschen und so neues Verhalten erproben können.

Das ist aus unserer Sicht eine Frage von Fingerspitzengefühl für die Situation, wann dies angesprochen werden kann und auf jeden Fall von Empathie, die gelernt werden kann.

5.4 Besonderheiten der Kommunikation mittels elektronischer Medien

Neue Medien wie E-Mail, Telefon- und Videokonferenzen, Intranet oder Internet sind wesentliche Hilfsmittel für international agierende Projektteams.

E-Mails sind zwar hilfreich, weil man schnell über große Entfernungen unabhängig von Zeitzonen usw. Informationen austauschen kann. Allerdings ist dieser Informationsaustausch ohne Stimme, ohne Körperhaltung und andere Ausdrucksformen relativ arm. Das wird oft in Projekten als günstig erachtet, weil man

5.4 Besonderheiten der Kommunikation mittels elektronischer Medien

dann die anderen Kanäle auch nicht beachten muss, sich die Sache also vereinfacht.

Dennoch kommt es oft zu einer Flut von E-Mails, weil sich der Mensch schriftlich nicht so gut ausdrücken kann wie mündlich, und der Sachverhalt muss nochmals nachgefragt, ergänzt, richtig gestellt werden.

Auch in der schriftlichen Form der Kommunikation kommen kulturelle Unterschiede deutlich zum Tragen. So erwartet beispielsweise ein deutscher Mitarbeiter in IT-Projekten (mit schwachem Kontextbezug), dass seine Fragen an den Kollegen zum Beispiel in Indien in äußerst knapper Form beantwortet werden (etwa mit fünf Stichworten). Der Inder hingegen produziert eine fünfseitige E-Mail und schickt diese zurück. Als Menschen aus einem Land mit starkem Kontextbezug, legen sie Wert auf ausgefeilte Formulierung und auf viele Zusatz-Informationen, deren Bedeutung für die westlichen Kollegen zunächst gar nicht erkennbar ist.

E-Mails sind natürlich generell hilfreich als Unterstützung der persönlichen Kommunikation, insbesondere wenn Projektmitarbeiter nicht so sprachgewandt sind und möglicherweise Zeit benötigen, um Spezialbegriffe oder Fachjargon im Wörterbuch nachzuschauen

Telefonieren ermöglicht immerhin die Wahrnehmung der Stimme und ihrer Färbungen. Man kann sich besser auf das Gegenüber einstellen. Es verhindert aber jegliche Körperwahrnehmung. Allerdings muss dafür die jeweilige Projektsprache besser beherrscht werden und es müssen die Erreichbarkeiten der Kollegen anderer Zeitzonen beachtet werden. Hier bedeutet Kulturspezifik, dass man die teilweise in Kulturen üblichen Redewendungen am Telefon kennt.

Videokonferenzen ermöglichen über Inhalt und Stimme auch die optische Wahrnehmung der Gesprächsteilnehmer. Allerdings zeigen sich auch hier erhebliche Schwächen: die anderen Personen sind nicht alle gleichzeitig zu sehen, die Tonwiedergabe ist schlecht oder empfindlich, alle müssen ruhig sein, wenn jemand spricht oder aber die Kamera muss immer wieder geschwenkt werden.

5. Kommunikation und Information

Bis zu 70 % der Kommunikation in virtuellen Teams beziehungsweise in internationalen Projekten wird elektronisch unterstützt. Dieser Wert zeigt, wie wichtig es ist, schon beim Projektbeginn die elektronische Kommunikation derart abzustimmen, dass
- klar ist, wer über welches technisches Equipment verfügt
- die jeweilige vorhandene Medienkompetenz einschätzbar ist, um sie entsprechend den Bedürnissen entwickeln zu können
- der situationsgerechte Einsatz der jeweiligen Medien ohne Probleme erfolgen kann (siehe dazu Abbildung 5.3) und
- die dort geltenden Regeln für alle klar und einsichtig sind.

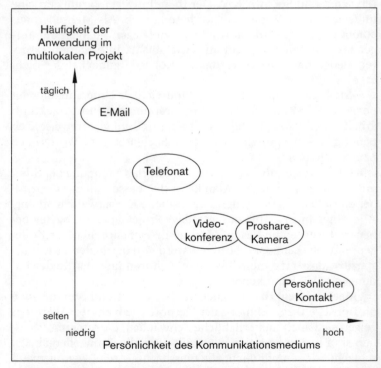

Abb. 5.3: Kommunikationsmedien für multilokale Projekte (Quelle: Y.-G. Schoper)

5.5 Handlungsempfehlungen zur professionellen Kommunikation in internationalen Projekten

Zusammenfassend plädieren wir für die Entwicklung eines lebhaften Austausches zwischen allen Projekt-Beteiligten: zeigen Sie Neugier, Offenheit, Bereitschaft von den anderen Kulturen zu lernen, zeigen Sie Respekt und Warmherzigkeit und verlassen Sie sich nicht allein auf die typischen elektronischen Medien. Entscheiden Sie je nach Situation, was sie von sich zeigen wollen und einbringen können und wie Sie die anderen Projektmitglieder – je nach Herkunft – darauf ansprechen und zu einem ähnlichen Verhalten motivieren können.

Dadurch vermeiden Sie Missverständnisse und Gerüchte und beugen dem Entstehen neuer Vorurteile vor.

Konkret empfehlen wir die nachfolgenden Maßnahmen:

- Trainieren Sie alle Sinne daraufhin, Unterschiede in der Haltung, in der Mimik, Gestik, aber auch der Stimme und in den Aussagen der Projektmitarbeiter wahrzunehmen und diese dann auch zu hinterfragen. Achten Sie auf Ihre Gefühle und die von Ihnen gegebenen Signale – sprechen Sie darüber mit einem erfahrenen Kollegen oder Coach oder fordern Sie, wenn es angemessen ist, Feedback aus dem Team ein.
- Eignen Sie sich die verschiedenen Dimensionen der Kulturbetrachtung, die wir in Kapitel 2 dargestellt haben, an und versuchen Sie mit diesem Wissen die neuen Wahrnehmungen zu interpretieren und so Ihre Stereotypen umzubauen oder neue zu entwickeln, Denkmuster zu ändern und damit ihr Verhalten flexibler zu machen.
- Tauschen Sie sich über diesen Prozess nicht nur mit Ihnen selbst aus, sondern auch mit anderen Projektleitern und MitarbeiterInnen oder mit dem von uns vorgeschlagenen Kulturellen Dolmetscher.
- Schaffen Sie im Projekt einen Rahmen für die nötige Reflexion und trainieren Sie sich sowie die Kollegen darin, in andere Rollen zu schlüpfen wie z. B. den neutralen Beobachter, um so die Interaktion zu beobachten und klären zu können.

5. Kommunikation und Information

- Legen Sie frühzeitig allgemeingültige Begriffe aus dem Projektmanagement und dessen Verfahren fest und etablieren Sie eine respektvolle Gesprächskultur.
- Seien Sie vorsichtig mit Regeln: die Gewohnheit von uns Deutschen, Regeln für Meetings oder für Kommunikationsprozesse definieren zu wollen, löst in anderen Kulturen Befremden aus (z. B. in Asien oder in Afrika).
- Bemühen Sie sich um eine gewisse Stimmigkeit zwischen verbalen Aussagen und nonverbalen Signalen und achten Sie bei anderen im Team bzw. in der Projektumgebung darauf.

Diese Maßnahmen leisten einen Beitrag zur Weiterentwicklung Ihrer eigenen sozialen Kompetenz und zur Teamentwicklung.

Natürlich sind verschiedene Probleme und Widersprüche im Projekt auch durch noch so geschicktes Kommunikationsverhalten bzw. geregelte Kommunikation nicht „wegzudiskutieren" oder es reicht nicht, Verständnis zu haben für die andere Kultur; parallel dazu müssen z. B. Controlling-Fähigkeiten entwickelt werden, die die interkulturell günstige Kommunikation ergänzen um im Projekt zum Erfolg zu kommen.

Zum Schluss empfehlen wir aufgrund der zentralen Bedeutung einer qualifizierten Gestaltung des Informations- und Kommunikations-Prozesses in einem internationalen Projekt, möglichst gleich zu Beginn einen sorgfältigen Kommunikationsplan zu entwickeln, der folgende Elemente umfasst:

- der Prozess, wie die Teammitglieder an die für sie passende Information kommen
- der Prozess, wie passende Information aus dem Projekt an alle Stakeholder kommt (dies umfasst auch das Projektmarketing)
- die hierfür nötigen Rollen
- die hierfür nötige – d. h. günstige – technische Unterstützung.

Ob Sie dies zusammen mit ihren Teammitgliedern oder allein oder mit einem – besonders in größeren Projekten wichtigen – Kommunikationsverantwortlichen durchführen, sollten Sie entsprechend der (voraussichtlichen) Besetzung Ihres Projekts entscheiden.

Dieser Kommunikationsverantwortliche hat die Aufgabe und die Kompetenz die oben angesprochenen Elemente in Form eines Konzeptes konkret zu beschreiben und mit dem Projektleiter und dem Auftraggeber abzustimmen, sowie darauf zu achten, dass die wichtigsten Erkenntnisse zu interkultureller Informationsverarbeitung und Konfliktbearbeitung in der täglichen Begegnung der Kulturen im Projektverlauf ihren Platz haben und vor allem zu konkreten Verhaltensanpassungen der Beteiligten an die Gegebenheiten im Projekt führen. Die Besetzung dieser Rolle soll aber die einzelnen Projektmitarbeiter und Projektmitarbeiterinnen nicht aus ihrer Mitverantwortung für das Gelingen der projektinternen und -externen Kommunikation entlassen.

5.6 Zusammenfassung

In diesem Kapitel werden die Besonderheiten von sprachlicher und non-verbaler Kommunikation in verschiedenen Kulturen anhand von Beispielen gezeigt. Das vorgestellte Vier-Ohren-Modell stellt klar, dass Kommunikation nur zu einem geringen Anteil aus der Vermittlung von Sachinhalten besteht. Daraus werden Konsequenzen abgeleitet für ein im interkulturellen Kontext angemessenes Kommunikationsverhalten, das sich sowohl durch ein Training von Wahrnehmungs- und Ausdrucksfähigkeiten, durch eine dosierte Nutzung elektronischer Medien sowie durch die Besetzung eines Kommunikationsverantwortlichen niederschlägt.

6. Teamentwicklung

Prof. Dr. Yvonne-Gabriele Schoper

Der Kern eines jeden Projekts sind die Menschen, die als Projektteam durch die verschiedenen Phasen hindurch effizient zusammenarbeiten, um einen erfolgreichen Abschluss zu erreichen.

Wir verstehen unter Teamentwicklung den Prozess, in dem aus diesen von überall her zusammenkommenden Menschen ein effektiv zusammenarbeitendes Team geformt wird. Ziel dieses Kapitels ist es, diesen Prozess bezogen auf die verschiedenen Entwicklungsphasen eines internationalen Teams darzustellen, Hinweise zu geben worauf insbesondere bei der Entwicklung internationaler Teams zu achten ist, sowie mögliche Probleme und deren Umgehung oder Beseitigung aufzuzeigen.

Der Druck, der auf einem Projektteam lastet, ist aufgrund der anspruchsvollen Termin-, Qualitäts- und Kostenvorgaben enorm. Dies führt zu Konflikten unterschiedlicher Natur. Beispielsweise können Qualitätsmanager und Kosten-Controller aneinander geraten, da sie aufgrund ihrer unterschiedlichen Rollen im Projekt für das Erreichen konträrer Ziele verantwortlich sind. Zusätzliche Reibungsflächen entstehen in internationalen Projekten aufgrund von kulturellen Unterschieden, sprachlichen Missverständnissen und nationalen Empfindlichkeiten, wie in Kapitel 9 beschrieben wird. Im Fall von virtuellen Teams, die an unterschiedlichen Standorten arbeiten und sich kaum oder nie persönlich treffen, sind diese Konfliktpotenziale noch größer.

Verschiedene Individuen unterschiedlicher Herkunft hegen alle eigene Werte und Absichten. Indem ein Team durch seine interkulturelle Verschiedenheit effektiver, kreativer und schneller zu arbeiten vermag als ein rein nationales Team, kann sich ein internationales Team zu einem Hochleistungsteam entwickeln. Die Herausforderung für den Projektleiter besteht darin, über die Unterschiedlichkeiten hinaus ein effektiv und effizient an einer gemeinsamen Aufgabe arbeitendes internationales Team zu formen, das dieselben Ziele und Interessen verfolgt.

Um das Potenzial nutzen zu können, muss der Projektleiter das Projektteam auf folgende drei Säulen stellen:
(1) Ein gemeinsames Ziel und Zielverständnis
(2) Vertrauen untereinander
(3) Abgestimmte Arbeitsweise und Kommunikation

Es ist Aufgabe der Teamentwicklung, das Fundament für diese drei Säulen zu bilden, was in Abschnitt 6.4 erläutert wird.

6.1 Teamformen

In Projekten findet man unterschiedliche Formen von Projektorganisationen (siehe Kapitel 10). Diese drücken sich in unterschiedlichen Teamformen aus, die für internationale Projekte relevant sind:

Internationale Teams

Internationale Teams sind definiert als Projektteams, in denen die Teammitglieder aus mehreren Nationen stammen und gemeinsam an einer komplexen Aufgabe arbeiten.

Internationale virtuelle Teams

Durch die Verbreitung der Telekommunikationstechniken hat sich in den letzten Jahren eine Spezialform von internationalen Teams entwickelt: die virtuellen Teams. Unter virtuellen Teams versteht man räumlich verteilte, mit elektronischen Medien kommunizierende Personen oder Gruppen, die sich ad-hoc formieren, meist selbst organisieren und wieder auflösen, sobald die vereinbarten Ziele oder Aufgaben erreicht sind.[1] Die räumliche Verteilung kann im Extremfall bedeuten, dass sich die Teammitglieder im Laufe der Projektarbeit nur einmal oder sogar überhaupt nicht sehen. Die dadurch entstehenden Probleme sind in Kapitel 5 dargestellt. Nicht nur Kostengründe, sondern auch Zeitvorteile können die Ursache für die Gründung virtueller Teams sein, da diese Form bei guter Organisation eine Projektarbeit rund um die Uhr ermöglicht. So arbeitet beispielsweise ein Software-Entwicklungsteam in Deutschland bis 18:00 Uhr und übergibt den aktuellen Projektstatus via Datenleitung an die Kollegen in Kalifornien, bei denen es jetzt erst 9:00 Uhr morgens ist. Diese haben nun 8 Stunden Zeit für die Fehlersuche und geben ihr Ergebnis um 17:30 Uhr an die Kollegen in Taiwan weiter, bei denen es 9:30 Uhr morgens ist. Nun können diese den Softwarestand optimieren und um 15:00 Uhr Ortszeit an die Kollegen in Deutschland weitergeben, die bereits um 8:00 Uhr morgens die Lösung beim Kunden installieren können. Diese Möglichkeit, rund um die Uhr an einer Aufgabe zu arbeiten, ist der Grund, weshalb virtuelle Teamarbeit mittlerweile sehr weit verbreitet ist.

Hochleistungsteams

Mitglieder eines Hochleistungsteams zeichnen sich durch ein besonders hohes Maß an persönlichem Engagement füreinander und für das Erreichen des gemeinsamen Ziels aus. Sie erbringen höhere Leistungen als andere Teams und übertreffen die gesetzten Erwartungen. Diese Art von Engagement lässt sich nicht managen. Echte Hochleistungsteams sind selten, nur etwa 2 % aller Teams sind Hochleistungsteams.

Kernteam

Ein Kernteam ist definiert als das zentrale Team eines Großprojektes, in dem zusätzlich zum Projektleiter die für das Projekt wichtigsten Funktionsbereiche wie Einkauf, Vertrieb und Produktion vertreten sind. Das Kernteam ist die zentrale Schaltstelle des Projektes, in dem alle Informationen zusammenlaufen und die wesentlichen Projektentscheidungen getroffen werden.

Unterteams und Module

Um die Arbeitsfähigkeit eines umfangreichen Projektes zu gewährleisten, sollte ein solches Großprojekt in mehrere Unterteams oder Module gegliedert werden. Diese Module werden in internationalen Projekten durch einen Modulleiter geführt, der die lokalen Mitarbeiter an den dezentralen Standorten leitet. In kleineren Projekten ist der Modulleiter, in größeren Projekten

6. Teamentwicklung

sein Vorgesetzter Mitglied im Kernteam. Diese Struktur hat eine komplexe Projektorganisation zur Folge, die die Informationsflüsse, Entscheidungskompetenzen, Berichtsstrukturen und Eskalationswege transparent halten muss (siehe Kapitel 10).

Größe eines internationalen Teams

Bei der Strukturierung eines internationalen Teams ist zu beachten, dass sowohl das Kernteam als auch die Module deutlich kleiner als bei einem nationalen Team sein sollten. Dies hat folgende Gründe:

- Mit zunehmender Mitgliederanzahl werden Besprechungen zeitaufwändig und ineffizient. Bei internationalen Teams erschweren die räumliche Distanz sowie kulturelle und sprachliche Barrieren die Kommunikation. Die maximale Zahl von Teammitgliedern, die international produktiv zusammenarbeiten können, sollte entsprechend klein sein.
- Die Komplexität der Vertrauensbildung und der Beziehungen unter den Teammitgliedern nimmt mit der Anzahl der Teammitglieder zu. So entstehen in einem Team mit fünf Mitgliedern 20 Beziehungen untereinander, während in einem Team mit 10 Mitgliedern 90 Beziehungen zu gestalten sind.

Als Faustformel gilt, dass ein internationales Team nicht mehr als zehn Mitglieder haben sollte.

6.2 Zusammenstellung eines internationalen Teams

Die Zusammenstellung eines internationalen Teams erfolgt nach anderen Kriterien als bei einem nationalen Team: Während es bei nationalen Projekten im wesentlichen darum geht, fachliche Spezialisten im Team zusammenzubringen, ist es für internationale Projekte erforderlich, Mitarbeiter auszuwählen, die nicht nur fachlich gut, sondern auch persönlich geeignet und sozial kompetent sind.

Insbesondere die Teammitglieder müssen bezüglich ihrer kulturellen Prägung zu der jeweiligen Partnerkultur passen. Je weniger unnötige Spannungen auftreten, desto effizienter ist die Projektarbeit. So ist beispielsweise der gut qualifizierte, aber äußerst temperamentvolle Bauleiter aus dem Beispiel in Kapitel 2.4 für die Kultur ein thailändisches Projekt nicht geeignet, während er für ein osteuropäisches Projekt hingegen die richtige Wahl ist. Dort muss sich eine Führungskraft lautstark durchzusetzen, um Ansehen und Respekt zu gewinnen.

Die kulturell geprägten verschiedenartigen Herangehensweisen von Teammitgliedern unterschiedlicher nationaler Herkunft bilden eine gute Grundlage für das Entwickeln kreativer Problemlösungen und innovativer neuer Produkte.

Durch die systematische Auswahl der Teammitglieder und ihrer synergetisch wirkenden Kompetenzen erhält man eine sich ergänzende Vielfalt an Know-how, Erfahrungen und Persönlichkeiten im Team.

6.3 Rollen in einem Projekt

Eine Rolle markiert im Projekt die Summe der Erwartungen, die das Unternehmen (Vorgesetzte und Kollegen) und die Stakeholder an das Verhalten eines Positionsinhabers stellen.

Die Erwartungen beziehen sich auch auf die Art und Weise, wie eine Position aufgrund der jeweiligen Persönlichkeit des Positionsinhabers ausgefüllt werden soll. Diese Erwartungen sind unter anderem geprägt durch den Status oder die Verfügungskompetenz (die der Position zugeschrieben wird), die vorgegebenen Strukturen, dem geltenden Verständnis der Aufgaben sowie durch die der herrschende Organisationskultur.

Von Seiten des Positionsinhabers fließen dessen persönlichen Werte, Normen und Wünsche ein.

Da diese Rollenerwartungen oft weder explizit formuliert noch bewusst sind, entsteht eine Dynamik des Austarierens von individuellem und organisatorischem Aufgabenverständnis, des Aushandelns und konkreter Umsetzung der Rollenausfüllung. Gleichzeitig wird in vielen Unternehmen nicht klar ausgesprochen, dass mit Übernahme einer offiziell beschriebenen **Rolle im Projekt** gleichzeitig die Übernahme einer **Teamrolle** erfolgt.

Da wir diese Unterscheidung als wichtig erachten, behandeln wir diese Punkte getrennt.

6.3.1 Projektrollen in einem Team

Die Projektrolle wird definiert durch die Erwartungen hinsichtlich der Aufgaben im Projekt (z. B. Projektleiter, Qualitätsmanager oder Produktmanager). Sie sind funktionsbezogen, zunächst unabhängig von einer konkreten Person, aber stark kulturabhängig.

Für Rolleninhaber in einem internationalen Projekt ist es daher wichtig, die kulturell geprägten Rollenerwartungen des Projektumfelds zu verstehen und diese im Hinblick auf ihr konkretes Verhalten zu überdenken. Im internationalen Kontext kann es zu Rollenkonflikten kommen, wenn unterschiedliche kulturelle Auffassungen vorherrschen darüber, wie eine Rolle ausgeführt werden sollte. In Asien ist z. B. Hierarchie mit Statussymbolen gekoppelt: Vorgesetzte und wichtige Personen fahren mit dem Auto, Angestellte und Hilfsarbeiter mit dem Fahrrad oder dem Bus. Wenn ein niederländischer Projektleiter in China mit dem Fahrrad ins Büro fährt, wie er es aus den Niederlanden gewohnt ist, verliert er sein Gesicht. In Nord- oder Mitteleuropa wäre dieses Verhalten hingegen kein Problem.

Folgendes systematisches Vorgehen ist bei der Verteilung der Projektrollen empfehlenswert:
- Zuerst erfolgt eine Analyse der verschiedenen Aufgabenbereiche im Projekt (z. B. Qualität entwickeln und sicherstellen)
- dann werden die einzelnen Aufgaben zu Projektrollen (z. B. Qualitätsmanager) zusammengefasst und
- anschließend mit den notwendigen Kompetenzen (z. B. prüfen, freigeben/zurückweisen) versehen.

Parallel dazu werden die Teamrollen definiert bzw. geklärt.

6.3.2 Persönlichkeiten in einem Team: Teamrollen

Jeder Projektmitarbeiter übernimmt mit seiner funktionalen Projektrolle auch gleichzeitig eine Rolle im Team und füllt beide mit dem aus, was er im Rahmen seiner Persönlichkeit mitbringt. Eine Teamrolle ist definiert als die Erwartungen, die das Team an das jeweilige Teammitglied hinsichtlich seines Verhaltens im Team stellt.

Zur Beschreibung und Analyse dieser Teamrollen gibt es verschiedene Persönlichkeitsmodelle. In diesem Buch nutzen wir hierfür das **Enneagramm**. Dieses Modell basiert auf neun unterschiedlichen Persönlichkeitstypen. Jeder davon beschreibt eine bestimmte Weltanschauung und die darauf basierende Sammlung von Handlungsstrategien. Jeder Mensch hat einen Hauptstil, der durch eine Kernmotivation angetrieben wird. Die andere Stile sind nicht ganz fremd, sie kommen aber eher seltener in seiner Handlung vor.

Persönlichkeitsmodelle haben den Vorteil, uns unsere gewöhnlichen Handlungsmuster bewusst zu machen. Dadurch können wir lernen, Herausforderungen anders anzupacken. Ein Nachteil dieses Modells liegt darin, dass Menschen zum Schubladendenken verführt werden. Es ist wichtig, dieser Sichtweise gegenzusteuern.

In Abb. 6.1 werden diese neun Typen in einer kreisförmigen Figur namens Enneagramm (*ennea* heißt Neun auf griechisch und *gram* deutet ein Symbol an) in Beziehung zueinander gesetzt:

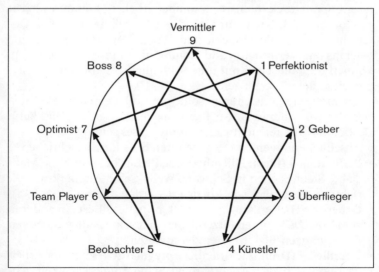

Abb. 6.1: Das Enneagramm (Quelle: C. J. Fitzsimons)

6. Teamentwicklung

Die Pfeile im Bild zeigen, wie sich das Verhalten eines Typus unter Stress ändert (z. B. vom Vermittler zum Team Player). Entgegen der Pfeilrichtung (z. B. vom Vermittler zum Überflieger) zeigen die Verbindungslinien, wie sich das Verhalten ändert, wenn alles gut läuft. Jeder Persönlichkeitsstil wird auch durch den Nachbarn oder „Flügel" im Kreis beeinflusst (die Nachbarn des Vermittlers sind z. B. der Boss und der Perfektionist).

Das Wissen über die unterschiedlichen Persönlichkeitstypen kann die Projektbeteiligten dabei unterstützen,
- sowohl sich selbst als auch die Kollegen besser zu verstehen,
- eine gemeinsame Sprache zu entwickeln,
- Arbeitsbeziehungen auf- und auszubauen,
- Stressquellen zu identifizieren,
- besser mit Stress umzugehen und
- viele der im Projekt vorkommenden alltäglichen Missverständnisse zu entschärfen.

Gerade in Projektteams, die über Monate und Jahre hinweg unter großem Druck intensiv zusammenarbeiten, kommt es leicht zu Konflikten. Ursache für viele dieser Konflikte sind auch Unterschiede in den Persönlichkeiten. Wenn Projektteams über eine gemeinsame Vertrauens- und Kommunikationskultur verfügen, können die Menschen mit unterschiedlichen Persönlichkeitstypen einander gut ergänzen.

Die Methode Enneagramm sollte nur durch einen speziell ausgebildeten Trainer in einem Team eingeführt werden. Dies kann Bestandteil des Teamentwicklungsprozesses sein.[2]

Abschließend werden die genannten Stile kurz beschrieben:
- **Perfektionist (Eins).** Pflichtbewusst, fleißig, hat sehr hohe Maßstäbe. Sieht Sachen in Schwarz/Weiß. Seine Aufmerksamkeit richtet sich auf das, was korrigiert werden muss.
- **Geber (Zwei).** Großzügiger Helfer, bringt das Beste in anderen zum Vorschein, unterstützend. Schenkt seine Aufmerksamkeit den wichtigen Bedürfnissen der anderen.
- **Überflieger (Drei).** Zielorientiert, pragmatisch, schneller Arbeiter. Sehnt sich nach Anerkennung. Seine Aufmerksamkeit richtet sich darauf, was getan werden muss.

- **Künstler (Vier).** Künstlerisch, besonders, emphatisch. Aufmerksamkeit richtet sich darauf, was fehlt.
- **Beobachter (Fünf).** Aufmerksam, analytisch, distanziert. Arbeitet lieber selbstständig und ohne Störung. Richtet seine Aufmerksamkeit auf Beobachtung statt Teilnahme.
- **Team Player (Sechs).** Treu, guter Zusammenarbeiter, ehrlich, pflichtbewusst. Richtet seine Aufmerksamkeit auf Gefahren und Schwierigkeiten.
- **Optimist (Sieben).** Innovativ, optimistisch, kreativ, Planer. Richtet seine Aufmerksamkeit auf Positives und auf Möglichkeiten.
- **Boss (Acht).** Machtvoll, direkt, furchtlos, treibt die Arbeit voran. Richtet seine Aufmerksamkeit auf Macht und Kontrolle.
- **Vermittler (Neun).** Ruhig, zuverlässig, tolerant, Mediator. Richtet seine Aufmerksamkeit auf andere Menschen und Dinge.

Die Forschung zeigt, dass in einem Hochleistungsteam alle Teamrollen besetzt sein müssen: Die Abwesenheit einer Teamrolle schwächt das Team, beispielsweise dann, wenn in einem Team hauptsächlich kreative „Optimisten" vorherrschen, die innovative Ideen entwickeln, diese aber nicht zum Ende bringen. Die Ursache für das Scheitern dieses Teams kann sein, dass ein zielorientierter „Boss" und ein risikoorientierter „Team Player" fehlen. Anhand der Analyse kann man in den meisten Fällen fehlende Teamrollen kompensieren.

Für den Teamprozess ist es hilfreich, wenn die Teammitglieder ihre beiden Rollenprofile, die Projekt- und Teamrollen, gemeinsam erarbeiten. Dadurch kann jedes Mitglied die Arbeitsweise und die Präferenz der Kollegen im Team kennen- und verstehen lernen. Dabei lernen die Teammitglieder zu differenzieren zwischen dem Verhalten, das aus der kulturellen Prägung der Kollegen erfolgt, und dem Verhalten, das aus der individuellen Rolle resultiert.

Für die gemeinsame Festlegung der Rollen sind folgende Schritte empfehlenswert:
(1) Rollendefinition: Die Aufgaben und Vorstellungen über die Rollen werden sowohl vom Rollenträger als auch von den anderen Teamkollegen klar zum Ausdruck gebracht.

(2) Rollengestaltung: Mit-Leben-Füllen der Rolle durch die Art und Weise, wie der Rollenträger den Erwartungen entspricht. Das Unternehmen kann durch geeignete Rahmenbedingungen, wie flexible Gestaltungsmöglichkeiten für Detailaufgaben, die Projektmitarbeiter unterstützen.

(3) Rollendurchsetzung: institutionelle Ermächtigung des Rollenträgers durch das Unternehmen und Übernahme der Rolle durch die formale, fachliche und persönliche Autorität des Rollenträgers.

6.3.3 Kulturelle Dimensionen in internationalen Teams

Rollen und Persönlichkeitsmerkmale sind in jedem Team von Bedeutung. Im internationalen Kontext kommt als dritte Dimension die kulturelle Prägung der Teammitglieder hinzu, die die Rollenerwartungen und Persönlichkeit prägt.

Es ist für internationale Projektteams wichtig, dass die Teammitglieder in der Lage sind, kulturell bedingte Zusammenhänge zu verstehen und wichtige kulturelle Unterschiede im Team zu kennen. Da nicht alles im Vorfeld geklärt werden kann, müssen sie lernen auch mit jenen Unterschieden konstruktiv umzugehen, die erst im Laufe der Zeit deutlich werden.

Exemplarisch sollen für folgende Kulturdimensionen die Auswirkungen auf die Zusammenarbeit in einem internationalen Team betrachtet werden:

Beziehung zur menschlichen Aktivität

Konflikte in einem Team, das aus einem Japaner (kollektivistische kulturelle Prägung, Harmonie in der Gruppe steht im Vordergrund), einem US-Amerikaner (aktivitätsorientierte kulturelle Prägung, Handeln steht im Vordergrund) und einem Franzosen (Denken hat einen größeren Stellenwert als Handeln) besteht, scheinen vorprogrammiert: der sich selbst und seine Bedürfnisse zurücknehmende Japaner kann nicht akzeptieren, wie sich der amerikanische Kollege in den Vordergrund spielt und versucht, alle mit seinen Konzepten zu überrumpeln. Der Franzose verprellt unter Umständen beide Kollegen mit intellektuell brillanten, theoretischen Überlegungen, deren sachliche Relevanz sie nicht verstehen.

Machtdistanz

Teammitglieder aus Kulturen mit großer Machtdistanz erwarten einen Vorgesetzten der ihnen vorgibt, was zu tun ist. Es kann passieren, dass in virtuellen Teams dieses Führungsvakuum durch einen Teamkollegen mit geringer Machtdistanz ausgefüllt wird, der diese Führungslücke erkennt. Er wird als inoffizieller Teamleiter auch dann akzeptiert, wenn der Projektleiter oder die Projektorganisation dies nicht vorgesehen hat.

Maskulinität

Teammitglieder aus maskulinen Kulturen arbeiten in der Regel hart, sind ehrgeizig und verbringen viel Zeit mit der Arbeit, da diese Priorität vor dem Privatleben hat. Dies kann leicht zu Konflikten führen mit Teammitgliedern aus femininen Kulturen, für die Arbeit nicht den einzigen Lebensmittelpunkt darstellt.

Abhängig davon, ob die Teammitglieder eher aus maskulinen oder femininen Kulturen stammen, entwickelt sich die Besprechungskultur: Wenn Teammitglieder aus maskulinen Kulturen vorherrschen, werden Besprechungen überwiegend zur Selbstdarstellung genutzt. Bei einer Mehrheit von Mitarbeitern aus femininen Kulturen sind die Besprechungen eher lösungsorientiert.

Kontext-Bezug

Beim Aufeinandertreffen von Menschen mit schwachem und solchen mit starkem Kontextbezug sind Konflikte vorprogrammiert (siehe Kapitel 9), weil z. B. Teammitglieder mit starkem Kontextbezug nicht verstehen, warum ihre indirekten Signale von den Kollegen mit schwachem Kontextbezug nicht wahrgenommen werden.

Individualismus

Teammitglieder aus individualistischen Kulturen bleiben emotional unabhängig vom Team. Es ist deshalb relativ einfach, sie gegebenenfalls auszutauschen.

Teammitglieder aus kollektivistischen Kulturen sollten sehr sorgfältig ausgewählt werden, da sie nicht beliebig austauschbar sind. Es ist für diese Teammitglieder wichtig, sich mit ihrer Gruppe zu identifizieren. Dies erschwert es ihnen auch, in einem virtuellen Team zu arbeiten.

Beim Austausch von Teammitgliedern ist nicht nur auf die auszutauschenden Personen zu achten, sondern auch auf die zurückbleibende Gruppe. Auch wenn der entlassene Kollege ein Amerikaner oder Deutscher war, die beide sehr individualistisch orientiert sind, dann kann dennoch die zurückbleibende Gruppe diese Personen und ihre ausgleichenden Eigenheiten vermissen und ihr Arbeitsfluss nachhaltig gestört werden.

6.4 Vorbereitung der Teammitglieder auf die internationale Zusammenarbeit

Eine gute Vorbereitung der Teammitglieder auf internationale Projektarbeit vermeidet unnötige Missverständnisse und Konflikte und hilft Synergiepotenziale zu nutzen. Diese Vorbereitung sollte so gestaltet werden, dass ein günstiges Kosten-/Nutzenverhältnis erzielt wird.

Welches Vorgehen sinnvoll ist, hängt von den folgenden Faktoren ab:
- Welche internationalen Erfahrungen besitzen die Teammitglieder bereits?
- In welcher Art von Projekt sollen sie eingesetzt werden? In bi- oder multinationalen Projekten, solchen die kritisch oder finanziell aufwändig sind oder eher in unkritischen Projekten mit geringem Budget?
- Steht der Einsatz unmittelbar bevor?

Daraus ergeben sich unterschiedliche Formen der Vorbereitung, die nachfolgend beschrieben werden.

Learning by doing

Bei dieser Methode werden die Teammitglieder nicht aufwändig auf ihren internationalen Einsatz vorbereitet, sondern ins kalte Wasser geworfen. Diese Variante verursacht die geringsten un-

6.4 Vorbereitung der Teammitglieder

mittelbaren Kosten und, solange das Fehlverhalten der betroffenen Teammitglieder keine gravierenden Folgen hat, halten sich auch die indirekten Kosten in Grenzen.

Learning by doing empfiehlt sich daher vor allem für Projekte mit geringem Budget und geringem Risiko sowie als Ergänzung zu den anderen Vorbereitungsformen. Je mehr internationale Erfahrung das jeweilige Teammitglied im Laufe der Projekte hat, desto anspruchsvollere Aufgaben werden ihm oder ihr zugeteilt.

Der Nachteil dieser Methode besteht darin, dass die Mitarbeiter durch ihr Verhalten indirekte Kosten verursachen können, die die Vorbereitungskosten um ein Vielfaches übersteigen. Zudem besteht die Gefahr, dass sie aus Unkenntnis der bestehenden Beziehungsgeflechte und kulturellen Differenzen wichtige Partner vor den Kopf stoßen und damit Folgeprojekte verhindern.

Eine qualifizierte Reflexion der Erfahrungen unter Verwendung der hier vorgestellten Dimensionen mit Unterstützung z. B. des Projektleiters halten wir deshalb in jedem Fall für sinnvoll.

Erfahrungen von Kollegen nutzen

Bei dieser Variante befragt ein Teammitglied einen Kollegen, der bereits Erfahrungen in der Zusammenarbeit mit Menschen aus dem relevanten Kulturkreis gesammelt hat. Die unmittelbaren Kosten sind hierbei äußerst gering.

Der potenzielle Erkenntnisgewinn ist begrenzt. In der Kürze eines Interviews können nur wenige Aspekte angesprochen werden. Das Teammitglied erhält außerdem nur theoretische Erkenntnisse. Ohne eigene Erfahrungen aus praktischen Situationen helfen die Mitteilungen des Kollegen nur begrenzt, weil dessen Erfahrungen nur schwer eingeordnet werden können.

Auch dieses Vorgehen empfiehlt sich vor allem in Projekten mit geringem Budget und geringem Risiko, sowie als Ergänzung zu den anderen Vorbereitungsformen.

Interkulturelle Seminare

Interkulturelle Seminar sind Veranstaltungen, in denen die Teilnehmer lernen, die Unterschiede zwischen den einzelnen Kulturen zu verstehen und zu differenzieren. Interkulturelle Seminare, die von kompetenten Trainern geleitet werden, helfen, viele gefährliche Klippen der internationalen Projektarbeit zu umschiffen. Gute interkulturelle Seminare sind kostenintensiv, doch die dadurch vermiedenen Kosten für Konflikte und die höhere Effizienz rechtfertigen den Einsatz in größeren Projekten.

Nachteile von interkulturellen Seminaren sind:
- Bei kurzfristigem Projektbeginn ist es schwierig, diese rechtzeitig zu organisieren.
- Man kann selten bewirken, dass die Kollegen aus den anderen beteiligten Organisationen und Ländern ähnliche Seminare besuchen.
- Kulturelle Prägungen sind nicht nur eine Frage des Landes, sondern auch des Ortes und der jeweiligen Partnerorganisationen. Ein allgemein gehaltenes Seminar kann auf diese Aspekte nur oberflächlich eingehen.

Diese Probleme lassen sich vermeiden, wenn die Besonderheiten der internationalen Zusammenarbeit gemeinsam mit den Teamkollegen aus allen beteiligten Ländern und Organisationen im Projekt-Start-up erarbeitet werden. Das hat folgende Vorteile:
- Gemeinsam können Vorgehensweisen beschlossen werden, wie verschiedene Hürden, die durch kulturelle Unterschiede entstehen, umgangen und die Differenzen als Chancen genutzt werden können.
- Die Personen, die später zusammenarbeiten, erklären einander, welche Arbeits- und Kommunikationsformen sie bevorzugen und warum. Das ist überzeugender als jede Präsentation durch einen noch so guten Trainer.

Interkulturelle Seminare erzielen dann eine nachhaltige Wirkung, wenn sie neben der theoretischen Wissensvermittlung auch praktische Übungen enthalten. Die Teilnehmer sollten ihre eigenen Reaktionen in kritischen interkulturellen Situationen erleben, neue Verhaltensweisen austesten und gefahrlos korrigieren können, damit sie in der Hektik und unter dem Zeitdruck des Projektalltags angemessen auf ungewohnte Herausforderungen reagieren können.

6.5 Start-up Workshop (Projekt-Kick-off)

Der **Start-up Workshop** (Projekt-Kick-off[3]) bietet die notwendige Plattform dafür, die drei Säulen der internationalen Projektarbeit aufzustellen:
(1) Ziel und Zielverständnis,
(2) Vertrauensaufbau und
(3) abgestimmte Arbeitsweise und Kommunikation.

Je früher dies geschieht, umso schneller kann das Projektteam effizient und wirkungsvoll zusammenarbeiten. Daher sollte der Start-up Workshop möglichst zum Projektstart durchgeführt werden. Um die sprachlichen Missverständnisse so gering wie möglich zu halten, sollte für einen internationalen Start-up Workshop bis zu 50 % mehr Zeit veranschlagt werden als für einen nationalen.

Es empfiehlt sich, den Start-up Workshop an einem Ort zu veranstalten, an dem diejenigen Teilnehmer, die dem Aufbau persönlicher Beziehungen keinen besonderen Wert beimessen, weit entfernt von ihrem gewohnten sozialen Umfeld sind. Durch diesen Abstand zu ihrem gewohnten Umfeld verfügen sie über die Zeit, den Abend für soziale Aktivitäten mit den anderen Teammitgliedern zu verbringen.

(1) Schaffen eines gemeinsamen Zielverständnisses

Erfolgreiche Projekte und Teams sind getragen von einer gemeinsamen Vision (z. B. das verbrauchsgünstigste Fahrzeug zu entwickeln).

In vielen Projekten wird häufig mit dem Herunterbrechen eines vorgegebenen Sachziels in operative Teilzeile begonnen. Dies birgt die Gefahr, dass unterschiedliche nationale Interessen und Sichtweisen zu Konflikten und Frustrationen führen, bevor noch die eigentliche Arbeit begonnen hat. In internationalen Projekten ist es besonders wichtig, das Erarbeiten der gemeinsamen Vision an den Anfang zu stellen, weil dies das Team einander näher bringt und die gemeinsam beschlossenen Ziele die Mitarbeiter später durchhalten lassen.

Eine richtig formulierte Vision beflügelt die Phantasie aller Beteiligten und schafft eine positive Grundeinstellung zum Projekt und zu den anderen Teammitgliedern. Diese Projektvision sollte schriftlich festgehalten werden, als Handlungsrahmen für alle Teammitglieder.

Um sich mit der Projektvision identifizieren zu können, müssen die Vertreter der beteiligten Organisationen und Länder diese Vision auf sich selbst beziehen und für ihren Bereich in messbare, persönliche Ziele für jedes einzelne Teammitglied übertragen können. Dieses Vorgehen ermöglicht es den verschiedenen Kulturen, das herauszuarbeiten und zu betonen, was ihnen an der Vision wichtig ist. Ein gutes Beispiel ist das europäische Airbus-Konsortium, das die Vision hatte „das beste Flugzeug der Welt zu bauen". Dazu steuerten die Franzosen ihre *grande vision* bei, die Deutschen brachten die Qualität und ihr technologisches Wissen ein und die Briten fokussierten sich auf die Aerodynamik und die Kosten.

Jedes Teammitglied sollte sich zur abgestimmten Vision und seinen konkreten persönlichen Zielen persönlich bekennen und verantwortlich zeichnen. Dies ist problemlos bei Teammitgliedern aus individualistischen Kulturen mit niedriger oder mittlerer Machtdistanz möglich. Je größer jedoch die Machtdistanz ist, desto wichtiger ist eine Rücksprache mit dem Vorgesetzten des Projektmitarbeiters und dessen persönliches Bekenntnis. Erst wenn dieser die Ziele seines Teammitglieds unterstützt, wird der Mitarbeiter sich auch daran halten. Wenn der Vorgesetzte diese Ziele nicht mitträgt, besteht die Gefahr, dass der Mitarbeiter im Falle eines Konfliktes die Projektziele außer Acht lässt und in seine Loyalität den Vorgesetzten gegenüber in dessen Interesse handelt.

In stark kollektivistischen Kulturen kann ein Einzelner keine Zusage ohne Rücksprache mit seiner Gruppe machen. Hier ist es wichtig, dem jeweiligen Teammitglied die Möglichkeit zu geben, vorab Konsens mit seiner Gruppe herzustellen und dann stellvertretend die Zustimmung seiner Gruppe in das Projektteam hineinzutragen.

Versucht der Projektleiter an dieser Stelle, Druck auf Teammitglieder aus kollektivistischen Ländern oder mit hoher Machtdistanz auszuüben, läuft er Gefahr, eine Zustimmung zu erhalten, die später nicht eingehalten wird.

Eine Reihe von Einzelgesprächen vor, während und nach dem Start-up Workshop ist notwendig, um Zustimmung zu den Projektzielen von allen Seiten zu erhalten. Dieses zunächst aufwändig erscheinende Vorgehen spart auf längere Sicht viel Zeit, wenn eindeutig festgelegt ist, wer für welches Ziel verantwortlich ist. Unnötige Konkurrenz wird dadurch genauso vermieden wie das Ausbleiben wichtiger Beiträge, für die sich keiner zuständig fühlt. Bei virtuellen Teams mildert dieses Vorgehen das Führungsvakuum, das entsteht, wenn Teamleiter und Teammitglieder nicht am selben Standort arbeiten.

(2) Vertrauensaufbau

Der Aufbau von gegenseitigem Vertrauen ist von fundamentaler Bedeutung für internationale Projekte; denn Vertrauen ist es, was ein Projektteam an verschiedenen Standorten zusammenhält. Fehlt dieses Vertrauen, werden entscheidende Informationen zurückgehalten und Missverständnisse eskalieren schnell zu bedrohlichen Konflikten.

In individualistischen Kulturen mit schwachem Kontextbezug geht man davon aus, dass Vertrauen das Ergebnis sachlich korrekter Zusammenarbeit ist. Man ist bereit, dem Partner am Anfang einen Vertrauensvorschuss zu gewähren. So stellt in deutschen Projektteams jedes Teammitglied seinen beruflichen Werdegang dar, erzählt kurz von sich selbst und der Tagesordnungspunkt ist erledigt.

In kollektivistischen Ländern mit hohem Kontextbezug benötigt dieser Prozess weitaus mehr Zeit. Es erfordert mehrere Tage bis Wochen, bis soviel Vertrauen aufgebaut ist, dass man gemeinsam arbeiten kann. Als unabdingbare Voraussetzung dafür gilt das Herstellen persönlicher Beziehungen. Diese werden in Asien in erster Linie aufgebaut durch gemeinsame Freizeitaktivitäten wie Essen gehen, Golf spielen, gemeinsame Bowling- oder Karaoke-Abende. Auch private Einladungen nach Hause sind z. B. in Malaysia üblich, während man in China oder Japan in teure Restaurants essen geht.

6. Teamentwicklung

Eine Zwischenstufe stellen die ausgedehnten Mittagessen in den romanischen Ländern dar, die ebenfalls dem Aufbau zwischenmenschlicher Beziehungen dienen. Im Laufe dieser Treffen versuchen die Geschäftspartner anhand versteckter Signale zu erkennen, inwieweit sie ihrem jeweiligen Gegenüber persönlich vertrauen können. Ein Geschäftspartner, der diese Hintergründe nicht kennt, läuft Gefahr, als wenig vertrauenswürdig zu gelten, wenn er seine Ungeduld schlecht verbirgt.

Daher ist es wesentlich, zunächst zu analysieren, wie der Vertrauensaufbau in den verschiedenen am Projekt beteiligten Kulturen funktioniert und den Start-up Workshop entsprechend zu planen.

Um Vertrauen zu einer Gruppe zu gewinnen und sich wohl zu fühlen, brauchen Menschen in allen Kulturen ein Gefühl dafür, wo „ihr Platz" in der Gruppe ist. Der Weg zu dieser Feststellung ist wiederum kulturabhängig:

Während in den USA und Europa der Platz in der Gruppe durch gegenseitiges Kennenlernen gefestigt wird, kann es in Kulturen mit hoher Machtdistanz und starkem Kontextbezug wie in Ost-Asien vorkommen, dass der Teamleiter den Mitgliedern ihren Platz im Team zuweist und ihnen sagt, was sie zu tun haben.

Dabei ist der Begriff „Platz nehmen" durchaus wörtlich zu nehmen, weil z. B. in Asien die Sitzordnung eine große Rolle spielt, indem sie unausgesprochen die Machtverhältnisse im Projekt widerspiegelt.

(3) Vereinbarung der Arbeitsweise und Kommunikation im Projekt

Die gemeinsame Festlegung der Arbeitsweise und der Kommunikationsformen ist ein weiterer wesentlicher Erfolgsfaktor für internationale Projektteams.

Der Grund liegt darin, dass die meisten Methoden und Arbeitsweisen in der Projektarbeit kulturell variieren. So neigen z. B. deutsche Projektleiter dazu, ihre gründlichen Planungsmethoden (hohe Unsicherheitsvermeidung) als allgemein gültigen Maßstab (universalistische Tendenzen) durchsetzen zu wollen.

6.5 Start-up Workshop (Projekt-Kick-off)

Teammitglieder aus anderen, z. B. risikofreudigeren oder partikularistischeren Kulturen als Deutschland, fühlen sich dadurch oft überfahren und reagieren mit innerer Abwehr.

Folglich sind sämtliche Projektmanagement-Methoden und Werkzeuge in der Regel kritisch im Hinblick auf ihre kulturelle Verträglichkeit zu überprüfen (siehe Kapitel 11) und auf die beteiligten Kulturen abzustimmen. Es muss nicht unbedingt immer ein einziger, allgemeinverbindlicher Standard für das Projekt entwickelt werden.

In einem erfolgreichen europaweiten EDV-Projekt zum Beispiel verzichtete die Projektleitung bewusst auf die Vereinbarung gemeinsamer Berichtsformate. Der Aufwand, um alle Beteiligten auf die regelmäßige und zeitgerechte Einreichung der Formulare einzuschwören, wäre größer gewesen als der, der nötig war, um aus den unterschiedlichen Formaten die wesentlichen Botschaften herauszufiltern.

Wichtig bei solchen Unterlassungen ist, dass die verschiedenen Arbeits- und Kommunikationsweisen derart aufeinander abgestimmt werden, damit die inhaltliche Arbeit bei allen Beteiligten so effektiv wie möglich ablaufen kann und Missverständnisse auf ein Mindestmaß reduziert werden.

Bestandteile der gemeinsamen Vereinbarung der Arbeitsweise und Kommunikation im Start-up Workshop sind:
- Vereinbarung des Informationsbedarfs sowie -vorgehens im Team
- Festlegung des optimalen Kommunikations-Mix, Medieneinsatzes und der optimalen Kommunikationshäufigkeit und -art, die Erreichbarkeit bei unterschiedlichen Zeitzonen (siehe Kapitel 5)
- Einigung über die Art und Weise der Kooperation (Entscheidungsprozesse, Projektmanagement-Werkzeuge etc.; siehe Kapitel 10 und Kapitel 11)
- Darstellung eines transparenten Projektstatus
- Vereinbarung einer gemeinsamen Projektsprache (z. B. „Germish": Projektsprache ist Englisch mit deutschen technischen Fachausdrücken)
- Aufbau einer eigenen Teamkultur.

Zusammenfassende Hinweise zur Gestaltung des Start-up Workshops

- Wesentliche Ziele des Start-up Workshops sind:
  - Finden einer gemeinsamen Vision mit Identifikationsmöglichkeit für alle Beteiligten
  - die Vereinbarung, wer welchen Beitrag zum Erreichen der aus dieser Vision abgeleiteten Ziele leisten wird
  - Aufbau einer Vertrauensbasis zwischen den Beteiligten
  - Abstimmung der Arbeits- und Kommunikationsweisen
- Je nach beteiligten Kulturen kann eine ganze Reihe von gut geplanten Vor- und Nachgesprächen notwendig sein, bevor alle gewünschten Ziele des Start-up Workshops erreicht sind
- Alle erforderlichen Projekt- und Teamrollen sollten definiert und besetzt sein
- Der Start-up Workshop bietet eine ideale Gelegenheit, den Teammitgliedern die jeweils anderen Kulturen und Verhaltensnormen näher zu bringen
- Dies geschieht am besten mit Hilfe eines erfahrenen Moderators, der sich sowohl im Projektmanagement als auch in Fragen der interkulturellen Zusammenarbeit auskennt.[4]

Zusammenfassend gilt für Start-up Workshops: Je besser und konsequenter die Vorbereitung ist, je eindeutiger die Definition der Ziele und je klarer die Vereinbarung der Zusammenarbeit sind, desto schneller erreicht das Team seine Arbeitsfähigkeit.

6.6 Phasen der Teamentwicklung

Vergleichende Studien zeigen, dass alle Teams die gleichen Phasen der Zusammenarbeit durchlaufen. Diese Phasen sind gekennzeichnet durch typische Verhaltensweisen und ähnliche Konflikte in einzelnen Team-Stadien:
(1) Orientierungsphase „Forming"
(2) Konfliktphase „Storming"
(3) Organisationsphase „Norming"
(4) Integrationsphase „Performing"
(5) Abschlussphase „Adjourning".

Die folgenden Abschnitte beschreiben die einzelnen Teamentwicklungsphasen bzgl. ihrer Besonderheiten und unterschiedlichen Ausprägungen für internationale Projekte.

6.6.1 Orientierungsphase: „Formierung und Teambildung"

Die Orientierungsphase ist die erste Phase eines Projektes, in der es kein gemeinsames Projektziel oder abgestimmte Arbeitsmethoden im Team gibt.

Das Ziel dieser Phase aus Sicht der internationalen Teammitglieder ist es, Sicherheit darüber zu gewinnen, was ihre konkrete Rolle und Aufgabe im Projekt ist und wie diese auszufüllen ist. Ziel aus Sicht des Teamleiters ist es, aus der Gruppe von Individuen mit teilweise sehr unterschiedlichem kulturellem Hintergrund ein Team zu formen, das gemeinsam, motiviert und effektiv an der gestellten Projektaufgabe arbeitet. Und das bedeutet persönliche Beziehungen aufzubauen und ein gemeinsames Ziel zu entwickeln.

Wesentliche Aufgabe der Teambildung ist, aus dem „ich" und „du" ein gemeinsames „wir" zu machen. Doch gerade bei internationalen Teams gelingt das nicht von heute auf morgen.

In westlichen und in asiatischen Kulturen herrscht ein unterschiedliches Verständnis von Teamarbeit vor: Während amerikanische und europäische Manager darunter verstehen, dass „Menschen zusammengebracht werden, um Probleme anzupacken und über die wirksamste Lösung zu entscheiden", verstehen Asiaten unter Teamarbeit, dass „die Teammitglieder reibungslos zusammenarbeiten und alle Angelegenheiten freundschaftlich in einer netten, familiären Weise gehandhabt werden."

Besonders für virtuelle Teams ist die Orientierungsphase wichtig, da sich die Teammitglieder in der späteren Projektarbeit selbst organisieren müssen. Dadurch, dass sich die Teammitglieder im Laufe des Projektes selten oder nie sehen, ist es für sie besonders wichtig, genau zu verstehen, was das gemeinsame Projektziel und die Arbeitsmethoden im Team sind.

Vorsicht, Unsicherheit und Misstrauen aber auch Offenheit und Neugier auf die anderen Kulturen prägen diese Phase.

6.6.2 Konfliktphase „Storming"

Die zweite Phase eines Teams ist geprägt von Konflikten. Nun werden die Unterschiede in Auffassung, Standpunkten und Sichtweisen zwischen den Teammitgliedern deutlich. Es fehlt an Klarheit im Team, manche Teammitglieder zweifeln an der Sinnhaftigkeit des Projektes. Die Macht- und Entscheidungsstrukturen sind noch nicht geklärt, daher wird in dieser Phase um die Stellung des Einzelnen im Team gerungen. Einige Projekte werden in dieser Phase abgebrochen.

Der Begriff **Storming** kommt aus der amerikanischen und europäischen Teamforschung. Für Südost-Asiaten wie Malayen, Thailänder oder Indonesier ist bereits der Titel „Storming Phase" zu negativ. Man würde hierzu eher „Discomfort Stage" (Phase des Unbehagens) sagen, da Konflikte nie offen ausgetragen werden. Der Grund hierfür ist, dass bei Südost-Asiaten Konflikte ein Zeichen von Gefühlen wie Zorn oder Ärger sind, die bei der betreffenden Person einen Gesichtsverlust verursachen. Natürlich gibt es auch dort Konflikte, doch Unzufriedenheit würde nie direkt geäußert werden. Um zu zeigen, dass sie nicht einverstanden sind, haben Asiaten andere Methoden: entweder sie sagen nichts oder tun nichts oder sie haben keine Zeit oder etwas Wichtigeres zu tun.

Je direkter der Vertreter aus einer Kultur mit schwachem Kontextbezug reagiert, desto indirekter werden die Antworten derjenigen, die aus einer Kultur mit starkem Kontextbezug erfolgen. Ein Teufelskreis von Missverständnissen kann damit beginnen. Mit der Frage: „Können Sie bitte noch mal erklären, wie Sie das gemeint haben?" bieten z. B. Japaner ihrem Gesprächspartner die Möglichkeit, sein Gesicht zu wahren und sein Angebot so zu formulieren, dass am Ende ein Konsens für beide Seiten möglich ist.

Doch Kontextschwache verstehen dieses Angebot in der Regel nicht, es ist ihnen zu indirekt. Im Gegenteil, sie verlieren leicht die Geduld, wenn sie zum x-ten Mal wiederholen müssen, was sie genau mit ihrem Punkt meinen. Der darauf folgende Temperamentsausbruch des Amerikaners oder Europäers markiert meist das Ende jeglicher Geschäftsbeziehungen, denn damit hat er in den Augen der Asiaten für immer sein Gesicht verloren.

Auch in Südamerika gilt es, im Fall von Konflikten eine für beide Seiten akzeptable Möglichkeit zu einer Lösung zu finden. In Brasilien wird dieses Vorgehen „jeito" genannt. In Indien oder China ist ein offenes Austragen von Konflikten dagegen eher möglich.

Allerdings sollte man keine Verallgemeinerungen treffen, da viele Asiaten durch ihr Studium oder einen längeren Aufenthalt in den USA oder in Europa ein westliches Verhalten angenommen haben.

6.6.3 Organisationsphase „Norming"

Die dritte Phase eines Teams ist die Organisationsphase. Nach der erfolgreichen Lösung der Konflikte der letzten Phase kommt das Team jetzt zu klaren Strukturen und Vereinbarungen. Erstmals entsteht ein Wir-Gefühl in der Gruppe. Diese Phase ist geprägt durch aktive Kommunikation und getragen von gemeinsamen Zielen. Konflikte sind eher auf sachliche Themen bezogen und werden konstruktiv gelöst.

In kulturell gemischten Teams sollten die Europäer besonders sensibel sein, damit das langsam aufgebaute Vertrauen nicht durch unsensible Direktheit oder Offenheit wieder zerstört wird. Jede Kultur hat ihre eigenen Feedback-Methoden entwickelt:

- In Japan ist es möglich, dem Chef am Abend nach dem x-ten Glas Sake die Meinung zu sagen, auch dürfen hier Kunden ihren Lieferanten gegenüber offen auftreten.
- Wenn es notwendig ist, einem Teammitglied aus einer kollektivistischen Kultur Feedback zu geben, kann ein kulturell erfahrener Berater hinzugezogen werden. Dieser kann als Übermittler der Information dienen und bewahrt das Teammitglied davor, sein Gesicht zu verlieren.

Niemals darf ein asiatisches Mitglied vor anderen Teammitgliedern kritisiert werden. Der Gesichtsverlust wäre nicht mehr kompensierbar und könnte zu fatalen Folgen, im Extremfall sogar zum Selbstmord des Betroffenen führen.

6.6.4 Integrationsphase „Performing"

Die vierte Phase ist die Integrationsphase. Nun konsolidiert sich das Team und findet zur Selbstorganisation. Jeder bringt jetzt seine volle Arbeitsleistung, die Erreichung der Ziele steht im Vordergrund. Die Phase ist geprägt durch Effektivität, Verantwortung und Zuverlässigkeit. Die Zusammenarbeit macht den Mitgliedern Spaß und erlaubt dem Team, kreativ und flexibel mit neuen Anforderungen umzugehen. Die Kommunikation untereinander ist kulturell angemessen und respektvoll.

Diese Definition der Integrationsphase ist westlich geprägt, da sie in erster Linie auf die Leistung des einzelnen Individuums abzielt. In Asien besteht die Bedeutung dieser Phase darin, dass das Team gemeinsam Höchstleistung bringt, weil hier nie der einzelne im Vordergrund steht.

Gerade Großprojekte sind in der Regel auch langfristige Projekte, die sich über mehrere Jahre erstrecken können. Besonders hier werden Probleme und Rückschläge oft deutlicher wahrgenommen als Erfolge. Die Motivation kann leicht sinken. Dies kann behoben werden, wenn den Teammitglieder durch kurzfristige Meilensteine im Abstand von drei bis sechs Monaten Erfolgserlebnisse möglich gemacht werden. Durch diese Erfolgserlebnisse haben die Teammitglieder die Chance, zu einer Einheit zusammenzuwachsen. Sie gewinnen an Vertrauen sowohl zu sich selbst als auch zu ihren Teamkollegen, Motivation und Bereitschaft zum Durchhalten wächst. Das ist die Basis für die volle Arbeitsleistung des Projektteams.

6.6.5 Abschlussphase „Adjourning"

Die letzte Phase wird in westlichen Standardteams häufig vernachlässigt. So schnell wie man sich als Team findet und zusammenarbeitet, so schnell ist die Arbeitsbeziehung auch wieder beendet. Man geht zum Abschluss noch einmal abends essen, dann löst sich das Team auf.

Die Abschlussphase im engeren Sinn existiert vorrangig in asiatischen Teams. Der Grund ist die asiatische Einstellung, dass Be-

ziehungen, für deren Aufbau man lange Zeit benötigt hat, nicht einfach so abgebrochen werden. Eine Beziehung ist in diesen Kulturen immer eine langfristige Investition und der persönliche Kontakt wird, wenn er erst einmal stabil ist, ein Leben lang aufrecht erhalten. Das Kapital der Menschen sind ihre Beziehungen:
- in Asien zählt am meisten das „know who"
- im Gegensatz zum „know how" in Europa und den USA.

Das zeigt sich u. a. auch am Senioritätsprinzip in Asien, da ältere Menschen über ein größeres Beziehungsnetzwerk verfügen als jüngere.

Bei der Honorierung der Teamleistung ist es wesentlich, die kultur-spezifischen Wertesysteme zu berücksichtigen.
- In individualistischen Kulturen ist es auch in Projektteams üblich, den einzelnen für seine Leistung und seinen Arbeitseinsatz zu belohnen.
- In kollektivistischen Kulturen hingegen ist es immer das gesamte Team, dessen Leistung honoriert wird, und nie der Erfolg des einzelnen.

Ein weiterer wesentlicher Aspekt internationaler Teams in der Abschlussphase ist das Heimsenden, die so genannte Repatriierung, der entsandten Projektmitarbeiter. Dieser Prozess ist sorgfältig mit dem Betroffenen und dem Personalwesen zu planen und vorzubereiten, damit der Heimkehrer bei Projektende wieder in seine ursprüngliche Organisation ohne Reibungs- und Zeitverlust aufgenommen wird. Eine bewährte Methode ist das so genannte Paten- oder Mentoren-Modell. Dabei hat der Pate die Aufgabe, dafür zu sorgen, dass der Kontakt zwischen dem entsandten Projektmitarbeiter und seiner Heimatorganisation in der Zeit der Abwesenheit nicht abreißt und ihm nach seinem Auslandseinsatz in einer adäquaten Position wieder einzusetzen. Dabei ist es wichtig, dass der internationale Projekteinsatz als Meilenstein in der beruflichen und persönlichen Entwicklung des Mitarbeiters honoriert wird. Dies gilt sowohl für die Motivation des entsandten Mitarbeiters als auch für die Leistungsbereitschaft aller zukünftigen internationalen Projektteammitglieder der Organisation.

Grundsätzlich sollte in jedem internationalen Team der Projektabschluss mit der Analyse der **lessons learned** des Projektes enden.

- Zum einen ist es für die beteiligten Teammitglieder wichtig, das Projekt in seinen einzelnen Phasen noch einmal Revue passieren zu lassen um zu verstehen, was zum Erfolg bzw. Misserfolg oder zu Fehlentscheidungen beigetragen hat.
- Zum anderen geht es insbesondere bei internationalen Projekten darum, dass das Unternehmen und die beteiligten Standorte von den Erfahrungen des Teams lernen können. Ziel ist, die Erfahrungen der internationalen Teammitglieder im Hinblick auf die Entwicklung hin zu einer globalen, kulturell integrierten Arbeitsweise im Unternehmen zu nutzen und umzusetzen.

6.7 Teamcoaching

Gerade in internationalen Projekten ist die Unterstützung durch einen interkulturell erfahrenen *Coach*[5] sehr hilfreich, und zwar sowohl für den Projektleiter als auch für das Team. Dabei kann der erfahrene Teamcoach als unabhängiger Unterstützer insbesondere in der Teambildungsphase einer internationalen Gruppe helfen, sich schneller zu einem Team zu entwickeln. Wichtig ist, dass der Teamcoach alle am Projekt beteiligten Kulturen kennt. Indessen ist darauf zu achten, dass der Coach von allen Teammitgliedern im Projekt akzeptiert wird.

Aufgabe des Teamcoachs ist es, den Entwicklungs- und Lernprozess des Projektteams zu unterstützen auf seinem Weg zu einem erfolgreichen Team. Ziel eines interkulturellen Teamcoachs ist es, die Teammitglieder dabei zu unterstützen, die unterschiedlichen Denk- und Verhaltensstrukturen kennen- und anwenden zu lernen, Informationen über die beteiligten Kulturen zu erlangen und über entsprechende Übungen ein adäquates Verhalten in interkulturellen Arbeitssituation aufzubauen.

Teamcoaching ist darüber hinaus eine Maßnahme, um ein Team aus einer kritischen Situation herauszuführen oder Störungen im Team zu eliminieren. Nach Optimierung der Teamprozesse sollte sich der Coach aus dem Projektteam wieder zurückziehen, und nur im Bedarfsfall oder in regelmäßigen größeren Abständen das Team unterstützen, damit die Teammitgliedern lernen, allein mit den täglichen Projektsituationen zurecht zu kommen.

6.8 Zusammenfassung

In dem Kapitel werden die verschiedenen Entwicklungsphasen eines internationalen Teams dargestellt, die ein Team von seiner Gründung bis zur Auflösung durchläuft.

Die Herausforderung besteht darin, die verschiedenen Mitglieder aus unterschiedlichen Kulturkreisen zu einem effektiv arbeitenden Team zusammenzubringen, das dieselben Ziele und Interessen verfolgt.

Erfolgreiche internationale Teams basieren auf den drei Säulen:
- Ein gemeinsames Ziel und Zielverständnis
- Vertrauen untereinander
- Abgestimmte Arbeitsweise und Kommunikation

Idealerweise kombiniert man diese drei Erfolgsfaktoren mit der in Kapitel 7.4.3 dargestellten kulturellen Teamanalyse im Start-up Workshop, dem in internationalen Projekten eine besondere Bedeutung zukommt. Dabei kann ein erfahrener Teamcoach das internationale Team in seinem Teamentwicklungsprozess unterstützen.

Anmerkungen

[1] Grunwald, 2001
[2] Es gibt viele Typisierungstests auf dem Markt. Der Beste ist von Daniels und Price (2000). Ein von einem Enneagrammlehrer durchgeführtes Typisierungsinterview ist zuverlässiger, es dauert ca. 45 Minuten.
[3] Ein Start-up Workshop (Kick-off-Meeting) ist ein Workshop aller am Projekt beteiligten Teammitglieder. In der Regel begegnen sich hier die Teammitglieder zum ersten Mal. Je nach Projektumfang dauert er zwischen einem und mehreren Tagen.
Wichtig ist auch die Präsenz eines Vertreters der Nutzer des Projektergebnisses, sofern dieser nicht selbst Teammitglied ist. Bei einer Produktentwicklung ist das typischerweise jemand aus dem Marketing, bei einem Baupro-

6. Teamentwicklung

jekt der Bauherr oder sein Vertreter. Bei hierarchisch höher stehenden Personen beschränkt sich die Anwesenheit oft auf einen Auftritt zu Beginn oder am Ende des Start-up Workshops.

[4] Der Moderator regt die Teilnehmer durch passende Fragen dazu an
- sich gegenseitig die wichtigsten Zusammenhänge ihrer jeweiligen Kommunikations- und Arbeitskultur zu erläutern,
- Vereinbarungen darüber zu treffen, wie sich diese im Interesse des Projekts am besten verknüpfen lassen,
- Vereinbarungen darüber zu treffen, wie wesentliche kulturelle Unterschiede, die erst im Laufe des Projekts entdeckt werden gemeinsam aufgearbeitet werden sollen,
- Vereinbarungen über den Umgang mit vorhandenen Sprachbarrieren zu treffen (siehe Kapitel 5)
- per Brainstorming nach Synergieeffekten aufgrund der nationalen und kulturellen Unterschiede zu suchen.

[5] Der Begriff *Coach* kommt ursprünglich aus dem Sport. Ein Team-Coach ist ein unabhängiger Teambegleiter, der die Teammitglieder berät und unterstützt auf dem Weg der Teamentwicklung (vgl. Glossar).

7. Führung in Projekten

Prof. Dr. Yvonne-Gabriele Schoper

Dieses Kapitel wendet sich sowohl an Projektleiter mit Erfahrung in nationalen Projekten, die zum ersten Mal vor der Aufgabe der Führung eines internationalen Projektes stehen, als auch an Projektleiter, die bereits erste Erfahrungen mit internationalen Projekten gemacht haben.

In diesem Kapitel möchten wir Ihnen einen Einblick in die Aufgabenstellung der Leitung eines internationalen Projekts, das die Führung des Projekt-Teams umfasst, geben sowie einige Tipps, mit deren Hilfe Sie mögliche Stolpersteine umgehen können. Erfolge in der Leitung nationaler Projekte sind zwar eine günstige Voraussetzung, um ein guter internationaler Projektleiter zu werden, aber noch keine Garantie. „Growing on the job!" heißt die Einstellung, mit der Sie diese neue Aufgabe annehmen sollten.

Ziel dieses Kapitels ist, die besonderen Herausforderungen an den Leiter eines internationalen Projektes herauszustellen und diesen in seinem Projektalltag zu unterstützen.

7.1 Qualifikation als Projektleiter im internationalen Zusammenhang

Für die Auswahl und Eignung eines internationalen Projektleiters spielen folgende Qualifikationen eine wichtige Rolle:
- die **fachliche Kompetenz**,[1]
- eine hohe **soziale Kompetenz**,[2]
- die **interkulturelle Kompetenz**.[3]

Über erstere spricht jeder. Die zweite Kompetenz meint, viel Fingerspitzengefühl zu haben, sensibel zu sein für zwischenmenschliche Prozesse und diese „lesen" zu können sowie Wissen und Erfahrung zu haben für das Verständnis der Interaktionen zwischen Personen unterschiedlicher kultureller Herkunft (siehe Kapitel 5). Diese beiden Kompetenzen gelten sowohl für einen nationalen als auch für einen internationalen Projektleiter. Die letzte Kompetenz meint die Bereitschaft, sich auf sprachliche Hindernisse, fremd erscheinendes Verhalten, andere Arbeitsweisen sowie Werte und Normen einzulassen und mit diesen tolerant umzugehen.

Die Geschwindigkeit und Qualität der Teamentwicklung hängt wesentlich von der Kompetenz des Projektleiters ab, den Gruppenprozess aktiv zu fördern. Dafür ist sowohl die Kenntnis über die Rollen im Projekt unerlässlich als auch die Fähigkeit, Konflikte zu erkennen und zu klären. Dabei ist es erforderlich, einen „Adlerblick" für die Situation des Teams zu entwickeln, d. h. sich bewusst in eine „Meta-Ebene" zu begeben (siehe Kapitel 5.5) und unabhängig von der persönlichen Aufgabe einen systemischen Blick auf den Zustand des Teams zu haben. Um die Ursachen für Probleme im Team zu analysieren, sollte der Projektleiter etwas über die Dynamik von Gruppen und die Phasen eines Teamentwicklungsprozesses wissen (siehe Kapitel 6.6).

An einen Projektleiter werden scheinbar gegensätzliche Anforderungen gestellt: einerseits soll er verbindlich und menschlich auf die Mitarbeiter zugehen, andererseits muss er in der Lage sein, klare Forderungen – gegebenenfalls unter Anwendung von Druck (siehe Kapitel 11.4) – durchzusetzen. Ein guter Projektleiter sollte daher über eine „polar-integrierte Persönlichkeit" verfügen, die diese Gegensätze einbindet.

7.2 Führung im internationalen Kontext

Bei der Leitung von Projekten wird sowohl von der „Teamleitung" als auch von der „Führung eines Teams" in der gleichen Bedeutung gesprochen. Im Folgenden werden wir den Unterschied näher erläutern.

Leitung eines Projektes

Leiten eines Projektes bedeutet, die Komplexität des Projektes zu beherrschen durch Zielvorgabe, Planung, Budgetierung, Organisation, Steuerung und Kontrolle. Damit entspricht der Begriff „Leitung" dem heutigen Verständnis von „Management", was auch im internationalen Kontext gleichbedeutend verwendet wird. Damit verbunden ist das Konzept der so genannten **Transaktionalen Führung**, die auf der Basis eines Austausches funktioniert: die Mitarbeiter werden veranlasst, die Ziele zu erfüllen im Austausch gegen eine entsprechende Belohnung. Bei Abweichung von den Vorgaben greift der Manager durch Maßnahmen korrigierend ein. Dieser Führungsstil greift insbesondere bei der Umsetzung betriebswirtschaftlicher Ziele.

Führung eines Projektes

Im Gegensatz dazu bedeutet Führung, Veränderungen zu fördern durch das Entwickeln von Visionen, die Vereinbarung von Zielen und die Umsetzung mit den beteiligten Menschen. Ziel von Führung ist, die Mitarbeiter zu selbstverantwortlichem Handeln zu motivieren, Teams zusammenzusetzen, Rollen zu klären, kooperative Entscheidungen treffen, Personaleinsätze zu planen und umzusetzen, Effektivität zu erzielen, Veränderungen herbeizuführen, als Vorbild ethische Werte vorzuleben, eine Feedback-Kultur entwickeln und den Mitarbeitern interessante herausfordernde Aufgaben zu stellen. Damit entspricht der Begriff Führung dem der Mitarbeiterführung im engeren Sinne und wird im internationalen Kontext mit dem Begriff „Leadership" gleichgesetzt. Hiermit verbunden ist das Konzept der so genannten **Transformationalen Führung**, die dann vorliegt, wenn die Mitarbeiter sich für höhere Ziele einsetzen, die über ihre unmittelbaren Eigeninteressen hinausgehen.

Bei komplexen Aufgabenstellungen wie in internationalen Projekten ist der transformationale Führungsstil effektiver, da internationale Projekte von den Mitarbeitern ein Höchstmaß an Engagement fordern, das nur mit hoher Motivation realisierbar ist. Diese Motivation erreicht eine Führungskraft nicht durch finanzielle Anerkennung, sondern indem er den Mitarbeitern das Projekt als Chance vermittelt, sich selbst weiterzuentwickeln.

Führung per se ist national und kulturell geprägt. Jedes Land zeichnet sich durch einen bestimmten, lokalen Führungsansatz aus. So ist Führung in Frankreich mit Macht verbunden, in

7. Führung in Projekten

Schweden mit Gleichheit, in Großbritannien durch Systeme, in der Schweiz durch Konsens, in Deutschland durch Ordnung und in China durch Familie und Reichtum gekennzeichnet.

Auch in Europa sind Führungsstile unterschiedlich ausgeprägt: Deutsche und französische Manager bevorzugen den aufgabenorientierten, sachlichen Führungsstil, wohingegen britische und skandinavische Manager dem personenorientierten Führungsstil den Vorzug geben.

Für Sie als internationaler Projektleiter bedeutet dies, ihren eigenen Führungsstil um kulturelle Führungselemente zu ergänzen, um bei Mitarbeitern, Kunden, Partnern und Stakeholdern gleich welcher Herkunft akzeptiert zu werden.

Eine gute internationale Führungskraft zeichnet sich durch die Flexibilität aus, angepasst an die jeweiligen Erfordernisse den Führungsstil zu wählen, der in der jeweiligen Situation die günstigste Wirkung im Hinblick auf die erfolgreiche Zielverfolgung zeigt.

So muss der Projektleiter – um den Status zu wahren – wissen, mit wem er in Kulturen mit großer Machtdistanz sprechen darf, ohne seine Akzeptanz zu verlieren, bzw. mit wem er Kontakt haben muss, um genügend Einfluss zu bekommen.

Tabelle 7.1 zeigt exemplarisch japanische, US-amerikanische und deutsche Führung im Vergleich, um zu verdeutlichen, wie unterschiedlich Führung gehandhabt wird.

Wie die Tabelle zeigt, betrachten östliche Führungskräfte eher den Zielrahmen als die konkreten Ziele. Dadurch schaffen sie die Herausforderung für die Mitarbeiter, den Rahmen mit eigenen Zielen zu füllen, anstatt diese konkret vorzugeben. Damit kommt der asiatische Führungsstil der beschriebenen transformationalen Führung nahe, wohingegen der US-amerikanische Führungsstil eher Ähnlichkeiten hat mit der transaktionalen Führung.

In Europa sind häufig Mischformen aus beiden Führungsstilen anzutreffen. Der Führungsstil ist hier unter anderem durch die Branche und die Unternehmenskultur geprägt. So tendiert man in Deutschland in Unternehmen mit ausgeprägter Ingenieurkultur dazu, Mitarbeiter zu Spezialisten auszubilden und diese wie in einem technischen Regelkreis durch Vorgabe von Zielen, Steuerung und Kontrolle zu führen, also den transaktionalen Führungsstil anzuwenden. In kreativen Bereichen wie z. B. Werbeagenturen hingegen wird der transformationale Stil angewendet.

Japanische Führung	US-amerikanische Führung	Deutsche Führung
Entwurf von Visionen	Vorgabe von Visionen, die motivieren und mitreißen, und von klaren Zielen	Vereinbarung klarer Ziele
Ermutigung von Mitarbeitern	Einweisung von Mitarbeitern	Erteilen von mitarbeiterspezifischen Aufgaben
Schaffen von Herausforderungen	Nutzen von Gelegenheiten	Entwickeln des technisch möglichen Maximums
Einbezug aller Mitarbeiter in die Identifikation von Problemen und Chancen	Ernennung von Spezialisten zur Beobachtung des Umfeldes und der Diagnose von Chancen und Risiken	Führungskraft und Mitarbeiter sind Fachleute mit Detailkenntnissen
Zentrales Management-Instrument: Mischung aus motivierender Betonung der Stärken und indirektem Ansprechen der Schwächen (Gesichtswahrung wichtig!)	Feedback als permanente, motivierende Stärkenanalyse	Feedback nur als korrigierende Fehleranalyse

Tab. 7.1: Führungsstile im Vergleich

Derzeit ist festzustellen, dass der asiatische Führungsansatz zunehmend von westlichen Managementberatern aufgegriffen wird: sie gehen davon aus, dass Projektmitarbeiter so entwickelt werden können, dass diese selbstverantwortlich einen gegebenen Rahmen motiviert ausfüllen und so höhere Leistung erreicht wird.

7.3 Analyse zu Beginn des Projektes

Sie haben sich entschieden, Projektleiter eines internationalen Projektes zu werden. Für den erfolgreichen, schnellen Start als Projektleiter gilt es zunächst zu analysieren, wie die Rahmenbedingungen und Prämissen des Projektes lauten.

Die folgenden Punkte dienen der allgemeinen Projektstatusaufnahme und unterstützen den Projektleiter darin, die erforderlichen Aktivitäten abzuleiten:
- Klärung des Projektauftrags und des Auftraggebers, seiner Kultur und Wertvorstellungen sowie seiner Intentionen
- Klärung der Stakeholder: wer sind die wirklichen Entscheider? wer hat welche Interessen im Projekt?
- Definition der strategischen Projektziele
- Implizite, vom Auftraggeber und anderen Beteiligten nicht ausgesprochene Projektziele
- Produktvision und erste Produktspezifikation
- Zur Verfügung stehende Ressourcen sowie lokale Besonderheiten der Arbeitsgestaltung
- Höhe des Budgets (unter anderem für Datenverarbeitungs-Infrastruktur und -Erweiterung, Reisetätigkeiten etc.)
- Termine, die auf den Projektplan einwirken
- Zielgruppen/Kunden
- Lokalität/Standorte
- Rahmenbedingungen und die Gestaltung der Projektorganisation (siehe Kapitel 10)
- Ihr konkreter Verantwortungsbereich und Handlungsspielraum als Projektleiter, eventuelle Mitspracherechte der Auftraggeber
- Projektmitarbeiter: welche Nationalitäten sind beteiligt, welche Erfahrungen bringen diese mit und welche Bereitschaft zu reisen existiert?
- Verhältnis der Projektmitarbeiter zu ihren Linienvorgesetzten, ggf. das Vorhandensein informeller Teamleiter vor Ort

Die Antworten und die resultierenden Maßnahmen sind die Basis dafür, das Projekt zielorientiert und effektiv zu führen.

7.4 Zusammenstellen des Teams und kulturelle Teamanalyse

Die Konsequenz aus der Aufgabe des Projektleiters ist, dass damit auch die Führung der Teammitglieder verbunden ist. Ist diese Aufgabe in einem nationalen Projekt bereits anspruchsvoll, bedeutet dies im internationalen Kontext eine noch größere Herausforderung, bei der es darum geht, die verschiedenen kulturellen Prägungen der Teammitglieder so zu berücksichtigen, dass es gelingt die Teammitglieder zu einem homogenen Team zusammenzuschweißen.

7.4.1 Auswahl der Teammitglieder

In der Regel sind die Teammitglieder bereits für das Projekt nominiert, wenn der Projektleiter in das Projekt einsteigt. Im Idealfall hat der Projektleiter noch die Möglichkeit, Einfluss auf die Auswahl der Teammitglieder zu nehmen. Dabei sollte neben den beiden Anforderungen fachliche Qualifikation und Teamfähigkeit, die generell für Teammitglieder gelten, das wesentliche Auswahlkriterium die Fähigkeit sein, sich in einem internationalen Projekt mit den eingangs beschriebenen Anforderungen zurecht zu finden.

Bei der Zusammenstellung des internationalen Teams ist es wichtig zu berücksichtigen, dass sich die Teammitglieder bzgl. ihrer Fähigkeiten und Kompetenzen ergänzen. Normalerweise wird dies nur bei den Projektrollen berücksichtigt („die Rollen Terminplaner, Controller und Entwickler sind schon besetzt, es fehlen noch der Marketing-Vertreter und der Fertigungsspezialist."). Doch ein Team kann erst dann wirkungsvoll arbeiten, wenn nicht nur die Projektrollen, sondern auch die wichtigsten Teamrollen günstig besetzt sind.

Wie wir bereits in Kapitel 6.2 herausgearbeitet haben, ist diese Besetzung abhängig von den zur Verfügung stehenden Persönlichkeiten.

Hochleistungsteams basieren unter anderem darauf, dass die neun verschiedenen Teamrollen im Projektteam (s. die Ausführungen zu den Typen des Enneagramms in Kapitel 6.3) möglichst optimal besetzt bzw. entwickelt werden.

Darüber hinaus spielt bei internationalen Projektteams die kulturelle Herkunft der Teammitglieder eine große Rolle. Wenn von einer Nation mehrere Vertreter im Team sind, ist die Wirkung dieser Kultur auf das Team entsprechend stark. Daher ist es ratsam, bereits vor der Personalauswahl die kulturellen Unterschiede der potenziellen Teammitglieder und ihren Einfluss auf das Projektteam zu analysieren. Dafür dient die kulturelle Teamanalyse, die im Abschnitt 7.4.3 detailliert beschrieben wird. Für den Erfolg des Projektes ist es von wesentlicher Bedeutung, vor der Auswahl der Mitarbeiter zu prüfen, ob sich die Projektaufgaben und die Kompetenzen der Mitarbeiter entsprechen. Auf dieser Basis ist es die Aufgabe des Projektleiters, die Mitarbeiter aufgrund ihrer kulturellen Eigenschaften in den Aufgaben und Rollen im Projekt entsprechend einzusetzen.

7.4.2 Persönliche Mitarbeitergespräche

Der nächste Schritt nach der Teamanalyse sollte für den Projektleiter sein, sich ein Bild von den (potenziellen) Teammitgliedern im Rahmen von persönlichen Gesprächen zu machen. Wenn es sich um ein virtuelles Team handelt, sollten diese Gespräche idealerweise vor Ort in der jeweiligen Umgebung des Teammitgliedes stattfinden.

Ziel dieser Gespräche ist, den jeweiligen fachlichen und persönlichen Hintergrund, die Erfahrungen aus anderen Projekten, die Einstellung und Erwartungen an das Projekt und den Teamleiter sowie die Motivation des einzelnen Teammitgliedes kennen zu lernen und seine interkulturellen Fähigkeiten abzuchecken. Eine gute Vorbereitung auf die einzelnen Gespräche ist es, sich intensiv mit der jeweiligen Kultur des Teammitgliedes auseinander zu setzen, sich mit dem bisherigen Vorgesetzten des Teammitgliedes zu treffen und im Gespräch alle Sinne auf das Neue zu konzentrieren

Auch wenn dies einen hohen zeitlichen Aufwand bedeutet, sind die dargestellten Ziele des Teamleiters nur durch diese Vor-

Ort-Treffen bei den Teammitgliedern realisierbar. Im Laufe des Projektes sollten regelmäßige gegenseitige Besuche die vertrauensvolle Zusammenarbeit unterstützen. Langfristig wird sich diese zeitliche Investition in einer erhöhten Akzeptanz des Projektleiters und in einer verbesserten Integration der Teammitglieder ins Projekt auswirken.

7.4.3 Kulturelle Teamanalyse

Die Teammitglieder sind ausgewählt und für das Projekt freigestellt. Der nächste Schritt für den Teamleiter eines internationalen Projektes ist die Durchführung einer kulturellen Teamanalyse. Damit wird das Ziel verfolgt, herauszufinden, welche Chancen und Risiken mit der Zusammensetzung des Teams verbunden sind.

Zur Durchführung dieser Teamanalyse schlagen wir eine systematische Vorgehensweise vor. Nicht berücksichtigt werden dabei die Projektrollen und die Persönlichkeit der Teammitglieder, da sich diese Kriterien nicht von Standardteams unterscheiden.

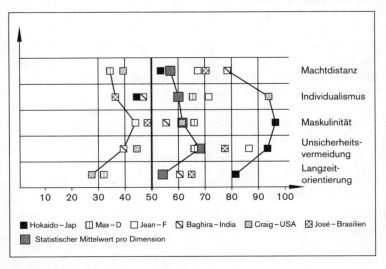

Abb. 7.1: Beispiel einer kulturellen Teamanalyse

Dies sind die Schritte zur Durchführung einer kulturellen Teamanalyse:
(1) Festhalten des Namens und der kulturellen Herkunft aller Teammitglieder in einer Tabelle
(2) Festlegung der relevanten Kulturdimensionen
(3) Ermittlung der jeweiligen Ausprägungen pro vertretener Kultur im Team (Basis: die in Kapitel 2 zitierten Standardmodelle) und Eintragen der Ergebnisse in der Tabelle
(4) Grafische Darstellung der Ergebnisse
(5) Auswertung des Mittelwerts pro Dimension
(6) Grafische Ermittlung der Streuungen im Team
(7) Interpretation der Ergebnisse für das internationale Team

Abbildung 7.1 verbildlicht die vorhandenen Kulturausprägungen im Team. Der Vorteil der Visualisierung ist, dass die kulturellen Ausprägungen im Team in Bezug auf die jeweiligen Kulturdimensionen transparent gemacht werden. Wesentlich dabei ist, zu erkennen, wie groß die Differenzen zwischen den im Team vertretenen Kulturen sind. Denn dies ist ein Indikator für potenzielle Konflikte im Team.

Wie bereits in Kapitel 6.8 angesprochen, kann die kulturelle Teamanalyse auch im Rahmen des Start-up Workshops beim Start des Projekts von allen Teammitgiedern gemeinsam mit Unterstützung eines erfahrenen Moderators durchgeführt werden. Die grafische Darstellung kann zudem über die gesamte Projektdauer vom Projektleiter und von allen Teammitgliedern herangezogen werden, weil durch sie mögliche Erklärungen für auftretende Spannungen im Team gefunden werden können.

7.4.4 Führungsrelevante Kulturdimensionen

Im folgenden Abschnitt werden die Kulturdimensionen hinsichtlich ihrer Relevanz für die Führung eines internationalen Teams untersucht und die Konsequenzen für den Projektleiter herausgearbeitet.

Kulturelle Unterschiede können sich z. B. in unterschiedlichem Kommunikationsverhalten, Projektmanagement-Verständnis oder in den Entscheidungsprozessen niederschlagen. Vorgehenswei-

7.4 Zusammenstellen des Teams und kulturelle Teamanalyse

sen, wie sie in der eigenen Kultur sowohl im Geschäfts- als auch im Privatleben üblich sind, sind in anderen Kulturen häufig ungebräuchlich und stoßen auf Befremden oder Ablehnung; häufig kann dies sogar die Ursache für Konflikte sein. Es ist unsere Intention, dem Projektmanager diese immer wieder unterschätzten Faktoren bewusst zu machen und ihm die Bedeutung derselben für seine Projektarbeit zu verdeutlichen.

Die folgenden Aussagen sollen Projektleiter bei der Bewertung ihrer Teams hinsichtlich der kulturellen Besonderheiten unterstützen. Allerdings können dies nur allgemeine Aussagen sein. Grundsätzlich gilt, bei der Zusammenarbeit mit anderen Kulturen nicht in Stereotype zu verfallen, da natürlich nicht alle Mitglieder einer Nation die gleichen Eigenschaften besitzen oder Verhaltensweisen zeigen. Es gibt zwar grundsätzliche Unterschiede zwischen den nationalen Kulturen, aber das ist nicht das einzige Unterscheidungsmerkmal zwischen Menschen: ethnische, sprachliche, religiöse, geschlechtliche, soziale, organisatorische und familiäre Prägungen spielen eine ebenso große Rolle und tragen zur Diversifikation der Menschen bei.

Der folgende Abschnitt stellt die führungs-relevanten Kulturdimensionen vor, die bei der kulturellen Teamanalyse hinsichtlich der kulturellen Besonderheiten in der Regel relevant sein können, sowie Maßnahmen, die Projektleiter ergreifen können, um potenzielle Konflikte im Projektteam bereits im Vorfeld zu entschärfen. Diese Maßnahmen verstehen sich als Anregung. Es liegt in der Verantwortung des Projektleiters, die Maßnahmen im Hinblick auf ihre Eignung abzuwägen und entsprechend umzusetzen.

Kontextbezug

Teammitglieder aus Kulturen mit starkem Kontextbezug achten nicht nur auf das, was gesprochen oder geschrieben wird, sondern auch darauf, wie eine Botschaft übermittelt wird – also auf Gestik, Mimik und den Zusammenhang, in dem das Gesagte steht. Für einen Projektleiter aus einer Kultur mit schwachem Kontextbezug wie z. B. Deutschland oder USA bedeutet dies, dass er in vermehrtem Maße darauf achten muss, wie er seinen Mitarbeitern eine Botschaft vermittelt. Direkte Äußerungen von Unzufriedenheit kann in einigen Ländern unerwartet heftige Reaktionen auslösen – bis hin zu Morddrohungen oder Selbstmord.

Machtdistanz

Teammitglieder aus Kulturen mit großer Machtdistanz akzeptieren ihren Chef als denjenigen, der ihnen sagt, was zu tun ist und der dafür entsprechende Privilegien erhält. Hingegen betrachten Teammitglieder aus Kulturen mit geringer Machtdistanz sich und den Vorgesetzen als von Natur aus gleichwertig und wollen in Problemlösungen, Entscheidungen usw. einbezogen sein.

Der folgende Vergleich von konkreten Projektsituationen zwischen Teammitgliedern aus Kulturen mit großer Machtdistanz und solchen mit geringer Machtdistanz zeigt die konträren Arbeitsweisen der beiden Kulturformen auf:

- Während Teammitglieder mit geringer Machtdistanz längere Zeit eigenständig arbeiten können, wenn mit ihnen im Vorfeld die Ziele und Aufgaben vereinbart wurden, greifen Führungsstrategien wie „Management by objectives" in Kulturen mit großer Machtdistanz nicht, da dies eine Form des Verhandelns zwischen Mitarbeitern und Vorgesetzten voraussetzt, die diese nicht kennen.
- Teammitglieder aus Kulturen mit großer Machtdistanz bedürfen der kontinuierlichen Anwesenheit des Teamleiters. Wenn das nicht realisierbar ist, kann durch das Führungsvakuum der so genannte „lokale informelle Teamleiter" entstehen,[4] – eine Art Stellvertreter vor Ort. Dieser informelle Teamleiter ist eine Person, die bei den Teammitgliedern vor Ort hohes Ansehen genießt und eine große Autorität besitzt. Dies kann z. B. der älteste Mitarbeiter vor Ort sein.

Insofern ergeben sich folgende konkrete Handlungsempfehlungen zum Umgang mit diesen kulturellen Besonderheiten:

- Sie sollten prüfen, ob Sie den informellen Teamleiter nutzen können; wenn ja, hat dieser die Aufgabe dafür zu sorgen, dass trotz Abwesenheit des Projektleiters weiter am Projekt gear-

beitet wird. Es kann jedoch auch vorkommen, dass ein informeller Teamleiter sich nicht in die Führung einbinden lässt. Es ist die Aufgabe des Projektleiters, die Beziehung zu dem informellen Teamleiter bzw. zu seinem Vorgesetzten kontinuierlich zu pflegen und mit diesem in Kontakt zu bleiben. Damit hat er eine Chance, aufkommende Probleme in dieser lokalen Untergruppe frühzeitig zu erkennen und gegenzusteuern.
- Ein speziell deutsches Thema ist die Regelung der Weisungsbefugnis des Projektleiters gegenüber den Projektmitarbeitern. Da aufgrund der Organisationsform der Projektleiter häufig nicht weisungsbefugt ist, muss er sich voll und ganz auf Teammitglieder, die an den unterschiedlichen Standorten arbeiten, verlassen können und sie zu eigenverantwortlichem Handeln führen. In Kulturen mit geringer Machtdistanz ist dies relativ unproblematisch zu handhaben; in Kulturen mit großer Machtdistanz hingegen stellt dies eine der größten Herausforderungen für den Projektleiter dar. Sie sollten in diesem Fall projektspezifische Regelungen finden, damit die Projektmitarbeiter trotz Abwesenheit des Projektleiters produktiv weiterarbeiten.

Individualismus

Teammitglieder aus individualistischen Kulturen sehen die Identität verankert im Individuum, während Teammitglieder aus kollektivistischen Kulturen ihre Identität eher in der Zugehörigkeit zu einer Gruppe verankert sehen.

Vergleicht man konkrete Projektsituationen, so werden die konträren Arbeitsweisen und ihre Konsequenzen für die Führung deutlich:
- Führung in einer kollektivistischen Gesellschaft bedeutet das Führen von Gruppen; dies ist für Führungskräfte aus individualistischen Kulturen eine neue Aufgabenstellung. Aufgaben werden an die gesamte Gruppe vergeben und Boni sind an die Leistung der Gruppe geknüpft. Die Gruppe kompensiert eine schwache Leistung eines Einzelnen so, dass der Teamleiter diese in der Regel nicht wahrnehmen wird. In individualistischen Kulturen werden Teammitglieder hingegen individuell eingesetzt und ihre Leistung entsprechend individuell beurteilt.

- Die Beziehung zwischen Arbeitgeber und Arbeitnehmer in individualistischen Kulturen ist eine berechenbare Beziehung, die jederzeit gekündigt werden kann. Teammitglieder aus kollektivistischen Kulturen hingegen haben eine starke moralische Beziehung zu ihrem Arbeitgeber, die einer familiären Beziehung nahe kommt.
- Um einem Mitarbeiter Feedback zu geben, verfügen kollektivistische Gesellschaften über eher indirekte Möglichkeiten: z. B. durch Entzug einer normalen Leistung oder mündlich über einen Mittelsmann.

Handlungsempfehlungen zum Umgang mit derartigen Situationen:
- In kollektivistischen Kulturen ist es wichtig, für den Projektleiter, einen Mittelsmann vor Ort – den kulturellen Dolmetscher (vgl. Kapitel 4) – zu haben; dieser kennt idealerweise die Kulturen der beteiligten Personen und kann insofern vermittelnd fungieren und dem Projektleiter beratend zu Seite stehen.
- Die Beziehung zwischen einer Führungskraft und den Mitarbeitern im Projekt ist oftmals durch historische Erfahrungen aus der Kolonialzeit geprägt und sollte auch in dieser Richtung reflektiert werden. Wenn es derartige Beziehungen gibt, sollte man auf deren Wirkungen vorbereitet sein, indem man sich vorher mit der Geschichte des jeweiligen Landes beschäftigt. Dieses Wissen wird dem Projektleiter nicht nur einige Erklärungen für das Verhalten seiner Mitarbeiter liefern, er wird auch dadurch, dass er sein Wissen bei Gelegenheit einfließen lässt, an Ansehen gewinnen.
- Seien Sie als Projektleiter aus einer individualistisch geprägten Kultur bei der Zusammenarbeit mit den Teammitgliedern aus kollektivistisch geprägten Kulturen besonders achtsam.

Maskulinität

Maskuline Kulturen zeichnen sich aus durch eine klare Rollentrennung zwischen Mann und Frau. Man lebt um zu arbeiten, Geld und Erfolg sind in diesen Gesellschaften wichtig, der Mann ist der Macher, die Frau die Sensible. In femininen Kulturen sind die Geschlechterrollen eher fließend. Man arbeitet, um zu leben.

Im Vergleich werden die beiden konträren Arbeitsstile deutlich:
- Teammitglieder aus maskulinen Kulturen erwarten von ihrem Chef ein entschlussfreudiges, selbstbewusstes Auftreten; in femininen Kulturen stehen das Verständnis und die Empathie im Vordergrund.
- In maskulinen Kulturen sind Besprechungen die Plattform, sich selbst darzustellen und zu zeigen, wie gut man ist. Entscheidungen werden in der Regel von den Managern abseits der Besprechung getroffen (siehe Kapitel 8). In Besprechungen in femininen Kulturen werden Probleme diskutiert und nach gemeinsamen Lösungen gesucht. Teammitglieder stellen weniger ihre Person heraus, sondern argumentieren für das Ganze und suchen nach dem Konsens.
- Konflikte werden in maskulinen Kulturen durch Kampf entschieden „der bessere möge gewinnen". Konflikte in femininen Kulturen werden durch Verhandlung und Kompromiss gelöst.

Das Dilemma für einen Projektleiter eines Teams mit Vertretern beider Kulturrichtungen besteht darin, einerseits den jeweiligen kulturellen Besonderheiten Rechnung tragen zu wollen und andererseits eine Projektkultur zu entwickeln, die tragfähig ist im Sinne einer konstruktiven und zügigen Zielverfolgung.

Handlungsempfehlungen zum Umgang mit diesem Dilemma:
- Ziel in einem internationalen Projekt ist, eine gemeinsame Besprechungskultur zu entwickeln; dies bedeutet, die Stärken beider Kulturen zu einer für das Team optimalen Besprechungskultur zusammenzubringen. Diese gemeinsame Kultur trägt dazu bei, dass sich die Mitglieder aus beiden Kulturen aktiv in die Besprechungen einbringen und somit zum Projekterfolg beitragen.
- Damit ist die Voraussetzung benannt: die Team-Mitglieder müssen Gelegenheit haben, sich gegenseitig kennen- und ihre jeweiligen Stärken schätzen zu lernen. Dies kann in einem Teamworkshop erfolgen, in dem an Hand von Fallbeispielen

in gemischten Gruppen den Mitgliedern der beiden Kulturen die jeweilige Arbeitsweise und Bedürfnisse der anderen Kultur sichtbar und damit verständlich gemacht werden.

Unsicherheitsvermeidung

Teammitglieder aus Kulturen mit hoher Unsicherheitsvermeidung scheuen uneindeutige Situationen, sie suchen nach Regeln. In Abgrenzung dazu haben Teammitglieder aus Kulturen mit niedriger Unsicherheitsvermeidung eher einen Widerwillen gegen formelle Regeln. Unsicherheit im Leben wird akzeptiert, Fremdes löst eher Neugier als Furcht aus.

Im Vergleich werden die beiden konträren Arbeitsstile deutlich:
- Teammitglieder aus Kulturen mit hoher Unsicherheitsvermeidung legen Wert auf Strukturen, mit deren Hilfe sich Ergebnisse interpretieren und vorhersehen lassen; Kulturen mit niedriger Unsicherheitsvermeidung hingegen bevorzugen die spontane, kreative und innovative Problemlösung.
- Führungskräfte aus Kulturen mit hoher Unsicherheitsvermeidung beschäftigen sich nicht nur mit strategischen, sondern auch mit operativen Problemen und Angelegenheiten. Führungskräfte aus Kulturen mit niedriger Unsicherheitsvermeidung beschäftigen sich in der Regel nur mit strategischen Aufgabenstellungen.

Handlungsempfehlungen zum Umgang mit diesen Situationen:
- In Teams mit Mitgliedern aus beiden Kulturkreisen ist es wichtig, für einen Ausgleich zu sorgen zwischen dem Bedürfnis nach Regeln und Strukturen auf der einen und dem Freiraum für spontane Lösungen auf der anderen Seite.
- Dies trifft ganz besonders auf das deutsche Verständnis von Projektmanagement zu, und damit auf deutsche Projektleiter, die konkrete Vorstellungen von der exakten Planung eines Projektes im Hinblick auf Termine, Prozessabläufe und Kosten haben. Hier ist es wichtig, sich als Projektleiter bewusst zu machen, dass das kulturell geprägte Bedürfnis nach festen Projektstrukturen und Vorgaben bei Teammitgliedern aus Kulturen mit

niedriger Unsicherheitsvermeidung auf Unverständnis und sogar auf Ablehnung treffen kann.
- Für Ihre Akzeptanz als Projektleiter ist es daher wichtig, den Teammitgliedern Ihren eigenen kulturellen Hintergrund aufzuzeigen. Damit wird für sie Ihr Agieren und Handeln als Führungskraft besser verständlich. Gemeinsam kann nach einem Kompromiss zwischen dem Bedürfnis nach Struktur und dem Freiraum nach spontanen Lösungen gesucht werden. Dies ist gut in einem Teamworkshop möglich.

Langfristorientierung oder „Konfuzianische Dimension"

Mitglieder aus Kulturen mit Langfristorientierung richten ihr Handeln stark an langfristigen Zielen und Perspektiven aus. Ein vergleichsweise sparsamer Umgang mit Ressourcen und eine höhere Sparquote sind charakteristisch.

Mitglieder aus Kulturen mit Kurzfristorientierung richten ihr Handeln vor allem am Hier und Jetzt aus; über die Zukunft macht man sich kaum Gedanken. Die konträre Arbeitsweise sieht folgendermaßen aus: Mitglieder aus Kulturen mit Langfristorientierung zeigen eine größere Beharrlichkeit beim Erreichen von langfristigen Ergebnissen. Mitglieder aus Kulturen mit Kurzfristorientierung sind Meister im Improvisieren.

Handlungsempfehlungen für derartige Situationen sind:
- Eine Führungskraft sollte die Mitarbeiter entsprechend ihrer Präferenz einsetzen: Mitglieder aus Kulturen mit Langfristorientierung können dauerhaft in langfristigen Projekten arbeiten oder sind die ideale Besetzung für alle planerischen Aufgaben.
- Mitglieder aus Kulturen mit Kurzfristorientierung hingegen sollten eher kurzfristige Aufgaben übertragen bzw. Ziele gesetzt werden, damit diese ein Erfolgserlebnis haben und weiterhin motiviert arbeiten können.

7.5 Situative Führung

Für die Akzeptanz und den Erfolg als Projektleiter ist es wesentlich, sich bewusst zu machen, dass jeder Projektmitarbeiter entsprechend seiner Erwartung und der aktuellen Aufgabenstellung einer anderen Führung bedarf. Diese Art der Mitarbeiter- und Situations-abhängigen Führung wird situative Führung[5] genannt.

Dieses Konzept geht davon aus, dass die Führungskraft flexibel genug ist, je nach Erfordernis der Situation und der Persönlichkeit ihren Führungsstil zu wählen und umzusetzen. Dies bedeutet im internationalen Kontext den Führungsstil auszuwählen abhängig von:
- der Reife des Mitarbeiters
- der Persönlichkeit des Mitarbeiters,
- seiner Rolle im Projekt sowie
- seiner kulturellen Prägung.

Im folgenden Beispiel wird dies aufgezeigt:

> Statusbesprechung in einem internationalen Team: Jeder Regionalleiter präsentiert dem deutschen Vertriebsleiter seine Umsatzergebnisse des letzten Quartals. Dabei werden teilweise große Differenzen zu den Umsatzzielen ersichtlich. Der Vertriebsleiter Manfred geht bei seiner Kritik unterschiedlich mit den jeweiligen Regionalleitern vor: während der 38jährige Bulgare Sergej die direkte Anweisung bekommt, dass die Umsätze im nächsten Quartal steigen müssen, geht Manfred mit dem 50jährigen Japaner Hakairo, der ebenfalls negative Ergebnisse zu berichten hat, behutsamer um. Er lässt Hakairo die Hintergründe berichten und sagt lediglich, dass die Situation in Japan im nächsten Quartal sicherlich positiver aussehen werde.

Die jeweilige Reife und die kulturelle Prägung des Mitarbeiters sind der Grund, warum der Bulgare Sergej vor allen anderen Teamkollegen direkte Kritik und der Japaner Hakairo trotz der Umsatzverfehlung keine Rüge vom Vertriebsleiter erhält. Denn für den Japaner ist das Vorstellen von negativen Ergebnissen bereits eine Demütigung. Er wird alles in seiner Macht stehende tun, damit es im nächsten Quartal nicht wieder zu der gleichen, für ihn beschämenden Situation kommen wird.

Eine Führungskraft sollte sich bewusst machen, wie sie – abhängig von der eigenen Kultur sowie der kulturellen Prägung der Mitarbeiter – normalerweise führt. Sie sollte sich vor Augen führen, dass die Situationen, die ein internationales Projekt mit sich bringt, eine angemessene Führung verlangen. Angemessenheit

7.5 Situative Führung

bedeutet in dem Zusammenhang sowohl für sich selbst als auch der Situation und den Zielpersonen entsprechend – und so, dass alle Beteiligten zufrieden sind.

Im internationalen Kontext bedeutet situative Führung beispielsweise, dass ein kooperativer Führungsstil in einem Land wie China nicht umsetzbar ist, da er aufgrund der großen Machtdistanz von den chinesischen Mitarbeitern nicht verstanden bzw. sogar als Führungsschwäche missverstanden würde.

Allerdings bedeutet dies nicht, dass es langfristig nicht möglich wäre, eine Änderung des Verhaltens bei den Mitarbeitern zu initiieren. Da diese Einstellungsänderung ein langfristiger Prozess ist, erfordert dies eine Projektdauer von mehreren Jahren, damit die Mitarbeiter langsam ein neues Verhalten lernen bzw. ihr Verhalten ändern können.

Wesentlich für den Erfolg einer solchen Verhaltensänderung ist, die Mitarbeiter bzgl. des Führungsstils zunächst dort „abzuholen", wo diese stehen, also einen Stil anzuwenden, den sie verstehen oder gewohnt sind. Dabei muss sich der Projektleiter bewusst sein, dass seine Intention, Verhaltensänderungen in Gang zu setzen, evtl. zu Widerständen führen kann; insofern sollte er sich Gedanken dazu machen, wie er angemessene Schritte wählt und wie er mit dem Mitarbeiter Konsens über die Zielsetzung erreichen kann.

Dabei gilt es als internationaler Teamleiter, die Verschiedenheit der Projektmitglieder kennen und schätzen zu lernen, anstatt deren Andersartigkeit abzulehnen. Diese Einstellung ist die Basis dafür, gemeinsam voneinander zu lernen und sich weiterzuentwickeln.

Dies erfordert zunächst eine Selbstreflexion der eigenen kulturellen Prägungen. Diese kulturelle Sensibilisierung bildet die Basis, mit den anderen Teammitgliedern offen und vertrauensvoll umgehen zu können.

Für den Teamprozess kann es günstig sein einen interkulturell erfahrenen Teamcoach zu engagieren, der die Entwicklung des Teams begleitet und fördert (siehe auch Kapitel 6).

7.6 Verhalten in ausgewählten Führungssituationen

In den folgenden ausgewählten Führungssituationen ist der kulturelle Kontext des zu führenden Mitarbeiters besonders zu beachten:
- Gestaltung der Arbeitsprozesse (siehe Kapitel 10)
- Motivation
- Delegation
- Zielvereinbarung
- Kontrolle
- Feedback: Anerkennung und Kritik
- Konfliktregelung (siehe Kapitel 9)
- Entscheidungsfindung (siehe Kapitel 8)

In den folgenden Abschnitten werden die wesentlichen Führungsaufgaben, die nicht in den anderen Kapiteln dargestellt sind, umrissen und die kulturellen Besonderheiten in spezifischen Führungssituationen mit den dazugehörigen Handlungsanleitungen dargestellt.

7.6.1 Motivation

Mehr denn je wird die Motivation der Projektmitarbeiter heute als wesentlicher Erfolgsfaktor in der Projektarbeit gesehen. Insbesondere internationale Projekte, in denen der Projektleiter und die Teammitglieder unterschiedlicher Nationalität sind und an verschiedenen Standorten arbeiten, können nur erfolgreich sein, wenn eine hohe Motivation aller Teammitglieder erreicht wird. Insofern ist die wesentliche Frage für einen Teamführer in einem internationalen Projekt, wie die Motivierung der Teammitglieder in den verschiedenen Kulturen funktionieren kann. Zum näheren Verständnis werden im Folgenden die Theorien von *Maslow* („Bedürfnispyramide") und *Herzberg* („Zwei-Faktoren-Theorie") herangezogen.

Grundsätzlich zeigen Studien zu diesem Thema, dass die bekannte Maslow'sche Bedürfnispyramide bei allen Menschen von universeller Natur ist. Nur die Prioritäten sind teilweise kulturell unterschiedlich, wie Ergebnisse aus China zeigen: im Gegensatz zur untersten Ebene mit den physiologischen Bedürfnissen gilt es zunächst, die sozialen Bedürfnisse zu befriedigen, bevor alle anderen Bedürfnisse befriedigt werden, wie Abbildung 7.2 zeigt.

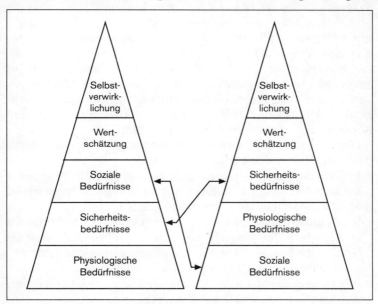

Abb. 7.2: Maslow'sche Bedürfnispyramide und Ergebnisse aus China (Quelle: *Nevis*, 1983)

Auch das etablierte Motivationsmodell nach Herzberg wurde in mehreren Studien als für alle Kulturen anwendbar bestätigt. Das Herzberg-Modell zeigt den Zusammenhang zwischen den so genannten „satisfiers", die mit dem Inhalt der Arbeit verbunden sind (Leistungs- und Erfolgserlebnis, Anerkennung, Tätigkeit selbst, Verantwortung, Aufstiegsmöglichkeiten und Persönlichkeitsentfaltung), und der Arbeitsmotivation, die die Zufriedenheit des Mitarbeiters bewirkt. Hingegen bewirken die sog. „dissatisfiers" (äußere Arbeitsbedingungen, zwischenmenschliche Beziehungen, Entlohnung, Arbeitsplatzsicherheit) gegebenenfalls eine

Unzufriedenheit beim Mitarbeiter, hingegen keine Motivation. Welche Faktoren zu den „satisfiers" und welche zu den „dissatisfiers" zählen, ist wiederum kulturabhängig.

In einem internationalen Projekt, in dem Projektleiter und Teammitglieder aus unterschiedlichen Nationalitäten stammen und an verschiedenen Standorten arbeiten, liegen die Motivations-relevanten Kulturdimensionen aus unserer Sicht in der „Individualität" und „Vermeidung von Unsicherheit". Die Dimension „Individualität" drückt aus, inwieweit ein Teammitglied gut alleine bzw. besser in einer Gruppe arbeiten kann. Die Dimension „Vermeidung von Unsicherheit" zeigt, ob sich ein Teammitglied eher selbst organisieren kann bzw. klare Strukturen und Kontrolle zum effektiven Arbeiten benötigt.

Handlungsempfehlungen zur Verbesserung der Motivation und mögliche Stolpersteine sind:
- Für Projektleiter ist es wichtig zu wissen, dass für Mitarbeiter aus kollektivistischen Kulturen Anerkennung sehr motivierend wirkt („ich arbeite für einen tollen Chef!").
- Individuelle Prämien werden in kollektivistischen Kulturen mit großer Machtdistanz nicht als motivierend, sondern eher als beschämend empfunden, denn dadurch würde das Teammitglied mehr als sein Chef verdienen.
- Für Mitarbeiter aus Kulturen mit niedriger Unsicherheitsvermeidung sind eine interessante Aufgabe, gute Führung, die Honorierung der Leistung, entsprechende Wertschätzung und die Möglichkeit, Erfahrungen zu gewinnen am motivierendsten.
- Für Mitarbeiter aus Kulturen mit hoher Unsicherheitsvermeidung ist die Befriedigung der Sicherheits- und sozialen Bedürfnisse wichtig.

Ein Beispiel aus Korea zeigt, dass asiatische Manager bewusst die Angst ihrer Mitarbeiter, das Gesicht zu verlieren, ausnutzen, um diese zu motivieren, die Produktivität und die Qualität zu verbessern, was für Europäer schon an die Grenze des Erträglichen reicht:

> In einer Fabrikhalle brandmarken Schilder mit der Aufschrift „worst line" jene Fertigungsstraßen für Speicherchips, die zu langsam sind

oder den höchsten Ausschuss produzieren. Diese Demütigung setzt bei den Mitarbeitern enorme Kräfte frei, denn nichts schmerzt Koreaner mehr als öffentlich das Gesicht zu verlieren. Einen Fehler wettzumachen ist Ehrensache. Auf diese Weise werden industrieweite Benchmarks gesetzt. (Quelle: Manager Magazin 10/2003)

Unabhängig von der kulturellen Prägung gibt es überall Menschen, die viel Anerkennung von außen benötigen und andere, die weniger auf externe Motivierung gepolt sind. Es ist wichtig für die Wirkung der Führung, dass der Projektleiter diese Charaktereigenschaft seiner Mitarbeiter in Erfahrung bringt. Hierfür dient das Enneagramm, das diese Persönlichkeitsaspekte widerspiegelt (siehe Kapitel 6.3.2).

7.6.2 Delegation

Im Folgenden zunächst ein Beispiel: Hier wird eine Situation in einem amerikanischen Unternehmen mit Niederlassung in Athen beschrieben, in der ein neuer amerikanischer Abteilungsleiter versucht, eine Aufgabe an seinen griechischen Mitarbeiter zu delegieren (Tabelle 7.2).

Wie das Beispiel zeigt, ist es insbesondere beim Erteilen von Aufträgen an internationale Mitarbeiter wichtig, zu differenzieren, ob der Mitarbeiter selbstständiges Arbeiten gewohnt ist und seine Zeit entsprechend selbst einteilen kann oder klare Anweisungen benötigt. So ist es als Führungskraft in der Regel nicht nur erforderlich, die jeweilige Motivation und das Leistungsvermögen des Mitarbeiters in den Führungsstil mit einzubeziehen, sondern auch den kulturellen Hintergrund des Mitarbeiters zu berücksichtigen.

Günstiger wäre gewesen, dem griechischen Mitarbeiter einen klaren Auftrag zu geben („Ich brauche in 15 Tagen einen Bericht von Ihnen") und jeden dritten Tag den Fortschritt zu kontrollieren.

Handlungsempfehlungen zur Delegation von Aufgaben:
- Beim Übertragen einer Aufgabe an einen Mitarbeiter muss der Projektleiter in der Lage sein, die Art und Weise seiner Aufgabenverteilung zu variieren. Es ist erforderlich, noch vor Ertei-

7. Führung in Projekten

Verhalten	Interpretation der Aussagen
Amerikaner: *„Wie lange brauchen Sie, um den Bericht fertig zu stellen?"*	**Amerikaner:** Er soll sich seine Aufgaben selbst einteilen und diese priorisieren. **Grieche:** Warum sagt er mir nicht, bis wann er den Bericht braucht. Er ist doch der Chef.
Grieche: *„Ich weiß nicht, wann soll ich ihn fertig haben?"*	**Amerikaner:** Er weigert sich, Verantwortung zu übernehmen. **Grieche:** Ich bat ihn um eine Anweisung.
Amerikaner: *„Sie können Ihren zeitlichen Bedarf selbst am besten einschätzen."*	**Amerikaner:** Ich dränge ihn, Verantwortung für sein Handeln zu übernehmen. **Grieche:** Was soll der Unsinn? Ich muss ihm aber eine Antwort geben.
Grieche: *„10 Tage"*	**Amerikaner:** Er hat überhaupt kein Gefühl für Zeit. Das schafft niemand in der Zeit
Amerikaner: *„Sagen wir 15 Tage. Einverstanden? Sie stellen den Bericht in 15 Tagen fertig."*	**Amerikaner:** Ich biete ihm einen Vertrag an. **Grieche:** Endlich eine konkrete Anweisung
Es ist der 15. Tag (Anmerkung: Am Ende hat es tatsächlich 30 Tage gedauert, bis der Bericht fertig war. Dabei arbeitete der Grieche rund um die Uhr.)	
Amerikaner: *„Wo ist der Bericht?"*	**Amerikaner:** Ich achte darauf, dass er den Vertrag erfüllt. **Grieche:** Er verlangt den Bericht.
Grieche: *„Er ist morgen fertig."*	

7.6 Verhalten in ausgewählten Führungssituationen

Verhalten	Interpretation der Aussagen
Beide stellen am 16. Tag fest, dass der Bericht nicht fertig ist.	
Amerikaner: *„Wir hatten doch vereinbart, dass der Bericht heute fertig ist!"*	**Amerikaner:** Ich muss ihm beibringen dass man eine Vereinbarung einhalten muss.
	Grieche: So ein inkompetenter, dummer Chef. Nicht nur dass er mir die falsche Anweisung gegeben hat, er weiß noch nicht einmal zu schätzen, dass ich einen 30-Tage Job in 16 Tagen erledigt habe.
Der Grieche kündigt. Der Amerikaner ist überrascht.	
	Grieche: Für einen solchen Mann kann ich nicht arbeiten.

Tab. 7.2: Beispiel für die Führungssituation Delegation zwischen amerikanischem Vorgesetzten und griechischem Mitarbeiter (Quelle: *Hilb*, 2000)

lung des Auftrags zu überprüfen, ob die gestellte Aufgabe, die Kompetenz des Mitarbeiters und seine Bereitschaft, Verantwortung zu übernehmen, sich genau entsprechen (Kongruenzprinzip). Nur dann kann der Mitarbeiter die Aufgabe auch bewältigen.
- Ausschlaggebend ist die Art und Weise, wie die Führungskraft den Auftrag erteilt: gibt sie Befehle, veranlasst sie den Mitarbeiter oder vereinbart sie ein konkretes Ziel mit ihm und lässt ihm den Gestaltungsspielraum?

Natürlich ist hier wieder die Beachtung der Kulturdimensionen hilfreich, weil sie Hinweise auf die Wahl des angemessenen Führungsstils geben: beim Thema Delegation sind das aus unserer Sicht die Dimensionen „Machtdistanz" und „Maskulinität". Die Dimension „Machtdistanz" zeigt, ob ein Mitarbeiter seinen Vorgesetzten als denjenigen ansieht, der ihm sagt, was zu tun ist, oder mit ihm auch Vereinbarungen aushandeln kann.

Die griechische Kultur im Beispiel zeichnet sich durch große Machtdistanz aus. Zielvereinbarung, wie es der amerikanische Chef versucht hat, greift hier nicht. Die Dimension „Maskulinität" zeigt, ob die Mitarbeiter ein entschlusskräftiges, bestimmtes, selbstbewusstes Auftreten bei ihrem Vorgesetzten erwarten oder eher ein konsensorientiertes Verhalten. Entsprechend sind Aufträge und Aufgaben an die Mitarbeiter unterschiedlich zu vergeben.

7.6.3 Zielvereinbarung

Eng verbunden mit der Delegation von Aufträgen ist das Prinzip der Führung durch Zielvereinbarung oder Management by Objectives (MbO). Im Gegensatz zu einem Führungsstil, der die Ziele einfach setzt, stellt der Ansatz der Zielvereinbarung ein partizipatives Führungsinstrument dar: der Mitarbeiter wird an der Zielsetzung über das Herunterbrechen allgemeiner Projektziele auf seinen spezifischen Verantwortungsbereich beteiligt. Damit will man die Identifikation mit den Zielen und so indirekte Motivierung erreichen.

Dies setzt selbstständiges, eigenverantwortliches und langfristiges Denken und Handeln des Mitarbeiters voraus. Der Projektleiter muss im Vorfeld prüfen, ob die Mitarbeiter die hierfür geforderte Selbstständigkeit besitzen und in der Lage sind, sich selbst zu steuern und zu kontrollieren.

Zudem kann es gerade in der internationalen Projektarbeit zu möglichen Zielkonflikten zwischen dem Linienvorgesetzten vor Ort und dem Projektleiter kommen, wenn beide dem Mitarbeiter Aufgaben geben, die gleich wichtig sind und die gleiche zeitliche Kritizität haben. Diese Konflikte muss der Mitarbeiter eigenständig lösen können oder mit einer klaren Entscheidungsvorgabe an den Vorgesetzten gehen.

Um als Teamleiter festzulegen, ob das Führungsinstrument Zielvereinbarung in einem internationalen Projekt angewendet werden kann, können zur kulturellen Eingrenzung aus unserer Sicht die Kulturdimensionen „Machtdistanz" und „Unsicherheitsvermeidung" herangezogen werden.

Handlungsempfehlungen zur Zielvereinbarung:
- Es ist wahrscheinlich nicht möglich, mit Teammitgliedern aus Kulturen mit großer Machtdistanz und hoher Unsicherheitsvermeidung den partizipativen Führungsstil unter Nutzung des Instruments Zielvereinbarung anzuwenden.
- Weil für Mitarbeiter aus Kulturen mit hoher Unsicherheitsvermeidung Sicherheit wichtig ist, werden die Zielvereinbarungsgespräche mit diesen Mitarbeitern relativ lange dauern, weil die Ziele auch in ihren Details festgelegt werden sollten.
- Management by objectives greift bei Mitarbeitern aus Kulturen mit hoher Machtdistanz nicht, da diese Methode ein Verhandeln zwischen Mitarbeiter und Vorgesetzten voraussetzt, was die Mitarbeiter eher mit Befremden registrieren würden.
- Um die Teammitglieder an die Zielvereinbarung zu gewöhnen, ist es möglich, zunächst kurzfristige Ziele im Monats- oder Quartalsrhythmus zu vereinbaren, die zunächst keine Konsequenzen auf die Höhe des Gehalts haben oder mit sonstigen Sanktionen verkoppelt sind. Wenn die Teammitglieder Vertrauen zu dem Instrument gewonnen haben, kann langsam der Zeithorizont erweitert und das Erreichen der Ziele mit Zusatzleistungen verbunden werden.

7.6.4 Kontrolle

Projektziele können nur erreicht werden, wenn sie definiert und vereinbart sind und die Vorgaben eingehalten werden. Die Kontrolle dieser Einhaltung ist notwendig, damit alle für das Projekt definierten Ziele auch wirklich erreicht werden. Dabei ist zu berücksichtigen, dass für erwachsene Menschen Kontrolle meist etwas Unangenehmes bedeutet, weil sie einerseits daran gewohnt sind, sich selbst zu kontrollieren und andererseits Kontrolle mit dem „Ertappen" bei Nachlässigkeiten oder Fehlern assoziiert wird. Somit ist von entscheidender Bedeutung, **wie** die Kontrolle ausgeübt wird und ob die Menschen tatsächlich genügend Selbstkontrolle aufgebaut haben bzw. aufbauen konnten. Es hängt also entscheidend von der Art und Weise der Kontrolle ab, ob die Mitarbeiter diese akzeptieren.

7. Führung in Projekten

Häufig wird von Projektleitern die Kontrolle nicht konsequent verfolgt aus Angst vor möglichen Konflikten. Die Frage „muss ich steuernd in das Projekt eingreifen?" kann nur beantwortet werden, wenn der Projektstatus transparent ist. Ein negatives Ergebnis muss Konsequenzen nach sich ziehen. Ein Projektleiter muss unbedingt auf schlechte Leistung reagieren, da er sonst sein Ansehen und seine Macht verliert, und zwar nicht nur bei einzelnen Mitarbeitern, sondern bei allen Teammitgliedern und beim Auftraggeber.

Zur Analyse der kultur-relevanten Aspekte zur Kontrolle haben wir die Kulturdimensionen „Machtdistanz" und „Langzeit-Orientierung" herangezogen; vor diesem Hintergrund geben wir folgende Handlungsempfehlungen zum Thema Kontrolle:

- Sie sollten sich gut überlegen, wie viel Kontrolle jeder Mitarbeiter braucht, welche Erfahrungen, Kenntnisse sowie kulturellen Hintergrund der Mitarbeiter in dieser Beziehung hat.
- Mitarbeiter aus Kulturen mit großer Machtdistanz nehmen eine partnerschaftliche Kontrolle nicht als Kontrolle wahr, weil sie zu wenig konkrete Anweisungen enthält und nur geringe Konsequenzen aufzeigt. Dies kann bis zur Verachtung des Chefs führen (siehe das Beispiel vom amerikanischen Vorgesetzten und dem griechischen Mitarbeiter).
- Mitarbeiter aus Kulturen mit großer Machtdistanz freuen sich, wenn sie die Aufmerksamkeit des Chefs bekommen, auch und gerade in Form von Kontrolle.
- Mitarbeiter, die ihr Handeln eher kurzfristig am Hier und Jetzt ausrichten, benötigen mehr und häufigere Kontrolle als Kollegen mit langfristiger Orientierung, die das langfristige Ziel leichter im Auge behalten.
- Bei einer schlechten Leistung eines Mitarbeiters ist es wichtig, darauf zu reagieren. Dazu ist es wesentlich, sich gut auf das Mitarbeitergespräch vorzubereiten. Unter Umständen ist es sinnvoll, hierbei einen landes- und kulturerfahrenen Berater, den kulturellen Dolmetscher, einzubinden, der den Teamleiter dabei unterstützt eine für die jeweilige Kultur angemessene Kritik anzubringen. Auf Basis dieser Vorbereitung kann ein Projektleiter gelassen in das Mitarbeitergespräch gehen.

7.6.5 Feedback: Anerkennung und Kritik

Im Rahmen des Feedbackgespräches erhält das Teammitglied ein Bild davon, wie der Projektleiter seine Leistung und sein Arbeitsverhalten einschätzt. Der Mitarbeiter soll für seine Leistung Anerkennung erfahren, aber auch wissen, wenn seine Leistung nicht ausreichend war. Gemeinsam sind Wege zu finden, welche Entwicklungsmöglichkeiten der Mitarbeiter hat bzw. wie er an seinen Schwächen arbeiten könnte. Das Besprechen, Festlegen und Umsetzen von Maßnahmen mit dem Mitarbeiter macht das Feedbackgespräch zu einem echten Führungsinstrument. Dabei ist es für die zukünftige Arbeitseinstellung des Mitarbeiters von entscheidender Bedeutung, wie der Chef das Feedbackgespräch führt: im optimalen Fall motiviert es den Mitarbeiter zu weiteren Leistungen, es kann im negativen Fall aber auch Demotivation erzeugen und zu innerer Kündigung führen.

Für den Projektleiter ist es bei der Leistungsbeurteilung im internationalen Kontext wichtig, die eigene, kulturell geprägte Wahrnehmung kritisch zu hinterfragen, inwieweit eventuelle Vorurteile, Sympathie oder ähnliches die Bewertung des Mitarbeiters beeinflussen.

Beim Feedbackgespräch im internationalen Projektumfeld gilt es, zur Analyse der kulturrelevanten Aspekte die kulturellen Dimensionen „Kollektivismus/Individualismus und Kontextbezug" zu berücksichtigen.

Handlungsempfehlungen für interkulturelle Feedbackgespräche:
- Feedbackgespräche im obigen Sinne sind nur in Kulturen geeignet, in denen eine individuelle Weiterentwicklung möglich ist.
- In einigen kollektivistischen Kulturen mit starkem Kontextbezug wird ein Mitarbeitergespräch unter vier Augen als inakzeptabler Gesichtsverlust empfunden. Diese Gesellschaften verfügen über andere, subtilere Möglichkeiten, Feedback zu geben: z. B. durch Entzug einer Leistung oder über einen Mittelsmann, der lediglich Andeutungen macht.
- In Japan ist es durchaus möglich, dem Mitarbeiter indirekt un-

ter vier Augen Feedback zu geben; der Teamleiter kann ihm beispielsweise sagen: „Ich wäre nicht 100 % ehrlich, wenn ich sagen würde, dass ich mit dem Ergebnis der Arbeit ohne Einschränkung zufrieden bin."
- Loben Sie Ihre Mitarbeiter bei guter Leistung; jeder hört gerne, dass er eine gute Arbeit gemacht hat. Gerade in Deutschland wird Feedback jedoch nur bei Kritik gegeben, Lob wird selten ausgesprochen (Motto: „Nicht geschimpft ist gelobt genug.") – das ist für die Mitarbeiter demotivierend.
- Aus Unsicherheit oder Angst vor möglichen Konflikten wird von Projektleitern in internationalen Projekten häufig kein Feedback gegeben. Das sehen wir als ein Vergeben einer Chance, weil wir das Feedbackgespräch – wenn konstruktiv genutzt – als wichtiges Führungsinstrument auch im internationalen Kontext schätzen.

7.7 Führung von virtuellen Teams

Eine Besonderheit von internationalen Teams ist die Verteilung auf mehrere Standorte – Teams werden zunehmend virtuell, sie treffen sich nicht mehr persönlich, sondern kommunizieren und arbeiten zusammen mit Hilfe der Kommunikationstechnologien. Insbesondere für den Teamleiter stellen diese virtuellen Teams eine besondere Herausforderung dar.

Handlungsempfehlungen für das Führen virtueller Teams:
- Wichtig ist die faire Behandlung der Teammitglieder, die nicht vor Ort sind. Es ist wissenschaftlich erwiesen, dass die Kontakthäufigkeit einen Einfluss auf die Beurteilung der Mitarbeiter hat und Führungskräfte mehr Vertrauen zu jenen Mitarbeitern haben, mit denen sie täglich zu tun haben. Das geringste Anzeichen ungleicher Behandlung der Mitarbeiter vor Ort schadet der Motivation und dem Vertrauen der entfernten Teammitglieder. Ein Projektleiter muss Rivalitäten um seine Gunst unbedingt vermeiden und sich immer wieder kontrollieren, ob er Gefahr läuft, seine virtuellen Teammitglieder zu vernachlässigen. Der Gedanke „aus den Augen, aus dem Sinn" darf bei den virtuellen Teammitgliedern gar nicht erst aufkommen.

- Räumliche Entfernung kann zudem zu Kontrollverlusten führen. Da Kontrolle aus der Ferne über die Mitarbeiter schwer möglich ist, ist es erforderlich, alternative Maßnahmen einzuleiten wie z. B. regelmäßige Telefonate, Pflege der informellen Beziehungen oder kurze Nachrichten. Bei selbstständig arbeitenden Mitarbeitern ist es möglich, dass sie sich anhand messbarer Ziele selbst kontrollieren und dem Projektleiter in regelmäßigen Abständen Bericht erstatten. Bei Mitarbeiter aus Kulturen mit großer Machtdistanz bedarf es eines informellen Teamleiters vor Ort (siehe Kapitel 7.4 – Machtdistanz).
- Wichtig für die Akzeptanz des Projektleiters sind seine Besuche vor Ort bei den Teammitgliedern, die nicht vor Ort arbeiten. Bei diesen Besuchen ist das Verhalten des Projektleiters dem Linienvorgesetzten der Teammitglieder gegenüber bedeutsam. Denn dieses Verhalten wird von den Teammitgliedern genau beobachtet und entsprechende Rückschlüsse auf seinen Status gezogen. Dieser ist für seine Akzeptanz im Team von entscheidender Bedeutung. Mit einem anerkannten, aufstrebenden Projektleiter, der seine Karriere vor sich hat, zu arbeiten ist für jedes Teammitglied motivierender als mit einem Teamleiter, der im Unternehmen nicht akzeptiert ist. Der Grund ist, dass das Image des Projektleiters automatisch auf das gesamte Team abstrahlt.

Im folgenden Abschnitt wird auf weitere Aspekte bei der Führung virtueller Teams näher eingegangen.

7.7.1 Distanz überbrücken in virtuellen Teams

Der wesentliche Unterschied zwischen internationalen und virtuellen Teams liegt in der Distanz zwischen Teamleiter und seinen Mitarbeiter bzw. der Mitarbeiter untereinander. Weil E-Mails eine sehr unpersönliche Kommunikationsform darstellen, muss der Projektleiter dafür sorgen, dass die Mitarbeiter immer wieder persönlichen Kontakt zueinander aufnehmen. Ein Telefonat ist weitaus persönlicher und liefert bei genauem Zuhören neben inhaltlichen Informationen weitere Eindrücke über die aktuelle Situation und Motivation des Kollegen und seines Umfeldes.

Durch Anwendung moderner Kommunikationsmittel wie Webcams oder Videokonferenzen, ist es möglich, räumliche Distanz zu überbrücken (Details siehe Kapitel 5).

Räumliche Distanz fördert menschliche Distanz. Diese menschliche Distanz gilt es zu überbrücken durch gegenseitige Wertschätzung und das Verständnis für die Bedürfnisse der Projektmitarbeiter. Eine geeignete Methode, um die Distanz zwischen Projektmitgliedern an verschiedenen Standorten zu überbrücken ist das Zusammenstellen von „Paaren" aus Mitarbeitern, die gleiche oder ähnliche Aufgaben im Projekt haben und eng zusammenarbeiten. Diese Paare bekommen die Möglichkeit, zeitlich befristet gemeinsam an beiden Standorten zusammenzuarbeiten und so das Umfeld des Anderen kennen zu lernen, und sich dadurch fachlich und persönlich näher zu kommen. Dieses Vorgehen eignet sich vor allem in größeren Projekten und bei einem Projektzeitraum ab zwei Jahren. Die Zusammenarbeit über eine längere Zeit schafft die Basis für gegenseitiges Verständnis und Vertrauen.

Der Projektleiter selbst sollte seine Teammitglieder möglichst häufig und regelmäßig besuchen und sie parallel zu Besuchen in die Projektzentrale einladen. Wenn die Mitarbeiter sich nicht mit dem Projekt identifizieren, beginnen sie eigenständig zu agieren oder sich isoliert zu fühlen.

Persönlicher Kontakt ist wesentlich, wenn es darum geht, detaillierte Hintergründe über die aktuelle Situation in Erfahrung zu bringen, wichtige Entscheidungen zu treffen oder Konflikte zu lösen. Ein Projektleiter muss bei sich selbst wie auch bei den Teammitgliedern darauf achten, dass häufiges Reisen auf Dauer zu massivem Zeitverlust führt, was wiederum zu Motivationsverlust führen kann. Für den Projektleiter und die Mitarbeiter gilt es, die Balance zu finden zwischen Arbeits-, Reise-, Frei- und Familienzeit, um engagiert die Aufgaben im Projekt wahrzunehmen.

7.7.2 Vertrauen schaffen in einem virtuellen Team

Vertrauen ist der „Klebstoff", der virtuelle Teams zusammenhält. Besonders in internationalen Teams ist es wichtig, Vertrauen zueinander herzustellen, denn Teammitglieder, die einander nicht vertrauen, arbeiten nicht wirksam zusammen. Aber wie schafft man es, Vertrauen zwischen fremden Menschen fremder Kulturen zu schaffen? Vertrauen braucht Zeit, da es in diesem Prozess vor allem darum geht, den Charakter, die Fähigkeiten und die Zuverlässigkeit der anderen Kollegen im Team kennen zu lernen.

Das Durchführen eines Start-up Workshops mit allen Teammitgliedern ist eine bewährte Möglichkeit, damit sich alle Mitglieder kennen und schätzen lernen (siehe Kapitel 6.5). Durch einen gut organisierten und professionell geleiteten Start-up Workshop kann in kurzer Zeit ein hohes Maß an Vertrauen untereinander aufgebaut werden. Abbildung 7.3 zeigt den Verlauf des Vertrauens zwischen Projektmitarbeitern an unterschiedlichen Standorten.

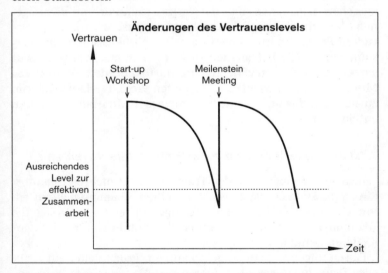

Abb. 7.3: Verlauf der Vertrauensentwicklung zwischen Teammitarbeitern an unterschiedlichen Projektstandorten (Quelle: *Carmel*, 1999, S. 146)

Die Grafik zeigt, dass nach dem Start-up Workshop ein hohes Maß an Vertrauen aufgebaut werden kann, das jedoch in den folgenden Wochen zunächst langsam und dann rapide abnimmt. Die Herausforderung an den Teamleiter besteht darin, in der darauf folgenden Projektphase dieses Vertrauensniveau wieder zu erreichen. Daher ist es gerade in der Projektstartphase wichtig, häufig Face-to-Face-Meetings durchzuführen (z. B. anfangs ein bis zwei Treffen pro Monat). Mit zunehmender Projektdauer kann dann die Häufigkeit reduziert werden (beispielsweise im eingeschwungenen Zustand ein Treffen alle zwei Monate).

Grundsätzlich sollte ein Projektleiter seinen Mitarbeitern vertrauen und ihnen dies von Anfang an zeigen. Allerdings sollte sich der Teamleiter bewusst sein, dass es umgekehrt eine Weile dauern kann, bis die Teammitglieder Vertrauen zu ihm gefasst haben. Gerade zum Projektstart ist dieser Vertrauensvorsprung sehr wichtig und prägt entscheidend die Vertrauenskultur im Projekt, die der Projektleiter vorlebt. Das setzt ein kongruentes Handeln zwischen dem Reden über die Vertrauenskultur und dem eigenen Handeln voraus. So ist es beispielsweise wichtig, alle relevanten Projektinformationen schnell, wahrheitsgemäß und verständlich für alle Betroffenen zugänglich zu machen. Wenn nur eines dieser Kriterien verletzt wird, entsteht bei den Mitarbeitern Misstrauen. Es ist wichtig, im gesamten Projektverlauf wachsam zu sein, um das aufgebaute Vertrauen der Mitarbeiter nicht zu enttäuschen.

7.7.3 Virtuelle Teams zu einer Einheit verschweißen

Insbesondere bei virtuellen Teams, die über mehrere Standorte verteilt arbeiten, ist es wichtig, bei den Teammitgliedern ein **Wir-Gefühl** zu wecken. Dieses Teamgefühl bewirkt, dass sich die Teammitglieder mit dem gesamten Team und dem Projekt identifizieren können.

Durch folgende Maßnahmen kann ein Projektleiter ein virtuelles Team zu einer Einheit führen:
- Symbole schaffen durch ein Teamlogo, das als Anstecker verteilt oder auf T-Shirts aufgedruckt wird
- Verlässliche Kommunikationsstrukturen etablieren wie z. B. die wöchentliche Videokonferenz

- Einen gemeinsamen Leitsatz oder ein Teammotto prägen, an dem sich die Mitarbeiter orientieren können
- Persönliche Beziehungen pflegen und den Mitarbeitern den für sie nötigen Raum dafür lassen
- Honorieren der persönlichen Leistungen der einzelnen Mitglieder sowie der Gruppen durch kreative und persönliche Art, und dies nicht erst am Ende des Projekts
- Die Vorteile, die sich aus der Arbeit am Projekt für die Team-Mitglieder ergeben, herausstellen
- Gemeinsame Erlebnisse schaffen, die den Teamgeist wecken wie z. B. eine Wanderung in der Natur, Outdoor-Events wie Rafting, ein Go-Kart-Rennen, aber auch Bowling-Spielen oder gemeinsame Kneipenbesuche.

Ein Projektleiter muss wissen, dass diese Maßnahmen nur kurz- bis mittelfristig wirken – insofern sollte er den Aufbau des Wir-Gefühls immer als Prozess betrachten und sich in Abständen neue Maßnahmen dazu überlegen.

7.8 Zusammenfassung

Das Kapitel Führung in Projekten gibt einen Einblick in die Aufgabenstellung der Führung eines internationalen Projektes. Sowohl bzgl. der Qualifikation als auch bzgl. des Führungsstils sind die Anforderungen an einen internationalen Projektleiter um ein Vielfaches komplexer als an einen nationalen Projektleiter.

Die Herausforderung besteht darin, die Fähigkeiten und Stärken der internationalen Teammitglieder zu erkennen und so im Projekt einzusetzen, dass sie die erforderliche Leistung im Projekt erbringen und Freude an der Arbeit haben.

Wenn sie mit ihren kulturellen Prägungen ernst genommen werden, werden sie motiviert daran arbeiten, Höchstleistungen zu erbringen.

Die Erkenntnisse aus diesem Kapitel können folgendermaßen zusammengefasst werden:
- Ein guter internationaler Projektleiter wird man nicht von heu-

7. Führung in Projekten

te auf morgen: „Growing on the job!" heißt die Einstellung, mit der Sie diese Aufgabe annehmen sollten.
- Ein internationaler Projektleiter sollte folgende Qualifikation besitzen: fachliche Kompetenz, eine hohe soziale Kompetenz sowie eine ausgeprägte interkulturelle Kompetenz, die die Bereitschaft Neues aus den beteiligten Kulturen zu lernen ebenso einschließt, wie die Toleranz im Umgang mit sprachlichen Hindernissen und fremd erscheinenden Verhaltens- und Arbeitsweisen.
- Bei internationalen Projekten ist der transformationale Führungsstil wirksam, da diese Projekte von den Mitarbeitern ein Höchstmaß an Engagement fordern. Diese Motivation erreicht eine Führungskraft nicht durch finanzielle Anerkennung, sondern indem er den Mitarbeitern das Projekt als Chance vermittelt.
- Zum Projektstart sollte eine kulturelle Teamanalyse durchgeführt werden. Ziel ist es, herauszufinden, welche Chancen und Risiken sich aus der kulturellen Zusammensetzung des Teams ergeben.
- Folgende Kulturdimensionen sind bei der Führung von internationalen Teammitgliedern besonders zu berücksichtigen: Kontextbezug, Machtdistanz, Individualismus, Maskulinität, Unsicherheitsvermeidung und Langzeitorientierung.
- Als internationaler Teamleiter gilt es, einen situativen, der individuellen und kulturellen Prägung der Teammitglieder entsprechenden Führungsstil anzuwenden.
- In den Führungssituationen Gestaltung der Arbeitsprozesse, Motivation, Delegation, Zielvereinbarung, Kontrolle, Feedback, Konfliktregelung und Entscheidungsfindung ist der kulturelle Kontext des zu führenden Mitarbeiters besonders zu beachten.
- Virtuelle Teams bedürfen aufgrund ihrer örtlichen „Zerstreuung" der besonderen Aufmerksamkeit des Projektleiters, damit die Projektmitarbeiter sich mit dem Projekt identifizieren, effektiv arbeiten können und sich trotz der räumlichen Entfernung ins Team integriert fühlen.

Anmerkungen

[1] **Fachliche Kompetenz** ist das Fachwissen eines Mitarbeiters oder einer Führungskraft. Dazu zählen beispielsweise technisches Know-how, betriebswirtschaftliches Wissen, Organisations-Know-how, Projektmanagementwissen usw.

[2] **Soziale Kompetenz** ist die Fähigkeit, auf der Grundlage der eigenen Ressourcen je nach Situation angemessen zu handeln. Die Angemessenheit hängt davon ab, welche Personen an der Interaktion beteiligt sind, welche Normen, Werte, Regeln gelten bzw. erlernt wurden und welche Anforderungen die Situation an die handelnden Personen stellt. Darüber hinaus beinhaltet Soziale Kompetenz die Akzeptanz von Andersartigkeit, Offenheit und Authentizität und die Übernahme von Verantwortung

[3] **Interkulturelle Kompetenz** ist die Fähigkeit, sich die eigene kulturelle Prägung bewusst zu machen, Kulturmodelle zu kennen und auf seine eigene Handlungsweise übertragen zu können, sich im Umgang mit anderen Kulturen neugierig, offen und wertschätzend zu verhalten und zu versuchen, die anderen Herangehensweisen, Arbeitsweisen aber auch die dahinter steckenden Werte, Normen usw. zu tolerieren. Es ist die Fähigkeit, den Umgang mit verschiedenen kulturellen Repräsentanten im Team oder bei den Stakeholdern so zu organisieren, dass die jeweilige kulturelle Herkunft und Prägung akzeptiert und ein gemeinsames Arbeiten möglich wird und bleibt.

[4] Der **informelle Führer** in einer Gruppe hat keine Macht, die in seiner Position begründet ist, sondern seine Macht ist in der Gruppe begründet und wird ihm von der Gruppe zuerkannt. Ursachen für seine Macht können sein Wissen, seine Erfahrungen oder Fähigkeiten, seine Persönlichkeit oder sein Alter sein.

[5] **Situative Führung**, nach *P. Hersey* und *K. H. Blanchard*, beinhaltet die Faktoren „Funktionsreife" (Fähigkeiten, Wissen und Erfahrung) des Mitarbeiters und seine „psychologische Reife" (Selbstvertrauen, Verantwortungsbereitschaft und Leistungsorientierung).

8. Entscheidungsfindung

Dr. Conor John Fitzsimons

In internationalen Projekten laufen auch die Entscheidungsprozesse anders ab als in Standardprojekten. Ziel dieses Kapitels ist es, dem Projektleiter die Unterschiede in der Entscheidungsfindung in internationalen Projekten bewusst zu machen und zu beschreiben, wie man einen eigenen Entscheidungsfindungsprozess festlegt.

Ein Deutscher mit vielen Jahren Berufserfahrung in nationalen Softwareprojekten nahm in seinem Unternehmen die Ernennung zum Änderungsmanager für ein großes transatlantisches Projekt an.

Einige Wochen später stellte einer der amerikanischen Entwickler einen dringenden Änderungsantrag. Der deutsche Änderungsmanager forderte per E-Mail eine technische Begründung an, damit er seine „go/no-go"-Entscheidung treffen konnte. Der Amerikaner jedoch adressierte seine Antwort nicht nur an den Änderungsmanager, sondern auch per CC an das übergeordnete Management – und eskalierte damit den Fall. Dies irritierte den Deutschen, da er nicht verstehen konnte, warum diese aus seiner Sicht berechtigte Frage seinen Kollegen dazu veranlasst hatte, das Management einzuschalten.

Das geschilderte Problem resultierte aufgrund von zwei Unterschieden im Stil der Entscheidungsfindung und der Anwendung von Eskalationsprozessen. Der erste Unterschied liegt in dem unterschiedlichen Verständnis von der Rolle eines Managers im Entscheidungsprozess: Amerikanische Manager verlassen sich bei der Entscheidungsfindung auf den fachlichen Input ihrer Experten, wohingegen deutsche Manager ihre Position gerade aufgrund ihres fachlichen Wissens erreicht haben und dadurch inhaltlich die Entscheidung beeinflussen können. Der Amerikaner war überrascht als der deutsche Änderungsmanager eine technische Begründung forderte, weil er von seinem amerikanischen Vorgesetzten keine technische Nachfrage gewohnt war; eine derartige Frage wird als Zweifel an seiner Sachkompetenz interpretiert.

8. Entscheidungsfindung

Der zweite Unterschied liegt darin, dass in den USA der schnellen Entscheidungsfindung hohe Bedeutung beigemessen wird, wohingegen in Deutschland – auch bei kleineren Entscheidungen im täglichen Geschäft – ein Bedürfnis nach Gründlichkeit besteht. Der Amerikaner interpretierte die Anfrage als Verzögerungstaktik und eskalierte dies sofort. Für den deutschen Änderungsmanager war diese Eskalation ein Affront, weil aus seiner Sicht die Entscheidung innerhalb seiner Kompetenz lag.

Dieses Beispiel sowie eine Reihe weiterer, ähnlicher Vorkommnisse überzeugte das zentrale Projektbüro davon, dass Bedarf an der Entwicklung eines Entscheidungsfindungsprozesses bestand. Dieser sollte die unterschiedlichen Ansätze von Europäern und Nordamerikanern im Projekt berücksichtigen.

Im folgenden Kapitel wird dargestellt, welche Faktoren für die Entwicklung eines Entscheidungsfindungsprozesses erforderlich sind und worin die Ursachen für Unterschiede liegen. Wir legen dar, wie der Prozess der Entscheidungsfindung beeinflusst werden kann und wie der Projektleiter mit diesen Herausforderungen umgehen kann. Darüber hinaus erläutern wir, wie Entscheidungsprozesse aufzubauen sind, damit diese Unterschiede berücksichtigt werden können.

8.1 Besonderheiten der Entscheidungsfindung im internationalen Kontext

Eine wesentliche Aufgabe eines Projektleiters besteht darin, schnelle und gute Entscheidungen sicherzustellen, damit die Projektziele erreicht werden. Die Herausforderung in internationalen Projekten liegt darin, dass die Teammitglieder aus unterschiedlichen Kulturen sehr unterschiedliche Sichtweisen haben können in Bezug auf das, was „klar" für sie bedeutet. Daraus resultieren die folgenden Fragen für Projektleiter:
- Wer trifft die Entscheidung?
- Welche Gesichtspunkte müssen dabei berücksichtigt werden?
- Welche Informationen sind zu sammeln und wie sind sie zu interpretieren um richtig entscheiden zu können?

- Wie, an wen und in welcher Form soll die Entscheidung kommuniziert werden?
- Wie sind die Gründe für diese Entscheidung darzulegen, damit die Akzeptanz und Umsetzung der Entscheidung sichergestellt sind?

Diese Fragen gelten auch für nationale Projekte. Es wird im Laufe dieses Kapitels verdeutlicht, warum die Antworten in internationalen Projekten anders lauten (müssen).

Fast alle Entscheidungen werden auf der Basis unvollständiger oder unzulänglicher Informationen getroffen. In internationalen Projekten allerdings verändert sich die Art der Unvollständigkeit aufgrund der unterschiedlichen Erwartungen der Projektmitglieder. Dies zwingt den Projektleiter dazu, Informationen und Kriterien einzuschließen, die ihm bei der Entscheidungsfindung fremd erscheinen können.

Ein Beispiel hierfür ist ein deutscher Projektleiter in Tansania. Er musste bei Projektbeginn erst lernen, für all seine Entscheidungen zunächst Informationen über die möglichen Auswirkungen auf die Familien der lokalen Teammitglieder zu sammeln.

Es gibt keine allgemeingültige Theorie über Entscheidungsfindung. Einige Wissenschaftler beschreiben sie als einen rationalen Prozess der Faktensammlung. Kriterien werden ausgewählt und angewendet, um mögliche Lösungen für ein bestimmtes Problem zu evaluieren. Andere wiederum behaupten, es sei ein vom Unterbewusstsein gesteuerter Prozess, der eine emotionale oder intuitive Komponente beinhalte. Umgangssprachlich wird von Entscheidungen „aus dem Bauch heraus" gesprochen oder man „folgt dem Herzen". Eines bleibt: trotz der Unterschiede und Komplexität muss der Projektleiter seine Entscheidungen treffen.

8.2 Der Einfluss der Kulturdimensionen auf die Entscheidungsfindung

Im folgenden Abschnitt werden die Kulturaspekte analysiert, die die Entscheidungsfindung stark beeinflussen können. Im wei-

8. Entscheidungsfindung

teren Verlauf wird dargestellt, wie bestimmte Kulturdimensionen die einzelnen Schritte des Entscheidungsfindungsprozesses beeinflussen können.

Machtdistanz

Teammitglieder aus Kulturen mit hoher Machtdistanz akzeptieren ihren Chef als denjenigen, der ihnen sagt, was zu tun ist. Sie erwarten, dass der Chef entscheidet. In Kulturen mit niedrigerer Machtdistanz erwarten Teammitglieder, dass sie am Entscheidungsprozess teilnehmen können bzw. dürfen.

Wenn der Projektleiter gewohnt ist, seine Mitarbeiter an den Entscheidungsprozessen zu beteiligen, kann er bei Mitarbeitern aus Ländern mit größerer Machtdistanz Missverständnisse und große Unruhe auslösen.

Unsicherheitsvermeidung

Menschen aus Kulturen mit hoher Unsicherheitsvermeidung vermeiden Uneindeutigkeit und haben ein Auge für mögliche Gefahren. Diese Menschen brauchen klar definierte Entscheidungsstrukturen und Regeln. Ein Eskalationsprozess wird installiert für den Fall, dass die Entscheidung in einem übergeordneten Gremium getroffen werden muss.

Im Gegensatz dazu brauchen Menschen aus Kulturen mit niedriger Unsicherheitsvermeidung weniger Formalismus, sie neigen zu pragmatischen Entscheidungen.

Universalismus versus Partikularismus

In universellen Kulturen werden alle Menschen nach den gleichen Regeln und Gesetzen behandelt. Was im Vertrag steht, das gilt. Es gibt keine Sonderfälle.

Auch die Menschen in partikularistischen Kulturen respektieren Regeln und Gesetze, aber reagieren bei deren Anwendung flexibler, z. B. wenn eine für den jeweiligen Menschen wichtige Person (z. B. Verwandter oder enger Freund) durch die blinde Anwendung der Regeln benachteiligt würde. Dann berücksichtigt man die besonderen Umstände und handelt dementsprechend.

Wenn ein Projektleiter nach den Vorgaben entscheidet, ohne die jeweiligen Gegebenheiten zu berücksichtigen, läuft er Gefahr, das Vertrauen seiner Mitarbeiter aus partikularistischen Kulturen zu verlieren.

Leistung versus Herkunft

Diese Dimension beschreibt, woran der Status in einer Kultur gemessen wird. Menschen aus leistungsorientierten Kulturen respektieren Chefs, die ihre Aufgaben kompetent ausführen und adäquate Fachkompetenz beweisen. In herkunftsorientierten Kulturen erhält der Projektleiter seinen Status aufgrund seines Titels, seines Alters oder seiner Familienherkunft. Wenn der Projektleiter nicht vor Ort ist, lassen Teammitglieder aus diesen Kulturen im Entscheidungsprozess oft dem lokalen (informellen) Teamleiter den Vortritt. Deswegen ist es wichtig, dass der Projektleiter eine solche Person schnell als informellen Führer identifiziert und sich mit ihm verständigt.

In Ländern, in denen einer Person aufgrund ihres Alters Autorität zugeschrieben wird, muss ein jüngerer westlicher Projektleiter seinen Respekt vor dem älteren lokalen Teammitglied zeigen und ihm den Vortritt lassen bzw. ihn zumindest um Rat fragen.

Umgang mit Zeit

In monochronen Kulturen legen Menschen viel Wert auf Pünktlichkeit, gut gemanagte Zeitpläne und das Erreichen von Zielen. Effizienz hat einen hohen Stellenwert.

Im Gegensatz dazu erledigen Menschen aus polychrone Kulturen mehrere Aufgaben parallel. Deswegen macht es ihnen wenig aus, wenn eine Entscheidung vertagt wird: Denn es gibt immer etwas anderes zu tun.

8.3 Der Einfluss der Persönlichkeit auf die Entscheidungsfindung

Viele Standardwerkzeuge zur Entscheidungsfindung im Projektmanagement beruhen auf rationalen Denkprozessen. Sie stützen sich auf Analysen und die Anwendung rational bewertbarer Kriterien. Dennoch treffen viele Menschen Entscheidungen auf Basis von Emotionen oder Intuition. In diesem Abschnitt be-

8. Entscheidungsfindung

schreiben wir, wie die Persönlichkeit eines Menschen das Zustandekommen einer Entscheidung beeinflusst.

Es gibt viele Modelle in der Persönlichkeitstheorie, die verstehen helfen, worauf die Unterschiede im Verhalten zurückzuführen sind. Eines davon beschäftigt sich mit neun unterschiedlichen Persönlichkeitstypen, das **Enneagramm** (siehe Kapitel 6.1). Jeder Typ umfasst eine bestimmte Weltanschauung und die darauf basierende Sammlung von Handlungsstrategien. Nachfolgend konzentrieren wir uns darauf, wie sich diese Typen im Entscheidungsfall verhalten, also beim:

- Sammeln und Auswerten von Informationen,
- Entwickeln und Bewerten von Alternativen,
- Bilden der Grundlage für die Entscheidung (Logik, Emotion oder Intuition)
- Fällen der Entscheidung (wie entscheidungsfreudig ist eine Person?).

Abbildung 8.1 zeigt das Ergebnis einer Teamrollenanalyse für ein internationales Projekt. Die Verteilung der Teammitglieder auf die neun Enneagramm-Typen wird nach Herkunftsland der Mitglieder dargestellt:

Der Projektleiter ist einer der fünf „Optimisten" (von Typ 7) im Team. Der „Optimist" tut sich schwer, Probleme zu erkennen und trifft lieber Entscheidungen mit Hintertürchen. Seine Stärke liegt im Erarbeiten von Lösungsvorschlägen. Der „Boss" (Typ 8) kann den Projektleiter ergänzen, weil er Probleme schnell erkennt und klare Entscheidungen trifft.

Nicht nur der „Optimist", sondern auch der „Vermittler" (Typ 9) tendiert dazu, Probleme zu unterschätzen und ungern zu entscheiden.

Diese Teamanalyse bietet zwei wichtige Hilfestellungen für das Projekt, weil es den Teammitgliedern bewusst macht, dass in ihrem Team:

- klare Entscheidungen ungern getroffen werden (wegen der hohen Anzahl von „Optimisten" und „Vermittlern" im Team) und
- Lösungsalternativen tendenziell zu positiv bewertet werden

(aufgrund der vielen „Optimisten" ohne das Gegengewicht der eher nachdenklichen „Team Player").

Wenn eine Entscheidung ansteht, muss dieser Projektleiter aufpassen, dass die Entscheidung rechtzeitig und ohne Hintertürchen getroffen wird. Er kann der Unterstützung des „Bosses" sicher sein.

Es ist für Projektleiter wichtig, die Persönlichkeiten seiner Teammitglieder im Entscheidungprozess zu berücksichtigen, weil die Anwendung von deren Stärken dem Projekt dazu verhelfen kann, gute Entscheidungen zu treffen und zu implementieren.

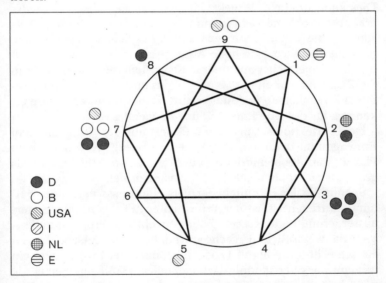

Abb. 8.1: Enneagramm – Ergebnis der Teamrollenanalyse eines Projektteams

8.4 Die Sechs Schritte der Entscheidungsfindung

Der nachfolgend beschriebene Entscheidungsfindungsprozess besteht aus sechs Schritten. Diese gelten allgemein für jeden Entscheidungsprozess. Die Durchführung der einzelnen Schritte ist hingegen stark kulturabhängig.

8.4.1 Schritt Eins – Ausgangssituation

Die erste Schwierigkeit bei der Entscheidungsfindung ist, dass das, was als Problem betrachtet wird und wie es angegangen wird, sehr kultur- und persönlichkeitsabhängig ist.

In außengesteuerten Kulturen wird das Erkennen und Lösen von Problemen betont, während in innengesteuerten Kulturen eine bestimmte Situation eher als gegeben hingenommen wird. Dies kann in einem Projekt dazu führen, dass Teammitglieder erkannte Probleme nicht kommunizieren, weil nach ihrem Verständnis das Problem entweder durch das Schicksal gelöst wird oder man einfach eine neue Ausgangssituation zu akzeptieren hat. Ein Projektleiter aus einer außengesteuerten Kultur muss in der Zusammenarbeit mit Menschen aus innengesteuerten Kulturen am Ball bleiben und muss selbst das Problem rechtzeitig erkennen, für das eine Entscheidung notwendig ist.

Der „Perfektionist", der „Team Player" und der „Boss" aus dem Enneagramm erkennen Probleme rechtzeitig. Weil der „Team Player" stark problemorientiert denkt, muss ein Projektleiter das geschilderte Problem auf seine Relevanz prüfen.

Sobald die Projektmitglieder verstehen, dass eine Entscheidung zu treffen ist, ist der Projektleiter mit der nächsten Herausforderung konfrontiert: Jeder versteht das Problem anders. Weil die wesentliche Ursache für misslungene Entscheidungen ein schlecht formuliertes Problem ist, muss der Projektleiter ein gemeinsames Verständnis dazu herstellen. Dafür sammelt er die zunächst unterschiedlichen kulturgeprägten Sichtweisen des Problems; diese Sichtweisen sollte das Team gemeinsam diskutieren, um anschließend zu einem gemeinsamen Problemverständnis zu kommen, das erst eine Entscheidung möglich macht. Ein kultureller Vermittler kann hierbei eine große Hilfe sein, dieses gemeinsame Verständnis zu formulieren.

Als Beispiel für die unterschiedlichen Sichtweisen dienen die unterschiedlichen Kriterien für eine „Make-or-Buy"-Entscheidung für eine Einzelkomponente in der Automobilindustrie: Der amerikanische Zulieferer konzentriert sich auf die finanziellen Begründungen für diese Entscheidung; in anderen Ländern (z. B. Japan oder Frankreich) berücksichtigt man dabei auch die möglichen Auswirkungen auf Arbeitsplätze, Lieferantenbeziehungen oder die allgemeine strategische Ausrichtung.

In einem internationalen Projekt zwischen Partnern mit diesen unterschiedlichen Sichtweisen ist es erforderlich, die Beschreibung der Ausgangssituation so zu erweitern, dass nicht nur finanzielle Aspekte, sondern auch die anderen erwähnten Aspekte beschrieben werden. Erst dann könnte das Projektteam eine für alle verständliche Entscheidung treffen. Ein gemeinsames Verständnis vereinfacht das Sammeln der notwendigen Informationen um die Entscheidung zu unterstützen.

8.4.2 Schritt Zwei – Informationssuche

Nachdem man ein gemeinsames Verständnis des Problems geschaffen hat, ist es die Aufgabe des Projektleiters dafür zu sorgen, dass alle für die Entscheidung relevanten Informationen beschafft werden. Dabei sind fünf Aspekte zu beachten:
- die Entscheidungskriterien
- die Art der Information
- die Menge der Information
- die Teilnehmer der Entscheidung
- wie die Teilnahme erfolgen sollte.

Vor der Informationssammlung sollte der Projektleiter die **Entscheidungskriterien** festlegen. Die Bedeutung der Standardkriterien (z. B. finanzielle Auswirkungen, Qualität oder Zeit) wird in den verschiedenen Ländern unterschiedlich betrachtet: So wird in USA mehr Wert auf Zeit und finanzielle Auswirkungen gelegt, in Deutschland hingegen werden Qualität und technische Stärke höher bewertet. Oder es werden ganz andere Kriterien wichtig, wie wir gerade an dem Autozuliefererbeispiel gesehen haben.

Zudem kann noch eine ganz andere Art von Kriterien in Betracht gezogen werden, die für viele westliche Projektleiter nicht leicht nachzuvollziehen ist: In China spielen beispielsweise *feng*

8. Entscheidungsfindung

shui Aussagen eine zentrale Rolle, besonders bei Bauprojekten; in Indien könnte ein Astrologe einbezogen werden oder in arabischen Ländern die Aussage des lokalen Mullahs ein wichtiges Kriterium sein.

Die **Art der benötigten Informationen** wird durch ein gemeinsames Problemverständnis, die jeweiligen Informationsbedürfnisse der Teammitglieder und die Entscheidungskriterien festgelegt. Viele Projektleiter aus deutschsprachigen und angelsächsischen Ländern sind es gewöhnt, einen gut strukturierten Prozess und sachorientierte Dokumentvorlagen anzuwenden. Im internationalen Kontext müssen sie weitere Aspekte berücksichtigen. Das kann Missverständnisse verursachen und Misstrauen auslösen.

Ein weiterer Aspekt ist die **Menge der benötigten Informationen**. Sowohl die Persönlichkeit als auch das kulturell geprägte Bedürfnis nach Unsicherheitsvermeidung haben einen hohen Einfluss.

Der „Boss" oder der „Überflieger" brauchen wenig Informationen, um zu entscheiden; dagegen brauchen der „Perfektionist", der „Team Player" oder der „Beobachter" viele Informationen.

In Kulturen mit hoher Unsicherheitsvermeidung werden alle möglichen technischen und wirtschaftlichen Informationen gesammelt. Das kann in diesem und in den folgenden Schritten sehr zeitintensiv sein. Ein deutscher Projektleiter kann gerade in internationalen Projekten von seinen ausländischen Kollegen lernen, gute Entscheidungen mit weniger Information zu treffen.

> In den 90er Jahren wendete die Fa. ABB beispielsweise einen Entscheidungsansatz an, der von skandinavischen Managern eingeführt wurde: „Eine falsche Entscheidung ist besser als gar keine". Die Erwartung war, schnelle Entscheidungen mit einer Trefferquote von mindestens 80 % zu treffen. Eine falsche Entscheidung konnte immer nachgebessert werden, wenn neue Erkenntnisse vorlagen.

Dieser Ansatz hat bei vielen schweizer und deutschen Manager Probleme verursacht, weil die gewohnte Menge der Information in der gegebenen Zeit nicht vorhanden war.

Die **Art und Weise der Teilnahme an dem Prozess** wird ebenfalls sehr unterschiedlich gehandhabt: In Ländern, in denen schnelle Entscheidungen einen hohen Stellenwert haben, wie den USA oder Kanada, entscheidet der Projektleiter situativ, wer an der Informationsbeschaffung und der Entscheidung teilnimmt. Dazu ein Beispiel:

> Wenn eine schnelle Entscheidung zu großen finanziellen Vorteilen bei einem geringen Risiko eines möglichen Rechtsstreits führen kann, beschränken viele amerikanische Projektleiter ihre Informationssuche im Wesentlichen auf finanzielle Daten und eine grobe Abschätzung des technisch Machbaren. Diese Abschätzung wird von einem erfahrenen Ingenieur „aus dem Bauch heraus" eingeholt.

In Kulturen, in denen geringe Machtdistanz mit hoher Unsicherheitsvermeidung verbunden ist (z. B. deutschsprachige Länder, Tschechien, Ungarn), nehmen alle fachlich kompetenten Teammitglieder an der Informationsbeschaffung teil. In den meisten Fällen werden sie auch in den Entscheidungsprozess einbezogen. Skandinavische Länder und viele asiatische Kulturen verwenden einen konsensbasierten Ansatz, der in Japan *ringi* heißt, und in Malaysia *mesyuwarah*. In diesem Ansatz ist vorgesehen, dass alle Teammitglieder an der Informationssuche sowie an der Entwicklung und Bewertung der Alternativen teilnehmen.

8.4.3 Schritt Drei – Entwicklung von Alternativen

Auf Basis der im zweiten Schritt gesammelten Informationen werden die verschiedenen Problemlösungsalternativen erarbeitet. Der Umgang mit Zeit der jeweiligen Kulturen spielt bei diesem Schritt eine wesentliche Rolle. Dabei gibt es zwei Facetten – die Zeitorientierung und der Zeithorizont.

In zukunftsorientierten Kulturen (z. B. den meisten angelsächsischen Ländern) werden neue Lösungsvorschläge begrüßt und zum Teil erwartet. Diese offene Haltung kann durch Ängste vor einem möglichen Rechtsstreit beeinflusst werden. In traditionsbewussten europäischen Ländern hingegen ist ein allgemein anerkanntes Vorgehen wichtig. Das kann beispielsweise dazu führen, dass einer neuen Lösungsstrategie in der Schweiz oder in Deutschland mit dem Satz „Das ist bei uns nicht Standard" begegnet wird.

Menschen aus gegenwartsbezogenen Ländern haben einen eher kurzen Zeithorizont: Es wird nicht detailliert geplant und man berücksichtigt weniger die Nachhaltigkeit. In Kulturen mit langem Zeithorizont wie Japan oder China werden auch langfristige Auswirkungen bei der Entwicklung von Alternativen berücksichtigt.

Auch die Persönlichkeit spielt bei diesem Schritt wieder eine große Rolle. Der „Optimist" sprudelt neue Lösungsansätze nur so heraus; der „Künstler" liefert auch einen kreativen Beitrag – der „Team Player" schaut lieber nach bereits erprobten Ideen, um mögliche Gefahren zu minimieren; der „Boss" zeigt wenig Geduld und will rasch zu einer Entscheidung kommen.

Die Art und Spannbreite der Alternativen hängt von den Entscheidungskriterien ab. Es ist notwendig, alle Alternativen nach den folgenden Kriterien abzuschätzen:
- Auswirkung auf die Projektziele
- Auswirkung auf die Projektplanung
- Auswirkung auf das Unternehmen (z. B. Was bedeutet dies für die Linienorganisation?)
- Auswirkung auf das Projektteam

8.4.4 Schritt Vier – Bewertung und Auswahl der geeigneten Lösungsalternative

Dieser Schritt wird von den meisten Menschen als die eigentliche Entscheidungsfindung betrachtet. Hierbei gilt es, die folgenden Überlegungen zu berücksichtigen:
- Das Ergebnis der Bewertung der Alternativen
- Der Entscheidungsträger
- Die Rolle der Besprechung
- Die Form der Besprechung
- Konsequenzen, wenn keine Entscheidung getroffen wird

Die Bewertung der Lösungsalternativen unter Berücksichtigung eines einzigen Kriteriums ist relativ einfach. Komplizierter ist es, wenn mehrere Kriterien betrachtet werden müssen. Viele Bewertungsmethoden wie die Kosten-Nutzen-Analyse werden weltweit sehr ähnlich durchgeführt. Der Unterschied liegt in der Gewichtung der unterschiedlichen Kriterien.

Die Art der Bewertung hingegen ist kulturell geprägt: In nordeuropäischen und nordamerikanischen Kulturen werden die ausgeschiedenen Alternativen nach der Evaluierung abgelegt; dagegen bleiben in asiatischen und romanischen Kulturen alle Varianten solange in der Betrachtung, bis die Entscheidung getroffen wird.

In vielen asiatischen Kulturen wird die Diskussion erst beendet, wenn Konsens erreicht ist. Hierbei kann eine Lösung aus einer Mischung unterschiedlicher Alternativen entstehen. Das ganze Team nimmt an der Entscheidungsfindung teil, weil der Zusammenhalt der Gruppe einen hohen Stellenwert hat. Für den Projektleiter bedeutet dies, dass er die Perspektiven und Bedürfnisse seines Teams und seines Auftraggebers sehr aufmerksam berücksichtigen muss. Es ist dabei unbedingt ratsam, mit dem informellen Teamleiter vor Ort zusammen zu arbeiten.

Die Persönlichkeitstypen „Perfektionist" und der „Team Player" evaluieren die Alternativen sehr gründlich. Ein Projektleiter muss aufpassen, dass diese Gründlichkeit nicht sein Projekt abbremst. Bei dem „Geber", dem „Optimisten" und dem „Boss" hat Fairness einen hohen Stellenwert bei der Bewertung. Der „Boss" neigt dazu, seine Entscheidung schnell und intuitiv zu treffen: Wer nicht einverstanden ist, sollte schnell Gegenargumente liefern. Der „Beobachter" und der „Vermittler" brauchen Zeit, um zu entscheiden. Es ist zu empfehlen, diesen beiden Persönlichkeitstypen Entscheidungsunterlagen im Voraus zu geben.

> Ein amerikanischer Projektleiter vom Typ „Vermittler" traf seine Entscheidungen immer intuitiv. Eines seiner deutschen Projektmitglieder, ein „Beobachter", lieferte hinterher die dafür notwendige logische Begründung. Diese Fähigkeit nutzte der Projektleiter, indem er das Teammitglied die Unterlagen für die Entscheidung vorbereiten ließ.

Es ist zudem wichtig zu überlegen, wer die Entscheidung trifft und auf welcher Ebene der Organisation die Entscheidung getroffen wird.

In angelsächsischen Kulturen trifft der Manager die Entscheidung mit Ausnahme derjenigen Entscheidungen, die außerhalb seiner Entscheidungskompetenzen liegen. In diesem Fall wird

8. Entscheidungsfindung

das Problem eskaliert. In Skandinavien und Holland nimmt das Team an der Entscheidung teil, ebenso in kollektivistischen Kulturen.

Kulturen mit geringer Machtdistanz wie z. B. Skandinavier verwenden das so genannte Ermächtigungsprinzip (englischer Begriff: empowerment). Hier wird die Entscheidungsbefugnis auf eine möglichst niedrige Hierarchieebene delegiert, die Mitarbeiter gewinnen somit mehr Gestaltungsfreiraum für ihre eigene Arbeit.

In romanischen Ländern wird eine Entscheidung auf einer möglichst hohen Hierarchieebene getroffen. Der Projektleiter muss diese Erwartungen seiner Teammitglieder unbedingt berücksichtigen.

> So beunruhigte beispielsweise einer der Autoren seine indischen Mitarbeiter zutiefst mit der Erwartungshaltung, dass sie ihre Arbeit selbst organisieren sollten. Sobald er selbst die Entscheidungen traf und die Aufgaben klar formulierte, war alles in Ordnung. Erst nachdem er seine Autorität und eine Vertrauensbasis im Team aufgebaut hatte, konnte er die Teammitglieder dazu bewegen, mehr Selbstverantwortung für ihre Aufgaben zu übernehmen.

Weil Indien eine Kultur mit großer Machtdistanz ist, waren es die Teammitglieder nicht gewöhnt, selbstständig Entscheidungen zu treffen.

In diesem Abschnitt wurde bereits mehrfach angeführt, dass eine Entscheidung meist im Rahmen einer Besprechung (vgl. Kapitel 10) gefällt wird. Nachfolgend wird die Rolle der Besprechung bei der Auswahl der Alternativen dargelegt. Dazu einige Beispiele:

- In Deutschland haben alle, die Einwände haben, in der Besprechung eine letzte Chance, gegen die Entscheidung zu argumentieren. Dieses Vorgehen führt dazu, dass die Entscheidung von allen getragen wird.
- In England wird die Entscheidung vom Projektleiter während des Meetings nach einer gemeinsamen Debatte getroffen.
- In Japan wird die Entscheidung vor dem offiziellen Meeting in einer Reihe von Gesprächen getroffen. Das Meeting dient lediglich der Mitteilung der Entscheidung.

8.4 Die Sechs Schritte der Entscheidungsfindung

- In Malaysia diskutieren die Projektmitglieder die Vor- und Nachteile der Alternativen, um den Projektleiter zu unterstützen. Dadurch nehmen die Teammitglieder an der Entscheidung teil und Gruppenharmonie wird gewahrt.

Generell gilt, dass der Projektleiter je nach Entscheidungsgegenstand und der Beteiligung der Kulturen diejenige Besprechungsform wählen sollte, die dem Umfeld und der Art der Besprechung angemessen ist:
- Für wichtige Entscheidungen sollten die Beteiligten möglichst direkt zusammen am Tisch sitzen.
- Entscheidungsfindungen via Videokonferenz sind unserer Erfahrung nach mit steigender Teilnehmerzahl zunehmend schwieriger. Der Grund hierfür liegt in der Technik: Die Menschen sind bei Videokonferenzen gefordert ruhig zu sein, die Kommunikation läuft oft langsam bis schleppend.
- Telefonkonferenzen sind für wichtige Entscheidungen noch weniger geeignet, weil dadurch alle wichtigen visuellen Signale in der Kommunikation fehlen.

Wenn keine der Lösungsalternativen geeignet ist, das Problem zu lösen, stehen einem Projektleiter folgende Hauptstrategien zur Verfügung:

(1) Er kann zu Schritt Zwei im Prozess zurückkehren und weitere Informationen sammeln und die Alternativen überarbeiten bzw. neue Alternativen kreieren oder
(2) Er kann sich an seinen Auftraggeber wenden. Wenn dieser aus einer partikularistischen Kultur stammt, muss der Projektleiter betonen, dass er nach wie vor bereit ist, sich an die vereinbarten Ziele zu halten und die neue Situation schildern. In den meisten Fällen wird sein Auftraggeber dann bereit sein, über neue Rahmenbedingungen für das Projekt zu verhandeln.

Bei der Auswahl der besten Alternative kann es zu Problemen kommen, wenn das Team sich nicht einigen kann oder die Entscheidung außerhalb der Autorität des Projektleiters liegt. Für diesen Fall ist es notwendig, das Problem zu eskalieren (vergleiche hierzu Kapitel 9 und Kapitel 11.1.5).

Unser Einführungsbeispiel hat gezeigt, dass Amerikaner zu einer schnellen Eskalation tendieren. In vielen asiatischen Kulturen sind Vorgesetzte ohnehin informell in den Entscheidungsprozess eingebunden, so dass die Notwendigkeit einer formellen Eskalation eher selten entsteht.

8.4.5 Schritt Fünf – Mitteilung der Entscheidung

Wie eine Entscheidung an die Betroffenen kommuniziert wird, ist sehr stark vom kulturellen Umfeld abhängig. Es ist wichtig, die richtige Formulierung für eine Argumentation zu finden. Das kann schwierig sein, weil Menschen aus unterschiedlichen Ländern unterschiedliche Denkweisen (siehe Kapitel 5.2) und Informationsbedürfnisse haben.

Grundsätzlich gilt: Entscheidungen mit einer „guten" Nachricht können fast überall problemlos schriftlich kommuniziert werden, wohingegen „schlechte" Nachrichten möglichst persönlich mitgeteilt werden sollten. In Kulturen mit starkem Kontextbezug (z. B. China oder Malaysia) sollte der Projektleiter die negativen Folgen einer Entscheidung indirekt als Teil einer umfangreichen Diskussion mitteilen.

Die Art der Formulierung ist stark kulturabhängig: In Ländern mit schwachem Kontextbezug sollten Manager klar formulierte Entscheidungen liefern. Dagegen kann in einer innengesteuerten Kultur mit starkem Kontextbezug (z. B. Japan) die Formulierung bewusst unscharf gewählt werden. Hierdurch sollen die Projektmitglieder zur Diskussion angeregt werden und sich mit der Interpretation der Entscheidung auseinander setzen. Der Chef handelt so, um die Kreativität des Teams bei der Umsetzung der Entscheidung zu fördern.

In deutschsprachigen Ländern wie auch in Japan besteht der Zweck einer Besprechung oftmals darin, eine Entscheidung zusammen mit allen notwendigen Informationen und Argumentationen mitzuteilen. Im Gegensatz dazu werden in angelsächsischen Ländern Entscheidungen oftmals ohne eine oder mit einer eher dürftigen Erklärung mitgeteilt.

In Kulturen mit großer Machtdistanz wird erwartet, dass leitende Angestellte wichtige Entscheidungen zuerst erfahren. Es würde zu Spannungen führen, wenn Projektteammitglieder eine Entscheidung vor ihren Linienchefs erfahren würden.

8.4.6 Schritt Sechs – Durchführung

Nachdem die Entscheidung getroffen und mitgeteilt wurde, wird sie durchgeführt.

In vielen Kulturen gilt es als selbstverständlich, die Entscheidung auch durchzuführen. In deutschsprachigen und skandinavischen Ländern nimmt das Team an der Entscheidung teil und trägt dadurch die Entscheidung mit. In Ländern mit großer Machtdistanz hingegen wird die Entscheidung aufgrund der hierarchischen Stellung des Entscheidungsträgers akzeptiert und deswegen durchgeführt.

In angelsächsischen Kulturen wird die Durchführung einer Entscheidung oft als ein zusätzlicher Prozess nach der eigentlichen Entscheidungsfindung betrachtet, weil die von der Entscheidung betroffenen Menschen nicht im Voraus konsultiert wurden. Wie am Anfang dieses Kapitels im Fallbeispiel dargestellt, geschieht dies, weil in den USA z. B. schnelle Entscheidungsfindung einen hohen Stellenwert hat. Nach unserer Ansicht sollte man bei einem Vergleich zur Dauer der Entscheidungsfindung in unterschiedlichen Ländern unbedingt auch die Durchführungszeit mit berücksichtigen. Denn in vielen Ländern ist ein Bestandteil der Entscheidungsfindung, auch für die Akzeptanz dieser Entscheidung zu sorgen.

Um die Durchführung zu erleichtern, müssen die Projektmitglieder die Entscheidung akzeptieren. Dafür sollte der Prozess der Entscheidungsfindung den beteiligten Kulturen gerecht sein: In Ländern mit kleiner Machtdistanz muss die Entscheidung fair und vernünftig sein; in solchen Länder kann ein Projektleiter nur im Notfall ein Machtwort sprechen. In den USA hingegen reicht es für die Umsetzung oft, wenn leitende Führungskräfte hinter der Entscheidung stehen. In Skandinavien sagen die Menschen direkt, wenn sie eine Entscheidung nicht mittragen. In Frankreich zeigt ein Manager, dass er sich zur Durchführung verpflichtet fühlt, indem er regelmäßige Durchführungsberichte liefert oder einfordert.

In Kulturen mit starkem Kontextbezug und hoher Machtdistanz werden Projektmitglieder hingegen nur indirekt mitteilen, dass sie mit der Entscheidung nicht einverstanden sind.

> Ein US-Manager bei einem japanischen Elektronikunternehmen traf eine Entscheidung ohne den Konsensprozess „ringi" anzuwenden. Als er mit seinen Mitarbeitern über die Durchführung seiner Entscheidung sprach, lächelten diese und bemerkten, die Durchführung sei „sehr schwierig". Daraufhin wollte er eine Besprechung ansetzen, um die Schwierigkeiten zu identifizieren und aus dem Weg zu räumen. Glücklicherweise konnte ihm ein japanischer Kollege, noch bevor er die Mitarbeiter zu der Besprechung eingeladen hatte, erklären, dass dies für seine Mitarbeiter äußerst heikel wäre.

In vielen asiatischen Kulturen darf man zum Chef nicht direkt „Nein" sagen. Das „sehr schwierig" war im starken japanischen Kontextbezug ein deutliches Signal, dass die Mitarbeiter mit der Entscheidung nicht einverstanden waren. In diesem Fall hatte der Manager einen kulturellen Dolmetscher, der ihm half, sein Gesicht zu wahren.

8.5 Entwicklung eines projektspezifischen Entscheidungsprozesses

Jeder internationale Entscheidungsfindungsprozess sollte unbedingt in jeder einzelnen Phase die Kulturen der Projektteam- und der Lenkungsausschussmitglieder berücksichtigen.

In Projekten mit Mitgliedern aus Kulturen mit ähnlichen Entscheidungsfindungsprozessen sollte sich das Projektteam am Anfang des Projektes über den Prozess einigen. Die folgenden Fragen unterstützen diese Teamdiskussion. Hierbei ist es günstig, wenn zunächst die Mitglieder einer Kultur die Fragen untereinander beantworten und dann ihre Antworten mit den Kollegen aus den anderen Kulturen austauschen – dabei können alle Teilnehmer viel lernen. Die Fragen lauten:
- Welche Entscheidungsverfahren werden in Ihrem Unternehmen und Ihrer Kultur verwendet?

- Wird eher nach dem Konsens-, Mehrheits- oder Machtprinzip entschieden?
- Wie formell ist der Prozess?
- Wie viel Zeit nimmt man sich für eine Entscheidung?
- Wer trifft die Entscheidung?
- Wer nimmt aktiv an welcher Phase des Entscheidungsprozesses teil?
- Wer muss vor einer Entscheidung informiert werden?
- Wer muss nach einer Entscheidung informiert werden?
- Welche Kriterien werden im Entscheidungsprozess berücksichtigt?
- Wie wichtig sind diese Kriterien in Ihrer Kultur?
- Wie werden Entscheidungen begründet?
- In welcher Form werden Entscheidungen mitgeteilt?
- Welche Art von Entscheidung wird eskaliert?
- Wann wird eine Entscheidung eskaliert?
- An wen wird die Entscheidung eskaliert?

In vielen Fällen ist es den Teammitgliedern möglich, sich mit Hilfe der gefundenen Antworten darauf zu einigen, wie der Entscheidungsprozess im Projekt ablaufen soll. In den Fällen, wo die Antworten weit auseinander liegen, ist es ratsam, einen interkulturell qualifizierten Coach hinzuzuziehen, dessen Aufgabe es ist, das Team dabei zu unterstützen, einen derartigen Prozess gemeinsam zu definieren.

8.6 Handlungsempfehlungen

- Legen Sie einen projektspezifischen Entscheidungsprozess fest. Die Projektmitglieder sollten an dieser Festlegung teilnehmen, so dass deren Erwartungen im Prozess Berücksichtigung finden.
- In der Zusammenarbeit mit Menschen aus außengesteuerten Kulturen sollten Sie regelmäßig überprüfen, ob es neue Entwicklungen gibt, die eine Entscheidung verlangen. Denn Mitarbeiter denken häufig nicht daran, solche Entwicklungen einzubringen.

8. Entscheidungsfindung

- Zu Beginn des Prozesses sollten Sie im Team ein gemeinsames Verständnis der Ausgangssituation schaffen: was ist das Problem und welche (kulturell bedingten) Sichtweisen gibt es?
- Überprüfen Sie Ihr eigenes Entscheidungsmuster und überlegen Sie, wie Sie die Vielfalt der Persönlichkeiten im Team einsetzen können, um den Entscheidungsprozess zu unterstützen.

8.7 Zusammenfassung

Eine wesentliche Aufgabe eines Projektleiters besteht darin, sicherzustellen, dass Entscheidungen zeitnah getroffen und umgesetzt werden, damit die Projektziele erreicht werden können. In internationalen Projekten wird dies erschwert, weil die Projektteammitglieder über die Entscheidungsnotwendigkeiten, das Problem, die Alternativen sowie den Prozess der Entscheidung selbst und die Umsetzung dessen, was entschieden wurde, sehr unterschiedliche Sichtweisen haben können. Damit dies dennoch gelingen kann, ist es wichtig, einen kultur- und persönlichkeitsgerechten Entscheidungsfindungsprozess zu definieren und im Projekt zu etablieren.

9. Konfliktmanagement in internationalen Projekten

Dr. Klaus Wagenhals

In diesem Kapitel soll deutlich werden, welche Konfliktfelder und -bereiche in internationalen Projekten entstehen können, welche Besonderheiten dort beim Konfliktverlauf zu beachten sind und welche Möglichkeiten es für die konstruktive Bewältigung derartiger Situationen gibt.

In den vorausgegangenen Kapiteln wurde erläutert, dass die unterschiedlichen kulturellen Prägungen der Projektmitarbeiter in internationalen Projekten zu Missverständnissen, Fehlinterpretationen und zu unangemessenem Handeln führen können.

Dies geschieht dadurch, dass zwei oder mehr Menschen miteinander kommunizieren und in dieser so genannten Interaktion die beteiligten Menschen z. B. unterschiedliche Verständnisse von etwas haben oder ein Verhalten an den Tag legen, das der oder die anderen nicht zuordnen können oder aber anders interpretieren. Nun bezeichnet man das Vorhandensein von nicht-kompatiblen Auffassungen über Ziele und Inhalte, über Prozesse und Verfahrensweisen, über Normen, Werte und Grundsätze noch nicht als Konflikt – vielmehr sind die mentale Bewertung der Aussagen und/oder der Handlung des jeweiligen Interaktionspartners und unsere sich darauf beziehenden Gefühle von entscheidender Bedeutung. Insofern lässt sich ein Konflikt definieren als eine Interaktion zwischen zwei oder mehreren Interaktionspartnern, in der sich mindestens einer der Interaktionspartner unwohl fühlt – also das Gesagte oder die Handlung von jemand anderem negativ bewertet wird und dieser dabei Ärger, Angst, Wut oder ähnliches empfindet (in Anwendung *Glasl*, 1997).

Vielleicht können Sie sich erinnern, wie die Aussage eines Kollegen Ihre Erwartung enttäuscht oder Ihrem Wertmaßstab widersprochen hat und Sie gespürt haben, wie Enttäuschung, Ärger oder ein anderes Gefühl in Ihnen hochstieg. Möglicherweise haben Sie auch die Steigerung – nämlich, dass jemand aus Ihrem Projektteam etwas getan hat, das negative Folgen für Sie hatte – erlebt und können sich auch an Ihre Gefühlsregung dazu erinnern.

Derartige Situationen sind Beispiele für Konflikte und erzeugen eine negative Energie, die sowohl auf Menschen als auch auf Bedingungen bzw. Situationen gerichtet sein kann, die Projektabläufe ungünstig beeinflussen.

Konflikte sind in vielen Kulturen mehr oder weniger angstbesetzt, weil mit ihrer Entstehung die Harmonie in Beziehungen gestört wird und unklar ist, ob und wie diese wieder hergestellt werden kann bzw. weil eventuell Machtpositionen oder andere Interessen und damit das eigene Ansehen in Gefahr sind. Dies verhindert oft die Wahrnehmung der positiven Seiten eines Konflikts, wie z. B.:

- Das Verhindern von Stagnation, indem unterschiedliche Meinungen, Haltungen, Ziele ausgetauscht werden und man damit zum Austausch und zu neuen Arbeits-/Geschäftsgrundlagen kommt; das bringt die Dinge voran
- Die Anregung von Interesse und Neugierde: was will der andere, wo unterscheiden wir uns?
- Die Hinweise – wenn man dies zulässt – auf Probleme; damit zwingen uns Konflikte genauer hinzusehen, uns um die Ursachen zu kümmern und nach Lösungen zu suchen
- Die Ausbildung von Standpunkten und die Verbesserung der Selbsterkenntnis: im Zuge der Bewältigung von Konflikten können eigene Einschätzungen und Meinungen hinterfragt und (z. B. in Verbindung mit Feedback) die Sicht auf sich selbst erweitert werden; in Gruppen dient die Konfliktbewältigung oft der Ausbildung einer Gruppenidentität und trägt damit zur Festigung der Gruppe bei (siehe Kapitel 6).

Leider werden diese Chancen viel zu wenig gesehen. Deshalb werden Konflikte – um die unangenehme Situation möglichst schnell zu beseitigen – häufig umgangen, vermieden oder schnell auf der Oberfläche „gelöst", was wiederum das unangenehme Gefühl gegenüber Konflikten verstärkt.

9. Konfliktmanagement in internationalen Projekten

Im internationalen Projektgeschäft geht es **inhaltlich** bei Konflikten häufig um das Gleiche wie in Projekten im nationalen Rahmen – nämlich um:
- unklare Ziele oder Aufgaben
- die Frage, wie man ein bestimmtes Thema oder Problem bearbeitet (Verfahren/Methoden)
- die Frage, wer wann wem welche Information gegeben hat und warum sie nicht zu der gewünschten Handlung geführt hat
- Verantwortlichkeiten und Fragen zum Controlling
- offene oder verdeckte Machtansprüche und ähnliches.

Das Besondere bei internationalen Projekten ist das Aufeinandertreffen von einer oder mehreren fremden Sprachen und von Repräsentanten anderer Kulturen, die sich im Projektalltag nicht so verhalten, wie wir es aus unserer Kultur erwarten bzw. für angemessen halten. Daraus wird deutlich, worin die **besondere Herausforderung** in Bezug auf die obige Konfliktdefinition besteht:

Wir bekommen eventuell gar nicht mit, ob und wann sich einer unserer Interaktionspartner unwohl fühlt, weil wir entsprechende Signale oder Reaktionsweisen „der Anderen" nicht kennen oder interpretieren können und weil wir die hinter dem Unwohlsein stehende mentale Bewertung bzw. das andere Verständnis aus dem jeweiligen Kulturhintergrund heraus nicht kennen und – selbst wenn wir sie kennen – nicht unbedingt nachvollziehen können (vgl. Kapitel 5).

Damit sind nicht nur Sprachprobleme und Erwartungen im Hinblick auf das Verhalten des jeweils anderen berührt, sondern auch die oben beispielhaft angeführten Konfliktinhalte: es ist ein Unterschied, wie z. B. Ziele in Japan oder in den skandinavischen Ländern definiert werden oder ob ein gemeinsames Verständnis mit Südost-Asiaten und Afrikanern und Lateinamerikanern hergestellt werden soll.

Bevor auf den folgenden Seiten näher erläutert wird, wie ein Konflikt entsteht und dann konkrete Lösungswege bzw. Handlungsmöglichkeiten herausgearbeitet werden, wird zunächst die Entstehung und Zuspitzung eines Konflikts anhand eines Beispiels verdeutlicht.

9. Konfliktmanagement in internationalen Projekten

9.1 Wie entstehen Konflikte im internationalen Umfeld?

Ein Projektleiter war von seinem Konzern in ein arabisches Land geschickt worden, um zusammen mit einem der dort regierenden Prinzen ein Projekt zum Bau einer Raffinerieanlage zu führen. Er war in einem Schnellkurs auf die Eigenarten dieses Landes vorbereitet worden und man hatte ihm von Kollegenseite den einen oder anderen schnellen Rat zugerufen. Was das Projektmanagement angeht, so war er von den in Deutschland für ein Projekt dieser Größenordnung geltenden Strukturen, Kommunikationswegen und auch Verfahrensweisen ausgegangen.

Als er in das Land reiste, waren alle sehr freundlich zu ihm und er hatte informative und wichtige Gespräche mit dem Prinzen geführt, bei denen ein relativ schnelles Einverständnis zum weiteren Vorgehen erzielt worden war.

Eines Tages gab es Probleme: die deutschen Projektmitarbeiter wurden aus Sicherheitsgründen vom Pförtner nicht mehr auf das Fördergelände gelassen. Der Projektleiter wurde von dieser Nachricht überrascht und versuchte durch Telefonate herauszubekommen, was zu dieser Entscheidung geführt hatte. Er bekam viele unklare Informationen und wurde von seinen Gesprächspartnern auf den Prinzen verwiesen.

Nach vielem Hin und Her bekam er drei Tage später einen Termin – das Projekt ruhte in der Zeit. Nach den üblichen Ritualen erfuhr er, dass seine Leute die Anweisungen des Pförtners nicht genügend berücksichtigt und ihn sogar verunglimpft hätten; er erfuhr bei dieser Gelegenheit auch, dass dieser neben seiner Pförtnerrolle auch noch die eines Sicherheitsbeauftragten innehatte.

Der Projektleiter wurde sehr ärgerlich und versuchte, dem Prinzen aufgrund der mangelhaften Information über die Rollen des Pförtners die Schuld an dieser Unterbrechung zu geben. Er wäre auch bereit, seinen Leuten dazu die Meinung zu sagen und versuchte den Prinzen davon zu überzeugen, den Pförtner nicht so ernst zu nehmen und per Machteingriff die Sache zu regeln. Der Prinz wies dieses Ansinnen von sich und sie trennten sich im Konflikt.

Nun erfuhr auch die deutsche Konzernleitung, dass es Probleme gab und der Projektleiter benötigte viele Erklärungen, was passiert war und warum sich das Ganze so zugespitzt hatte. Noch mehr Zeit verging. Der Konzern intervenierte – es wurde mit dem Prinzen ein erneutes Gespräch anberaumt und in seiner Vorbereitung erfuhr der

9.1 Wie entstehen Konflikte im internationalen Umfeld?

Projektleiter, dass der Pförtner ein Cousin des Prinzen war und diesem beim Gebet in der Moschee entrüstet mitgeteilt hatte, wie arrogant sich die deutschen Ingenieure benommen und ihn in seiner sehr wichtigen Rolle nicht ernst genommen hätten.

Der Cousin hatte also mit Zustimmung des Prinzen seine Macht ausgespielt und den Verkehr auf das Gelände unterbunden.

Zunächst ist grundsätzlich wichtig zu wissen, dass Konflikte – angelehnt an unsere Definition – entstehen können aufgrund unseres eigenen Verhaltens, d. h. aufgrund von Aussagen und Handlungen, die jemand anderen beeinträchtigen oder gefühlsmäßig aufbringen, aber auch umgekehrt aufgrund des Verhaltens anderer Menschen, das von uns als Beeinträchtigung oder Verstoß gegen unsere Regeln, Normen und Werte empfunden wird.

Die Art und Weise wie man gelernt hat, Unwohlsein zu spüren und zu äußern, unseren Interaktionspartner in seinen Gefühlen und seinem Verhalten ernst zu nehmen und seine Beweggründe bzw. kulturellen Prägungen zu verstehen oder nicht, wird es einem leichter oder schwerer machen, einen Konflikt zu erkennen, zu vermeiden oder auch zu klären. Hierfür haben wir – ausgehend von unseren kulturellen Werten und unserer persönlichen Sozialisation – ein Modell gelernt (oft gar nicht bewusst), wie wir mit einer schwierigen Interaktionssituation umgehen: diese zum Konflikt werden lassen oder vorher „entschärfen", den Konflikt klären oder ihm ausweichen usw. Je nachdem wie erfolgreich wir damit die erlebten Konfliktsituationen bisher entspannen oder bereinigen konnten, haben sich unsere Modelle verfestigt oder wir haben neue erprobt.

Machen Sie sich im Rahmen Ihrer Projekte klar, dass Sie in der Interaktion mit den beteiligten Personen dort auf deren Modelle – geprägt durch deren Kultur – treffen und wundern Sie sich nicht, wenn damit Ihre bisherigen Strategien im Umgang mit Konflikten nicht mehr funktionieren und Ihr Handeln nicht immer günstig für das konstruktive Zusammenwirken im Projekt ist.

Welche Folgen dies in einem internationalen Projekt haben kann, kann in dem obigen Beispiel nachvollzogen werden. Analysiert man dies nun vor dem Hintergrund, ergeben sich folgende Erkenntnisse:

9. Konfliktmanagement in internationalen Projekten

- Offensichtlich führte die Interaktion zwischen den Deutschen und dem arabischen Pförtner dazu, dass dieser sich nicht ernst genommen fühlte; sein Unwohlsein teilte er den Deutschen nicht wie diese es vielleicht erwartet hätten mit, sondern er handelte (nach Absprache mit seinem Cousin).
- Damit war ein Konflikt entstanden, der zunächst etwas mit der zweiten Rolle des Pförtners zu tun hatte: für die Deutschen war es unklar, wie ein Pförtner (niedrig bewertete Position) aus Sicherheitsgründen eine so weit reichende Entscheidung treffen konnte (wofür in Deutschland ein Sicherheitsingenieur – also ein „adäquater" Gesprächspartner – nötig gewesen wäre; das passte nicht mit deren „Wertegerüst" zusammen).
- Dahinter steckt aber noch eine weitere Begründung für den Konflikt: die Unterschiede in der Bewertung von Familienbeziehungen, die gleichzeitig wichtige Machtkonstellationen unter anderem in arabischen Ländern sind, war keiner Seite bewusst, weil sie vorher nicht kommuniziert worden waren; insofern verhielten sich die Deutschen in der Auseinandersetzung am Tor nicht angemessen und der Pförtner handelte so, wie er glaubte handeln zu müssen.

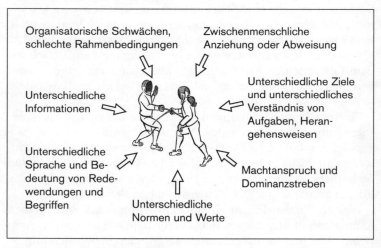

Abb. 9.1: Entstehung von Konflikten

9.1 Wie entstehen Konflikte im internationalen Umfeld?

- Der Konflikt erfuhr eine „Terrainerweiterung", weil aufgrund des ungeübten Umgangs mit der Situation auf beiden Projektleiterseiten deren Gesprächsführung eine Eskalation des Konflikts herbeiführte.
- Darüber hinaus fühlte sich der deutsche Projektleiter „von ganz oben" in seiner Kompetenz angegriffen und vor den Projektmitarbeitern bloßgestellt, weil ihm über einen Machteingriff des Konzerns „geholfen" worden war (wie er diesen Konflikt mit seinen Vorgesetzten ausgetragen und sein „Standing" im Projekt wiederhergestellt hat, ist nicht bekannt).

Systematisiert man die Bedingungen, unter denen Konflikte entstehen können, dann zeigt sich ein Bild wie in Abbildung 9.1. Hieraus ergeben sich vier zu unterscheidende Ursachenklassen,[1] zu denen jeweils eine kurze Erläuterung gegeben wird:

(1) Inhaltlich begründete Konflikte

Die in Projekten übliche Auseinandersetzung über Ziele, Aufgaben, Detaillierungsgrad, Information usw. wird in internationalen Projekten beeinflusst durch die jeweils unterschiedlichen Werte, Normen, Grundsätze – aber auch der Geschichte; all dies kann zum Gegenstand eines Konflikts werden.

Ein Beispiel für diese Klasse von Konflikten ist die folgende Erfahrung eines deutschen Projektleiters:

> Mit dem Wunsch, die vorgegebenen Ziele mit seinen Projektmitarbeitern zu diskutieren, um sie unter Einbeziehung der jeweils eigenen Ziele präzisieren zu können, erreichte er nur die deutschen und schwedischen Mitarbeiter, jedoch nicht die Japaner.

Er hatte nicht bedacht, dass es in Kulturen mit starkem Kontextbezug (zu denen Japan gehört) nicht üblich ist, die vorgegebene Ziele öffentlich zu kritisieren – geschweige denn eigene Ziele mit in das Meeting einzubringen.

Zu einem Konflikt kann auch führen, wenn der deutsche Projektleiter (individualistische Kultur) bei der Überprüfung, wie weit die Aufgaben abgearbeitet wurden, einen Verantwortlichen für die Defizite findet und der Verursacher aus einer kollektivistischen Kultur stammt. Eine für seinen kulturellen Hintergrund

9. Konfliktmanagement in internationalen Projekten

typische Reaktion, mit der er dem Projektleiter gegenüber tritt, ist, dies zunächst mit seiner Gruppe zu klären. Diese Haltung könnte jedoch vom Projektleiter als „sich drücken" vor der Übernahme von Verantwortung interpretiert werden und zu einem Konflikt führen.

(2) Prozess- oder vorgehensorientierte Konflikte

Unterschiedliche Werte, Normen und Grundsätze beeinflussen die jeweilige Herangehensweise an Arbeit und damit auch an Konflikte. Die teilweise gravierenden Unterschiede, die dadurch in der Projektarbeit entstehen können, beinhalten deshalb ein hohes Konfliktpotenzial, weil jeder dazu tendiert, hierbei mit Abwertungen (also Vorurteilen) zu arbeiten: Für Deutsche beispielsweise ist die halbe Welt nicht so fleißig wie sie, oder hat nicht so einen hohen Standard in den Verfahren des Projektmanagements.

Ein Beispiel für diese Art von Konflikten ist die Auseinandersetzung eines deutschen Projektleiters mit seinem Subteam in Lateinamerika über das unterschiedliche Setzen von Prioritäten:

> Der Projektleiter war nach einigen Telefonaten mit seinen Teammitgliedern zur Diskussion der Teilaufgaben, die nicht so gut liefen, zu der Überzeugung gelangt, sein Subteam vor Ort zu besuchen, um „denen die Hölle heiß zu machen", weil er der Meinung war, dass diese dem Projekt nicht genügend Prioritäten einräumten.

Mit dieser Haltung und einer entsprechenden Vorgehensweise erreichte er die Eskalation des schwelenden Konflikts: er hatte weder darüber nachgedacht, dass es bei den Lateinamerikanern üblich ist, sich zunächst einmal an das zu halten, was für sie vor Ort günstig ist und ihrer dortigen Anerkennung dient (kollektivistisch geprägte Kultur: der dortige Arbeitgeber hat die Priorität und nutzt diese auch) – noch sich darum gekümmert, wie dort geplant und eine Steuerung durchgeführt wird. Aufgrund der kulturell bedingten geringen Unsicherheitsvermeidung gaben sich die Teammitglieder mit der groben Planung zufrieden, erwarten aber häufige Leistungskontrollen von Seiten des Projektleiters. Dieser Erwartung hatte der Projektleiter aufgrund seiner Grundannahme „die arbeiten zielorientiert und selbstständig an den Meilensteinen entlang wie wir" nicht entsprochen.

9.1 Wie entstehen Konflikte im internationalen Umfeld?

(3) Konflikte, die sich auf Persönlichkeitstypen und -identitäten beziehen

In internationalen Projekten spielt es ebenso wie in nationalen eine Rolle, welche Persönlichkeitstypen[2] sich begegnen – diese sind kulturell geprägt und werden somit zu Identitäten. Zwei Beispiele zu den kulturell geprägten Persönlichkeitstypen:

Der Typ Sieben („Optimist") aus dem Enneagramm (vgl. Kapitel 6) übersieht Konflikte und hält sie schlecht aus. Er sammelt unbewusst Ärger und Wut und lässt diesen irgendwann freien Lauf – meist in unpassenden Situationen oder in unangemessener Weise. Andererseits ermöglicht ihm seine Fähigkeit, sich in die Position aller Beteiligten hineinzuversetzen und gute Lösungen zu entwickeln. Menschen hingegen, die den Typ Acht („Boss") repräsentieren, werden von einem Konflikt belebt und klären Konflikte schnell und direkt. Wir wollen dies an einem praktischen Beispiel verdeutlichen:

> Ein US-amerikanischer Abteilungsleiter vom Typ „Optimist" will, dass seine Abteilung rein projektorientiert arbeitet. Dafür baut er – getreu seinem Typ – eine flexible, unklar definierte Struktur auf. Nach einiger Zeit ist es aufgrund der großen Unzufriedenheit bei seinen Leuten klar (obwohl er sehr oft Mittel und Wege findet, den Konflikten auszuweichen), dass eine Teamentwicklung notwendig ist. Am zweiten Tag des Workshops fordert einer seiner Gruppenleiter (ebenfalls US-Amerikaner, Typ Eins „Perfektionist") hoch irritiert klare Aussagen zu seiner Rolle: welche Verantwortung und Autorität er hat, für welche Aufgaben er zuständig sein soll usw. Sein spanischer Kollege (ebenfalls Typ „Perfektionist"), der aus einer Kultur mit höherer Machtdistanz stammt, wartet bis zum dritten Tag des Workshops. Auch er fordert von seinem Chef klare Aussagen über die Struktur dieser Abteilung, über die Verantwortungsbereiche.
>
> Der Konflikt spitzt sich zu, weil der Abteilungsleiter nicht in der Lage ist, diese Ansprüche seiner Mitarbeiter zu erfüllen. Da er aber Amerikaner mit schwachem Kontextbezug ist, lässt er sich überzeugen – ohne das Gesicht zu verlieren – dass man ja zusammen zu einer tragfähigen und zufriedenstellenden Struktur finden kann.

Für das Zustandekommen dieser Vereinbarung gab es zwei Gründe: alle Teammitglieder kannten die Persönlichkeitstypen aus dem Enneagramm und es gab im Team keinen Vertreter aus einer starken Kontextkultur. Denn für diesen wäre die Vorgehensweise des Amerikaners ein Affront gewesen.

(4) Konflikte aufgrund von Problemen in der Beziehung zwischen zwei oder mehr Personen

Eng verkoppelt mit den Konflikten der dritten Kategorie lassen sich diejenigen Konflikte unterscheiden, die aufgrund von Beziehungsproblemen entstehen.

Menschen bauen in der Regel durch Interaktion in Kontexten, beispielsweise in der Zusammenarbeit im Projekt, eine Beziehung zueinander auf, die meist durch verschiedene Anteile von Anziehung und Ablehnung gekennzeichnet ist. Wenn der Ablehnungsteil aufgrund von Aussagen oder Verhaltensweisen steigt oder gar überwiegt, kann es leicht zu Konflikten kommen. Die Kulturdimensionen „Machtdistanz" oder „Individualismus/Kollektivismus" haben je nach Stellenwert von Beziehungen in den jeweiligen Kulturen eine besondere Bedeutung für internationale Projekte. Je nachdem wie sie eingegangen und gepflegt werden, ob konstruktives Miteinander oder das Team schädigende Konkurrenzkämpfe stattfinden, können sich Konflikte entwickeln, wenn die Unterschiede in diesen Dimensionen bei den Beteiligten groß sind – das heißt, wenn von einem der Beteiligten ständig gegen die kulturell geprägten Werte und Normen verstoßen wird.

Ein Beispiel, das diese Art von Konflikten gut nachvollziehbar macht, ist die Erfahrung eines dänischen Projektleiters, der in einem Projekt mit Afrikanern zusammenarbeitete:

> Der dänische Projektleiter hatte einen neuen Zulieferer – wie er das gewohnt war – strikt nach den Gesichtspunkten Preis und Qualität ausgewählt. Als er dann zu einem Meeting mit diesem neuen Zulieferer einlud, fehlten die meisten seiner afrikanischen Projektmitarbeiter; erst nach einem weiteren Anlauf, der ebenfalls scheiterte, wurde ihm klar, dass er bei der Auswahl des Zulieferers unberücksichtigt gelassen hatte, dass zu einem anderen Zulieferer seit langem gewachsene Beziehungen existierten. Es war von ihm daher erwartet worden, dass er diesen auswählt.

(5) Konflikte aufgrund von Un- oder Missverständnissen

Diese Konflikte sind eng verwoben mit den Konfliktklassen 1 und 4 und mit mangelnden Sprachkenntnissen. Es liegt auf der Hand (siehe Kapitel 5) dass Missverständnisse oder auch richtige Konflikte entstehen können, wenn Aussagen oder Verhaltensweisen in ihrer Bedeutung nicht klar sind oder werden. Dies ist nicht immer eine Frage der Sprachbeherrschung.

In diesem Zusammenhang wird auf das Beispiel aus Kapitel 2 verwiesen, in dem das Missverständnis über den Begriff „concept" zu einem Konflikt zwischen Franzosen und Deutschen führte. Man könnte eine lange Liste von Begriffen aufstellen, die zu Fehlinterpretationen geradezu einladen. Wir empfehlen dem Projektleiter, sich bei Muttersprachlern, den so genannten „Native Speakers" nach derartigen Bedeutungen zu erkundigen und sich darin zu trainieren, Unklarheiten oder auch Irritationen schnell zu erkennen und so schnell wie möglich zu klären.

9.2 Wie sich Konflikte darstellen oder: woran merke ich, dass ein Konflikt entsteht oder im Raum ist?

Die obigen Ausführungen zeigen, dass sich nicht jeder Konflikt gleich äußert und schon gar nicht von allen Beteiligten gleich wahrgenommen wird.

In der deutschen Kultur geht man davon aus, je klarer der Konflikt auf dem Tisch liegt – eventuell von lauten Auseinandersetzungen und heftigen Gefühlsausbrüchen begleitet (also „heiß" ist) – umso besser ist er zu klären. Je stärker er unausgesprochen ist, also leise vor sich hin schwelt (man spricht dann von einem „kalten" Konflikt), desto gefährlicher ist er für die jeweilige Gemeinschaft, weil schwieriger zu klären.

Daraus wird in der deutschen Kultur abgeleitet, dass folgende Merkmale erkennen lassen, ob eventuell ein Konflikt entsteht oder bereits entstanden ist:
- aufgeregte Diskussionen – manchmal auch über eine Sache, obwohl es darum geht, dem anderen eine „auszuwischen"
- hohe Stimmlagen oder Aggression in der Stimme

9. Konfliktmanagement in internationalen Projekten

- Nicht-Einhalten von Spielregeln: z. B. wird dauernd dazwischen geredet
- Für den Projektleiter eher unklare Ausdrucksformen wie z. B. Schweigen
- Fehlen bei Meetings
- Zu-Spät-Kommen bzw. Weggehen vor dem Ende
- „Ja" sagen und dabei „nein" oder „vielleicht" zu meinen.

Für international agierende Projekte sind diese Merkmale nicht einfach übertragbar, weil es Kulturen gibt – wie z. B. die chinesische oder die japanische – in denen ein Konflikt lange nicht auf den Tisch gebracht wird und sich nicht mit lautstarken Auseinandersetzungen bzw. Gefühlsausbrüchen ankündigt; in diesen Kulturen sind fast alle Konflikte zunächst „kalt" und werden erst ab einer bestimmten Eskalationsstufe zum „heißen" Konflikt und sind dann kaum noch lösbar. Auch in der arabischen, lateinamerikanischen sowie mediterranen Kultur wird man mit einigen der oben genannten Merkmale nicht weiter kommen: dort wird häufig in einer normalen Unterhaltung wesentlich lauter gesprochen als Deutsche es gewohnt sind. Gegenseitige Unterbrechungen werden nicht als Konfliktmerkmal, sondern als gegenseitiges Interesse interpretiert (siehe dazu Kapitel 5).

Vermutlich sind die ersten drei Konfliktmerkmale eher in Kulturen mit schwachem Kontextbezug und in stark familien- bzw. beziehungsorientierten Kulturen (z. B. romanische) zu beobachten, die letzten vier Merkmale hingegen eher in starken Kontextkulturen, aber auch in Kulturen, die eher individualistisch geprägt sind. Natürlich kann dieses oder ähnliches Verhalten auch von Personen mit anderer kultureller Prägung gezeigt werden – das ist durch den jeweiligen Konflikttyp begründet. Daraus wird die Schwierigkeit deutlich, wenn man Äußerungsformen von Konflikten über die Kulturen hinweg interpretieren will.

Erfahrungsgemäß reagieren die nachfolgenden Kulturen bei Konflikten mit diesen Verhaltensmustern:

- Franzosen – wenn sie nicht einverstanden sind oder sich unwohl fühlen – sagen häufig nur noch „ja", statt wie sonst lebendig zu diskutieren

9.2 Wie sich Konflikte darstellen

- Japaner und Chinesen bitten eventuell mehrmals, alles zu wiederholen, wenn sie andeuten wollen, dass sie nicht der gleichen Meinung sind
- Asiaten lächeln, wenn sie nicht einverstanden sind – man sollte es anders versuchen oder nachfragen
- Im angelsächsischen Bereich wird eher mit Ironie auf entsprechende Aussagen oder Forderungen reagiert
- In arabischen Ländern oder in Lateinamerika zeigt sich ein Konflikt eher in stark abgehackten Sätzen oder im Tonfall und in der Begleitung durch entsprechend bedrohliche Gesten und Mimik.

Dies wird von einigen Studien (z. B. *Wu, W./E.Yuen/J. J.Zhu*, 2002 und *Ting-Toomey*, 1989) bestätigt, die nachweisen, dass:
- Menschen aus individualistischen Kulturen Dinge direkter ansprechen, konfrontativer sind, aber auch stärker auf Einzelaspekte achten und darauf, dass sie möglichst gut aus dem Konflikt kommen – insgesamt lösungsorientierter sind
- Menschen aus kollektivistischen Kulturen stärker darauf orientiert sind, Konflikte „flach" zu halten, weil aus deren Sicht die Gefahr besteht, dass die Gruppen- bzw. Beziehungsharmonie gestört oder die Ehre bzw. Würde des anderen beschädigt werden könnte; sie treten eher vermittelnd auf und suchen nach Lösungen, die alle Beteiligten mittragen können
- Menschen aus femininen Kulturen kein Problem mit Konflikten haben, diese eher ausschmücken, sich daran erfreuen sich zu messen und dann aber nach vielen Schleifen, auch eine Lösung finden
- Menschen aus Kulturen mit großer Machtdistanz dazu neigen Konflikte zwar anzusprechen, sich aber dann eher auf ihre Vorgesetzten berufen, wenn es um die Klärung bzw. die Übernahme von Verantwortung geht.

Zusammenfassend können wir Ihnen einen generellen Tipp für die internationale Projektarbeit geben:
Wenn sich Teammitglieder oder andere Beteiligte am Projekt anders verhalten, als es sonst vom Projektverlauf her zu erwarten wäre, dann sollten Sie Ihre Aufmerksamkeit hierauf lenken,

9. Konfliktmanagement in internationalen Projekten

weil dies vielleicht ein Anzeichen für Unstimmigkeiten im Team ist. Man sollte hierzu auch den in Kapitel 2.5 erwähnten kulturellen Dolmetscher befragen.

Wenn Konflikte entstanden sind, entwickeln sie sich je nach kultureller Prägung und Persönlichkeitstypus der Interaktions-

	Mitteleuropäisch individualistisch, unsicherheitsvermeidend, schwacher Kontext	**Weissrussisch** machtdistant, stark unsicherheitsvermeidend	**Nordamerikanisch** individualistisch, unsicherheitsbejahend, schwacher Kontext	**Afrikanisch** kollektivistisch, herkunftsorientiert, starker Kontext	**Ostasiatisch** kollektivistisch, langfristorientiert, starker Kontext
(1) Verhärtung		Nimmt Konflikte persönlich	Ironie		Standpunkt aufgebaut
(2) Polarisation und Debatte		Lautstarke Debatte; entwickelt Druck	x	x	Lange verdeckt und Schweigen
(3) Taten statt Worte		x	Abwendung		x
(4) Sorge um Image und Koalitionen			Alleingang	x	Einbindung von Höhergestellten
(5) Gesichtsverlust			Taten statt Worte	Drohstrategien	Drohstrategien
(6) Drohstrategien		Die Truppen werden gesammelt	x	Fieberhaftes Suchen nach Brücken	Lautstarke Eskalation
(7) Begrenzte Vernichtungsschläge		Taten statt Worte	x	Je nach Position	Abbruch der Beziehungen
(8) Zersplitterung					
(9) Gemeinsam in den Abgrund					

Tab. 9.1: Zuordnung verschiedener Kulturen zum Eskalationsmodell; „x" bedeutet, dass diese Eskalationsstufe in dieser Kultur vorkommt (Quelle: *Glasl*, 1997)

partner und nach Kontext unterschiedlich: angelehnt an eine Phaseneinteilung zu einem „typischen Konfliktverlauf" nach *Glasl* gibt es insgesamt neun Eskalationsphasen in einem Konflikt. Diese haben wir exemplarisch den fünf Kulturtypen Mitteleuropäisch, Osteuropäisch, Nordamerikanisch, Afrikanisch und Ostasiatisch zugeordnet. Tabelle 9.1 zeigt die Gegenüberstellung der Eskalationsstufen nach den Kulturdimensionen.

Hierbei handelt es sich um eine idealtypische Einteilung der Konfliktstufen. Konflikte können durchaus Merkmale verschiedener Stufen aufweisen – es geht bei der Diagnose darum, die jeweilige Interventionsstrategie festlegen zu können. Für die Wahl der Strategie bzw. der Maßnahmen zur Entschärfung oder Beilegung eines Konflikts ist entscheidend, richtig einzuschätzen, wie weit der Konflikt bereits eskaliert ist. Die Entscheidung für einen Konflikt, der sich im Stadium 5 befindet, einen kompromisssuchenden Moderator zu engagieren, ist verschenktes Geld, weil die Parteien wahrscheinlich gar nicht mehr bereit sind, den anderen und seine Vorstellungen anzuhören.

Für internationale Projekte empfehlen wir die Entwicklung eines kultur- und projektspezifischen Prozessmodells. In diesem Modell werden – angelehnt an die obigen Phasen und deren Zuordnung zu den beteiligten Kulturen – die konkreten Schritte und Maßnahmen inkl. der dafür Verantwortlichen innerhalb und außerhalb des Projekts zur Klärung eines in eine kritische Phase geratenen Konflikts definiert.

9.3 Konfliktdiagnose und Konfliktbehandlung

Vor diesem Hintergrund sind die für die Konfliktdiagnose wichtigen Fragen zu stellen:
- **Was ist der Kontext des Konflikts?**
  Um was geht es inhaltlich? Wer ist involviert? Welche strukturellen Bedingungen spielen eine Rolle? Usw.
- **Welche Ursachen hat der Konflikt?**
  Zu welcher Klasse der obigen Ursachenbündel gehört er? Was wird von den Konfliktparteien angesprochen – was nicht?

9. Konfliktmanagement in internationalen Projekten

- **Auf welcher Stufe des Konfliktverlaufsmodells befindet sich der Konflikt?**
  Siehe Erläuterungen in Kapitel 9.2
- **Wie stellt sich der Konfliktverlauf dar?**
  Wie ist es soweit gekommen? Welche Schritte hat es gegeben? Hat sich der Gegenstand verändert – und die involvierten Menschen? Hat er sich ausgeweitet? Das ist wichtig, um Anknüpfungspunkte für einen Ausgleich der Interessen zu erkennen, aber auch für die Sammlung von Informationen über mögliche Konfliktvermeidung in gleichen oder ähnlichen Situationen/Konstellationen in der Zukunft.

Diese Fragen können Sie sich in Form einer Liste zusammenstellen – je nachdem wie Ihre Situation ist. Sie sollten sich allerdings bei der Anwendung dieser Checkliste drei wesentliche Dinge vor Augen halten:
(1) Alle Menschen neigen dazu, Ereignisse, Aussagen, Verhaltensmuster usw. aus der eigenen Sicht zu bewerten; daher sollte man gerade bei Konfliktklärungen im interkulturellen Zusammenhang darauf achten, das Gesehene und Gehörte nicht daran zu messen, was für uns „richtig" oder „normal" erscheint, sondern daran, was für die jeweils Beteiligten das kulturbedingte Wahrnehmungs- und/oder Verhaltensmuster war und wie deren Aufmerksamkeit auf diese Unterschiedlichkeit gelenkt werden kann ohne den anderen beispielsweise abzuwerten.
(2) Wir neigen ebenfalls dazu, schnell nach „Schuldigen" zu suchen oder auch die Aufmerksamkeit schnell von der Analyse auf die „Lösungen" zu richten – ohne genau einschätzen zu können, ob man wirklich die eigentliche Ursache erkannt hat; daher empfehlen wir, lieber mehr Energie bei der Analyse aufzubringen und Konflikte aushalten zu lernen: das Team wird es Ihnen später danken und der Erfolg im Projekt wird Ihnen recht geben!
(3) Führungskräfte in Projekten sollten sich der Gefahr bewusst sein, von Konflikten mitgerissen zu werden (d. h. sich genötigt zu sehen, Partei für eine der Konfliktparteien zu ergrei-

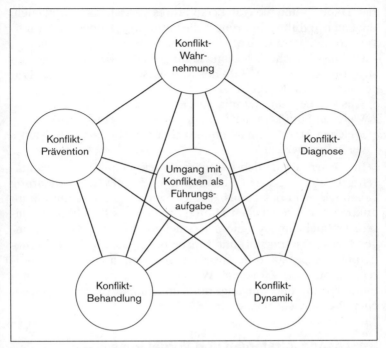

Abb. 9.2: Die wesentlichen Schritte im Umgang mit Konflikten (Quelle: *Lippmann/Steiger*, 1999)

fen) oder sich zu stark in eine fachliche Auseinandersetzung hineinziehen zu lassen. Dabei kann man leicht aus den Augen verlieren, dass eigentlich ein „Beziehungskonflikt" abläuft, den man aufgrund eigener Betroffenheit nicht mehr klar analysieren kann.

Vor allem mit letzterem Punkt wollen wir Sie daran erinnern, wie bedeutend eine gewisse innere Distanz zu einem Konflikt bzw. zu den Konfliktpersonen ist, um den Überblick nicht zu verlieren und um gegebenenfalls als relativ neutrale Person in die Konfliktklärung eintreten zu können. Spüren Sie, dass Sie diese Distanz nicht mehr haben, dann sind Sie in Gefahr, das Konfliktgeschehen zu verschärfen bzw. „Pseudoklärungen" herbeizuführen. Dann sollten Sie eine Person Ihres Vertrauens hinzuziehen, um einen Teil Ihrer Führungsrolle im Interesse einer konstruktiven Konfliktgestaltung an diese Person abgeben zu können.

Die angesprochene Distanz kann erreicht werden, wenn man sich mit der Funktionalität des Konflikts entlang folgender Fragen auseinandersetzt:
- Was will der Konflikt mir bzw. uns sagen?
- Welchen Sinn kann ich bzw. können wir darin finden?
- Welchen Aufforderungscharakter hat diese Situation: was muss verändert werden?

Im Gegensatz zu den häufig in Projektmanagement-Seminaren gelernten logischen Ablaufschritten für die Konfliktklärung gehen wir nicht davon aus, dass es bei der **Diagnose** nur darauf ankommt, die sachlichen Hintergründe eines Konflikts zu klären. Vielmehr müssen die persönlichen Handlungsorientierungen (das Selbstkonzept) und Einstellungen zum Konfliktgeschehen und -gegenstand herausgearbeitet werden, die beide kulturell geprägt sind. Zudem ist Wissen über die Art und Weise des kulturspezifischen Umgangs mit dem Konflikt (direktes Ansprechen, Verschweigen usw.) erforderlich.

9.4 Lösungsstrategien und Vorgehensweisen

Für die Lösung von Konflikten ist es wichtig, sich zuerst bewusst zu machen, aus welcher Rolle heraus man eine Konfliktlösung angeht: ist man Teammitglied, Projektleiter oder Stakeholder?

Wir beschränken uns im Folgenden auf die Führungsrolle und damit auf denjenigen, der dazu beitragen soll, dass der Konflikt möglichst konstruktiv gelöst wird. Neben dem Umgang mit den angesprochenen Diagnoseinstrumenten und -vorgehensweisen sollte die Führungskraft auch mit klassischen Umgangsweisen der Konfliktbeteiligten vertraut sein.

In Abbildung 9.2 sind schematisch die wesentlichen Schritte im Umgang mit Konflikten zusammengefasst. Abgeleitet davon stellen wir im Folgenden vier typische kulturspezifische Umgangsformen mit Konflikten und deren Lösungsstrategien vor, die Ihnen im konkreten Projektalltag weiterhelfen können. Sie können mit Hilfe des Enneagramms selbst überprüfen, welche Strategien zu Ihrem Konflikttyp bzw. zu Ihren Konfliktpartnern passen.

(1) Eine bekannte Form des Umgangs mit Konflikten ist die **Flucht** oder der **Totstellreflex**; dies sind verschiedene Ausdrucksformen für den Typus, der Konflikten auszuweichen versucht. Dies kann sich erst dann als Verhalten zeigen, wenn die Eskalation des Konflikts weit fortgeschritten ist.

Dieses Verhalten findet man hauptsächlich in asiatischen Kulturen und solchen mit hoher Unsicherheitsvermeidungstendenz. In der Projektarbeit ist diese Strategie problematisch, weil sie den Konflikt nicht bearbeitbar macht. Insofern sollte man versuchen, Projektteammitglieder, die in diese Richtung tendieren, dafür zu gewinnen, sich an der Konfliktklärung zu beteiligen. Hierbei muss selbstverständlich dem anderen die Möglichkeit gegeben werden, dass das Gesicht gewahrt bleibt und seine kulturellen Werte respektiert werden.

(2) **Kampf und Unterwerfung:** Beide Strategien beziehen sich auf die Machtdistanz und können manchmal helfen, einen akuten Konflikt zu beseitigen – allerdings nur, wenn der Kampf mit gleichen Waffen und fair ausgefochten wird bzw. der Unterlegene sich nicht rächen will.

In der Eskalationsdynamik kann diese Strategie am Anfang eines Konflikts eine Rolle spielen (abhängig vom Typ), zwischendurch (in den Stufen 3 und 4) abnehmen, dann aber auf den Stufen 5 und 6 wieder einsetzen.

In osteuropäischen Ländern z. B. wird in Konfliktsituationen mit Kampf reagiert, weil dies kulturell akzeptiert wird: man erwartet, dass sich der andere zeigt, dass er aggressiv sein kann, dass er sich in den Wettbewerb begibt und auch bereit ist zu „siegen". Dadurch lassen sich relativ schnell die Fronten klären.

Unsere Erfahrungen zeigen, dass man in individualistischen Kulturen eher selbstverteidigende, dominante und in Konkurrenz tretende Konfliktbewältigungsstile findet, während

in kollektivistischen Kulturen vermittelnde, integrierende und kompromisssuchende Stile anzutreffen sind.
Dazu ein Beispiel für eine Konfliktlösung durch Unterwerfung:

> In einer türkischen Firma war der Onkel der Vorgesetzte seines Neffen und traf eine falsche Entscheidung in einem Projekt, die zu negativen Folgen führte. Weil die beiden nach vergeblichen Versuchen miteinander zu reden nicht zusammen gekommen waren, wurde ein Mediator eingesetzt. Der Mediator, ein älterer Herr ebenso wie der Onkel, bekam nach einigen Gesprächen vom Onkel das Signal, dass er seinen Fehler zwar einsah, dass es aber aufgrund der bestehenden Familienbande und der Bedeutung von ihm als Älterem in der Familie nicht möglich war, sich zu entschuldigen. Am folgenden Tag sprach der Mediator mit dem Neffen, dieser entschuldigte sich beim Onkel und die Sache war bereinigt.

(3) Das Verhaltensmuster **Suche nach Konsens und Erarbeitung eines Kompromisses** kommt überwiegend in den Kulturen vor, die einen Konflikt als solchen anerkennen und als unvermeidbar im menschlichen Zusammenleben ansehen. Für Menschen aus individualistischen Kulturen ist diese Haltung eher normal. Daher ist der Konflikt fast gelöst, wenn die jeweiligen Meinungen zu einer Sache offen ausgesprochen, zur Kenntnis genommen, Interessen definiert und geklärt sind. Dann kann der nächste Schritt zum Kompromiss bzw. zu einer Entscheidung führen.

Menschen aus kollektivistischen Kulturen erwarten von sich, hinsichtlich der Hintergründe für den Konflikt Einfühlung zu zeigen. Daher ist ein Konflikt für sie bereits fast gelöst, wenn alle Beteiligten darauf achten, dass jeder bei der Suche nach einem tragfähigen Konsens sein Gesicht wahren kann. Dabei ist wichtig, dass beide Konfliktparteien wissen, wie die Beteiligten im Hintergrund über den Konflikt und den sich herauskristallisierenden Kompromiss denken. Wird von dort Zustimmung signalisiert, steht der Kompromissfindung nichts mehr im Wege.

Der Grundsatz bei dieser Strategie ist: die andere Partei wird als gleichwertig anerkannt und akzeptiert, wie sie ist; den

9.4 Lösungsstrategien und Vorgehensweisen

„Gegnern" wird bis zum Beweis des Gegenteils alles an Eigenschaften, Dispositionen usw. zugeschrieben, was man auch für sich selbst in Anspruch nimmt.

In internationalen Projekten treffen Deutsche häufig auf folgende Situation: aufgrund ihrer individualistischen Kultur und des schwachen Kontextbezuges lösen sie Konflikte sehr rational. Sie sind auf die schnelle Klärung der strittigen Themen konzentriert und glauben von sich selbst, höchst effektiv zu sein. In internationalen Projekten treffen sie nun auf eine stark prozessorientierte Konfliktlösung, die sich mittels „Konversationsschleifen" unter Einbeziehung aller, auch der emotionalen Aspekte zur Klärung des Konfliktfeldes vorarbeitet und dafür auch weitere Akteure einbezieht (ob als Meinungsführer oder als sonstige Autorität oder als Vertrauensbildner, Vermittler/Moderator). Hier ist es für deutsche Teammitglieder wichtig zu berücksichtigen, dass in diesen Kulturen die Gesichtswahrung einen mindestens genauso hohen Stellenwert hat wie die Konfliktlösung selbst.

(4) **Konsultation und Delegation** sind Verhaltensmuster, die üblicherweise dann auftreten, wenn die Konfliktparteien nicht mehr weiterkommen und andere Menschen in die Konfliktlösung einbeziehen bzw. mit der Konfliktlösung beauftragen. Das beinhaltet die Chance, eine dritte oder vierte Sichtweise für die Konfliktklärung zu nutzen und dadurch einen Lösungsansatz zu finden, den die direkt involvierten Menschen nicht sehen können („Systemblindheit"). Dafür bieten sich sowohl Vorgesetzte und/oder ältere KollegInnen an als auch Vertreter der Personalabteilung des Unternehmens – sofern sie darin geübt bzw. entsprechend qualifiziert sind. Dies beinhaltet jedoch bei Gefahren: Erstens, dass dadurch Menschen in den Konflikt einbezogen werden, die ihn aufgrund ihrer inhaltlich-emotionalen Verflechtung mit dem Konfliktgegenstand oder auch wegen ihrer Ungeübtheit weiter verschärfen können (Ausweitung des Konflikts). Zweitens, dass der Konflikt dadurch an Menschen delegiert wird, die weder die Kompetenz noch die Anerkennung für das Suchen bzw. Vertreten einer Lösung haben (Verschiebung des Konflikts).

9. Konfliktmanagement in internationalen Projekten

Bezogen auf die einzelnen Persönlichkeitstypen, die einzelnen Eskalationsstufen sowie die kulturspezifischen Unterschiede bieten sich bei Konflikten folgende Möglichkeiten einer Intervention an:

- **Eine gut durchdachte Moderation:** Für die Diskussion unterschiedlicher Meinungen oder Interessen, Problemsituationen oder wenn sich eine Polarisation herausgebildet hat (Stufen 1 bis 3 im Eskalationsmodell) hilft eine Moderation weiter – sie kann sogar konfliktvermeidend wirken. Als Projektleiter oder Teammitglied sollte man sich dafür entsprechend qualifizieren, damit Sie dann eine solche Intervention selbst durchführen können. Dabei ist darauf zu achten, dass man bei der Standpunktklärung, der Frage nach Pro- und Contra-Argumenten etc. genau nachfragt, wie es gemeint ist und ob man die Begriffe, die Argumente usw. aus den jeweiligen kulturellen Hintergründen auch richtig verstanden hat.

- **Eine Mediation von einem qualifizierten Externen:**[3] Wenn sich abzeichnet, dass sich die Parteien nicht mehr nur mit Worten attackieren, sondern entsprechend agieren und die Gefahr des gegenseitigen Abwertens, des Gesichtsverlusts und der Schadenszufügung besteht, dann sollte eine externe Person eingeschaltet werden, die in der Lage ist, einen Klärungsprozess – unter Einbeziehung der kulturell geprägten Herangehensweise an den Konfliktgegenstand und den Konfliktprozess – herbeizuführen (dies gilt für die Eskalationsstufen 3 bis ca. 7). Eine besondere Herausforderung stellt hierbei der Umgang mit Vertretern von kontextstarken Kulturen dar, da diese bis hin zu Stufe 5 oder 6 immer noch darauf achten, dass ihr Gegenüber nicht (zu sehr) beschädigt wird; dies bindet eine Menge Energie, die dann, wenn dieser Punkt überschritten ist, nicht mehr unter Kontrolle ist und die Situation dramatisch verschärft (vernichtende Schläge).

- Mit einem formalen **Schiedsverfahren** oder auch **mit Machteingriff** muss ab Stufe 6 bis 7 reagiert werden, weil die Situation sich so verschärft hat und die Konfliktparteien sich gegenseitig so beschädigt haben, dass nur noch eine Schiedsstelle oder ein geschätzter Hierarch für eine Lösung sorgen kann. Diese Lösung kann dann z. B. die Versetzung von Menschen oder die Veränderung von Zuständigkeiten, bis hin zur Entlassung, bedeuten.

9.5 Einige zentrale Handlungsanleitungen zum Schluss

Einer der Schlüsselfaktoren für eine konstruktive Konfliktklärung im internationalen Umfeld ist die Fähigkeit, sich flexibel auf die jeweiligen Situationserfordernisse mit ihrer doppelten Prägung (kulturell und individuell/persönlichkeitsspezifisch) einzustellen. Achten Sie bei den formulierten Konfliktanlässen darauf, wo sich eventuelle Konflikte ergeben könnten, nehmen Sie Veränderungen im Verhalten der Projektbeteiligten wahr und sprechen Sie diese je nach kultureller Zusammensetzung Ihres Teams offen oder vermittelnd/indirekt an.

Zusammenfassend geht es bei der Konfliktklärung darum:

(1) Die Konfliktparteien als gleichberechtigt anzuerkennen mit gegenseitigem Respekt und dem Eingeständnis gegenseitiger Fehlbarkeit.

(2) Eine Beziehung herzustellen bzw. zu erhalten, die trag- und funktionsfähig ist und in der die Verschiedenheiten in Meinungen, Interessen, Grundsätzen, Werten usw. akzeptiert werden. Dies ist abhängig von der Bewertung der Beziehungen in der jeweiligen Kultur: in den afrikanischen und teilweise asiatischen Kulturen müssen bestimmte Rituale gelernt und eingehalten werden, um eine Beziehung überhaupt aufbauen zu können, die auch für Konfliktklärungen tragfähig ist.

(3) Den Wunsch bei allen Projektbeteiligten nach einer gemeinsamen Lösungsfindung zu entwickeln bzw. wach zu halten.

(4) Für die Konfliktanalyse die Sach- von der Beziehungsebene zu trennen (obwohl diese sich gegenseitig beeinflussen) und die Lösungsmethoden auf diese Unterschiede zu beziehen. So ist es z. B. günstig, den Konflikt so schnell anzugehen, solange die Motivation im Projekt in Bezug auf die gemeinsame

9. Konfliktmanagement in internationalen Projekten

Vision noch vorhanden ist – aber auch so langsam, bis dieser gemeinsame Wille quer durch die Kulturen der Projektbeteiligten hergestellt worden ist.

Daher braucht man ein **Konfliktmanagement**, das für uns folgende Aspekte umfasst:
- Die Akzeptanz von Konflikten als eine gerade in internationalen Projekten normale Erscheinungsform der interkulturellen Interaktion, was aber nur in individualistischen Kulturen und solchen mit geringer Machtdistanz in dieser Weise aussprechbar ist.
- Die rechtzeitige Wahrnehmung von Konflikten, was voraussetzt, dass man deren Äußerungsformen in den unterschiedlichen Kulturen kennt bzw. erlernt.
- Deren Einschätzung bzgl. Reichweite, Betroffenheit, Art und Eskalationsstatus usw. Je höher der Kontextbezug einer Kultur, desto weniger darf dies allerdings öffentlich geschehen, sondern muss entweder über einen kulturellen Dolmetscher oder über sehr aufwändige Gesprächsformen entwickelt werden.
- Die Entwicklung eines angemessenen Konzepts mit den für den jeweiligen Kontext passenden Handlungsschritten zur Lösung des Konflikts. Dies gilt jedoch nur für individualistische Kulturen; dazu gehört ein Stufenkonzept, nach dem
  - der Konflikt so beschrieben werden sollte, dass die Beschreibung von den beteiligten Kulturen akzeptiert wird
  - der Konflikt mit seinen Bestandteilen aus den unterschiedlichen kulturellen Perspektiven analysiert wird, um den eigentlichen Grund identifizieren zu können
  - Verfahrensweisen angewendet werden, mit deren Hilfe Lösungen gefunden werden können, die für alle akzeptabel und für das Projekt zielführend sind
  - die gefundenen Lösungen im interkulturellen Zusammenhang erprobt und evtl. noch einmal verändert werden[4]
  - Alle Mitarbeiter entwickeln die Bereitschaft, Konflikte gemäß der Situation im Team und/oder des fachlichen Bearbeitungsstandes im Projekt zuzulassen und gemäß der kulturellen Vielfalt Vorgehensweisen zu einer angemessenen Be-

arbeitung zu finden – vielleicht sie auch aushalten zu lernen, aber auf jeden Fall ihre eigenen Anteile zu sehen.

Anmerkungen

1 Wir beziehen uns dabei u. a. auf *Ting-Toomey*, 1999 und auf *Glasl*, 1997: *Ting-Toomey* bietet hier die Unterscheidung in inhaltliche, identitätsbegründete, beziehungsbegründete und auf die Verfahrensart gerichtete Konflikte; *Glasl* unterscheidet zwischen einerseits Beziehungskonflikten, die das Ziel, die Werte und die Verfahrensweise betreffen und andererseits Konflikten, die Rahmenbedingungen betreffen; diese Unterscheidungen haben wir zusammengefasst und auf die für internationale Projekte wesentlichen reduziert.
2 Wir beziehen uns hier auf die Typen, wie sie im Enneagramm herausgearbeitet worden sind; es gibt aber noch andere brauchbare Modelle für diesen Zweck – beispielhaft sei hier auf eine (vom Autor selbst entwickelte) Kombination von Typen, die von *C. G. Jung*, *Riemann* und *Satir* stammen, verwiesen.
3 Wobei „qualifiziert" kulturspezifisch ist: in Hoch-Kontext-Kulturen z. B. spielt weniger die formale Qualifikation eine Rolle als das Lebensalter und die Erfahrung.
4 Siehe die sieben Fragen dazu in *Ting-Toomey*, 1994, S. 160 f.

10. Projektorganisation

Anja Walter

Der Aufbau einer internationalen Projektorganisation verlangt, dass die Einflussfaktoren auf das Projekt im Vorfeld erkannt und berücksichtigt werden. Dazu gehören die Projektvorgeschichte (Vergangenheit, Regelungen und Vorgaben, die bestehenden Machtverhältnisse), der Projektauftrag und die Interessen der Stakeholder. Wichtig sind ebenso die Formulierung projektspezifischer Rollen und die Analyse der Infrastrukturen der beteiligten Länder und Projektstandorte. Dies alles beeinflusst den Aufbau der Projektorganisation.

Dieses Kapitel stellt klassische und neue Organisationsformen internationaler Projekte vor und diskutiert Ansätze, wie eine Projektorganisation gestaltet werden kann.

10.1 Grundformen der Projektorganisation

Abbildung 10.1 stellt drei klassische Formen der Projektorganisation dar, die im Anschluss kurz umgerissen werden, und fasst deren Besonderheiten im internationalen Umfeld zusammen.

Stab-Projektorganisation

Internationale Projekte, die im Stab ausgeführt werden, setzen eine starke internationale Führungskompetenz voraus. Da das Projekt durch seine Zuordnung an den Stab keine organisatorischen Bindung der Projektmitarbeiter an den Projektleiter vorgibt, arbeiten sie nur dann mit, wenn sie dauerhaft begeistert und motiviert sind. Der Nachteil dabei ist, dass sich niemand für das Projekt verantworten muss und sich deshalb auch niemand verantwortlich fühlt. Aus diesem Grund braucht ein internationales Stab-Projekt einen aktiven Sponsor, der das Projekt für alle sichtbar vorantreibt.

10. Projektorganisation

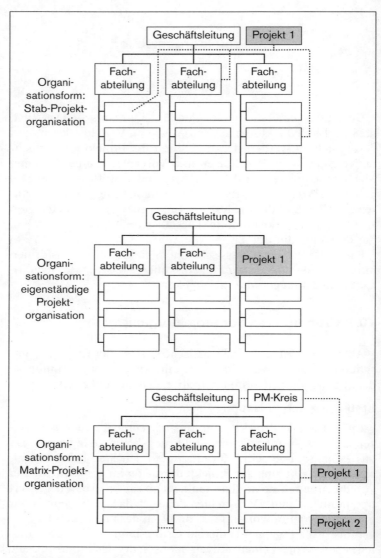

Abb. 10.1: Klassische Formen der Projektorganisation

10.1 Grundformen der Projektorganisation

Matrix-Projektorganisation

In internationalen Projekten in einer Matrix-Projektorganisation sind Mitarbeiter weiterhin in die Linie eingebunden und deshalb oft nicht in dem Maße bereit zu reisen, wie es das Projekt verlangen würde. Da die Interessen des Projekts denen des Tagesgeschäfts oft entgegengesetzt sind, liegen meist Spannungen zwischen Linie und dem Projekt vor. Mitarbeiter mit einer großer Machtdistanz sind verunsichert, weil sie jetzt (mindestens) zwei Vorgesetzte bedienen müssen: Den Linienvorgesetzten als disziplinarischen Vorgesetzten, der über Gehalt und Beförderung entscheidet, und den Projektleiter, der die täglichen Arbeiten vorgibt. Das stellt an alle Beteiligte einen hohen Anspruch an deren Informations- und Kommunikationsbereitschaft.

Eine Matrix-Projektorganisation bietet sich für Mitarbeiter an, die es gewohnt sind, in zwei Welten zu leben, die eigenständig arbeiten und verantwortungsbewusst handeln und die unterscheiden können zwischen den jeweiligen Auftraggebern. Menschen aus Kulturen mit einer großen Machtdistanz, in denen eine eindeutige, tiefe Hierarchie vorherrscht, werden im Projekt eher unglücklich sein. Für sie ist eine berufliche Position mit einer persönlichen Loyalität mit dem Vorgesetzten verbunden.

Dies gilt auch für Mitarbeiter aus kollektivistischen Kulturen: Die Mitarbeiter sind nun Mitglieder zweier Gruppen und setzen meist die Priorität weiterhin auf ihre Arbeit für die Linienorganisation. Nur wenn der Projektleiter besonders charismatisch oder machtvoll ist, kann sich die Zugehörigkeit ändern. Eine Orientierung an Gruppenwerten und -zielen passt nicht zu einer Matrix-Organisation, weil diese sich durch Aufgaben und Funktionen und nicht durch Beziehungen definiert.

Eigenständige Projektorganisation

Die eigenständige Projektorganisation bildet sich innerhalb eines Unternehmens als quasi selbstständiges Unternehmen oder selbstständiger Bereich. Typischerweise sind der Projektleiter und die Projektmitarbeiter Vollzeit im Projekt eingebunden.

Die Vorteile liegen in der effizienten Organisation für Großprojekte, einer schnellen Reaktion bei Störungen und in einer hohen

Identifikation des Projektteams mit dem Projekt. Für internationale Projekte kann das Team vollständig neu aus dem bestehenden Mitarbeiterstamm weltweit rekrutiert werden. So lässt sich sicherstellen, dass die notwendigen Spezialisten für den Projektzeitraum zur Verfügung stehen.

Die Nachteile liegen darin, dass die Teams in jedem Projekt neu gebildet und damit der Teambildungsprozess immer wieder neu aufgesetzt werden muss – ein Prozess, der nicht zur unmittelbaren Wertschöpfung beiträgt und deshalb gerne vernachlässigt wird. In diesem Fall fühlen sich besonders Mitarbeiter, die aus kollektivistischen Kulturen stammen, verloren: Sie haben die Ursprungsgruppe verlassen für ein Projekt und finden dort keine Einheit vor, der sie sich zugehörig fühlen. Wenn hier der Projektleiter keinen Ersatz durch Gruppenbildung und persönlichen Kontakt bietet, lässt das Interesse und Engagement der Mitarbeiter sehr schnell nach, die Leistung sinkt und das Projekt wird gefährdet.

10.2 Neue Formen von Projektorganisation

Der weltweite Trend zu Internationalisierung und Globalisierung, verkürzten Prozessen sowie die zunehmende Individualisierung der Produkte und Projekte stellen die heutige Organisation mit fachlich orientierter Einzelarbeit, statischen Abläufen und zentraler Organisation in Frage. Interdisziplinäre Team- und Projektarbeit, dynamische Projektorganisation und Telearbeit bzw. virtuelle Arbeit nimmt deswegen zu.

Die Struktur von Projektorganisationen verlässt immer mehr das Vorbild der klassischen, statischen Unternehmensorganisation. Großprojekte nutzen eigene Mitarbeiterpools, verbinden sich mit Netzwerken und gehen Kooperationen mit Unternehmen ein. Kernteams verteilen sich weltweit und vernetzen sich ihrerseits wieder.

Abbildung 10.2 stellt beispielhaft dar, wie die lokale Verteilung eines Projektteams im internationalen Projekt erfolgen kann. Dabei stellen besonders die regional unterschiedlichen Anforderungen, der vermehrte Abstimmungsaufwand zwischen den Teams sowie die unterschiedliche Infrastruktur eine Herausforderung dar. Je mehr verteilte Teams mit eigener Entscheidungskompetenz es in einem Projekt gibt, desto geringer ist der direkte Einfluss des Projektleiters auf die Einzelmaßnahmen, desto höher sind die Einzelqualifikationen der Mitarbeiter und desto mehr Abstimm- und Koordinationenaufgaben leistet der Projektleiter.

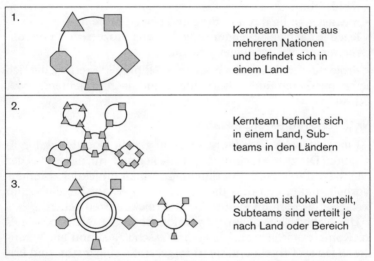

Abb. 10.2: Verteilungen von Kernteams im internationalen Projekt

Fraktale Projektorganisationen

Bei einer konsequenten Verteilung der Entscheidungskompetenzen auf die Teilprojekte können fraktale Projektorganisationen entstehen. In fraktalen Projektorganisationen gilt jedes Projektmitglied als eigenständige Einheit (Fraktal), die sich selbst und den Projektverlauf organisiert und die Abläufe immer weiter optimiert. Der Begriff „Fraktal" steht hier für Selbstorganisation und Dynamik, was auch bedeutet, dass es manchmal keinen Projektleiter für das Vorhaben gibt. Die Basis fraktaler Organisationsformen sind Prozesse, Teams und Netzwerke.

Diese eigenständigen Projekteinheiten
- bilden sich um, entstehen neu und lösen sich auf, wenn die Notwendigkeit es vorgibt (Selbstoptimierung),
- dienen durch ihre Zielorientierung der Erreichung des Projektziels,
- sind über ein leistungsfähiges Informations- und Kommunikationssystem vernetzt und
- bestimmen selbst Art und Umfang ihres Zugriffes auf die Projektdaten,
- messen ständig ihre Leistung und bewerten sie und
- legen je nach anstehender Aufgabe neue Prozesse fest und führen die neuen Beteiligten zusammen.

Projekte werden in immer kleinere Teilprojekte zerlegt, die sich selbst regulieren (auftragsorientiert) und nach Projektende wieder auflösen.

Netzwerk-Projektorganisation

Eine Netzwerk-Projektorganisation gleicht einer Fraktalorganisation. Die zwei Hauptunterschiede liegen darin, dass es bei der Netzwerk-Projektorganisation immer einen Projektleiter für das Vorhaben gibt, und dass die Projektprozesse am Projektbeginn festgelegt werden und dann für die Projektlaufzeit gelten.

Die Netzwerk-Projektorganisation bewältigt ein hohes Maß an Komplexität, gewährleistet eine rasche Reaktion auf Veränderungen im Umfeld und sie ist insgesamt weniger stör- und krisenanfällig als andere Organisationsformen. Da alle wichtigen Teilfunktionen in die einzelnen Subsysteme integriert sind, können Ausfälle an einem Ort verhältnismäßig leicht an einem anderen kompensiert werden. Dies erhöht die Gesamtproduktivität, die Regenerationsfähigkeit und damit die Überlebensfähigkeit der Organisation.

Ursprünglich entstand die Organisationsform der Netzwerke als Organisationsform von Unternehmen, die über die Grenzen ihres Unternehmens hinaus oder gemeinsam mit anderen Unternehmen agieren.

Der Vorteil von Projektnetzwerken ist die hohe Handlungskompetenz, die die handelnden Einheiten erlangen. Dadurch erhält ein Projektleiter mehr die Funktion eines Koordinators, der die Beteiligten miteinander abstimmt und den Einzelstatus der Teilprojekte aufnimmt und überwacht. Die Leitung eines Netzwerkprojektes setzt damit Kommunikationsstärke, Fähigkeit zur Integration der verschiedenen Projektbeteiligten und ihrer Abstimmung, Begeisterungsfähigkeit und eine hohes Maß an interkultureller Sensibilität voraus.

Ein Projektnetzwerk ist durch eine zeitliche Befristung und demzufolge meist auch durch eine hohe Fluktuation unter den Mitarbeitern gekennzeichnet. Dadurch ergeben sich oft nur funktionale Beziehungen zwischen den Beteiligten, was besonders Mitarbeitern aus kollektivistischen Kulturen die Zusammenarbeit erschweren kann. Dennoch bleibt oft die Beziehung der Beteiligten weit über das Projekt und seine Laufzeit hinaus bestehen.

Ein Nachteil von Projektnetzwerken ist, dass immer wieder die unterschiedlichen Managementphilosophien und -strategien, die die Beteiligten vertreten, aufeinander treffen und in Konkurrenz treten. In internationalen Projektnetzwerken wird diese Vielfalt zusätzlich durch die verschiedensten Rollenerwartungen und Führungsstile ergänzt. Projektleiter und -mitarbeiter in internationalen Projektnetzwerken stellen sich in jeglicher Hinsicht den höchsten Anforderungen an Flexibilität.

Eine besondere Form von Projektnetzwerken ist die virtuelle Projektorganisation, die als Netzwerke von Kunden, Herstellern und Lieferanten und gelegentlich sogar Konkurrenten gebildet wird, um ein gemeinsames Ziel zu erreichen. Dabei greift sie weder auf eine gemeinsame Infrastruktur zurück, noch hat sie ein Organigramm, das die Beteiligten in hierarchische Beziehungen bringt, denn alle Teammitglieder befinden sich auf derselben Stufe. Die Besonderheiten virtueller Zusammenarbeit werden in den Kapiteln 5.4, 6.1 und 7.7 beschrieben.

Internationale Projekte mit westlichen Mitarbeitern benötigen zunehmend eine Projektorganisation, die verstärkt auf Eigenverantwortung, Ergebniskontrolle und Teamkompetenz setzt. Mitarbeiter in solchen Projekten bilden sich selbst ständig weiter, sind zur interdisziplinären Teamarbeit fähig und an wechselnde Arbeitsplätze gewöhnt.

Fernöstliche Mitarbeiter internationaler Projekte fühlen sich eher der Gruppe verpflichtet als den Aufgaben. In diesem Fall ist es besonders wichtig, dass der Projektleiter bei der Gestaltung oder Anpassung der Projektorganisation nicht nur funktionale Aspekte, sondern in hohem Maße Beziehungsaspekte mit einbezieht. Dieses Verhalten kann zu einem Problem werden, wenn das Kernteam auf verschiedene Standorte verteilt ist oder das Team nur virtuell zusammenarbeitet und sich nicht persönlich trifft.

10.3 Aufbau einer internationalen Projektorganisation

Aufgaben unterschiedlicher Komplexität erfordern auch unterschiedliche Projektorganisationsformen. Aus diesem Grund kann an dieser Stelle nicht *die* Projektorganisation beschrieben werden. Jedes Projekt erfordert, dass die Organisation an seinen aktuellen Bedarf angepasst wird.

Der Aufbau und die Gestaltung einer internationalen Projektorganisation hängt von den Einflüssen ab, die von außen auf das Projekt wirken und von den Interessen und Prägungen jener Personen, die die Gestaltung vornehmen.

10.3.1 Einflüsse durch die Form der Projektfinanzierung

Die Gestaltung der Projektorganisation wird oft schon vor dem Projektstart durch die Finanzierungs- und Beteiligungsstruktur („wer das Geld hat, bestimmt") und der Kooperationsform (Auswahl strategischer Partner) bestimmt.

Für kostenintensive Vorhaben wird gerne eine Projektgesellschaft gegründet, die dem Projekt eigene Vermögenswerte zur Verfügung stellt.

Der Eigenkapitalgeber eines Projektes wird in der Regel als Projektträger oder Sponsor bezeichnet. Von ihm gehen die unternehmerischen Entscheidungen für die Finanzierung und Durchführung des Projektes aus. Auch die Regierung des Projektlandes kann zu den Eigenkapitalgebern gehören.

Zu den wichtigsten Fremdkapitalgebern gehören Banken. Mit

10.3 Aufbau einer internationalen Projektorganisation

der Projektfinanzierung bezwecken sie rein monetäre Ziele, wohingegen der Sponsor auch nicht-monetäre Ziele (z. B. Verbesserung der Lebensverhältnisse im Falle staatlicher Sponsoren oder die Erhöhung des Marktanteils im Falle unternehmerischer Sponsoren) verfolgen kann.

Um möglichst viel über den Einfluss der Beteiligungsstruktur auf die Projektorganisation in Erfahrung zu bringen, empfehlen wir dem Projektleiter eine Organisationsanalyse, wie sie im Kapitel 4.1 beschrieben ist. Diese Analyse kann davor schützen, die Menschen aufgrund ihrer (auf den ersten Blick geringen) Position oder (in unseren Augen mangelnden) Vorbildung zu unterschätzen.

Die am meisten formalisierte Zusammenarbeit in Projekten ist die vertragsbasierte Kooperation. Sie findet beispielsweise zwischen zwei Unternehmen statt, die gemeinsam eine Projektgesellschaft mit dem Ziel gründen, Eigenkapital für das Projekt zu beschaffen.

Die am wenigsten formal festgelegte Kooperation in Projekten findet vor allem in den Köpfen der Projektmitarbeiter statt, z. B. dann, wenn sie gemeinsame Ziele entwickeln und, ohne weitere Formalitäten zu treffen, zusammen arbeiten. Dies erfolgt dann eigenverantwortlich im Team oder teilweise geografisch isoliert voneinander. Sie erbringen ihre Leistungen im Hinblick auf das gemeinsame Projektziel.

Zwischen Menschen aus universalistischen Kulturen basieren Kooperationen vorwiegend auf Kompetenzen: die Qualifikation entscheidet. Der Aufbau selbst wird dabei kognitiv gesteuert. In partikularistischen Kulturen hingegen werden Kooperationen aus persönlicher Motivation geschlossen: Man möchte gemeinsam arbeiten, gemeinsam einen neuen Markt eröffnen und dabei Gewinne steigern. Bei der Verhandlung mit Partnern aus Kulturen mit starkem Kontextbezug kann es passieren, dass nicht der beste Lieferant den Zuschlag erhält, sondern jener, der sich persönlich engagiert gezeigt hat.

Für die Auswahl der Kooperations- und der Rechtsform wird an dieser Stelle auf die jeweils landesspezifischen Internetseiten zum internationalen Kooperationsrecht hingewiesen.

10.3.2 Aufbauorganisation

In wenigen Projekten nimmt der Projektleiter die Gestaltung der Projektorganisation selbst vor, sondern trifft meistens auf eine bereits vorgegebene Projektorganisation, wenn er die Leitung des Projekts übernimmt. Dabei ist die organisatorische Entscheidung, wie das Projekt ins Unternehmen integriert wird, schon getroffen. Der Projektleiter kann die Ausgestaltung der Projektorganisation nur noch im Rahmen der schon getroffenen Vorgaben vornehmen.

Definition von Projektrollen

Projektrollen wie der Projektmitarbeiter, Teilprojektleiter und dem Projektleiter werden definiert, um Erwartungen an den Rolleninhaber zu formulieren (vgl. Kapitel 6.3). Neben diesen klassischen Projektrollen sind im internationalen Projekt weitere Rollen möglich:

- **Der Netzwerkbroker:** Diese Rolle ist im Netzwerk oder virtuellen Projekt wichtig, denn hier muss eine zentrale Person Zugang zu verschiedenen Communities haben. Eine Community ist eine Gruppe von Personen, die gemeinsames Wissen entwickeln, Erfahrungen teilen und dabei eine eigene Identität aufbauen. Sie profitieren von dem Grundsatz, dass alle Teilnehmer zum Erfolg beitragen, indem sie ihr Wissen einbringen. Da sie personengebunden sind, muss der Netzwerkbroker persönliche Kontakte zu möglichen Mitarbeitern und Kooperationspartnern planen und halten und auch Rahmenverträge mit Subkontraktoren definieren und überwachen.
- **Der Schnittstellenverantwortliche:** Als Alternative zu den **Paaren** (siehe Kapitel 7.7) kann es in jeder Organisation eine Person geben, die Schnittstellenfunktion zu anderen Organisationen hat. Diese Person koordiniert z. B. den Austausch des fachlichen Teilprojektes mit der Fachabteilung in der Linie, die die Betreuung nach dem Projekt übernehmen wird.
- **Projektorganisator:** Projekte, die über sehr lange Zeiträume gehen und international ausgerichtet sind, sollten zusätzlich über eine Rolle im Projekt verfügen, die sich mit der Projektorga-

10.3 Aufbau einer internationalen Projektorganisation

nisation selbst auseinandersetzt und sich über die Organisationslandschaft informiert. Wenn jemand mit entsprechender Marktkenntnis die rechtlichen Veränderungen und neue Organisationsvarianten wahrnimmt, können diese Anregungen in das Projekt einfließen und dessen Organisation immer weiter optimiert werden.

Die Definition des Projektleiters kann in einer Kultur, deren Fokus auf der Pflege persönlicher Kontakte liegt, durch andere Erwartungen erweitert werden. Sie wird bestimmt durch denjenigen, der sie vornimmt. So kann in einer konkreten Stellenbeschreibung in einem Projekt der Schwerpunkt der Aufgaben des Projektleiters in der fachlichen Leitung liegen, im anderen Projekt hingegen in der Pflege der guten Beziehung zum Auftraggeber.

Wenn ein Projektleiter diese Rolle übernimmt, setzt er sich mit diesen Erwartungen auseinander. Er setzt diese so um, wie sie seiner Person entsprechen. Das heißt, er fragt sich, welche Erwartungen er aufgrund seiner eigenen Kultur an jemanden hätte, der diese Rolle füllen soll.

Aufgrund der verschiedenen kulturellen Hintergründe sind hier schon Missverständnisse möglich: Was macht ein Projektleiter aus einer leistungsorientierten Kultur, wenn seine Projektmitglieder aus herkunftsorientierten Kulturen stammen? Wie wird er handeln, wenn es formale Fragen gibt oder wenn informelle Wege notwendig sind? Damit der Projektleiter in der Lage ist, solche Fragen zu beantworten, kann er sich mittels eines Diagramms die unterschiedlichen Erwartungen anhand einzelner Kulturdimensionen verdeutlichen.

Tabelle 10.1 stellt beispielhaft die gegenseitigen Erwartungen eines herkunftsorientierten Projektmitarbeiters und eines leistungsorientierten Projektleiters dar.

In jeder Kultur sind mit der Rolle unterschiedliche Erwartungen an dessen Inhaber verknüpft. So ist z. B. in China die Hierarchie mit den entsprechenden Statussymbolen gekoppelt und ein Projektleiter verliert sein Gesicht, wenn er mit dem Fahrrad ins Büro fährt – in Nord- oder Mitteleuropa hingegen wäre das kein Problem.

10. Projektorganisation

Erwartungen an den Projektleiter	
aus Sicht des leistungsorientierten Mitarbeiters	aus Sicht des herkunftsorientierten Mitarbeiters
Vorgaben	Implizite Regeln aufgrund seiner Herkunft
Selbstständige Ausführung	Klare Führung, Vorgaben
individuelle Freiheit	Nur innerhalb der Position, Sanktionen
klare Aufgaben und Regeln, Rechte und Pflichten	Rituale und Sicherheit durch Beziehungsgeflecht
formale Regeleinhaltung, bestimmt Fairness	Verhält sich seiner Rolle gemäß
keinerlei persönliche Bevorzugung oder Privilegien	Grenzt sich gegen Mitarbeiter ab

Erwartungen an den Projektmitarbeiter	
aus Sicht des leistungsorientierten Projektleiters	aus Sicht des herkunftsorientierten Projektleiters
Leistung ist fachlich und rational	Loyalität
eigenständiges Arbeiten	Gefolgschaft
Verantwortungsbewusstsein	Akzeptanz der eigenen Position und Privilegien
Entlastung	langfristige Bindung (gottgegebene Position)
Einhalten des Regelwerkes „Arbeitsvertrag"	Bereitstellen der ganzen Arbeitskraft
Selbstständige Berichterstattung, sonst Kontrolle	Berichterstattung, Kontrolle
Zeiteinhaltung, Zeit gehört dem Chef	Leben gehört dem Chef

Tab. 10.1: Erwartungen zwischen Projektleiter und Projektmitarbeiter

Die Möglichkeiten des Projektleiters, auf das Projekt und seine Mitarbeiter direkten Einfluss (disziplinarisch und dispositorisch) zu nehmen, hängen wesentlich ab von seiner Hierarchie und seiner Weisungsbefugnis im Projekt. Generell werden dazu die Rahmenbedingungen des Projektes durch seine Ausgangssituation (vgl. Kapitel 1) und seine Integration in das Unternehmen festgelegt.

Hierarchien

Nach der Festlegung der Rollen im Projekt empfiehlt es sich, ein Organigramm zu erstellen, um die im Projekt herrschenden formalen Hierarchien abzubilden. Um einen Überblick über die formalen Verknüpfungen des Projektes und die Verknüpfungen mit der Unternehmensorganisation darzustellen, empfiehlt sich die Aufnahme der Organisationslandschaft, wie sie im Kapitel 4.1 beschrieben wird.

Dabei ist zu beachten, dass es im internationalen Projekt weitere Hierarchien aus den beteiligten Kulturen geben kann, wie beispielsweise die Weisungsinstanzen, Kompetenz-, Beziehungs- Entscheidungs- und Altersinstanzen. Ein Fallbeispiel verschiedener Hierarchien im Projekt:

> Wie in den meisten zentraleuropäischen Projekten sind die Projektrollen *funktional* abgestimmt: Herr Brown hat am meisten Erfahrung im Marktsegment und ist Projektleiter, Herr Ahmed kennt die Verfahren zur Entwicklung schon und ist Teilprojektleiter und Herr Cheng ist Projektmitarbeiter.
>
> Nach der *Altershierarchie* darf Herr Ahmed Herrn Cheng, der ältester im Projekt ist, nicht auf Fehler ansprechen, obwohl er sein Vorgesetzter ist. Das muss jemand tun, der älter als Herr Cheng ist und der auch über Herrn Ahmed, dem Teilprojektleiter, steht, also z. B. Herr Brown, der Gesamtprojektleiter ist.
>
> Wenn man nach der *Beziehungshierarchie* geht, darf wiederum der Gesamtprojektleiter Herr Brown seinem Teilprojektleiter Herrn Ahmed keine Vorgaben machen, weil Herr Ahmed ein Cousin des Auftraggebers ist. Wenn Herr Brown will, dass Herr Ahmed etwas tut, so muss er diesen fragen, ob er es tun will oder muss das Thema über den Auftraggeber ansprechen – „ganz nebenbei" und als Bitte.

Abbildung 10.3 stellt die drei möglichen Hierarchien (aufgrund von Funktion, Alter und Beziehung) aus dem Fallbeispiel einander gegenüber. Dabei wird deutlich, dass die Mitarbeiter je nach geltender Hierarchie unterschiedlich Einfluss nehmen können.

10. Projektorganisation

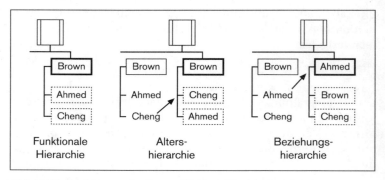

Abb. 10.3: Projektorganisation und Hierarchieverständnis

Je größer die Machtdistanz einer Kultur ist, desto mehr Hierarchiestufen sind notwendig, um die feinen Unterschiede zwischen den Personen und ihren Rollen abzubilden. In Projekten kann dies zu zusätzlichen Hierachieebenen führen, die für Mitarbeiter kleiner Machtdistanz künstlich erscheinen.

Für einen Projektleiter gilt es, diese Hierarchien aufzuspüren und ihre Geflechte klar zu machen. Nur wenn er seine Rolle als Projektleiter flexibel genug hält und auf die jeweiligen Kollegen eingeht, ist er in der Lage, das Projekt gemeinsam mit den Mitarbeitern und ohne größere Reibungsverluste zu leiten und erfolgreich zu beenden.

Gerade hinsichtlich der Beziehungshierarchie möchten wir darauf hinweisen, dass die Besetzung von Rollen oder die Erteilung von Aufträgen aufgrund der Beziehung für den Projektleiter kein Problem darstellen muss – im Gegenteil. Wenn z. B. ein Cousin des Auftraggebers deshalb eine Stelle erhält, weil er mit dem Auftraggeber verwandt ist, wird er sich sehr bemühen, seine Arbeit gut zu erledigen, um die Familienehre zu erhalten. Und die Tatsache, dass der Auftraggeber den Cousin empfohlen hat, weist im Normalfall darauf hin, dass er das Projekt für wichtig hält. Der Projektleiter hat damit keineswegs eine „Vetternwirtschaft" vor sich, in der es nur darum geht, Privilegien auszunutzen, sondern vor allem ein Beziehungsnetz, das seinerseits bereit ist, Verpflichtungen gegenüber dem Projekt einzugehen.

10.3 Aufbau einer internationalen Projektorganisation

Bereitstellen der Infrastruktur

Die Bereitstellung der Raumausstattung und der technischen Infrastruktur sind Aufgaben der Projektorganisation. Ein Projektbüro entlastet die Projektmitarbeiter, indem es den Beschaffungsprozess übernimmt. Dabei ist das Projektbüro dem eigenen Standort und seiner Besonderheiten ausgesetzt und kann gegebenenfalls wegen der klimatischen Bedingungen, den Sprach- und Kulturbarrieren sowie den gesetzlichen Regelungen nicht im gleichen Maße handeln, wie ein Projektmitarbeiter aus einem anderen Standort es möglicherweise voraussetzt.

Besonders bei virtuellen Projekten müssen aufgrund der räumlichen und zeitlichen Distanz sowohl die Kommunikation als auch die Kommunikationsmittel aufeinander abgestimmt und weitgehend automatisiert werden. In diesen Projekten ist es besonders wichtig, dass alle Beteiligten über eine gleichartige Infrastruktur verfügen, damit diese technisch kompatibel ist und die Aufgaben zeitversetzt gemeinsam bearbeitet werden können – ganz ohne Zeitverluste. Die Probleme von virtuellen Netzwerken treten in der Regel bei der Einbindung von Ad-hoc-Mitarbeitern und verschiedenen Standorten auf. Die Raumausstattung und die Verfügbarkeit der Ressourcen unterscheiden sich, und die Erreichbarkeiten und Übergabetermine müssen aufgrund der Zeitverschiebung sorgfältig vereinbart werden. Virtuelle Projekte verlangen eine verstärkte technische Ausstattung und Werkzeuge wie Internet, E-Mails, Telefonkonferenzen und Videokonferenzen kommen zum Einsatz.

Eine weitere Aufgabe der Projektorganisation ist es, Projektabläufe festzulegen und zu dokumentieren. Durch die Aufbauorganisation werden zu diesem Zweck vielfach Standardstrukturen zur Abwicklung von Projekten vorgegeben (Projektmanagement-Leitfäden, Projektmanagement-Handbücher, Projektmanagement-Modelle und ihre Verfahrensanweisungen). Im internationalen Projekt besteht eine der Schwierigkeiten darin, diese Prozesse für die teilnehmenden Kulturen gleichermaßen akzeptabel zu gestalten (vgl. dazu auch das Frühwarnsystembeispiel in Kapitel 11.1).

10.3.3 Ablauforganisation

Eine Ablauforganisation regelt die zeitliche und räumliche Ordnung der Projektprozesse und Vorgänge. Ähnlich der Rollendefinition wird auch die Ablauffestlegung institutionell und ohne Bezug zu Personen formuliert. Diese Vorgaben werden in einem Projekthandbuch dokumentiert und beinhalten meist die folgenden Aufgabenfelder:
- Projektstruktur und Projektorganisation
- Rollen und Verantwortungen im Projekt
- Personalmanagement
- Regeln zur Berichterstattung
- Festlegungen zu Qualitätsverständnis und Abnahme von Leistungen
- Projektkommunikation und Kommunikationsmittel
- Projektzieldefinition und Umgang mit Änderungen.

Die Festlegung der Prozesse erfolgt anhand der Beschreibung
- der zuständigen Stellen (Rollen und ihrer Inhaber) und dazugehörigen Verantwortlichkeiten und Kompetenzen,
- der genauen Festlegung der Aufgabe sowie
- der Festlegung des dazu gehörigen Informationsflusses.

Vielen Kulturen mit starkem Kontextbezug ist die Festlegung solcher Details fremd, weil sie sowieso gelten und nicht explizit genannt werden müssen. In Kulturen mit großer Machtdistanz müssen Prozessschritte ergänzt werden, um die erforderliche Hierarchietiefe für alle Kompetenzausprägungen zu bieten (vgl. Kapitel 11.2).

10.3.4 Aufnahme der vorliegenden Projektorganisation

In vielen Projekten wird das Projektteam vor der Benennung des Projektleiters zusammengestellt. Wenn er seine Leitungsaufgabe antritt, ist das Team definiert; er trifft auf Personen, die er erst einmal kennen lernen muss. Eine Analyse der bestehenden Projektorganisation hilft dabei:
(1) Wie sieht die Organisationslandschaft des Projektes aus?
(2) Wer sind weitere Betroffene?

(3) Weitere Fragen zur Projektorganisation:
  (a) Wer ist wessen Vorgesetzter? (formale Beziehung)
  (b) Wer ist mit wem bekannt, verbunden, befreundet? (informelle Beziehung)
  (c) Welche Informationen fließen zwischen diesen Beteiligten formell, welche informell?
  (d) Welche Schnittpunkte oder Gemeinsamkeiten haben die Beteiligten? (z. B. Erfahrungen, Produkte, Berufe)
  (e) Wer verfügt über Vorabinformationen?
  (f) Welche Gemeinsamkeiten haben das Projekt und die Linienorganisation?
  (g) Welche Interessen sind im Projekt vertreten?
(4) Welche Besonderheiten treten im Projekt auf?
  (a) Welche Stellen wirken von außen (aus dem Unternehmen, seitens der Kunden, etc.) auf das Projekt ein?
  (b) Welche Beteiligungsverhältnisse liegen vor?
  (c) Wer finanziert welchen Teil?
  (d) Wie ist die Situation der Mitbestimmung bei den Beteiligten?

Der Projektleiter kann nicht selbst alle Fragen beantworten. Er benötigt deshalb eine Strategie, damit er an die richtigen Informationen kommt. Eine mögliche Vorgehensweise stellt Kapitel 4.1 vor.

10.4 Zusammenfassung

Für die Gestaltung internationaler Projektorganisationen stehen neben den Grundformen der Projektorganisation auch neuere Formen der zunehmenden Vernetzung von Unternehmen und Kooperationspartnern zur Verfügung. Bei der Festlegung der Aufbauorganisation in internationalen Projekten ist zu beachten, dass es neben den speziellen Rollen aufgrund der Internationalität auch projektspezifische Rollen geben kann, die sich aus der Projektorganisation selbst ergeben (z. B. Netzwerkbroker). Eine Analyse der vorliegenden Projektorganisation und ihrer Hierarchien (formelle und informelle) erleichtern es dem Projektleiter, den Mitarbeitern in der Ablauforganisation ihre Aufgaben auf eine Art und Weise zuzuteilen, dass beide Seiten ihre Arbeit leisten können und wollen.

11. Projektsteuerung

Anja Walter

Mitarbeiter aus verschiedenen Nationen und Unternehmen haben unterschiedliche Vorstellungen von dem, was ein Projektleiter während des Projekts leisten soll und was dabei ihre eigene Aufgabe ist. Ihr jeweiliges Verständnis von Projektsteuerung bestimmt, ob sie eigenständig handeln und pro-aktiv Informationen zur Verfügung stellen, oder ob sie auf die Anweisung dazu warten. Der Projektleiter muss seine Maßnahmen zur Projektsteuerung flexibel halten, unterschiedliche Ansätze und Vorgehensweisen anwenden und an die jeweilige Situation und Anforderungen anpassen können.

Da die Steuerungsprozesse in einem internationalen Projekt für die jeweilige Situation verändert werden müssen, kann es kein Steuerungsmodell geben, das jederzeit anzuwenden wäre. Bekannte Maßnahmen müssen in jedem Projekt anders durchgeführt werden. Der Projektleiter kann aufgrund der kulturellen Unterschiede seiner Mitarbeiter im Projekt einige Werkzeuge und Verfahren nicht anwenden oder muss neue hinzufügen.

Dieses Kapitel widmet sich den allgemeinen Aufgaben der Projektsteuerung. Die klassischen Maßnahmen der Projektsteuerung wie Produktivitätssteigerung, Kapazitätssteigerung, Leistungs- und Umfangsreduzierung werden auf ihre interkulturellen Besonderheiten in internationalen Projekten untersucht. Den Themen Meetings und Steuerung durch Druck werden aufgrund ihrer besonderen Bedeutung im internationalen Einsatz eigene Abschnitte gewidmet.

11.1 Aufgaben der Projektsteuerung

Unter Projektsteuerung verstehen wir die integrierte Projektsteuerung nach der IPMA Competence Baseline. Diese vereinigt im Rahmen einer zielgerichteten Lenkung des Projekts die Planungs-, Entscheidungs-, Kontroll- und Überwachungsfunktionen für alle Projektvorgänge hinsichtlich Leistung, Terminen, Kosten und anderen Projektzielen.

Projektsteuerung erfolgt in verschiedenen Schritten. Abbildung 11.1 zeigt, welche Schritte in diesem bzw. anderen Kapiteln des Buches vorgestellt werden. So sind die Planung von Inhalt, Umfang und Kosten Bestandteil von Kapitel 3.

Der folgende Abschnitt beschreibt die Aufgaben Informationsgewinnung, Abweichungsanalyse, Berichtswesen, Umgang mit Änderungen und Eskalationen in der Projektsteuerung.

11.1.1 Informationsgewinnung

Steuerung benötigt Soll-/Ist-Vergleiche. Dazu müssen Daten über den Projektstand (Statusberichte) und über bisher geleistete Arbeiten (Fortschrittsberichte) verfügbar sein. Da kein kulturübergreifendes Verständnis von erhebungsrelevanten Daten existiert, hängen die Vorgaben für die Rückmeldungen der Projektmitarbeiter von der Kultur desjenigen ab, der sie festlegt. Besonders in der Phase der Projektdefinition stellt dies eine große Hürde dar, wie in den vorangegangenen Kapiteln beschrieben. Fehler und Nachlässigkeiten, verpatzte Einigungen und Abstimmungen ohne Ergebnis führen dann zu einer Datenerfassung, die der Projektleiter nicht heranziehen kann.

Projektauswertungen basieren auf den Rückmeldungen der Mitarbeiter auf die geplanten Aktivitäten. Ein Aspekt der Planung ist, dass diese Planung im Vorfeld von allen verbindlich angenommen werden muss. Probleme bereitet dies z. B. Mitarbeitern aus Kulturen mit einer Kurzzeitorientierung, die langfristige Projektpläne als Pro-forma-Planungen betrachten: Änderungen im Projektverlauf, die eine Neuplanung verursachen würden, werden nicht kommuniziert, die Planung folglich nicht angepasst. Die Mitarbeiter unterlassen es daraufhin, ihre Zeiten zu erfassen, weil die Planung ihrer Aufgaben nicht an die Verzögerung angepasst ist, und jede Erfassung zu einem Alarm führen würde. Als

11.1 Aufgaben der Projektsteuerung

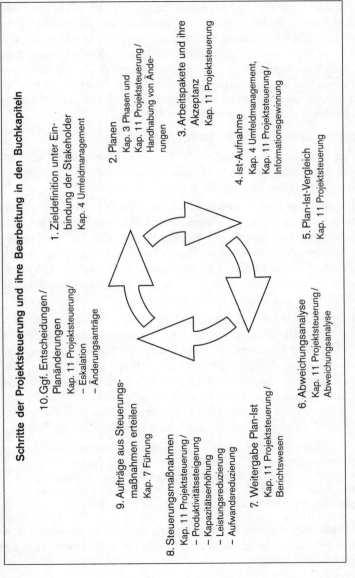

Abb. 11.1: Schritte der Projektsteuerung und ihre Behandlung der Themen in den Kapiteln

11. Projektsteuerung

Folge davon erfährt der Projektleiter erst zu einem späten Zeitpunkt, dass sich das Projekt verzögert hat. Um ein solches Verhalten der Mitarbeiter zu vermeiden, sollte der Projektleiter die Meilensteine dieser Mitarbeiter zeitlich kurz hintereinander planen, sich in regelmäßigen Abständen mit den Mitarbeitern abstimmen und engen Kontakt zu ihnen halten. Dabei sollte er darauf achten, dass die aktuellen Termine, Ergebnisse und Abstimmungen ohne Umstände verfügbar sind.

Informationen kurzfristig verfügbar machen

Um im internationalen Kontext relevante Informationen möglichst frühzeitig verfügbar zu haben, kann der Projektleiter zu folgenden Maßnahmen greifen:

(1) Einen Controller einbinden: Seine Aufgabe ist es, den Vergleich der tatsächlichen Projektergebnisse mit den geplanten oder erwarteten Ergebnissen vorzunehmen. Die Einbindung eines Controllers entlastet den Projektleiter, da er sich den anderen Aufgaben der Steuerung widmen kann. Für solche Aufgaben eignen sich Mitarbeiter, die in der Lage sind, genaue Detailarbeit und Verdichtung (Abstrahierung) zu leisten.

(2) Eigene Sprache in Berichten zulassen: Für die Dokumentation sollte der Projektleiter die Muttersprache der Mitarbeiter zulassen: Wenn Berichte in der eigenen Sprache erfasst werden können, stehen diese Berichte relativ zeitnah zur Verfügung. Zudem schreibt der Mitarbeiter die Inhalte so, wie er sie verstanden hat, und Missverständnisse können leicht geklärt werden. Dieses Vorgehen setzt entweder einen Übersetzer voraus oder die Erstellung zweier Berichte, wie es das folgende Beispiel zeigt:

> In einem großen Produktentwicklungsprojekt verfassten die Mitarbeiter ihre Berichte in der Muttersprache und die Zusammenfassung in der Projektsprache Englisch. Der jeweilige Leser konnte anhand der Zusammenfassung entscheiden, ob er weitere Details nachfragen bzw. eine Übersetzung der Details anfordern wollte.

(3) Installation eines Frühwarnsystems: ein Frühwarnsystem unterstützt die Projektauswertung indem es signalisiert, an welchen Stellen

11.1 Aufgaben der Projektsteuerung

- die geplante Information nicht verfügbar ist
- die verwendete Zeit die Planung überschreitet
- die geplanten Leistungen (Umfang, Qualität) unterschritten wurden.

Bei der Planung eines Frühwarnsystems werden Regeln und Toleranzen festgelegt, die kulturabhängig definiert werden. Das nachfolgende Beispiel für solch ein unterschiedliches Verständnis eines Frühwarnsystems zeigt, wie unterschiedlich die Definitionen ausgeführt werden können:

> Ein Nordafrikaner mit starkem Kontextbezug und kollektivistisch orientiert beschreibt die Anforderungen an ein Frühwarnsystem folgendermaßen: „Die Frühwarn- und Alarmmeldungen dienen der rechtzeitigen Identifizierung von Problemaktivitäten und zeigen kausale Zusammenhänge frühzeitig auf."
>
> Ein Deutscher mit schwachem Kontext und hoher Unsicherheitsvermeidung beschreibt seine Anforderungen hingegen folgendermaßen: „Prinzipiell lassen sich vier Arten von Verzögerungsmeldungen unterscheiden:
>
> (1) Frühwarnmeldungen bei Pufferverlust
> - Gesamtpuffer ist größer als 20 Tage, aber freier Puffer der betreffenden Aktivität ist aufgebraucht
> - Gesamtpuffer ist größer als 20 Tage, freier Puffer noch vorhanden aber absehbar, dass Termine (Kritische Meilensteine) nicht gehalten werden
> - Gesamtpuffer liegt unter 20 Tagen
>
> (2) Alarmmeldungen für Zeitüberschreitung
> - Nicht abgeschlossene Aktivität
> - Nach der Planfortschreibung generiert das Projektbüro die Alarm- und Frühwarnmeldungen aus dem System
>
> (3) Ursachenwarnung: Bei einer Kette von Verzögerungen stellt das Projektbüro den Auslöser fest; nur für diesen wird eine Frühwarnung/ein Alarm gemeldet
>
> (4) Manuelle Meldung: Für jede(n) relevante(n) Alarm bzw. Frühwarnung wird ein Alarm- bzw. Frühwarnformular ausgedruckt und an die betreffenden Teilprojektleiter verschickt."

Ein Frühwarnsystem ist in jedem Projekt notwendig, um drohende Zeitverzögerungen, inhaltliche Differenzen und vermehrte Kosten im Vorfeld zu erkennen. Für den Projektleiter eines internationalen Projekts stellt sich die Aufgabe, ein Frühwarnsystem derart zu definieren, dass es von seinen Mitarbeitern aus den verschiedenen Kulturen akzeptiert und angewendet wird. Dabei muss er berücksichtigen, dass z. B. Mitarbeiter mit einem schwachen Kontextbezug mehr Details und konkrete Anweisungen benötigen als Mitarbeiter mit starkem Kontextbezug. Es gilt hier, eine dem Team angemessene Ausprägung zu finden, damit die Ergebniserfassungen der Projektmitarbeiter zuverlässig und aussagefähig ist.

Verbindlichkeit und Zuverlässigkeit der Informationen

Um eine möglichst hohe Verbindlichkeit der Informationen und der Aussagen der Mitarbeiter zu erreichen, kann der Projektleiter folgende Maßnahmen ergreifen:

(1) Mitarbeiter, die aus einer Kultur mit großer Machtdistanz stammen, Aufgabenplanung und Terminzusagen selbst formulieren lassen. Dabei kann er kontrollieren, ob der Projektmitarbeiter ihn verstanden hat und gemeinsam mit ihm Meilensteine definieren. Wenn der Mitarbeiter seinen eigenen aktuellen Projektstatus beschreibt, kann der Projektleiter überprüfen, ob seine Anweisungen korrekt aufgenommen wurden.

(2) Die Mitarbeiter in dem Maße beachten, wie sie es für die Kontrolle und Steuerung brauchen: für einen Mitarbeiter aus einer kollektivistischen Kultur ist es notwendig, dass er Zuwendung und Kontrolle erfährt. Ein Mitarbeiter aus einer individualistischen Kultur fühlt sich angespornt, wenn er die gewünschte Leistung innerhalb der geplanten Zeit und in der gewünschten Qualität erbringen kann und dafür persönlich gelobt wird.

(3) Gesten, Mimik und Besonderheiten im Ausdruck der Mitarbeiter bekannt machen und hinterfragen. Hier helfen landeskulturelle Kenntnisse, wie z. B. die Kenntnis der rituellen japanischen Bestätigung des Gehörten:

Hai	bedeutet:	ich habe es gehört
Hai hai	bedeutet:	ich habe es verstanden
Hai hai hai	bedeutet:	ich bin einverstanden.

Jede Kultur hat ihre spezifische Gestik und Mimik. Wenn der Projektleiter diese kennt, kann er die Äußerungen seiner Mitarbeiter einschätzen (vgl. Kapitel 5.3).
(4) Ein gemeinsames Verständnis grundlegender Begriffe schaffen. Im internationalen Projekt muss man davon ausgehen, dass die verschiedenen Beteiligten in der Regel unterschiedliche Verständnisse vom gleichen Begriff haben, beispielsweise von Qualität (vgl. dazu Kapitel 13.1) oder vom Fertigstellungsgrad einer Aufgabe.

Wenn der Projektleiter die kulturellen Hintergründe seiner Mitarbeiter berücksichtigt, kann er feststellen, dass deren Rückmeldungen unterschiedliche Deutungsmöglichkeiten aufweisen. Bei der Interpretation der Berichte und Rückmeldungen muss er daher unbedingt deren Kontextbezug mit in Betracht ziehen.

Interpretation der Informationen

Bei der Interpretation von Daten im internationalen Projekt sind zwei Einflüsse zu berücksichtigen: erstens der kulturelle und persönliche Hintergrund des Verfassers der Information und zweitens jener des Lesers. Zu berücksichtigen sind hierbei:

- **Die Wertigkeit von Schrift und Wort:** In manchen Kulturen, wie z. B. im Nahen Osten, gilt das Wort mehr als die Schrift, deshalb kann im Bericht „alles" stehen – wichtig ist, worüber man spricht. Hingegen hat in Kulturen mit hoher Unsicherheitsvermeidung das schriftliche Wort Vertragscharakter, weshalb mündliche Absprachen auch schriftlich festgehalten werden.
- **Kompetenz durch Unterschrift oder Papier:** In einigen Ländern untermauert man seine Wichtigkeit und Kompetenz durch die Anzahl der gedruckten Papiere (oft nur kleine „Zettel") mit Unterschrift (wie z. B. im Jemen auf Grund der hohen Zahl von Analphabeten. Ein handschriftlich signiertes Papier bedeutet dort, der Besitzer ist „wichtig"). In anderen Ländern hingegen zählen Dokumente mit vielen oder langen Worten (z. B. in Indien, da starke Kontextorientierung).
- **Das Interesse des Berichterstatters:** in individualistischen Kul-

11. Projektsteuerung

turen tendieren die Berichtenden dazu, den Bericht positiv darzustellen. In Kulturen mit hoher Unsicherheitsvermeidung weisen die Berichtenden eher auf mögliche Handlungsdefizite hin.
- **Das persönliche Interesse** und die individuellen Erfahrungen des jeweiligen Verfassers eines Berichtes prägen die Aussage der Berichte.

Der Fokus der Berichterstattung kann sehr unterschiedlich gesetzt sein, sei es auf die Projektrisiken, auf die Darstellung der erbrachten Leistungen oder auf die Möglichkeit zur Selbstdarstellung. Mitarbeiter aus Kulturen mit einer hohen Unsicherheitsvermeidung berichten die Defizite und wie sie behoben werden, oder geben die Entscheidungen zur Fehlerbehebung an höhere Hierarchieebenen ab.

In vielen individualistischen Kulturen, wie z. B. in den USA, werden hingegen schlechte Meldungen so lange unterlassen, bis eine Eskalation unausweichlich scheint.

Um Fehlinterpretationen in den Berichten von Mitarbeitern aus verschiedenen Kulturen zu vermeiden und die eingehenden Informationen und Abweichungen richtig zu verstehen, kann der Projektleiter folgende Maßnahmen ergreifen:
- sich seine eigene kulturelle Prägung bewusst machen
- die kulturelle Prägung des Verfassers berücksichtigen
- das Interesse des Berichterstatters hinterfragen und prüfen, wie der Absender die gegenwärtige Situation darstellt,
- die Bereitschaft des Mitarbeiters zur Offenlegung von Fehlern hinterfragen und seinen kulturellen und persönlichen Hintergrund zum Umgang mit Fehlern betrachten
- eine respekt- und vertrauensvolle Projektkultur für die offene Kommunikation entwickeln
- das Verhalten des Mitarbeiters bei der Berichterstattung, seine konkreten Äußerungen oder unterlassene Aussagen in Betracht ziehen.

Das hilft dem Projektleiter, Abweichungen als „echte" Abweichungen zu erkennen und diese damit richtig einschätzen zu können.

11.1.2 Abweichungsanalyse

Nicht nur der Projektleiter interpretiert beim Lesen der Berichte, sondern jeder Berichtsempfänger, also auch der Projekt-Controller. Am häufigsten werden Kosten- und Terminabweichungen analysiert, jedoch sind Abweichungen in Umfang, Inhalt und geplanten Einsatzmitteln von genauso großer Bedeutung.

Die Schwierigkeit in internationalen Projekten ist, dass die Abweichungen von einem unerfahrenen Controller nicht realisiert werden, weil sie in seiner eigenen Heimatkultur nicht von Belang sind. Unbeabsichtigt filtert jeder Leser aus den erhoben Daten die Ursachen der Abweichungen, Projektereignisse, Probleme oder Verzögerungen aufgrund seiner Erfahrungen, seiner Projektrolle, seiner Persönlichkeit oder Teamrolle heraus. So kann es passieren, dass ein Controller, der aus einem Land mit einem hohen Bildungswesen stammt, an einem Standort, an dem ein Mangel an qualifiziertem Personal herrscht, die Defizite bei der Produktqualität an ihm bekannten Ursachen festmacht, wie z. B. Unwillen der Mitarbeiter.

Die Suche nach den Abweichungsursachen beginnt mit einem „warum?" und führt dann meist zu einer Person als Ursache für den Fehler. Bevor ein Projektleiter diese Frage stellt, sollte er sich bewusst machen, welche Kulturen in dem Team vertreten sind:

- In kollektivistischen Kulturen dürfen Fehlermeldungen nicht an einzelne Mitarbeiter adressiert werden, sondern nur an das jeweilige Team.
- In Kulturen mit großer Machtdistanz dürfen Fehler nicht an die höhere Hierarchie (das beinhaltet auch informelle Positionen und Hierarchien, wie sie in Kapitel 10.3 beschrieben sind) gemeldet werden, sondern es muss ein Kollege herangezogen werden, der in der formellen oder informellen Hierarchie dem Adressaten entspricht.
- In Kulturen mit hoher Unsicherheitsvermeidung werden auch kleinere Fehler intensiv bearbeitet und berichtet. Hier besteht die Möglichkeit, dass sie nur geringe Relevanz für den weiteren Projektverlauf haben und bestenfalls vernachlässigt werden können.

11. Projektsteuerung

- In asiatischen Kulturen hingegen werden Fehler nicht direkt benannt, denn sie bedeuten einen Gesichtsverlust. Wenn der Projektleiter einem solchen Mitarbeiter eine Abweichung vorlegt und den Fehler hierfür offiziell benennt, kann dies zu drastischen persönlichen Folgen führen.
- In Kulturen mit starkem Kontextbezug und großer Machtdistanz werden Fehler und Konflikte nur umschrieben. Weicht ein Mitarbeiter bei der Frage nach der Ursache der Abweichung einer direkten Antwort aus, dann muss nachgeforscht werden, wer an diesem Arbeitsauftrag mit welchen Schwerpunkten beteiligt ist. Die Rückmeldung des Projektleiters sollte, wenn möglich, ebenso indirekt erfolgen wie die Ursachenforschung, z. B.: „Diese Aufgabe wurde ... behandelt. Es gibt auch noch eine weitere Möglichkeit, nämlich ... Vielleicht passt diese auch hier?"

Machen Projektmitarbeiter Fehler, erwarten diese – je nach Herkunft – mehr oder weniger klare Grenzen und Sanktionen, um den Fehler anzunehmen und beseitigen zu können oder sie wollen leise und unkommentiert weiterarbeiten.

Macht der Projektleiter selber Fehler, riskiert er dabei, den Respekt von jenen Mitarbeitern und Kollegen zu verlieren, die seine Position im Projekt mit hoher Leistungsfähigkeit und Kompetenz gleichsetzen.

Der Projektleiter sollte im Projektteam eine Atmosphäre des Vertrauens schaffen, in der es möglich ist, Fehler zu machen. Für den Projektleiter selbst kann dies bedeuten, dass er die Fehler seiner Mitarbeiter selbst ausmerzen muss. Zudem sollte er bereit sein, immer wieder außergewöhnliche Leistungen bei den Mitarbeitern zu suchen und diese entsprechend zu loben. Dies dient dazu, eine Projektkultur aufzubauen, in der auch der Projektleiter menschlich sein und auch mal Fehler machen darf, ohne seine Anerkennung zu verlieren. Haben seine Mitarbeiter Vertrauen zu ihm gewonnen, werden sie bereit sein, auch seine Fehler gemeinsam auszugleichen.

All diese Aspekte sollte ein Projektleiter eines internationalen Projekts berücksichtigen, wenn er aussagefähige Informationen im Projekt erhalten möchte.

11.1.3 Berichtswesen

Die formellen Festlegungen des projektinternen Berichtswesens internationaler Projekte beinhalten die Struktur des Projekts hinsichtlich Organisation und Aufgaben, die Beschreibung des aktuellen Projektstandes sowie die Entwicklung des Projekts und seine Dokumentation. In einem Projekt stellen sich folgende Fragen:

- Wer braucht was in welcher Form bis wann? (Empfänger)
- Wer berichtet was wann an wen womit? (Sender)

Diese Fragen sind dieselben wie beim Aufbau eines generellen Kommunikationsplanes. Berichtswesen kann somit auch als ein Teilaspekt der Projektkommunikation verstanden werden. Zur Projektkommunikation selbst gehören weitere Aktivitäten, wie sie im Kapitel 5.5 beschrieben werden.

Die entscheidenden Fragen zur Gestaltung des Berichtswesens und zur Auswahl der Berichtswerkzeuge lauten:

- Informationsgewinnung: welche Informationen braucht der Projektleiter, um das Projekt steuern zu können?
- Informationsweitergabe: was muss der Projektleiter berichten, um den Projektstatus klar zu kommunizieren?

Im internationalen Kontext erhalten diese allgemeinen Fragen zur Berichterstattung neue Aspekte:

- **Wer** berichtet, wer darf berichten? Wenn ein Auftraggeber aus einer Kultur mit großer Machtdistanz stammt, nimmt er in der Regel nur Berichte von Personen entgegen, die ihm gleichgestellt sind. Berichte, die eine „falsche" Unterschrift tragen, werden wahrscheinlich nicht gelesen. Wer hat Zugang zu den vertraulichen Daten, wer ist vertrauenswürdig? Wer ist in der Lage, auch unschöne Wahrheiten zu formulieren? In einigen Kulturen wird der Überbringer schlechter Nachrichten für die schlechte Nachricht bestraft. Deshalb sollte der Projektleiter entweder die schlechte Nachricht mit einer Guten koppeln und damit neutralisieren, oder sie selbst überbringen oder der Überbringer sollte für das Projekt entbehrlich sein.
- **Was** ist berichtenswert? Werden als Bericht nur knappe Tatsachen erwartet oder der ganze Kontext? Je schwächer der Kon-

11. Projektsteuerung

textbezug der Kultur ist, aus der ein Mitarbeiter stammt, desto größer sein Bedürfnis, eine Berichtspflicht festzulegen und zu dokumentieren. In Kulturen mit starkem Kontextbezug reden die Menschen sowieso viel miteinander, sie brauchen weniger Vorgaben für ihre Kommunikation.
- **An wen** sollen die Informationen gehen? Wer ist der Empfänger der Nachricht? Empfänger aus einer Kultur mit schwachem Kontext brauchen viele Details, um die Situation zu verstehen. Kommen sie hingegen aus einer Kultur mit großer Machtdistanz müssen bestimmte hierarchische Wege eingehalten werden.
- **In welcher Form** soll die Berichterstattung erfolgen? Detailliert oder im Überblick? Schriftlich oder mündlich? Sind formelle oder informelle Aussagen zugelassen? Je größer die Machtdistanz oder je universalistischer die Kultur, aus der der Empfänger stammt, desto formaler ist zu berichten.

Diese Antworten geben vor, wie der konkrete Aufbau (im Hinblick auf die Anzahl der Mitarbeiter, ihre Aufgaben und Kompetenzen), die Aufgaben und der Inhalt des Berichtswesens auszusehen haben. Zu den generellen Werkzeugen des Berichtswesens zählen:
- **Die Leistungsbeurteilung**, die vorwiegend in Besprechungen zur Bewertung des Projektstandes und -fortschritts vorgenommen wird. Bei Statusbesprechungen ist im internationalen Projekt zu beachten, dass die Offenlegung des Projektstatus von den Beteiligten unterschiedlich gehandhabt wird
- **Die Abweichungsanalyse**, wie sie im Kapitel 11.1.2 beschrieben wurde
- **Die Trendanalyse**, die auf Basis der vorliegenden Projektergebnisse einen möglichen Zeitverlauf untersucht um festzustellen, ob sich die Leistung im Projekt verbessert oder verschlechtert. Für eine solche Analyse müssen die Voraussetzungen, wie sie oben generell beschrieben wurden, gegeben sein.

Auch der Umgang mit einem offiziellen Berichtswesen ist kulturgeprägt. Neben der formalen Berichterstattung existiert meist auch eine informelle, weil es Informationswege gibt, die jenseits offizieller Organigramme verlaufen.

11.1 Aufgaben der Projektsteuerung

In Ländern mit hoher Unsicherheitsvermeidung wird ein offizielles, formelles Berichtswesen bevorzugt, das für alle Beteiligten gleich reglementiert, sichtbar und nachvollziehbar ist. Mit diesem formellen Berichtswesen haben andere Kulturen jedoch Probleme: diejenigen mit einem starken Kontextbezug legen einen höheren Wert auf informelle Mitteilungen, die sie aus persönlicher Quelle erhalten und damit als verlässlicher ansehen als offizielle Informationen. Bei diesen inoffiziellen Mitteilungen besteht das Problem, dass Informationen aus dem Projekt heraus gelangen und dadurch falsche Informationen verbreitet werden können. Deshalb ist in diesen Kulturen eine weitere Aufgabe der Projektsteuerung, Gerüchte zu erkennen und zu vermeiden.

> In einem Unternehmen der Telekommunikationsbranche wurde eine neue Standardsoftware eingeführt. Der Vorstand erfuhr durch ein Gerücht, dass der geplante Einführungszeitpunkt nicht zu halten sei. Er teilte seine Befürchtungen dem Projektleiter mit. Um diesen Gerüchten entgegenzuwirken, setzte der Projektleiter im Intranet eine neue Seite auf, in der der aktuelle Projektstand sowie die Ergebnisse der laufenden Funktionstests täglich veröffentlicht wurden. Damit konnten alle Mitarbeiter des Unternehmens nachvollziehen, wie kritisch das Projekt in Wirklichkeit war.

Eine solch informelle Berichterstattung folgt weder den offiziellen Wegen noch den offiziellen Hierarchiestufen, sondern geht informelle Wege, parallel zu denen der Linienorganisation. Dies kann der Projektleiter nutzen, indem er bei der Planung der Projektorganisation solche Mitarbeiter einbindet, die im informellen Austausch mit den wichtigen Stakeholdern oder mit dem Projektsponsor stehen.

In vielen Projekten gibt es offizielle und inoffizielle Dokumente, die so genannte „doppelte Berichterstattung". Insbesondere externe Berater oder Teilprojektteams nutzen die Möglichkeit, ergänzende Auswertungen zu fahren. Und nicht immer ist es erwünscht, dass diese Ergebnisse veröffentlicht werden – ganz besonders nicht in einem Umfeld, das sich stark verändert und in dem sich die Interessen schnell verändern können.

Je stärker der Kontextbezug einer Kultur ist, desto höher ist die Wichtigkeit dieser informellen Kanäle. Die Diskussion über

Hol- und Bringschuld ist hierbei eine deutsche Spezialität. In Ländern mit starkem Kontextbezug gibt es diese nicht, weil erwartet wird, dass jeder Mitarbeiter sich selbst adäquat informiert. Eine laufende Kommunikation ist dort normal, wohingegen es in einem Land mit schwachem Kontextbezug eine „lästige Pflicht" ist. Insbesondere wenn Änderungswünsche geäußert werden, ist es wichtig zu unterscheiden, ob diese Wünsche durch einen offiziellen oder möglicherweise inoffiziellen Kanal an den Projektleiter gelangen.

11.1.4 Handhabung von Änderungen

Eine der schwierigsten Leistungen der Projektsteuerung besteht in der Handhabung von Änderungen. Sobald ein Änderungswunsch zu
- Überschreitung des zugesagten Endtermins
- Sprengung des Projektbudgets
- Abweichungen von den abgestimmten Spezifikationen

führt, ist ein Änderungsantrag erforderlich. Diese Definition trifft auf Kulturen zu, die eine Langzeitorientierung haben und funktional arbeiten.

Teammitglieder aus Kulturen mit hoher Unsicherheitsvermeidung werden durch Änderungen verunsichert, weil diese die Abnahme des Endproduktes und die damit verbundene Vergütung gefährden können. Ein dokumentierter und freigegebener Änderungsantrag stellt sicher, dass der aktuelle Status nachvollzogen werden kann und dass eine Entscheidung auf dem aktuell gültigen Wissensstand basiert.

Teammitglieder können aufgrund anderer kultureller Prägung das klassische Spannungsdreieck des Projektmanagements „Termine, Kosten, Leistungen" mit neuen Faktoren wie z. B. Beziehungsorientierung oder gemeinschaftliche Entwicklung und Zielverfolgung ergänzen.

In jedem Projekt ist neu zu entscheiden, welche Abweichungen kritisch betrachtet werden und zu Änderungsanträgen führen. Beispiele für den Einfluss der kulturellen Prägung auf den Umgang mit Änderungen im Projekt sind:

11.1 Aufgaben der Projektsteuerung

- **Kontextbezug:** Mitarbeiter aus Kulturen mit schwachem Kontextbezug brauchen oftmals konkrete Angaben und klare Anweisungen, um die Aufgaben und Änderungen nachzuvollziehen.
- **Unsicherheitsvermeidung:** Mitarbeiter aus Kulturen mit hoher Unsicherheitsvermeidung wollen zukünftige Unklarheiten vermeiden und brauchen hierzu schriftlich fixierte Vorgaben und Änderungsanweisungen.
- **Glaube der Menschen** (dritte Ebene im Kulturmodell nach *Schein*): Die Dimension „Glaube an das Gute/Schlechte im Menschen" stellt dar, dass Mitarbeiter, die an das Gute im Menschen glauben, eher weniger Dokumentation der Änderungen benötigen. Sie gehen davon aus, dass alle Beteiligten sich später an die Situation erinnern und nachvollziehen können, warum etwas anders geliefert wird als es bestellt wurde. Mitarbeiter, die nicht an das Gute im Menschen glauben, hingegen haben das Bedürfnis, sich gegen zukünftige Kritik und Folgekosten absichern.

Änderungsanträge fordern ein Projektteam. Je nachdem, woher die Mitarbeiter kommen und wie sie mit Änderungen und Unsicherheiten umgehen, können sie diese wechselnden Vorgaben aushalten oder benötigen dabei Unterstützung und Orientierung durch den Projektleiter.

In jedem Fall müssen beschlossene und durchgeführte Änderungen dokumentiert werden, damit sie im Projektverlauf nachvollziehbar und übersichtlich bleiben.

Ein weiterer Aspekt von Änderungsanträgen ist die Frage, wer über die Änderung entscheidet. In Projekten mit Beteiligten aus Kulturen mit hoher Unsicherheitsvermeidung werden für jeden Projektmitarbeiter seine jeweiligen Entscheidungskompetenzen ausformuliert. In eher risikobereiten Kulturen ist dieses Bedürfnis nach Transparenz nicht vorhanden.

Wenn ein Team keine Entscheidung zu einem Änderungsantrag treffen kann, empfiehlt es sich, diese Entscheidung auf die nächst höhere Projekthierarchie zu eskalieren (weitere Details zum Entscheidungsprozess siehe Kapitel 8).

11.1.5 Eskalationen in internationalen Projekten

Probleme müssen auch in internationalen Projekten klar und verbindlich gelöst und Konflikte geklärt werden (vgl. Kapitel 9). Dazu stellt die Projektsteuerung eine Vorgehensweise bereit, nach der alle zu lösenden Aufgaben gleich behandelt werden. Der Eskalationsprozess legt fest, wer, wie, in welcher Situation, an wen die Entscheidung weitergibt bzw. eskaliert.

Dabei wird die Handlungskompetenz von einer Hierarchieebene (z. B. dem Projektteam) in die nächst höhere Hierarchieebene übertragen. Dies kann auch ein Fachgremium sein, das nur bei Entscheidungen einberufen wird.

Im internationalen Umfeld stellen sich folgende Fragen im Rahmen der Eskalation:

(1) Was wird eskaliert? Tendenziell werden jene Themen eskaliert, die für die jeweilige Kultur wertvoll sind, z. B.:
- in Deutschland: Potenzielle Fehler,
- in USA: Terminüberschreitungen,
- in Arabischen Ländern: Mangel an Respekt.

Grundsätzlich gilt, dass in Kulturen mit stark universalistischer Ausprägung eine Regelabweichung eher gemeldet wird als in partikularistischen Kulturen.

(2) Wann wird eskaliert? Die Dringlichkeit der Eskalation hängt ab vom Grad der kulturell bedingten Dimensionen:
- Unsicherheitsvermeidung: je höher diese ist, desto größer ist das Bedürfnis sich ausreichend abzusichern und desto schneller werden die dazu notwendigen Entscheidungen herbeigeführt
- Machtdistanz: je größer diese ist, desto geringer empfindet der Mitarbeiter seine Chance, selbst zu entscheiden und desto schneller gibt er die Entscheidung ab – denn er ist nicht zuständig dafür.

Grundsätzlich gilt für internationale Projekte: Aufgrund kultureller Unterschiede können sehr leicht Missverständnisse entstehen, die dann von einem der Beteiligten zu Unrecht eskaliert werden. Dies gilt es zu vermeiden.

11.2 Kulturelle Einflüsse auf die Steuerungsmaßnahmen

Grundlegende, gravierende Änderungen bzgl. der Organisation, der Planung oder der Ziele in einem laufenden Projekt umzusetzen, ist mit einem immensen Aufwand verbunden. Vorbeugende Maßnahmen zur Steuerung eines internationalen Projekts sind daher:
- eine angemessene Organisation des Projekts,
- eine an den Zielen, den Stakeholdern und den kulturellen Besonderheiten ausgerichtete Ablaufgestaltung und
- eine flexible und den Bedingungen angepasste Projektplanung.

Auch in internationalen Projekten geht es bei der Projektsteuerung darum, das klassische Spannungsdreieck Termine, Kosten und Leistungen zu managen. Im folgenden Abschnitt schildern wir, was ein Projektleiter eines internationalen Projekts berücksichtigen muss, um diese Aufgabe durchzuführen. Dies erfolgt anhand der generell gültigen Maßnahmen der Projektsteuerung:
- Produktivitätserhöhung
- Kapazitätssteigerung
- Leistungs- und Umfangsreduzierung
- Aufwandsreduktion.

11.2.1 Produktivitätserhöhung

Eine Hauptaufgabe des Projektleiters ist die Bereitstellung effektiver Abläufe für das Projekt. Der folgende Abschnitt beschreibt die Einflussfaktoren auf die Produktivität in einem internationalen Projekt.

Inhalts- und Umfangsmanagement in Projekten

Hierzu zählen diejenigen Prozesse die sicherstellen, dass das Projekt alle notwendigen Arbeiten umfasst, um es erfolgreich zum Ende zu führen. Während des Projektverlaufes sind die Leistungsmessung, die Auswertung der Projektrückmeldungen sowie die möglicherweise notwendigen Änderungen durchzu-

führen. Faktoren, die im internationalen Projekt zu Änderungen führen können, sind:
- externe Ereignisse, die im internationalen Umfeld vielfältiger sind und damit schlechter kalkulierbar
- die rechtliche Situation, die sich mit den jeweiligen Machtverhältnissen ändert
- eine Veränderung mit einem Zusatznutzen, weil der Auftraggeber neben dem aktuellen Projekt weitere Vorhaben durchführt und er sich aus einer Verflechtung Synergien verspricht.
- eine fehlende Produktspezifikation wird erforderlich. Diese Definition kann fehlen, weil am Projektstandort die gewünschten Standards bekannt waren. Jetzt aber, bei der Übertragung der Aufgaben auf andere Standorte, müssen diese impliziten Annahmen offen gelegt werden.

Um diese Änderungsfaktoren aufzugreifen, muss die Projektsteuerung internationaler Projekte gerade für Inhalts- und Umfangsänderungen die entsprechenden Umfeldanalysen durchführen.

Zeitmanagement in Projekten

Zeitmanagement umfasst diejenigen Maßnahmen und Strukturen, die sicherstellen, dass das Projekt termingerecht fertiggestellt werden kann. Der Projekt-Controller unterstützt die Zeitplanung durch die Leistungsbewertung, Abweichungsanalyse und Rückmeldung der Terminänderungen. Dazu nutzt der Controller z. B. Projektmanagement-Software, um die erfassten Daten in die Pläne zu integrieren. Faktoren, die in einem internationalen Projekt zu Terminänderungen führen können, sind beispielsweise:
- unterschiedliche Zeitbedarfe pro Arbeitspaket: in den verschiedenen Teilprojekten werden Mitarbeiter unterschiedlicher Herkunft eingebunden, die über dieselben Qualifikationen verfügen, jedoch unterschiedliche Zeiten für dieselben Aufgaben brauchen
- unbekannter Zeitbedarf pro Arbeitspaket, weil z. B. die Infrastruktur vor Ort unzuverlässig, nicht geregelt oder nicht vorhanden ist.

11.2 Kulturelle Einflüsse auf die Steuerungsmaßnahmen

Kostenmanagement in Projekten

Die Aufgabe des Kostenmanagements ist es sicherzustellen, dass das Projekt im Rahmen der Budgetvorgaben durchgeführt wird. Der Projekt-Controller unterstützt das Kostenmanagement durch die Leistungsbewertung, Abweichungsanalyse sowie durch das Bereitstellen eines Budgetänderungsverfahrens.

Im internationalen Projekt müssen die hierzu eingesetzten computergestützten Werkzeuge wie z. B. Projektmanagement-Software und Tabellenkalkulationen so einfach wie möglich gestaltet werden, um alle Erfassungs- und Auswertungswerkzeuge für alle Mitarbeiter der verschiedenen Kulturen verständlich und handhabbar zu halten.

Qualitätsmanagement in Projekten

Das Qualitätsmanagement dient dazu zu überprüfen, ob die gestellten Anforderungen erfüllt werden. Der Projekt-Controller unterstützt das Qualitätsmanagement, indem Verfahren wie z. B. Prüfvorgänge mit Messungen, Untersuchungen und Tests im Zuge der Projektarbeiten ausgeführt werden.

Diese Werkzeuge werden im internationalen Projekt auf die konkrete Situation und Anforderung angepasst. Für die Qualitätsanalyse gilt dasselbe wie für die Informationsgewinnung und -auswertung: die aktuellen Daten sollten so aufbereitet sein, dass sie jederzeit ohne zusätzlichen Aufwand verfügbar sind.

Risikomanagement in Projekten

Risiken im internationalen Projekt unterscheiden sich von den Risiken in einem rein nationalen Projekt dadurch, dass sie z. B. von den Mitarbeitern unterschiedlich bewertet werden. Näheres dazu siehe Kapitel 12.

Personalmanagement in Projekten

In seiner Personalmanagementrolle hat der Projektleiter die Aufgabe, die im Projekt mitarbeitenden Personen so effektiv wie möglich einzusetzen und ihr Qualifikationsniveau bzw. ihre Fähigkeiten an das Niveau der Projektanforderungen heranzuführen.

11. Projektsteuerung

Meist erfolgt die Zuweisung des Personals auf das Projekt im Laufe der Planung der Projektorganisation. Dies wird in Kapitel 6.2 beschrieben. Der Projektleiter unterstützt das Personalmanagement indem er Ausschreibungen mitformuliert, Funktionsbeschreibungen definiert, Auswahlgespräche führt, bestimmte personalrelevante Verhandlungen führt, Zuweisungen des Personals auf offene Stellen sowie den Beschaffungsprozess leistet.

Um die Produktivität im Team zu erhöhen, sind Aspekte wie die Mitarbeiterakzeptanz der Aufgabenübertragung, die notwendige vorausgehende Mitarbeiterqualifizierung, gegebenenfalls der Austausch einzelner Mitarbeiter, Höflichkeit und Respekt gegenüber den Mitarbeitern sowie der Umgang mit Zeit und Pünktlichkeit von Relevanz.

Der Einsatz adäquater technischer Hilfsmittel kann die Mitarbeiter entlasten. Gerade Projektleitern, die normalerweise die Arbeitszeit strikt von der Freizeit trennen, empfehlen wir, auch privat gemeinsame Aktivitäten mit den Teammitgliedern zu unternehmen, um einen guten Teamgeist zu entwickeln.

Nachfolgend werden einzelne Aspekte der Produktivitätserhöhung durch Personalmanagement-Maßnahmen beschrieben:

Akzeptanz der Aufgabenübertragung

Damit sich die Mitarbeiter eines internationalen Projekts entsprechend für das Projekt engagieren können, sind folgende Aspekte zu berücksichtigen:
- In einer herkunftsorientierten oder kollektivistischen Kultur sollte der Projektleiter Ansehen, Einfluss und Respekt genießen.
- In einer leistungsorientierten Kultur sollte der Projektleiter entweder selbst über ausreichende fachliche Kompetenz verfügen oder die Projektmitarbeiter bei der Detailplanung beteiligen.
- In kollektivistischen Kulturen mit großer Machtdistanz ist es wichtig zu wissen, für wen das Projektziel wichtig ist. In diesem Fall ist es hilfreich, wenn der Auftraggeber oder der Projektsponsor die Weisung, dem Projektleiter zu folgen, von ganz oben ausgibt.
- In individualistischen Kulturen sollte das Projekt als solches

11.2 Kulturelle Einflüsse auf die Steuerungsmaßnahmen

für die Mitarbeiter eine Herausforderung darstellen und ihnen die Möglichkeit bieten, sich zu profilieren und weiter zu kommen.
- Teammitglieder aus Kulturen mit großer Machtdistanz erwarten häufigen Kontakt mit dem Vorgesetzten
- in Kulturen mit einer hohen Unsicherheitsvermeidung sind regelmäßige Meetings als formalisierte Kontrolle sinnvoll. Andererseits können sich dadurch andere Mitarbeiter zu stark kontrolliert fühlen, da sie lieber eigenständig arbeiten. Eine Mischform kann darin bestehen, dass die Besprechungen in größeren zeitlichen Abständen stattfinden und durch direkten Mitarbeiterkontakt individuell ergänzt werden.

Mitarbeiterqualifizierung

Bei internationalen Teams stellt sich die Frage, über welche Ausbildung die Projektmitarbeiter verfügen sollten. Dieselbe Berufsbezeichnung von einem Chinesen, Amerikaner oder Deutschen kann unterschiedliche Inhalte haben. In einem internationalen Projekt sollte deshalb darauf geachtet werden, dass ein gleiches Ausbildungsniveau im Team herrscht, und die Mitarbeiter hohe Lernbereitschaft mitbringen.

Zu besuchenden Seminare sollten auf die unterschiedlichen Kulturen der Beteiligten eingehen. Frontalunterricht als Lehrmethode ist üblich in Kulturen mit großer Machtdistanz und wird von diesen Mitarbeitern auch erwartet. Dagegen muss Diskussion über den Lerngegenstand in Ländern mit starkem Kontextbezug eingeplant werden und viele Übungen in Ländern mit schwachem Kontextbezug.

Auch das Umfeld der Mitarbeiter ist bei Schulungen zu beachten, damit der Projektmitarbeiter nicht mehr Wissen als sein Linienchef hat. Der Projektleiter sollte daher diese Seminare auch den Linienchefs zugänglich machen.

Ein weiteres Problem liegt darin, dass viele Mitarbeiter aus Angst vor Gesichts- oder Machtverlust nicht zugeben, dass sie Defizite bzgl. ihrer fachlichen oder persönlichen Qualifizierung haben.

Bei der Zuteilung der Kosten für Qualifizierungsmaßnahmen

sollte der Projektleiter das lokale Lohnniveau an den verschiedenen Projektstandorten berücksichtigen, damit vermieden wird, dass eine erforderliche Schulung das Budget einer Abteilung überschreitet.

Austauschen einzelner Mitarbeiter

Das Austauschen von Mitarbeitern führt immer zu Problemen, weil sich das Team neu bilden muss. Dennoch muss ein Projektmitarbeiter ausgetauscht werden, wenn
- er nach mehrmaligen Ermahnungen durch den Projektleiter seine Leistung nicht erbringt bzw. nicht in der Lage ist, seine Aufgaben zu erfüllen
- ein Projektmitarbeiter einen Kollegen aus einer kollektivistischen Kultur mit hoher Machtdistanz (z. B. China) – auch unbeabsichtigt – stark verletzt hat. Dann wird das Austauschen als eine Geste der Entschuldigung wahrgenommen und honoriert
- die fachlichen Qualitäten eines Projektmitarbeiters denen des Teams derartig überlegen sind, dass es das Team in seiner Kompetenz in Frage stellt. Dann muss dieser eine Mitarbeiter gehen, damit das Team seine Leistungsfähigkeit entwickeln kann
- gehäufte Missverständnisse darauf hindeuten, dass die Beteiligten nicht bereit sind, ihre Kommunikation aufeinander abzustimmen

Gerade in ausgeprägt maskulinen Kulturen mit hoher Machtdistanz kann es eine Maßnahme sein, eine Projektleiterin einzusetzen. Sie steht außerhalb der Gruppe der Männer. Sie ist kein Machtgegner, weil sie als Frau in der gesellschaftlichen Hierarchie unter dem Mann steht. Ihre Kompetenz wird wahrgenommen, ohne als Gefahr zu gelten. Man bringt ihr eine Mischung aus väterlichem Wohlwollen und Respekt entgegen.

Höflichkeit

In Deutschland ist die formale Distanz am Anfang der Zusammenarbeit zwischen den Projektmitgliedern größer als die persönliche. Wenn sich die Menschen im Laufe der Zusammenarbeit näher kommen, gehen sie dann zunehmend informell miteinander um.

11.2 Kulturelle Einflüsse auf die Steuerungsmaßnahmen

Dagegen bleibt in kollektivistischen Kulturen mit hoher Machtdistanz (z. B. Indonesien) dieses Anfangsniveau der Höflichkeit bestehen. Der Umgangston der Partner unterscheidet sich nicht, egal wie nahe man sich ist. Das macht es schwierig für Projektmitglieder aus westlichen Kulturen zu erkennen, wie sie von ihren Kollegen aufgenommen und akzeptiert werden.

In den meisten Sprachen gibt es Höflichkeitsformen, Formen des Respekts und weniger höfliche, familiäre Formen. Es ist ratsam für einen Projektleiter sich über die entsprechenden Erwartungen in seinem Projektumfeld zu informieren. Höflichkeit und Respekt sind einfache kostenlose Maßnahmen, die unnötige Reibungsverluste vermeiden und damit zur Effektivität des Projekts beitragen.

Zeit und Pünktlichkeit in internationalen Projekten

In Deutschland ist „Pünktlichkeit die Höflichkeit der Könige", sie ist die Regel, egal welcher Hierarchiestufe man angehört. In anderen Ländern entscheidet der Kontext, ob man zur vereinbarten Zeit kommt. Gerade bei Besprechungen gilt es, dieses Verhalten zu berücksichtigen. Bei der Erstellung der Tagesordnung ist darauf zu achten, dass die Reihenfolge der Themen abhängig von den jeweiligen Teilnehmern zu planen isst, so dass sichergestellt ist, dass für jeden Tagesordnungspunkt auch die betreffenden Teilnehmer anwesend sind.

Integration in die fremde Kultur am Projektstandort

In den meisten Kulturen erwartet man vom Projektleiter und den Projektmitarbeitern, dass diese sich in die sozialen Aktivitäten vor Ort integrieren. In Japan sind dies Karaoke-Abende, in den USA das Golfspiel oder auf den Philippinen der Hahnenkampf.

Ein weiterer daraus entstehender Vorteil ist, dass Probleme im Projekt, die normalerweise mühsam zu klären wären, dabei informell gelöst werden können. Zusätzlich können dadurch auch die Türen zu einem Entscheider geöffnet werden.

Jeder Projektmitarbeiter egal welcher Hierarchiestufe sollte die Gelegenheit nutzen, das „Glas Bier" mit dem Kollegen zu trinken und so zusätzlich zu den formalen Beziehungen persönliche hinzuzufügen. Ein Manager aus dem Anlagenbau:

> „In Deutschland oder den USA geht die soziale Guppe nach dem Projekt auseinander. In anderen Ländern bleibt sie bestehen. Vielleicht, weil dort insgesamt die Familie und der Zusammenhalt größer ist als bei uns, wo doch die Mobilität die Familien entfernt. Wenn man das Vertrauen der Mitarbeiter einmal hat, dann sind sie auch bereit, Fehler des Projektleiters durch persönlichen Einsatz auszugleichen. Es lohnt sich also."

In kollektivistischen Kulturen mit großer Machtdistanz und hoher Unsicherheitsvermeidung wie Griechenland oder Spanien orientieren sich die Mitarbeiter stark an der Person des Vorgesetzten. Man rauft sich mit ihm zusammen, erkennt seine Stärken an und wird im Dialog von ihm geführt. Nahezu alle Projektmitarbeiter orientieren sich für die Projektlaufzeit am Vorgesetzten. Dies bietet ihm die Chance, ein Team aus verschiedenen Nationen zusammen zu schweißen. Voraussetzung dafür ist die bereitwillige Integration des Projektleiters in die Kultur, in der das Projekt stattfindet.

Arbeits- und Privatleben

Die Zeiten der Arbeit und des Privatlebens sind in monochronen und spezifischen Kulturen wie Deutschland streng getrennt und fest geregelt. Die Arbeitszeit des Mitarbeiters „gehört" dem Vorgesetzten, zu spät kommen oder Einkaufen gehen in dieser Zeit stellt das Arbeitsverhältnis in Frage.

In polychronen Kulturen gibt es keine Trennung von Arbeitszeit und Privatzeit. Der Betrieb wird als Gemeinschaft, manchmal sogar als Lebensgemeinschaft betrachtet, beide Zeiten gehen fließend ineinander über. Wenn ein Projektleiter hier die Arbeitszeiten genau festlegen will, sind Probleme mit deren Einhaltung vorprogrammiert. Polychrone Kulturen sind oft kollektivistisch und nutzen ihre Zeit auch für die Pflege der Beziehungen.

Einsatz technischer Hilfsmittel

Der Einsatz von technischen Hilfemitteln setzt voraus, dass die Arbeitsprozesse klar strukturiert und vereinheitlicht sind. Entweder sind die technischen Hilfsmittel auf diese Prozesse oder die Abläufe angepasst.

Technische Hilfsmittel wie Mobiltelefon, Laptop oder elektronische Agenden dienen in maskulin ausgeprägten Kulturen mit hoher Machtdistanz nicht nur als Arbeitsmittel, sondern auch als Statussymbol. Projektmitarbeiter, die im Rahmen eines internationalen Projekts mit neuer Technik ausgestattet werden, stehen dadurch gegebenenfalls über ihrem Chef. Der Projektleiter muss dies berücksichtigen.

11.2.2 Kapazitätserhöhung

Bei einer Kapazitätserhöhung ist grundsätzlich auch mit Mehrkosten zu rechnen. Zu den Maßnahmen einer Kapazitätserhöhung zählen die Ausweitung der personellen und der finanziellen Kapazität sowie die Erweiterung und Verbesserung der technischen Ausstattung.

Temporäre Erweiterung des Teams

Eine temporäre Erweiterung des Teams bedeutet, dass das Team zeitlich befristet personell aufgestockt und nach einer intensiven Arbeitsphase wieder auf seine ursprüngliche Größe reduziert wird. Deshalb beinhaltet dieser Prozess der temporären Erweiterung sowohl die Rekrutierung von Mitarbeitern (Onboarding: Mitarbeiter werden ins Team integriert) als auch deren Verlassen des Projekts (Off-boarding).

Die Mitarbeiter werden in das Projekt eingeführt, indem sie ihren Kollegen vorgestellt werden, und die relevanten Projektprozesse und Details wie Projektablage (zentrale Server oder Dokumentation falls vorhanden) kennen lernen.

Mitarbeiter aus kollektivistischen Kulturen können nur dann produktiv mitarbeiten, wenn sie eine emotionale Beziehung zum Team aufgebaut haben und sich angemessen aufgenommen fühlen.

Die Praxis zeigt außerdem, dass Maßnahmen zur Teamintegration die Fluktuationsrate erheblich senken und die Teamproduktivität deutlich erhöhen können.

11. Projektsteuerung

> Ein Projektleiter aus Sri Lanka war zuständig für ein Teilprojekt-Team in der Schweiz. Von Anfang an machte er sein Team verantwortlich für die Einführung von neuen Projektmitarbeitern, die nach und nach im Land eintreffen würden. Ein jeweils wichtiger Meilenstein war ein Check, den er nach einem Monat der Anwesenheit der „Newcomer" durchführte. Er prüfte, ob die neuen Kollegen sich im Projekt zurecht fänden und ob sie Probleme mit der Integration hätten. Der Erfolg gab ihm Recht: seine Fluktuationsrate war mit Abstand die niedrigste im Unternehmen. Projekte, die anders agierten, verzeichneten Fluktuationsraten von bis zu 50 %, die zu erheblichen Terminverschiebungen führten.

Dieses Beispiel zeigt, dass ein konsequent eingeführtes und von der Führungskraft getragenes Onboarding dazu beitragen kann, ein Projekt erfolgreich durchzuführen.

Vor dem Verlassen des Teams ist es wichtig dafür zu sorgen, dass der Mitarbeiter die gewonnene Erfahrung und sein Knowhow an ein Mitglied des Kernteams des Projekts weitergibt.

Weitere Möglichkeiten zur Kapazitätserweiterung

- **Zusätzliche Betriebsmittel:** diese müssen zuerst genehmigt und dann organisiert werden. Dabei treten die Unterschiede in der Infrastruktur der Projektstandorte zu Tage (vgl. Kapitel 4.5).
- **Überstunden:** bevor ein Projektleiter zum Überbrücken von Kapazitätsengpässen zu dieser Maßnahme greift, muss er überprüfen, ob dies auch grundsätzlich möglich ist (Betriebsrat/Gewerkschaft), ob die Mitarbeiter mitmachen wollen (Motivation und Ansehen), und wie diese Leistung kompensiert wird.
- **Mehrschichtarbeit:** Hierbei sind drei Themen zu berücksichtigen: Beziehungspflege, zusätzliche Arbeitsverhältnisse und Mitarbeitervertretungen. Bei Mitarbeitern aus kollektivistischen Kulturen ist deren Lebensrhythmus zu berücksichtigen, z. B. wird der Spätnachmittag in den arabischen Ländern für die Beziehungspflege genutzt. In Ländern mit hohen Lebenshaltungskosten wie z. B. Dänemark, Schweden, USA haben Mitarbeiter häufig neben dem ersten Arbeitsverhältnis noch weitere Jobs, weshalb Überstunden nicht einfach angeordnet

werden können. Die Einführung von Mehrschichtarbeit muss in vielen Ländern mit den Interessensvertretern der Mitarbeiter abgestimmt werden, was im Projekt einen zusätzlichen Verhandlungsaufwand bedeutet.
- **Abbau zusätzlicher Belastungen:** Hier sind zwei Themen relevant: Zentralisierung der Administration (z. B. Zeiterfassung) und Minimierung der Störeinflüsse von außen auf die Mitarbeiter (z. B. Einrichten eines Werksbusses).

Hinsichtlich der Verrechnung dieser Kosten kann der Projektleiter eine Kostenstelle als „Platzhalter" für Sonderaufgaben und unvorhergesehenes definieren.

11.2.3 Reduzierung des Leistungsumfangs

Die bestimmenden Faktoren in jedem Projekt sind Termine, Kosten und die verfügbaren Ressourcen. Wichtig für einen Projektleiter eines internationalen Projekts ist es, am Anfang des Projekts im Rahmen der Umfeldanalyse in Erfahrung zu bringen, was die Prioritäten der Stakeholder des Projekts hinsichtlich des Leistungsumfangs sind (Kapitel 4.1). Erfahrungsgemäß sind diese international unterschiedlich. Daraus ergeben sich mögliche Maßmahmen wie Prioritätenänderungen, Qualitätseinbußen, Leistungseinbußen (im Sinne von Leistungskürzungen) bis hin zur Anpassung des Projektziels. Sie alle sind, auf das jeweilige Umfeld hin betrachtet, nur begrenzt umsetzbar.

11.2.4 Aufwandsreduzierung

Nachfolgend werden die interkulturellen Besonderheiten behandelt, die zu berücksichtigen sind, wenn die klassischen Maßnahmen zur Aufwandsreduzierung (Suche technischer Alternativen, alternative Lieferanten etc.) in einem internationalen Projekt durchgeführt werden sollen.
- Suche nach lokalen Lösungen vor Ort: eventuell gibt es vor Ort intelligente Lösungen, die den Aufwand reduzieren helfen.
- Einsatz von neuen Prozessen und Werkzeugen: hierbei besteht die Gefahr, dass diese vor Ort unbekannt sind und dadurch der Aufwand zur Einführung oder die Risiken durch falsche An-

wendung größer ist als bei Beibehaltung der bestehenden Prozesse und Werkzeuge.
- Lieferantenwechsel: Um Aufwand oder Kosten zu sparen ist der Wechsel eines Lieferanten eine übliche Vorgehensweise in westlichen Kulturen. In kollektivistischen Kulturen mit großer Machtdistanz (z. B. China, Indien) haben Beziehungen jedoch einen besonders großen Stellenwert. Ein Lieferantenwechsel aus Gründen der Kosteneinsparung wäre mit Konflikten von großer Tragweite verbunden, da mit dem bisherigen Lieferanten langfristige Beziehungen eingegangen wurden, die man nicht eben kurzfristig aufkündigen kann.
- Streichen von nicht unbedingt notwendigen Arbeitspaketen: die Konsequenz daraus ist grundsätzlich das erhöhte technische Risiko, das entsteht wenn eine Aktivität wie z. B. eine weitere Zuverlässigkeitserprobung aus Kostengründen gestrichen wird. In internationalen Projekten muss der Projektleiter noch eine weitere Dimension dieser Entscheidung berücksichtigen: den Gesichtsverlust, der entsteht, wenn ein Mitarbeiter in einer maskulinen Kultur mit hoher Machtdistanz (zum Beispiel Japan) aufgrund dieser Maßnahme das Symbol für seine Wichtigkeit verliert.

11.3 Internationale Besprechungen

Im Laufe internationaler Projekte gibt es immer wieder Meetings, die zu organisieren sind, kleine Ad-hoc-Treffen oder langfristig geplante Großgruppenbesprechungen. Eine Anleitung zur Planung von internationalen Meetings ist in Anhang A zu finden.

Nachfolgend werden generelle Aspekte vorgestellt, die bei der Vorbereitung von internationalen Meetings zu berücksichtigen sind.

Die Teilnehmerauswahl

Bei der Auswahl der Teilnehmer von Meetings ist darauf zu achten, aus welchen Kulturen die Teilnehmer stammen. Teilnehmer aus Ländern mit hoher Machtdistanz achten z. B. darauf, dass alle Besprechungsteilnehmer aus derselben Hierarchieebene stammen.

Es ist ratsam, in Ländern mit großer Machtdistanz beim ersten Besprechungstermin eines neuen Projekts nur die Führungsebene teilnehmen zu lassen. Im nächsten Schritt führen diese Führungskräfte dann persönlich ihre Mitarbeiter beim jeweiligen Partner im Ausland ein. Damit werden persönliche Beziehungen zwischen den unteren und oberen Hierarchiestufen ermöglicht. Diese können später als informelle Informationswege genutzt werden – auch dann, wenn im weiteren Verlauf nur mehr ein Sprecher des Projekts zu den Besprechungen kommt.

Die Sitzordnung

Bei der Durchführung von Meetings ist meist der Projektleiter gefragt. Er muss sich der Frage stellen, ob es eine Sitzordnung geben soll. Generell gilt: je näher ein Teilnehmer beim Entscheider oder Auftraggeber sitzt, desto größer ist seine Wichtigkeit.

Um Fronten in den Reihen der Teilnehmer zu vermeiden empfiehlt es sich, die Teilnehmerparteien „zu mischen". Dabei ist zu beachten, dass hochgestellte Besprechungsteilnehmer nicht neben tiefer gestellten sitzen sollten.

Effizienz eines Meetings

Die Effizienz eines Meetings wird von den Beteiligten unterschiedlich definiert. So ist z. B. in Deutschland und im nordeuropäischen Raum ein Meeting dann effizient, wenn alle Tagesordnungspunkte in der geplanten Zeit abgearbeitet wurden. Deswegen hat der Moderator die Aufgabe, den Fokus der Besprechung zum Tagesordnungspunkt zurückzuführen, wenn die Teilnehmer davon abweichen.

In Frankreich und in vielen mediterranen Ländern hält man sich hingegen nicht so strikt an die Agenda, um dadurch ein besseres Gesamtbild der Projektsituation zu erhalten.

Diese zwei Beispiele zeigen wie wichtig es für einen internationalen Projektleiter ist, einen Besprechungsmoderator zu nutzen. Wichtig ist dabei, einen Moderator auszuwählen, der die unterschiedlichen Kommunikationsstile kennt und die Besprechung so leitet, dass alle kulturellen Bedürfnisse entsprechend berücksichtigt werden.

Ein weiteres Instrument effizienter Besprechungen ist das Protokoll: um Missverständnisse oder Fehlinterpretationen zu vermeiden, aber auch damit nicht andere Entscheidungen als in der Besprechung vereinbart im Protokoll fixiert werden, hat es sich bewährt, entweder nach jedem Tagesordnungspunkt oder aber am Ende der Besprechung die wesentlichen Entscheidungen gemeinsam zu formulieren. Der Vorteil einer solchen Vorgehensweise ist, dass das Protokoll somit gleich nach Besprechungsende allen Teilnehmern und sonstigen Empfängern zur Verfügung steht.

Kommunikationsstil

In Besprechungen mit internationalen Teilnehmern ist zu berücksichtigen, dass Muttersprachler gegenüber den anderen Teilnehmern einen großen Vorteil haben. Der Moderator und der Projektleiter müssen sich dieses Vorteils bewusst sein und darauf achten, dass dies nicht zur Durchsetzung eigener Interessen ausgenutzt wird. Eine weitere Aufgabe des Moderators ist, die Muttersprachler in ihrem Redetempo zu bremsen.

Neben der Sprechgeschwindigkeit unterscheiden sich die Dauer und die Verwendung von Pausen bei den Teammitgliedern, abhängig davon aus welcher Kultur diese stammen. Finnen z. B. machen zwischen ihren Aussagen lange Pausen, damit sie dem Zuhörer Zeit geben zu verstehen. Diese Pausen können jedoch von den anderen Teammitgliedern als Ende ihrer Aussage missverstanden werden. Es ist die Aufgabe des Moderators, solche unterschiedlichen Verhaltensweisen zu berücksichtigen.

Weitere Details zur interkulturellen Kommunikation sind in Kapitel 5 dargestellt.

11.4 Anwendung von Druck

Wenn ein Projektleiter feststellt, dass sein Ziel gefährdet ist, muss er handeln. Um sein Projekt wieder aus der Gefahrenzone zu ziehen, muss er

11.4 Anwendung von Druck

- geeignete Maßnahmen identifizieren und
- feststellen, wie viel Kraft es ihn kostet, die Maßnahmen umzusetzen.

Die Kraft der Durchsetzung erfolgt dank seiner Autorität und Ausübung von Macht.

Was sich im internationalen Umfeld ändert, ist die Art und Weise, wie der Projektleiter Druck ausüben kann. In vielen Situationen ist seine gewohnte Art Druck auszuüben nicht wirksam. So z. B. die Ursachenanalyse: warum sind die Ziele gefährdet? Eine Suche nach den Ursachen ist in vielen Projekten nicht erwünscht. Das Problem dieser Fragestellung ist die daraus resultierender Schuldzuweisung. Immer mehr Mitarbeiter anderer Kulturen wollen deshalb keine Ursachenanalysen mehr mitmachen.

Um diese Mitarbeiter anderer Kulturen ins Boot zu holen, empfehlen wir die Suche nach Lösungsansätzen: wie kann das Problem gelöst werden? Welche Möglichkeiten bietet das Umfeld, um wieder zu den Zielen zu kommen? Wenn das Team in diese Lösungssuche eingebunden wird, dann werden nach und nach sämtliche „Verbesserungspotenziale" genannt – und die Fehlerursachen bearbeitet, ohne die Mitarbeiter durch Schuldzuweisungen zu irritieren. Naturgemäß denkt der Projektleiter zuerst an seine gewohnten Maßnahmen. Das fremde Umfeld und die beteiligten Kulturen bieten aber neue Möglichkeiten. Um diese zu erkennen, kann der Projektleiter Kollegen aus den beteiligten Kulturen beobachten oder Hilfe von einem kulturellen Dolmetscher, erfahrenen Berater oder Coach annehmen. Dadurch kann er seine Handlungsoptionen erweitern.

In vielen Fällen hilft das dem Projektleiter, eine passende Maßnahme zu identifizieren. Meist sucht er die Maßnahme aus, die ihn am wenigsten kostet. Es sei denn, die günstigste Version bringt ihn in Konflikt mit seinen Werten und Normen.

> Die Ziele eines Projekts in Afrika waren gefährdet, weil die Mitarbeiter sich nicht ausreichend engagierten.
> Der Projektleiter forschte nach und fand heraus, dass sie es deshalb nicht taten, weil er weiterhin mit ihnen freundlich umging und gleich bleibend aktiv war. Sie hatten nicht verstanden, dass das Projekt wichtig war und dass sie am Ball bleiben sollten. Von einer Füh-

rungskraft ihres Kulturkreises hätten sie erwartet, dass er klar und deutlich sein Interesse ausspracht und Druck auf das Team ausübte.

Nachdem er das erkannt hatte, änderte er sein Verhalten und trat fordernder und kontrollierend auf. Er konnte dadurch das Projekt korrigieren, verlor dabei jedoch einige Wochen.

Dazu muss er sich aktiv entscheiden, ob er über seinen Schatten springt und entgegen seiner Werte einen anderen Führungsstil ausübt. Das ist eine sehr persönliche Entscheidung und kann von keinem anderen Menschen abgenommen werden. Wir würden trotzdem den Projektleiter ermutigen, Neues auszuprobieren. Die meisten Projektleiter haben danach festgestellt, dass es gar nicht so schlimm ist, über seinen Schatten zu springen.

Vielleicht sind die Mitarbeiter mehr froh über das Machtwort als über die vorherige lockere Haltung?

Es empfiehlt sich immer, die Wirkung der Maßnahme zu überprüfen:
- Wie kommt die gewohnte Maßnahme bei den anderen an?
- Wie kommt die neue Maßnahmen aus ihrem Umfeld bei mir an? Wie fühle ich mich als Führungskraft dabei?

Indem der Projektleiter sich immer wieder auf die neuen Situationen einstellt, sein Verhalten erprobt und überprüft, kann er sein Repertoire erweitern.

11.5 Zusammenfassung

Projektsteuerung im internationalen Kontext muss die klassischen Projektaufgaben wie z. B. Termine-, Kosten-, Leistung, Personal-, Qualitäts- und Risikomanagement an die Kulturen der beteiligten Mitarbeiter anpassen, wie auch die jeweiligen Steuerungsmaßnahmen. Ein besonderes Augenmerk unter den Steuerungsmaßnahmen verdienen jene zur Produktivitätssteigerung der Mitarbeiter, die Planung und Durchführung von Besprechungen sowie die Ausübung von Druck im internationalen Projekt und seine Grenzen.

Bei allen Maßnahmen ist es notwendig, dass der Projektleiter einerseits das Projektziel und andererseits seine Projektmitarbeiter und ihre Reaktionen und Verhalten im Auge behält, um angemessen steuern zu können.

Projektleiter haben gelernt, auf bestimmte Art und Weise zu steuern und Druck auszuüben. Im internationalen Projekt werden jedoch andere Maßnahmen erwartet, die gewohnten erbringen nicht den gewünschten Erfolg. Andere Regeln und Sitten gelten und bieten ihm dafür neue Möglichkeiten, die Mitarbeiter zu steuern. Er verliert also nicht an Macht, sondern kann sein Repertoire erweitern.

12. Risikomanagement

Heidrun Reckert

Das Ziel von Risikomanagement in Projekten ist es, mögliche Gefahren, die den Projektablauf und Projekterfolg gefährden können, frühzeitig zu erkennen und gegenzusteuern. Im Vergleich zu nationalen Projekten existieren in internationalen Projekten spezielle Risiken (z. B. eine komplexe Vertragssituation), die aufgrund des internationalen Umfelds oder der internationalen Besetzung des Teams entstehen. Viele dieser Probleme in internationalen Projekten werden in den vorherigen wie auch den nachfolgenden Kapiteln dieses Buches angesprochen und im Hinblick auf ihr Risikopotenzial ausgewertet.

Der Schwerpunkt dieses Kapitels liegt auf den Besonderheiten bei der Durchführung des Risikomanagementprozesses in Projekten mit internationalen Teams.

Der Risikomanagementprozess muss an die Gegebenheiten von internationalen Teams angepasst werden. Risikomanagement, wie man es in eigenen nationalen Projekten durchführt, kann nicht in gleicher Weise auf international besetzte Teams übertragen werden. Im Team können stark voneinander abweichende Wertevorstellungen existieren, die den Umgang mit Risiken entscheidend beeinflussen. Die Ursachen hierfür sind kulturelle Einflüsse wie z. B. das politisch-ideologische System, das Klima, die wirtschaftliche Situation und vor allem die Religion der Herkunftsländer.

Im ersten Abschnitt werden die individuelle Risikokultur und ihre Einflussfaktoren erläutert. Die individuelle Risikokultur hat einen Einfluss darauf, ob und wie Risiken kommuniziert, eingeschätzt und behandelt werden. Wie diese Besonderheiten in den Risikomanagementprozess einfließen müssen, und wie Risikomanagement durchgeführt werden kann, wird in den weiteren Abschnitten behandelt.

12. Risikomanagement

12.1 Der Umgang mit Risiken

Die Challenger Katastrophe 1987 war eine der größten und unfassbarsten Katastrophen der bemannten Raumfahrt. Bis zu diesem Zeitpunkt waren die Flüge ins All in den USA schon fast alltäglich geworden. Dieser Flug sollte der 25. Flug eines Space Shuttles und der zehnte Flug der „Challenger" werden. Um die Nation wieder mehr für die Raumfahrt zu interessieren, wollte die NASA erstmals auch eine Zivilistin mit an Bord schicken. Eine Lehrerin, die im All Schüler unterrichten konnte. Alles schien normal zu verlaufen.

Während im Vorfeld der Mission mit dem Lehrerprojekt das Interesse der Nation angeregt wurde, machten sich die Techniker des Zulieferers um die Feststoffbooster Sorgen. Bei den letzten Flügen gab es Beschädigungen an den Dichtungen dieser Booster. Bei tiefen Außentemperaturen konnten sich die Dichtungen beim Start nicht schnell genug ausdehnen, um ein Entweichen heißer Treibstoffgase zu verhindern. Das Problem war bei der NASA bekannt. Es war Januar, und die derzeitige Temperatur lag um den Gefrierpunkt.

Noch am Tag vor dem Start forderte das Unternehmen, welches die Raketen herstellte, die NASA auf, den Start erst dann durchzuführen, wenn die Temperaturen über 10° C gestiegen seien. Doch die NASA lag schon im Zeitplan zurück und wollte nicht an ein Versagen der Feststoffraketen glauben. Bisher hatte es immer geklappt. Sie glaubten, die Technik sei zuverlässig. Die NASA-Manager drängten den Hersteller, dem Start zuzustimmen. Durch ihren Druck und die Angst, die NASA könnte sich nach einem anderen Raketenhersteller umschauen, stimmten die Techniker des Unternehmens schließlich doch zu. Der Start fand wie vorgesehen statt. Um 11:38 Ortszeit verließ die Challenger schließlich die Erdoberfläche und startete ins All.

73 Sekunden später zerstörte eine Explosion den Shuttle und alle Besatzungsmitglieder kamen ums Leben.

Wäre die Entscheidung in Deutschland, Frankreich, Afrika, Japan, Australien, etc. genauso ausgefallen? So traurig und drastisch dieses Beispiel mit seinen katastrophalen Folgen auch ist, so ist es dennoch ein markantes Beispiel für den kulturspezifischen Umgang mit Risiken. Obwohl Risiken bekannt waren, wurden ökonomische und politische Prioritäten gesetzt, die dazu führten, dass die Beteiligten sich über die Risiken hinwegsetzten. Ohne eine Bewertung der obigen Situation vornehmen zu wollen, kann behauptet werden, dass bei gleicher Ausgangssituation die Entscheidung in einem anderen kulturellen Umfeld anders getroffen worden wäre.

Der Umgang mit Risiken umfasst Fähigkeiten und Aktivitäten wie
- Risiken zu erkennen
- Risiken anzunehmen
- Risiken zu adressieren und zu kommunizieren
- Bereitschaft Risiken einzugehen
- Verantwortung für Risiken zu übernehmen
- Maßnahmen gegen Risiken zu planen
- Maßnahmen gegen Risiken umzusetzen.

Dieses Verhalten bezüglich Risiken basiert auf einer persönlichen und umfeldgetriebenen Risikokultur, die von drei Faktoren entscheidend beeinflusst wird:
- Projektrolle/Verantwortlichkeit im Projekt
- Persönlichkeit/Mentalität
- kultureller Hintergrund und kulturelles Umfeld.

12.1.1 Faktor Projektrolle/Verantwortlichkeit

Personen in unterschiedlichen Rollen und Verantwortlichkeiten sehen ein Projekt aus den verschiedensten Blickwinkeln und mit dem Ziel, ihre Rollenanforderungen zu erfüllen. Zum Beispiel hat ein Projektleiter einen anderen Blickwinkel auf das Projekt als ein Entwickler. Dieser wiederum sieht das Projekt aus einer anderen Perspektive als der Qualitätssicherer. Das führt dazu, dass jede Person andere Risiken sieht und auch benannte Risiken unterschiedlich einschätzt. Auch Planungs- und Umsetzungsvorschläge fallen in Abhängigkeit der Projektverantwortlichkeiten sehr unterschiedlich aus. Diese verschiedenen Blickwinkel stellen die Chance im Risikomanagement dar, eine umfassende Sicht auf das Projekt zu erhalten.

12.1.2 Faktor Persönlichkeit

Die Persönlichkeit eines Menschen ist ein weiterer entscheidender Einflussfaktor auf den individuellen Umgang mit Risiken im Projekt. So wird z. B. wird ein typisch optimistischer Mensch ihm bekannte Risiken nicht so hoch bewerten wie ein typischer Pessimist.

Auf Basis des Enneagramms (siehe Kapitel 6.3) können die Persönlichkeiten nach ihrem Umgang mit Risiken klassifiziert werden. In der Tabelle 12.1 werden die Enneagrammtypen bezüglich ihres typischen Risikoverhaltens dargestellt.

Für einen Projektleiter oder Risikomanager ist es wichtig zu wissen, welche Persönlichkeitstypen in seinem Projektteam vertreten sind. Einerseits können dadurch die Vorteile bestimmter Persönlichkeitstypen gezielt genutzt werden, andererseits ist es damit auch möglich, bestimmte Verhaltensweisen kritisch zu hinterfragen.

12.1.3 Faktor kulturelle Herkunft

Ein weiterer entscheidender Faktor, der das Risikoverhalten eines Menschen prägt, ist seine kulturelle Herkunft. Zum Beispiel werden Mitarbeiter aus Kulturen mit hoher Machtdistanz selten offen über mögliche Risiken reden oder Risiken kommunizieren, weil die Hemmschwelle hier sehr hoch ist. In Kulturen mit niedriger Machtdistanz hingegen ist es in der Regel überhaupt kein Problem, Risiken zu benennen und in alle Ebenen zu berichten.

Die Kulturdimensionen Machtdistanz, Maskulinität und Individualität sind sehr gute Anhaltspunkte zur Einschätzung des kulturell geprägten Risikoverhaltens.

Wie sich die Kultur auf das Risikoverhalten auswirkt, wird in Tabelle 12.2 verdeutlicht. Die dort beschriebenen typischen Verhaltensweisen und Typen sind dem Buch von *Hofstede* entnommen. Es handelt sich hierbei um die Verhaltensweisen, die das Risikoverhalten dieser Kultur entscheidend beeinflussen.

Individualistische, feminine Kulturen mit kleiner Machtdistanz (z. B. Dänemark, Schweden) haben keine Probleme aktiv Risikomanagement einzusetzen, über Risiken zu sprechen und Risiken entsprechend zu behandeln.

In kollektivistischen, maskulinen Kulturen mit großer Macht-

12.1 Der Umgang mit Risiken

Enneagrammtypen – Risikoverhalten

Typ 1: Perfektionist
- ärgert sich, wenn der Projektablauf durch unvorhergesehene Dinge gestört wird
- hegt eine tiefe Aversion gegen Risiken
- setzt sich dafür ein, alles zu tun, um Risiken zu vermeiden

Typ 2: Geber
- erkennt und vermeidet Risiken, die wichtige Beziehungen gefährden könnten

Typ 3: Überflieger
- nimmt sich wenig Zeit für detaillierte Überlegungen: will „Action"
- nimmt Risiken in Kauf, wenn ihm persönlich keine beruflichen Nachteile entstehen

Typ 4: Künstler
- steht gerne am Abgrund und braucht den Adrenalinstoß um zu fühlen, dass er noch lebt
- blüht förmlich auf, wenn ein Projekt gewisse Risiken birgt
- sieht Risiken als Herausforderung an

Typ 5: Beobachter
- versucht Risiken sachlich und nüchtern zu betrachten
- zieht alle Einflussfaktoren in Betracht
- verlässt sich auf die Logik zur Einschätzung des Risikos
- neigt dazu, sein persönliches Risiko-Radar auszublenden

Typ 6: Team Player
- stellt sich alles vor, was überhaupt schief gehen könnte
- ist aber auch oft der Bremser im Projekt

Typ 7: Optimist
- ist von Natur aus optimistisch
- übersieht oder unterschätzt Risiken

Typ 8: Boss
- neigt dazu, furchtlos zu sein
- verlässt sich auf seinen Instinkt, eine Lage zu bewerten
- hat nicht die Geduld für detaillierte Analyse

Typ 9: Vermittler
- blendet Gefahren unbewusst aus
- unterschätzt oder übersieht Risiken

Tab. 12.1: Typisches Risikoverhalten der Enneagrammtypen

12. Risikomanagement

Risikomanagement findet bei Mitarbeitern dieser Kulturausprägung hohe Akzeptanz	Risikomanagement ist in Kulturen mit diesen Ausprägungen sehr schwierig einzuführen
• **Kleine Machtdistanz:** Mitarbeiter erwarten in Entscheidungen miteinbezogen zu werden	• **Große Machtdistanz:** Mitarbeiter erwarten Anweisungen zu erhalten
• **Individualistisch:** – Seine Meinung zu äußern, ist Kennzeichen eines aufrichtigen Menschen – Low-context-Kommunikation – Man erwartet von jedem eine eigene Meinung	• **Kollektivistisch:** – Man sollte immer Harmonie bewahren und direkte Auseinandersetzungen vermeiden – High-context-Kommunikation – Meinungen werden durch Gruppenzugehörigkeit vorbestimmt
• **Feminin:** – Vorgesetzte verlassen sich auf ihre Intuition und streben Konsens an – Konflikte werden beigelegt, indem man miteinander verhandelt und nach einem Kompromiss sucht	• **Maskulin:** – von Vorgesetzten erwartet man, dass sie entschlussfreudig und bestimmt sind – Konflikte werden beigelegt, indem man sie austrägt

Tab. 12.2: Verhaltensmuster/Eigenschaften bezogen auf das Risikoverhalten nach dem Kulturmodell von *Hofstede*

distanz (z. B. Lateinamerika) ist es sehr schwierig, überhaupt eine Akzeptanz der Mitarbeiter zum Risikomanagement zu erhalten.

Das Risikoverhalten in Abhängigkeit zur Kulturdimension Unsicherheitsvermeidung (vgl. Tabelle 12.3) ist nicht eindeutig darzustellen. Dies kann nur im Kontext der anderen drei Dimensionen ermittelt werden. Zum Beispiel hat Dänemark einen niedrigen Unsicherheitsvermeidungsindex. Dänen haben in der Regel kein Problem damit, Risiken zu betrachten und auch darüber offen zu diskutieren. Hier gilt der Aspekt, dass Risiken auch interessant sein können und entsprechende Herausforderungen darstellen. Indien verfügt ebenfalls über einen niedrigen Unsicherheitsvermeidungsindex, jedoch auch über eine große Machtdistanz und ist kollektivistisch. Dort ist es eine Herausforderung Risikomanagement einzuführen, da schon das Nennen von Risiken seitens der Mitarbeiter eine Kritik an ihrem Vorgesetzten bedeuten könnte, was in ihren Augen nicht statthaft ist.

Hohe Unsicherheits-vermeidung	Niedrige Unsicherheits-vermeidung
Die dem Leben innewohnende Unsicherheit wird als ständige Bedrohung empfunden, die es zu bekämpfen gilt	Unsicherheit (Ungewissheit) ist eine normale Erscheinung im Leben und wird täglich hingenommen, wie es gerade kommt
Akzeptanz bekannter Risiken, Angst vor uneindeutiger und unbekannter Situation	Uneindeutige Situationen mit unbekannten Risiken werden akzeptiert
Ungewisse/unbekannte Situationen sind bedrohlich	Ungewisse/unbekannte Situationen sind interessant

Tab. 12.3: Verhaltensmuster der Kulturdimension Unsicherheitsvermeidung bezogen auf das Risikoverhalten nach dem Kulturmodell von *Hofstede*

Die Ausprägung der hier besprochenen Kulturdimensionen hat einen erheblichen Einfluss auf die Art und Weise, wie mit Risiken in den unterschiedlichsten Kulturen umgegangen wird. Diese kulturellen Verhaltensmuster prägen auch das individuelle Verhalten von Individuen und haben damit einen erheblichen Anteil daran, wie ein Mensch mit Risiken umgeht.

12.1.4 Individuelle Risikokultur

Die individuelle Risikokultur eines jeden Einzelnen wird aus dem Zusammenspiel der Faktoren Projektrolle, Persönlichkeit und kulturelle Herkunft bestimmt. Dabei kann die Gewichtung der Faktoren bei jedem Menschen anders sein. Bei einem indischen Mitarbeiter eines amerikanischen Unternehmens, der schon seit Jahren in den USA lebt, ist der Einfluss der indischen Kultur in seinem Projektverhalten sicher nicht mehr so stark, wie bei einem indischen Mitarbeiter eines indischen Unternehmens.

12. Risikomanagement

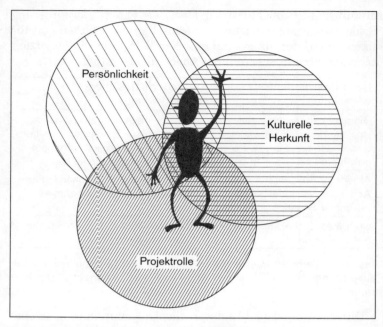

Abb. 12.1: Faktoren der individuellen Risikokultur

Für das Risikomanagement ist es wichtig, ausgehend von der Projektorganisation und einer durchgeführten Teamanalyse, eine Analyse über die individuelle Risikokultur der Teammitglieder durchzuführen. Diese Analyse ist Basis für die Definition des Risikomanagementprozesses.

12.2 Risiken kommunizieren

Die Beantwortung der Frage, wie Risiken kommuniziert werden bzw. kommuniziert werden können, ist ein weiterer Grundstein zur Definition des Prozesses. Risikokommunikation bedeutet, erkannte Risiken mitzuteilen. Dies kann während des Identifikationsprozesses geschehen, indem Teammitglieder Risiken, die sie sehen, an den Risikomanager melden. Risiken werden aber auch durch das Berichtswesen innerhalb und außerhalb des Teams abgebildet und kommuniziert.

Die geeignete Form der Risikokommunikation in internationalen Projekten ist einerseits von der Risikokultur und andererseits von den unterschiedlichen – häufig verdeckten oder nicht erkannten – Interessen der Projektbeteiligten und -betroffenen abhängig. Damit wird die Frage, wem wie und welche im Projekt identifizierten Risiken kommuniziert werden, zu einer politischen Frage.

12.2.1 Projektinterne Risikokommunikation

Das Projektteam muss immer über aktuelle Risiken und deren Status informiert sein. Die projektinterne Kommunikation ist sicherlich etwas einfacher und unkritischer zu handhaben als die projektexterne. Trotzdem ist hier genauestens zu überlegen, welche Risiken an welche Teams kommuniziert werden.

In Kulturen mit hoher Machtdistanz ist es schwierig, offen über mögliche Risiken zu reden oder Risiken offen zu kommunizieren. Die Hemmschwelle, überhaupt den Begriff Risiko zu äußern ist sehr hoch. Daraus ergibt sich die kritische Frage, ob wirklich alle Risiken jedem Teammitglied bekannt gemacht werden sollten, oder ob nur über die Risiken innerhalb der betroffenen Teams gesprochen werden sollte. Wenn es in einem IT-Projekt zum Beispiel um die Stabilität einer Schnittstelle geht, muss der Projektplan entsprechend angepasst werden. Es genügt jedoch, dieses Risiko innerhalb des betroffenen Entwicklungs- und Testteams anzusprechen und den Projektleiter zu informieren, es muss nicht an alle Teams weitergegeben werden.

Ferner muss auf den Aspekt „Gesicht wahren" in asiatischen Kulturen Rücksicht genommen werden. Risiken offen zu kommunizieren, kann hier zu einem Vertrauensbruch innerhalb des Projektteams führen, was die weitere Zusammenarbeit in Frage stellt. In diesem Umfeld sollten die Risiken an die betroffenen Bereiche und Mitarbeiter nur über eine Vertrauensperson vermittelt werden, die als Mittelsperson zwischen Risikomanager und Betroffene/Beteiligte fungiert.

12.2.2 Projektexterne Risikokommunikation

Projektexterne Kommunikation stellt eine „Veröffentlichung" der Risiken für Personen außerhalb des Projekts dar. Dies können z. B. weitere Stakeholder, der Lenkungsausschuss und auch der Kunde sein.

Sensible Risiken an externe Gruppen zu kommunizieren, kann im Projekt sehr kritisch sein, weil sie die Risiken und ihre Auswirkung oft nicht angemessen einschätzen können. Hier ist genauestens zu überlegen, wer mit welchen Informationen versorgt wird und welche Risiken außerhalb des Projekts kommuniziert werden.

Ein deutsches Unternehmen der Medizintechnik hatte mit einer russischen Softwareentwicklungsgruppe eine Vereinbarung zur Entwicklung spezieller Tools im Bereich Signalprozessing (in diesem Fall Herausfiltern der Störgeräusche aus Funksignalen) getroffen. Diese Gruppe wurde ausgesucht, da sie ein spezielles, weit entwickeltes Know-how in diesem Bereich besaß.

Diese Geschäftsbeziehung dauerte schon ein Jahr an und war auch für beide Seiten zufrieden stellend. Es gab hin und wieder Lieferschwierigkeiten der neuen Releases, die auf logistische Probleme zurückzuführen waren.

Einige Mitarbeiter versuchten immer wieder, einen anderen Softwarelieferanten für diese Programme im Unternehmen zu platzieren. Diese Versuche konnten seitens der Geschäftsführung immer wieder abgeblockt werden, da keine ausreichende Begründung zum Lieferantenwechsel vorlag.

Im Zuge einer geplanten Zertifizierung sollte eine vollständige und sehr detaillierte Dokumentation inklusive der angewendeten Verfahren erfolgen. Dieses wurde als eigenständiges Projekt aufgesetzt. Eines der Risiken, die innerhalb dieses Projekts identifiziert wurden, war, dass die Entwickler die Dokumentation nicht vollständig liefern würden und dadurch die gesamte Zeitplanung der Zertifizierung und der Markteinführung in Frage gestellt war.

Nach einer Analyse dieses Risikos war sehr schnell klar, dass die russischen Entwickler fürchteten, Ihr Know-how zu veröffentlichen und damit nicht mehr den Wettbewerbsvorteil in diesem Bereich haben würden. Es war geplant, durch Gespräche, vertragliche Vereinbarungen und vertrauensbildende Maßnahmen das Risiko relativ schnell zu beseitigen.

12.2 Risiken kommunizieren

Doch leider wurden die Risiken im Rahmen des Projektberichts innerhalb des deutschen Unternehmens veröffentlicht, so dass projektexterne Mitarbeiter diese Risiken klar erkannten. Dies war nun Wasser auf die Mühlen der internen Widersacher, die den Softwarelieferanten austauschen wollten. Sie äußerten laut ihre Vermutung, dass das russische Unternehmen nicht zuverlässig sei, die Zertifizierung behindern würde und dagegen arbeiten wolle. Man könne sich auf den Partner nicht mehr verlassen und müsse nun dringend einen anderen aus dem westeuropäischen Raum heranziehen. Die Wogen schlugen hoch, und die Information, dass ein anderer Partner zur Softwareentwicklung gesucht werden sollte, kam auch bei der russischen Gruppe an. Diese fühlten sich in ihrer Vorsicht bestärkt und wollten nun gar keine Dokumentation mehr liefern.

Es dauerte vier Wochen, bis die Wogen wieder einigermaßen geglättet waren. Die Projektleitung war in dieser Zeit ausschließlich damit beschäftigt, die firmenpolitischen Ränkespielchen zu erkennen und im Sinne des Projekts zu agieren. Die Widersacher wandten sich neuen Problemen zu, die Fürsprecher gewannen wieder die Oberhand und die russische Entwicklungsgruppe hatte das Vertrauen wieder bekommen, weiterhin mit dem Unternehmen zusammenzuarbeiten.

Nun konnte an dem eigentlichen Projekt weitergearbeitet werden. Nach Durchführung der geplanten Maßnahmen (Gespräche, Verträge) gab es auch keinerlei Probleme mit der Vollständigkeit und der rechtzeitigen Abgabe der Dokumentation. Das Risiko war beseitigt.

In Anlehnung an die Regel, dass über Risiken offen gesprochen werden sollte, wurden in diesem Fall alle Informationen des Risikoassessments zur Verfügung gestellt. Leider hat aber die Verfügbarkeit dieser Informationen ein Problem verursacht, das bei einer „Nichtkommunikation" überhaupt nicht entstanden wäre und das Projekt wurde um vier Wochen zurückgeworfen, das Vertrauen musste auf beiden Seiten erst mühsam wieder aufgebaut werden. Hier wäre es besser gewesen, das Risiko nur innerhalb des Projektteams zu kommunizieren.

Zur Vermeidung ähnlicher Probleme kann auf Basis der Stakeholder- und Organisationsanalyse ein Risikokommunikationsplan erstellt werden. Dieser regelt, welche Risikobereiche an welche projektexternen Gruppen in welchem Informationsumfang kommuniziert werden sollen.

12.3 Rolle des Risikomanagers

Im internationalen Umfeld wird dringend empfohlen, die Rolle des Risikomanagers durch eine eigenständige Person zu besetzen. Diese Person darf keine weiteren Aufgaben im Projekt übernehmen, sondern ist ausschließlich für die Prozessdefinition und Durchführung des Risikomanagements verantwortlich.

Gerade in dem komplexen Spannungsfeld zwischen Auftraggeber und Auftragnehmer, verschiedenen Kulturen, dem Projektteam und weiteren Stakeholdern muss die Rolle des Risikomanagers streng von der des Projektleiters abgekoppelt werden. Der Projektleiter ist immer Teil dieses Spannungsfeldes und daher kaum in der Lage, einen neutralen Beobachtungsstandpunkt auf das Projekt und sein Umfeld einzunehmen.

Liegt eine Trennung der beiden Rollen Risikomanager und Projektleiter vor, dann sind die Projektmitarbeiter eher bereit, Risiken zu benennen. Insbesondere Risiken, die in einem Zusammenhang mit dem Projektleiter stehen und gegebenenfalls dessen Kompetenz in den verschiedensten Bereichen berühren oder ihn schlecht erscheinen lassen, werden dann eher angesprochen.

Der Risikomanager ist in der Lage, Risiken anonymisiert aufzulisten und weiterzugeben und kann dadurch diejenigen Projektmitarbeiter schützen, die Risiken in der Arbeit übergeordneter Kollegen erkennen und sie aufgrund ihrer großen Machtdistanz nicht melden würden. Der Risikomanager sollte auch die Rolle des Moderators bei der Durchführung der Ursachenanalyse und der Planung der Maßnahmen gegen die genannten Risiken übernehmen. Hier hilft seine Neutralität, die Spannungen innerhalb des Teams abzubauen. Ein weiterer Aspekt ist, dass der Risikomanager oft auch als „Kummerkasten" des Projektteams benötigt wird.

Damit der Risikomanager seine Neutralität wahren kann, darf er weder dem auftraggebenden noch einem auftragnehmenden Unternehmen angehören. Trotz dieser strengen Abgrenzung muss eine sehr intensive Zusammenarbeit zwischen ihm und dem Projektleiter erfolgen.

12.4 Prozessdefinition

Der Risikomanagementprozess muss immer den aktuell herrschenden Bedingungen im Projekt angepasst werden. Das bedeutet, dass in jedem internationalen Projekt die Art und Weise, wie Risikomanagement durchgeführt wird, neu definiert werden muss. Dabei bleiben die grundlegenden Prozessschritte Identifikation, Analyse, Planung und Steuerung unberührt. Es stellt sich die Frage, wie die einzelnen Schritte so durchgeführt werden können, dass das Risikomanagement unter den gegebenen Teambedingungen sinnvoll und effizient durchgeführt werden kann.

Ausgangspunkt für die Definition ist dabei die Analyse der individuellen Risikokulturen und die daraus resultierenden Betrachtungen, wie die Risikokommunikation im konkreten Fall gestaltet werden kann.

In den folgenden Abschnitten wird erläutert, welche Verfahren und Vorgehensweisen für die einzelnen Prozessschritte eingesetzt werden können.

12.4.1 Risikoassessment-Gruppen

Risikoassessment-Gruppen sind Gruppierungen von Teammitgliedern, die ein eigenes, in sich abgeschlossenes Risikomanagement durchführen. Die Ergebnisse des Risikoassessments werden der Gruppe und dem Projektleiter bekannt gegeben. Dem Projektleiter obliegt die Verantwortung, bestimmte Risiken gemäß seines Risikokommunikationsplans an weitere Stakeholder zu kommunizieren.

12.5 Risikoidentifikation

Für eine Risikoidentifikation ist die Fähigkeit entscheidend, Risiken zu erkennen und zu benennen. Generell treten folgende Probleme bei der Identifikation von Risiken auf:
- Nicht jedes Teammitglied ist in der Lage, Risiken zu **erkennen**
- Nicht jedes Teammitglied ist in der Lage, Risiken zu **benennen**.

12. Risikomanagement

12.5.1 Problem: Risikoerkennung

Persönlichkeitsbedingt übersehen bzw. unterschätzen die beiden Enneagramm-Typen Vermittler (Typ 9) und Optimist (Typ 7) sehr schnell Risiken, die im Projekt entstehen könnten. Der Optimist neigt dazu, alles durch die rosarote Brille zu sehen. Er übersieht oder unterschätzt dabei Risiken, die im Projekt entstehen könnten. Da er von Natur aus optimistisch ist, glaubt er, alles wird gut. Auch der Vermittler unterschätzt oder übersieht Risiken, weil er Risiken nicht sehen will. Gefahren werden unbewusst ausgeblendet und potenzielle Bedrohungen unterschätzt.

Durch die Einnahme einer bestimmten Projektrolle ist es in der Regel nur möglich, Risiken zu erkennen, die im Fokus dieser Projektrolle liegen. Das kommt daher, dass die Rolle ein bestimmtes Bündel an Aufgaben mit sich bringt und der Rolleninhaber sich auf diese Aufgaben konzentriert und damit seinen Blick schärft für alles, was in Bezug zu diesen Aufgaben steht.

Auch die kulturelle Herkunft eines Projektmitarbeiters prägt seine Fähigkeit, Risiken zu erkennen. In Kulturen mit niedriger Unsicherheitsvermeidung werden bekannte wie auch unbekannte Risiken eher akzeptiert als in Kulturen mit hoher Unsicherheitsvermeidung. Dies führt oft dazu, dass die Bedrohung durch Risiken spät, zu spät oder gar nicht wahrgenommen wird. In Kulturen mit einer großen Machtdistanz sind die Menschen es nicht gewohnt, über ihren Aufgabenbereich hinauszusehen, weshalb sie Risiken nicht wirklich wahrnehmen. Außerdem macht man sich hier keine Gedanken über Risiken, denn der Vorgesetzte gibt Anweisungen und wird schon wissen was zu tun ist.

Ein weiteres Problem besteht darin, dass das kulturelle Umfeld nicht bekannt ist, in dem das Risiko entsteht. Kulturfremde Menschen können hier ein Risiko nicht erkennen, weil sie nicht wissen, was in diesem Umfeld „normal" und was riskant ist.

12.5.2 Problem: Risikobenennung

Die Enneagrammtypen Perfektionist (Typ 1) und Team Player (Typ 6) sind sehr aktiv, was das Sammeln und Aufschreiben von Risiken anbelangt. Dagegen wird der Boss (Typ 8) sich eher auf seinen Instinkt verlassen um eine Lage zu bewerten. Er hat nicht die Geduld für detaillierte Analysen und wird sich von daher scheuen, Risiken aufzuschreiben. Er empfindet dies als lästig.

In Kulturen mit starkem Kontextbezug (z. B. China, Japan, Lateinamerika, Afrika, Indien) werden Probleme nicht direkt angesprochen, sondern Probleme werden in langen Diskussionen langsam eingekreist, was Kulturen mit einen schwachen Kontextbezug als „darum herum reden" bezeichnen. In diesen Kulturen ist die verbale Botschaft vor allem am Anfang der Diskussion unklar. Um sich die Absicht des Sprechers zu erschließen, müssen weitere Informationen wie die Situation, Stimme, Gesichtsausdruck und Gestik einbezogen werden. Es kann nicht mit konkreten Risikobeschreibungen von diesen Teammitgliedern gerechnet werden.

Auch Personen aus Kulturen mit hoher Machtdistanz scheuen sich, Risiken aufzuschreiben. Dies kommt in ihren Augen einer Kritik und einem Widerspruch gegenüber Vorgesetzten gleich, und das würden sie ungern und schon gar nicht schriftlich tun.

Ein weiteres Problem in international besetzten Projektteams stellt die Einschätzung der Risiken dar, die bei den Beteiligten auf Basis ihrer kulturell unterschiedlichen Wertung sehr konträr ausfallen kann.

12.5.3 Risikostatement

> In einem Produktentwicklungsprojekt, das in Deutschland durchgeführt wird, sind Amerikaner und Deutsche beteiligt. Das Risiko „Nicht ausreichende Ressourcen während der Entwicklungsphase verfügbar" wird von den beiden Gruppen völlig unterschiedlich eingeschätzt.

Der Grund hierfür liegt in den verschiedenen Erfahrungswerten der beiden Gruppen: Die Deutschen wissen, dass es erfahrungsgemäß schwer ist im Projektverlauf zusätzliche Ressourcen genehmigt zu bekommen. Erst wenn es brennt, erhalten sie in der Regel die Zustimmung der deutschen Geschäftsleitung. Da jedoch auf dem deutschen Markt die benötigten Spezialisten sehr knapp sind, wissen sie, dass sich das Projekt um mindes-

12. Risikomanagement

tens vier Wochen verzögern wird. Die amerikanischen Kollegen kennen diese Mitarbeiterknappheit nicht. Ihre Erfahrungen sagen ihnen, dass im schlimmsten Fall Spezialisten aus bestehenden Arbeitsverhältnissen von anderen Unternehmen abgeworben werden können.

Dieses Beispiel zeigt sehr deutlich, wie wichtig es ist, eindeutig und klar verständliche Risikostatements zu formulieren. In internationalen Projekten hat sich die Vorgehensweise bewährt, ein Risikostatement immer durch eine Bedingung und eine Konsequenz zu beschreiben.

Kriterien für ein gutes Risikostatement sind:
- Es muss eindeutig sind
- Es muss leicht verständlich sein
- Es muss Bedingung und Konsequenz enthalten.

Dies zeichnet sich z. B. durch die Bedingung „Wenn ... dann ..." aus. Wenn mit Risikolisten (z. B. mit Excel) gearbeitet wird, dann sollten zwei Felder für Bedingung und Konsequenz vorgegeben werden, wie es die Abbildung 12.2 darstellt.

Nr.	Risiko		
	Bedingung	Konsequenz	
1	Nicht ausreichend Ressourcen während der Entwicklungsphase verfügbar	Das Projekt wird sich um mindestens 4 Wochen verzögern	
2	...	...	

Abb. 12.2: Beispiel für ein Risikostatement

Durch diese Beschreibung sind auch die amerikanischen Kollegen aus dem obigen Produktentwicklungsprojekt in der Lage, das Risiko der mangelnden Mitarbeiter als ein kritisches Risiko einzustufen. Mit der Konsequenzbeschreibung wird vermieden, dass kulturabhängige Interpretationen vorgenommen werden, die zu einer völlig falschen Einschätzung der möglichen Situation führen können.

12.5.4 Freigabe von Risikostatements

In einem deutsch-spanischen Migrationsprojekt auf Windows 2000 basierte eine Systemdefinition auf Informationen, die von den spanischen Kollegen zu geben waren. Das benannte Risiko seitens eines deutschen Mitarbeiters „die Spanier werden ihre Informationen zu spät abliefern, so dass ein Zeitverzug zu erwarten ist" führte zu einem Eklat innerhalb des Projektteams, der das Projekt für eine Woche fast lahm legte.

In diesem Projekt wurde das Risiko identifiziert und in eine allgemeine Liste eingetragen, in der das Team alle identifizierten Risiken sammeln wollte. Dieses Risiko wurde von einem spanischen Kollegen gelesen, der die Meldung als Ausdruck von Misstrauen interpretiert und dies an seine Vorgesetzten weitergetragen hat. Hätte das Risiko gelautet, „Informationen könnten zu spät geliefert werden, so dass ein Zeitverzug im Projekt zu erwarten ist" so hätte dieser Eklat vermieden werden können und es wäre nicht zu einem Vertrauensbruch zwischen den deutschen und spanischen Kollegen gekommen. Bei einer derartigen Formulierung hätte man sich sachlich mit dem möglichen Problem auseinandersetzen können.

Dieses Beispiel zeigt auch wie kritisch es in internationalen Projekten ist, wenn Risiken auf eine Gruppe oder eine Kultur fokussieren. Dies kann zu Missverständnissen und Disharmonien, und im schlimmsten Fall zu gravierenden Konflikten führen.

Zur Vermeidung derartiger Probleme hilft die Einführung eines Freigabeverfahrens für Risikostatements. Hierbei müssen Risiken zuerst an den Risikomanager übermittelt werden. Dieser prüft die Risiken und ihre Formulierung. Er wird gegebenenfalls Risiken umformulieren oder zurückweisen. Erst nach seiner Freigabe wird ein identifiziertes Risiko in eine für alle einsehbare Liste eingetragen.

12.5.5 Identifikationsverfahren

Zur Identifikation von Risiken gibt es die unterschiedlichsten Vorgehensweisen. Diese reichen von der individuellen Identifizierung bis hin zu Identifizierungsworkshops.

12. Risikomanagement

Bei einer individuellen Identifizierung formulieren Teammitglieder Risiken und leiten diese an den Risikomanager weiter oder tragen sie in eine gemeinsame Risikoliste ein.

In Identifizierungsworkshops werden Risiken per Brainstorming- oder Brainwriting-Verfahren gemeinsam im Team identifiziert. Dies geschieht mit Hilfe des Risikomanagers als Moderator. Teams und Personen aus kontextstarken Kulturen sollten hierzu in Gruppen zusammengefasst werden, um gemeinsam Risiken zu suchen und zu finden. Teammitglieder aus eher individualistischen Kulturen würden diese Art der Arbeitsweise als hemmend und störend empfinden. Sie sind bereit, Risiken individuell zu identifizieren und sie dem Risikomanager mitzuteilen. Personen aus Kulturen mit großer Machtdistanz bevorzugen in der Regel die individuelle Identifikation in anonymisierter Form, um sich nicht möglichen Repressalien der Vorgesetzten auszusetzen.

Es ist nun die Aufgabe des Risikomanagers, anhand der durchgeführten Analysen die geeignete Form der Identifikation für jede Assessment-Gruppe zu definieren.

12.5.6 Risikochecklisten

Risikochecklisten sind Listen, die mögliche Risiken, ihre Bedingungen und Konsequenzen beschreiben. Sie sind ein zusätzliches Werkzeug während des Identifikationsprozesses, das sich besonders in kollektivistischen Kulturen eignet, weil diese aufgrund der bevorzugten Kommunikation im starken Kontext unklar argumentieren und wenig eindeutige Risikostatements liefern.

Dabei ist aber zu beachten, dass die Checklisten nicht kulturell verzerrt sein dürfen. Wenn z. B. ein amerikanischer Mitarbeiter eine Risikocheckliste erstellt, dann ist diese Checkliste „kulturell verzerrt" und passt nicht wirklich auf z. B. japanische Verhältnisse. Zur Erstellung von Risikochecklisten muss ein kultureller Coach hinzugezogen werden, der auf Unterschiede im Risikoverständnis, der Risikobewertung und der möglichen Konsequenzen eingehen kann und auf dieser Basis die Checkliste im Vorfeld gestaltet.

12.6 Risikobewertung

12.6.1 Bewertungsklassifizierung

Die Bewertung von Risiken erfolgt nach der Einschätzung der Wahrscheinlichkeit, mit der ein Risiko eintreten könnte, und des möglichen Schadens, den es anrichten könnte. Als Basis der Bewertung wird eine Wahrscheinlichkeits- und Schadensklassifizierung herangezogen. Diese Klassifizierungen werden von dem Projektleiter in Zusammenarbeit mit dem Risikomanager definiert. Sie sind für alle Risikoassessment-Gruppen gleich, damit die Ergebnisse der verschiedenen Risikoassessments vergleichbar sind.

Schadens-klasse	Schaden, der entsteht bezügl.			
	Zeit	Kosten	Funktion	Ziel
3	>1 Tag Verzug	>20% Erhöhung	Prio 1 Funktionen nicht vollständig implementiert oder nicht funktionsfähig	Ansehen des Unternehmensleiters wird beschädigt
2	–	10–20% Erhöhung	Prio 1 Funktionen fehlerhaft (Workaround möglich)	
1	–	<10% Erhöhung	Prio 1 Funktionen mit optischen Fehlern	

Tab. 12.4: Schadensklassifizierung

Die Eintrittswahrscheinlichkeit kann z. B. erfolgen nach
- Größen wie
  - niedrig = 10 %,
  - mittel = 50 % und
  - hoch = 90 %
- oder nach Wahrscheinlichkeitsskalierungen ohne vorgegebene Stufen.

12. Risikomanagement

Üblicherweise wird die Schadenseinschätzung nach einer Klassifizierung vorgenommen, die durch die drei Projektparameter Zeit, Kosten und Funktion/Qualität geprägt ist. In internationalen Projekten werden sie durch zusätzliche Ziele ergänzt, wie das Beispiel in Tabelle 12.4 (S. 283) zeigt.

Weitere Klassifizierungen eines Schadens, beispielsweise beim Bau einer neuen Chemieanlage, könnten Umweltverschmutzung oder Imageverlust betreffen.

12.6.2 Teamorientierte Risikobewertung

In der Praxis nationaler Projekte finden sich zwei verschiedene Ansätze, wie die Bewertung der Risiken vorgenommen wird:
- Bewertung durch den Projektleiter
- Bewertung durch das Team.

Bei der Bewertung durch den Projektleiter wird die Einschätzung der Risiken ausschließlich durch den Projektleiter durchgeführt. Dieser Ansatz wird in vielen nationalen Projekten, mit dem Argument „Ich als Projektleiter bin doch für das gesamte Projekt verantwortlich, habe den Gesamtüberblick und bin aus dem Grund auch der Einzige, der in der Lage ist, die wirklichen Risiken im Projekt zu erkennen" bevorzugt. Aufgrund der unterschiedlichen kulturellen Erfahrungen kann dieses Vorgehen in internationalen Projekten gefährlich sein, weil es nur eine Sichtweise berücksichtigt und mögliche Erkenntnisse anderer Beteiligten ausschließt.

Der Teamansatz ist dadurch gekennzeichnet, dass jedes Teammitglied innerhalb seiner Risikoassessment-Gruppe alle zuvor identifizierten Risiken nach Eintrittswahrscheinlichkeit und Schadensklassifizierung bewertet.

Mit Hilfe verschiedener Aggregationsstufen, die auf mathematischen Verfahren basieren (z. B. Mittelwert, Median), werden die Beurteilungen zu einer Gesamtbewertung zusammengeführt. So kann gewährleistet werden, dass jede Sichtweise, bedingt durch Rolle, kulturelle Erfahrung und Persönlichkeit, berücksichtigt wird.

12.6.3 Gruppenorientierte versus individualorientierte Bewertung

Bei Mitarbeitern aus kollektivistischen Kulturen sind die Arbeitsergebnisse, die in Gruppenarbeit erzielt werden, besser als die Ergebnisse, die durch Individualarbeit erzielt werden. Dieser Aspekt sollte nicht nur bei der Identifizierung von Risiken, sondern auch bei ihrer Bewertung berücksichtigt werden. Hier bietet sich an, beide Prozessschritte in Gruppen durchzuführen.

Mitarbeiter aus individualistischen Kulturen und mit kleiner Machtdistanz bevorzugen es, Bewertungen alleine durchzuführen und ihre Einschätzungen mitzuteilen.

In Kulturen mit großer Machtdistanz sollte eine moderierte Bewertungssitzung erfolgen, da sonst die Mitarbeiter mit hoher Wahrscheinlichkeit keine Bewertung abliefern.

Daraus ergibt sich, dass die Durchführung der Risikobewertung sehr stark von der kulturellen Ausprägung des Teams abhängig ist.

12.7 Mehrstufiges Aggregationsverfahren

Das Ziel der Risikobewertung ist, nach Zusammenführung aller Einschätzungen eine Rangliste der Risiken zu erhalten. Danach ist man in der Lage, die Top-Risiken herauszufiltern und Maßnahmen gegen diese Risiken zu definieren.

Zur Erstellung dieser Rangliste müssen nun die Bewertungen der Teammitglieder oder der Teamgruppen vom Risikomanager zusammengeführt werden. Ziel bei der Erstellung der Rangliste ist, dass alle Einflussfaktoren (Kultur, Persönlichkeit und Rolle) gleichwertig berücksichtigt werden. Dafür können in internationalen Projekten mehrstufige Aggregationsverfahren angewendet werden. Durch diese Verfahren werden alle drei Einflussfaktoren auf die Risikokultur berücksichtigt und es liegt anschließend eine relativ „objektive" Rangfolge der Risiken vor.

Das Prinzip des mehrstufigen Aggregationsverfahrens wird in Abbildung 12.3 (S. 287) anhand eines kleinen Beispiels dargestellt. Das Beispiel geht von einer Individualbewertung aus. Liegt eine Gruppenbewertung vor, so ist diese Bewertung nach der Anzahl der Teammitglieder, wie auch nach den Rollen und Kulturen entsprechend zu gewichten.

In einer Vorstufe werden Individualbewertungen der Mitarbeiter gesammelt. In der ersten Aggregationsstufe werden diese nach den verschiedenen Aspekten der Projektrolle, Persönlichkeit und Kultur zusammengefasst. D. h. in der Rollenaggregation wird z. B. aus allen Bewertungen der beteiligten Entwickler ein Mittelwert gebildet. Dasselbe geschieht mit den Bewertungen der Mitarbeiter aus der Qualitätssicherung, der Projektleitung und anderen Funktionsbereichen. Nach demselben Schema werden Kultur- und Persönlichkeitsaggregationen durchgeführt.

In der zweiten Stufe werden diese Mittelwerte erneut zusammengefasst und ein gemeinsamer Mittelwert gebildet.

Die Rangliste der Risiken, die aus diesen Konsolidierungsverfahren ermittelt werden, können nun an die Risikoassessment Gruppen zur Durchführung der Maßnahmenplanung zurückgegeben werden.

12.8 Risikoplanung

In der Risikoplanung werden die Top-Risiken auf ihre möglichen Ursachen hin analysiert, Maßnahmen gegen diese Risiken geplant und durchgeführt.

Für die Durchführung der Risikoplanung haben sich besonders im internationalen Umfeld Planungssitzungen innerhalb der Assessment-Gruppen bewährt, die sich um ein bis zwei Risiken kümmern. Planungssitzung bedeutet hier, dass gemeinsam eine Ursachenanalyse und Maßnahmenplanung erstellt wird. Bei diesen Planungssitzungen sollte immer auch ein Repräsentant mit entsprechender Entscheidungsbefugnis anwesend sein. Dadurch ist es möglich, sofort eine Zusage (oder auch Absage) zu einer Maßnahme zu erhalten.

Der Risikomanager provoziert Probleme, wenn er Planungssitzungen in kurzfristig orientierten Kulturen mit schwachem Unsicherheitsvermeidungsindex durchführen möchte. Menschen, die

12.8 Risikoplanung

Stufe 2

Risiko Nr. 1	Rolle	Kultur	Typ	Mittelwert
Wahrscheinlichkeit	53,3%	45,0%	53,3%	**50,5%**
Schadensklasse	2,83	2,5	2,83	**2,72**

Stufe 1

Risiko Nr. 1	Entwicklung	Qualitätssicherung	Projektleitung	Mittelwert
Wahrscheinlichkeit	30%	60%	70%	53,3%
Schadensklasse	1,5	3	4	2,83

Risiko Nr. 1	Österreich	Deutschland	Indien	Mittelwert
Wahrscheinlichkeit	55%	70%	10%	45%
Schadensklasse	2,5	4	4	2,5

Risiko Nr. 1	Typ 2	Typ 4	Typ 8	Mittelwert
Wahrscheinlichkeit	30%	60%	70%	53,3%
Schadensklasse	1,5	3	4	2,83

Vorstufe Individualbewertungen

Risikobewertung für Risiko Nr. 1	Bernd Meyer, Österreich Enneagramm Typ 2 Entwicklung	Alfons Stadlhuber, Österreich Enneagramm Typ 4 Qualitätssicherung	Karl Schäfer, Deutschland Enneagramm Typ 8 Projektleitung	Rakesh Sunilvama, Indien Enneagramm Typ 2 Entwicklung
Wahrscheinlichkeit	50%	60%	70%	10%
Schadensklasse	2	3	4	1

Abb. 12.3: Mehrstufiges Aggregationsverfahren

durch diese kulturelle Herkunft geprägt sind, reagieren mit Irritationen und gegebenenfalls sogar mit Unverständnis, da ihnen langfristige Planungen nicht geläufig sind. In diesem Fall ist es sinnvoller, wenn der Projektleiter gemeinsam mit einem kulturellen Coach mögliche Maßnahmen gegen Risiken definiert.

12.8.1 Kulturabhängige Maßnahmen

Ein internationales Unternehmen, das seinen Hauptsitz in den USA und Niederlassungen in den USA, in Europa und Lateinamerika hat, hat im Stammsitz in den USA einen Leitfaden von zehn Seiten für die interne Telefon-Hotline erstellt. Nach Fertigstellung wird er an alle betroffenen Standorte verteilt. Die amerikanischen Niederlassungen sind äußerst zufrieden und der Projektleiter bekommt von seinen amerikanischen Kollegen sehr viel Lob für seine gute Arbeit. Die lateinamerikanischen Niederlassungen jedoch sind ziemlich verärgert und senden Beschwerdebriefe an das Mutterhaus, in denen sie äußern, nichts mit diesem Leitfaden anfangen zu können, und dringend eine Überarbeitung fordern.

Lateinamerikanische Länder (z. B. Guatemala) haben einen hohen Unsicherheitsvermeidungsindex, was bedeutet, dass sie keine uneindeutigen Situationen mögen. Die Kollegen dieser Länder konnten mit „nur" zehn Seiten Anleitung nichts anfangen. Amerikaner dagegen benötigen nur Rahmenbedingungen und können situativ reagieren. Für sie war der Umfang des Leitfadens genau richtig, sie würden sich durch extrem detaillierte Beschreibungen und Anweisungen eher bevormundet fühlen.

Nachdem dieses Problem in der Zentrale erkannt worden ist, wird zur Zufriedenheit der lateinamerikanischen Kollegen ein neuer Leitfaden mit ca. hundert Seiten Umfang erstellt, der jede mögliche Situation im Detail beschreibt.

An diesem Beispiel ist sehr schön zu sehen, dass bei der Definition von Maßnahmen wie auch bei der Durchführung kulturelle Aspekte betrachtet werden müssen. Diese können eine Auswirkung auf die Art oder Ausprägung der Maßnahme haben. Hierfür ist es notwendig, in der Maßnahmenplanung auch Vertreter der jeweils beteiligten bzw. betroffenen Kulturen hinzuzuziehen.

12.9 Risikoüberwachung

Ein deutscher LKW-Hersteller war mitten in der Entwicklung eines neuen Modells, als erste Pressemitteilungen über eine mögliche neue EU-Richtlinie für LKW erschienen. Diese Pressemitteilungen wurden zwar registriert, aber bei der weiteren Entwicklung nicht berücksichtigt. Das Projekt verzögerte sich und niemand achtete mehr auf die Aktivitäten in Brüssel. Als das Projektteam kurz vor der Serienreife stand, wurde die neue Richtlinie in Kraft gesetzt. Diese enthielt unter anderem eine Verordnung über die zulässige Höhe der Stoßstange. Das neue Modell entsprach nun nicht mehr den gesetzlichen Anforderungen.

Da Änderungen an der Konstruktion der Stoßstange eine Auswirkung auf den gesamten Unterbau hatten, mussten die Arbeiten an diesem Modell abgebrochen werden und eine komplette Neuentwicklung durchgeführt werden. Dies bescherte dem Unternehmen Verluste in Millionenhöhe.

Hier hätte ein Projektmitarbeiter permanent die Entwicklung in Brüssel beobachten müssen. Bei den ersten Anzeichen, dass die Gesetzesvorlage Zustimmung erhält, hätte die Projektleitung informiert werden müssen, um frühzeitig auf die geänderten Konstruktionsanforderungen reagieren zu können.

Risiken können im Verlauf des Projekts an Bedeutung verlieren. Sie können aber auch an Bedeutung zunehmen. Völlig unerwartete und aus dem Nichts entstehende Krisen in einem Projekt sind eher selten. Die meisten Krisen beginnen mit relativ kleinen Anzeichen und verstärken sich exponentiell, um schließlich über das Projekt hereinzubrechen. Für fast alle Risiken existieren Indikatoren, die auf die kommende Krise hinweisen. Bei einigen Risiken werden diese auch wahrgenommen (z. B. Währungsparität, Devisenkurse, Preisindizes etc.). Oft werden aber andere Indikatoren schnell übersehen. Zum Beispiel ist eine Pressemeldung über anstehende Entlassungen eines ausländischen Partnerunternehmens ein Warnsignal für eventuell erst mittelfristige Schwierigkeiten im Projekt.

Im Rahmen der Risikoüberwachung wird beobachtet, wie sich die Risikofaktoren weiter entwickeln und wie sich die gewählten Maßnahmen bewähren.

12. Risikomanagement

Mit der Auswahl der durchzuführenden Maßnahmen muss präzisiert werden, wie das Risiko überwacht werden soll. Hierzu sind drei Schritte notwendig:
- Definition der Eskalationsstufen
- Definition der Schwellenwerte für Indikatoren
- Prozeduren für Warnungen und Notfallplan.

Eine zentrale Aufgabe der Risikoüberwachung besteht darin, die definierten Indikatoren eines Risikos systematisch zu erfassen, die Entwicklung des Risikos vorwegzunehmen und mögliche Konsequenzen zu prognostizieren. Aus den sich abzeichnenden Veränderungen kann geprüft werden, wann welche Eskalationsstufe des Risikos erreicht wird oder wann das Eintreten eines kritischen Zustandes des Projekts zu erwarten ist. Bei der Auswahl von Mitarbeitern, die für die Überwachung bestimmter Risiken verantwortlich sein sollen, muss die individuelle Risikokultur berücksichtigt werden.

Wenn man Mitarbeiter verschiedener Kulturen in das Risikomanagement einbezieht, findet auch ihre subjektiv gefärbte Kriseneinschätzung Eingang in das Bewertungssystem. Das können z. B. interpersonelle Probleme sein, die für den einen Mitarbeiter völligen Bagatellcharakter haben, während sie für einen anderen bereits den Rand einer Katastrophe markieren.

Menschen mit der Persönlichkeitsausprägung Perfektionist, Geber oder Beobachter eignen sich besonders gut für die Überwachung von Risiken.

12.10 Zusammenfassung

Die Herausforderung, in internationalen Projekten ein Risikomanagement durchzuführen, besteht darin, unter Berücksichtigung der individuellen Risikokultur die Risiken eines jeden beteiligten Teammitglieds derart zu integrieren, dass die kulturellen Differenzen berücksichtigt und ausgeglichen werden können. Dieser Prozess kann nur sinnvoll durchgeführt werden, wenn die Rolle Risikomanagement mit einer unabhängigen Person besetzt wird. Die personelle Abgrenzung zwischen Projektleiter und Risikomanager sichert die Neutralität und Objektivität innerhalb des Projekts.

Risikomanagement in internationalen Projekten muss als Prozess verstanden werden, den es an die kulturellen Gegebenheiten anzugleichen gilt. Erst wenn dies erfolgt, kann das Risikomanagement wirklich zum Erfolg der internationalen Projekte beitragen.

13. Interkulturelle Unterschiede im Qualitätsverständnis

Prof. Dr. Yvonne-Gabriele Schoper

Dieses Kapitel will den Leser dafür sensibilisieren, dass es in der internationalen Zusammenarbeit häufig ein sehr unterschiedliches Verständnis von Qualität gibt, auch wenn alle Teammitglieder von demselben Begriff „Qualität" zu sprechen glauben.

Diese Unterschiede in der Qualitätsauffassung gilt es zu kennen und im internationalen Projekt zu berücksichtigen. Das folgende Kapitel stellt eine Einführung in das unterschiedliche Verständnis von Qualität dar, das weitgehend kulturell geprägt ist. Zudem zeigt es mögliche Lösungsansätze, um in einem internationalen Projekt ein gleiches Qualitätsverständnis bei allen Teammitgliedern zu erzielen.

13.1 Definitionen von Qualität

In der Literatur gibt es zahlreiche Definitionen für Qualität, z. B. in DIN 55350 wird Qualität als „die Gesamtheit von Eigenschaften und Merkmalen eines Produktes oder einer Tätigkeit, die sich auf deren Eignung zur Erfüllung gegebener Erfordernisse beziehen" definiert. *Crosby* definiert „Qualität als die Übereinstimmung mit den Anforderungen". *Juran* sagt „Qualität ist Gebrauchstauglichkeit" (englisch: „fitness for use").

Im Projektmanagement ist es wichtig zu verstehen, dass Qualität durch vier Kriterien beschrieben wird:
- die Einheit, d. h. der Gegenstand der Betrachtung
- die konkrete Beschaffenheit der Einheit
- die Güteklasse, nach der die Einheit bewertet wird
- die Anforderung, an der die Beschaffenheit gemessen wird.

Wenn z. B. ein Apfel die zu beurteilende Einheit ist, muss die angestrebte Güteklasse festgelegt werden. Dort werden die An-

13. Interkulturelle Unterschiede im Qualitätsverständnis

forderungen in messbaren Kriterien wie z. B. die Freiheit von Faulstellen oder die Größe quantitativ genau beschrieben. Je nachdem, ob die Beschaffenheit des Apfels diese Forderungen erfüllt oder nicht, ist seine Qualität „gut" oder „schlecht". Daher ist es in der Regel nicht möglich, eine generell gültige Aussage zu machen, wann ein Produkt oder ein Arbeitsprozess eine gute Qualität hat. Für eine Birne gelten wieder andere Qualitätskriterien.

Wir werden für dieses Buch die folgende, kurze Definition zu Grunde legen: „Qualität ist die Erfüllung der **Anforderungen**".[1] Diese scheinbar einfache Definition beinhaltet bereits die Komplexität, die dem Qualitätsverständnis innewohnt: die Bewertung bzgl. der Erfüllung der gestellten Anforderungen ist eine subjektive Angelegenheit, da jeder Mensch ganz unterschiedliche Anforderungen an ein Produkt, eine Dienstleistung oder ein Verhalten stellt. Dies untermauert die Aussage „Qualität beginnt im Kopf". Sie ist also in erster Linie eine Sache der Einstellung, sowohl bei dem, der die Qualität in Form eines Produktes oder einer Dienstleistung erzeugt, als auch bei jenem, der das Ergebnis als Kunde abnimmt. Wenn die gelieferte Leistung den Anforderungen des Kunden entspricht, ist der Kunde zufrieden gestellt und man spricht von Qualität. Ist das nicht der Fall, führt dies zu Unzufriedenheit beim Kunden und wird als mangelhafte Qualität bezeichnet.

Im nationalen Kontext ist die Erfüllung der Qualitätsanforderungen bereits schwierig. Es gilt eine Übereinstimmung herzustellen in den Erwartungen der beiden beteiligten Partner, dem Kunden und dem Lieferanten. Im internationalen Kontext ist diese subjektive Bewertung von Qualität weitaus komplizierter, weil teilweise konträre, kulturell geprägte Auffassungen von Qualität aufeinander treffen. Diese treten jedoch erst im Laufe der Zusammenarbeit zutage, da man zunächst vermeintlich glaubt, sich zu verstehen und die gleiche Auffassung von Qualität, Termintreue oder Erledigung von Aufgaben zu haben.

Es folgt ein Beispiel für die unterschiedliche Auffassung von termingerechter Lieferung und rechtzeitiger Problemeskalation in einem internationalen Automobil-Entwicklungsprojekt:

Für den ersten Langzeiterprobungs-Prototypen sollten die Komponenten von den Zulieferern angeliefert werden. Als Anliefertermin wurde der 15. Februar festgelegt. Zwei Tage später sollte die Montage des für die Serienentwicklung überaus wichtigen Prototypen starten. Um Zeit aufzuholen, wurde vereinbart, den Prototypen im Zweischichtbetrieb zu fertigen, denn die Ergebnisse dieser Erprobung waren für den weiteren Projektverlauf von großer Bedeutung. Am Morgen des 16. Februar fehlte nur noch der Tank vom italienischen Lieferanten. Ohne ihn konnte aber der komplette Prototypenaufbau nicht starten. In dem Moment rief der Lieferant beim Projekteinkäufer an, um zu melden, dass der Tank noch nicht fertiggestellt war. Bei mehrmaligem Nachfragen stellte sich heraus, dass es sich um ein internes Produktionsproblem handelte, das die Italiener schon seit drei Wochen hatten und von dem sie geglaubt hatten, dies bald in Griff zu bekommen.

Sofort wurden zwei Spezialisten beauftragt, zum Lieferanten nach Italien zu fliegen und dort den Fehlerbeseitigungsprozess zu beschleunigen. Nach vier Tagen vor Ort war das Problem soweit behoben, dass der Tank in zwei Tagen fertiggestellt und zum Automobilhersteller geflogen werden konnte. Mit sechs Tagen Verzug startete die Fertigung des Prototypen endlich, die nun im Dreischichtbetrieb erfolgen konnte. Alles, vom Transport des Fahrzeugs über die Flüge bis hin zu den Testfahrten, war neu zu planen, um den Verzug wieder aufzuholen.

Erst im Projektverlauf zeigt sich, was gut oder mangelhaft ist, was eine termingerechte Lieferung oder was eine rechtzeitige Eskalation eines Problems bedeutet und wann eine Aufgabe wirklich erledigt ist.

Hätte der italienische Lieferant sein Produktionsproblem bereits bei Auftreten des Problems richtig eingeschätzt und dem Hersteller berichtet, hätte dieser rechtzeitig seine Spezialisten zum Lieferanten schicken können und der Tank hätte termingerecht fertiggestellt werden können.

Die meisten Folgekonflikte, die in der Regel schwerwiegende Konsequenzen sowohl in Bezug auf die Termine als auch auf die Kosten eines Projektes haben, können vermieden werden, wenn man sich frühzeitig bewusst macht, dass es in internationalen Projekten große Unterschiede in der Art und Weise der Zusammenarbeit sowohl intern im Projektteam als auch extern mit den

Lieferanten oder auch den Stakeholdern geben kann. Hier gilt es, diese Unterschiede frühzeitig im Projekt offen darzulegen und zu einem gemeinsamen Verständnis zusammenzuführen.

13.2 Unterschiedliche Auffassungen zur Produktqualität

Produktqualität ist definiert als „das Erfüllen der Anforderungen an das zu entwickelnde und zu produzierende Produkt". Kriterien für Produktqualität sind:
- Design
- Funktionalität
- Image des Herstellers und der Marke
- Service
- Vielseitige Anwendbarkeit
- Wirtschaftlichkeit
- Zuverlässigkeit

Diese Kriterien sind weltweit ähnlich. Doch die Priorität dieser Kriterien ist national unterschiedlich, wie unsere folgenden Beobachtungen exemplarisch zeigen:
- In **Deutschland** wird unter Qualität in erster Linie Zuverlässigkeit verstanden, aber auch Funktionalität. Gerade von qualitativ hochwertigen Produkten erwartet man maximale Leistung (z. B. gleichzeitige Leistungs- und Verbrauchsoptimierung bei neuen Fahrzeugmotoren). Auch gutes Design wird mit Qualität verbunden. Beim Kauf von Investitionsgütern ist der Kunde bereit, für eine hohe Qualität auch einen entsprechend hohen Preis zu zahlen.
- In **Italien** und **Frankreich** wird Qualität in erster Linie mit neuem Design, schöner Formgebung, Stil und Ästhetik verbunden.
- In **England** wird Qualität häufig mit handgefertigten Produkten verbunden, da man wenig Vertrauen in die Qualität von im eigenen Land hergestellten Massenartikeln hat. Um dieses Vertrauen wiederherzustellen werben Unternehmen mit der Erfüllung der ISO 9000 Norm, was sich sogar bis in Dienstleistungsbereiche wie Schulen oder Reinigungsbetriebe ausweitet.

13.2 Unterschiedliche Auffassungen zur Produktqualität

Qualität wird in erster Linie mit gutem Image und Robustheit verbunden. Der Kunde achtet bei einer Kaufentscheidung in erster Linie auf den Preis.
- In den **USA** hingegen ist ein Qualitätsprodukt eines, das von einem Markenartikelanbieter, besser noch vom Marktführer („from the No. 1") angeboten wird, das ein gutes Image hat, eine große Anzahl an Funktionen bietet, das größer, besser, schneller ist, das als innovatives Konsumprodukt am schnellsten auf dem Markt ist und das dem Kunden einen guten Service bietet.
- In **Japan** wird mit Qualität hohe Zuverlässigkeit, Aktualität, aber auch ein Maximum an Funktionen gleichgesetzt. Auch die Marke des Produktes spielt eine große Rolle. Vom Kunden wird die Qualität weitaus höher geschätzt als der Preis.
- In **China** hingegen wird der Preis weitaus höher geschätzt als die Qualität. Einheimische Produkte werden bevorzugt gewählt. Auch hier spielt zunehmend die Marke und die Aktualität des Produktes bei der Qualitätsbeurteilung eine große Rolle.

Abbildung 13.1 stellt diese unterschiedlichen Prioritäten im Qualitätsverständnis dar.

Wenn man die Prioritäten der einzelnen Nationalitäten in ihrem Qualitätsverständnis miteinander vergleicht, stellt man fest, dass es eine große Überschneidung zwischen den Prioritäten von Deutschen und Japanern einerseits sowie von Engländern und US-Amerikanern andererseits gibt.

Dieses offensichtlich sehr ähnliche Qualitätsverständnis von Deutschen und Japanern könnte der Grund dafür sein, warum beispielsweise deutsche Fahrzeuge in Japan einen vergleichsweise hohen Marktanteil erobern konnten, obwohl Japaner traditionell einheimischen Produkten den Vorzug geben. Umgekehrt haben japanische Fahrzeuge auf dem deutschen Markt einen ebenso großen Markterfolg erzielen können.

Für Engländer und US-Amerikaner hat das Image der Marke und das zusätzliche Serviceangebot eine hohe Bedeutung. Zuverlässigkeit, eine robuste Verarbeitung, Solidität oder die haptische Anmutung eines Produktes hingegen haben einen weniger großen Einfluss auf eine Kaufentscheidung.

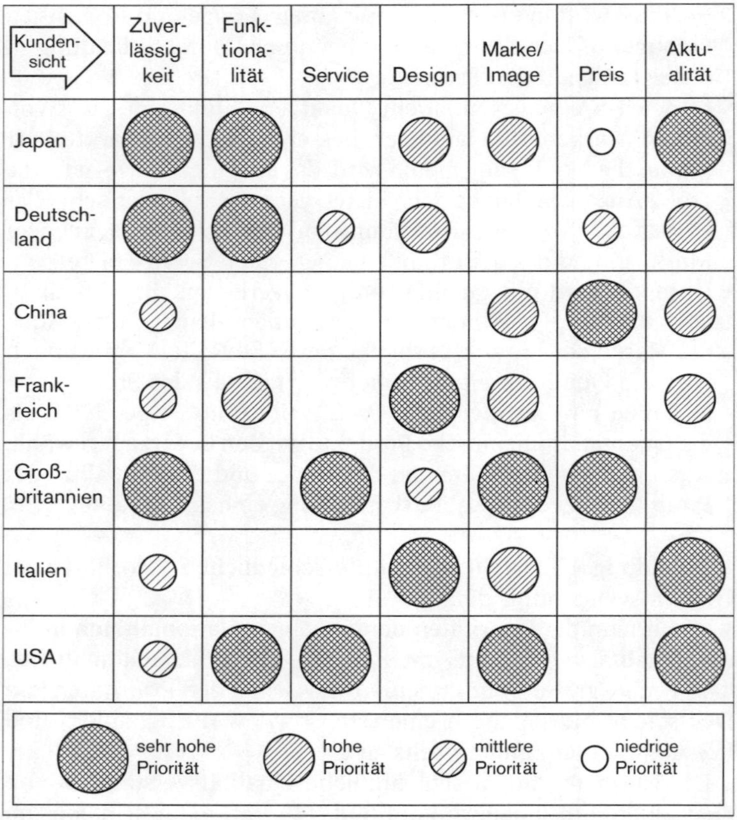

13. Interkulturelle Unterschiede im Qualitätsverständnis

Kundensicht	Zuverlässigkeit	Funktionalität	Service	Design	Marke/Image	Preis	Aktualität
Japan	sehr hohe	sehr hohe		hohe	hohe	niedrige	sehr hohe
Deutschland	sehr hohe	sehr hohe	mittlere	hohe		hohe	hohe
China	mittlere				hohe	sehr hohe	
Frankreich	hohe	hohe		sehr hohe			hohe
Großbritannien	sehr hohe		hohe	mittlere	sehr hohe	sehr hohe	
Italien	hohe			sehr hohe	hohe		
USA	hohe	sehr hohe	sehr hohe		sehr hohe		sehr hohe

Legende: sehr hohe Priorität · hohe Priorität · mittlere Priorität · niedrige Priorität

Abb. 13.1: Unterschiedliche Prioritäten einzelner Nationen in ihrem Qualitätsverständnis

Diese verschiedenen Prioritäten sind ein Indikator für die unterschiedlichen Qualitätsmaßstäbe, die im internationalen Vergleich offensichtlich werden: während in Japan und Deutschland hohe technische Maßstäbe sowohl für Produkte als auch für die zugelieferten Komponenten gelten, stoßen diese hohen Anforderungen in den USA auf Unverständnis. Das Ziel deutscher Unternehmen, das technische Maximum zu entwickeln

13.2 Unterschiedliche Auffassungen zur Produktqualität

und zu produzieren, entspricht der amerikanischen Denkweise nicht. Der große Aufwand zur Erfüllung der hohen technischen Anforderungen wird in USA als unwirtschaftlich erachtet. Denn dort hat die Wirtschaftlichkeit und Produktivität eines Unternehmens Priorität.

> Ein deutscher Hersteller von elektronischen Bauteilen liefert elektronische Systeme für die Computerindustrie und arbeitet seit drei Monaten mit einem neuen US-amerikanischen Komponentenzulieferer, der für seine innovativen Lösungen branchenweit bekannt ist. Doch so gut sich das Geschäft in der Anfangsphase auch anließ, seit Beginn der Lieferungen kann der Lieferant die hohen Qualitätsanforderungen nicht erfüllen. In den ersten Wochen werden die ppm-Ziele[2] nicht erfüllt, im nächsten Monat gibt es Probleme bei der termingerechten Anlieferung, dann fällt eine wichtige Produktionsanlage beim Lieferanten wegen Fehlbedienung für mehrere Tage aus. Der Konflikt zwischen den beiden Vertragspartnern ist vorprogrammiert.

Das Beispiel verdeutlicht, wie unterschiedlich das Verständnis von Produktqualität sein kann, das in der internationalen Zusammenarbeit zum Vorschein kommt. Für den Hersteller in diesem Beispiel gibt es drei prinzipielle Lösungsalternativen:
- Den US-amerikanischen Zulieferer soweit zu befähigen, damit dieser den deutschen Qualitätsanforderungen entspricht. Dies ist jedoch mit hohem Aufwand bzgl. Kapazität, Überzeugungsarbeit, Trainings und Schulungen, evtl. neuen Maschinen und Anlagen, neuen Fertigungsverfahren und Qualitätssicherungsmethoden verbunden.
- Die Qualitätsanforderungen des Lieferanten auf das lokal übliche Maß zu reduzieren. Dadurch können die Qualitätsziele für die elektronischen Systeme auch nicht mehr erfüllt werden, was Unzufriedenheit bei den Kunden auslöst. In der Folge wandern die Kunden zu den Wettbewerbern ab. Mit Rücksicht auf sein Qualitätsimage sollte der Hersteller sorgfältig überlegen, bevor er sich entschließt, die Qualitätsanforderungen auf das lokal übliche Maß zu reduzieren.
- Vorzeitige Aufkündigung des Lieferantenvertrags mit Zahlung einer Abstandssumme an den Lieferanten und Wechsel zu einem neuen Lieferanten. Die Auswahl eines neuen Lieferanten

kann jedoch mehrere Monate dauern. In dieser Zeit ist der Hersteller noch auf die Lieferungen des alten Lieferanten angewiesen, dessen gelieferte Produktqualität in dieser Phase sicherlich nicht besser wird.

Um die Notwendigkeit solcher kostenintensiven Lösungen zu vermeiden, ist es ratsam, frühzeitig ein gemeinsames Verständnis von Qualität zu erzeugen. In dem Fallbeispiel hätte in der Phase der Vertragsverhandlungen bereits die unterschiedliche Auffassung transparent sein müssen. Durch ein Qualitätsaudit, also eine Analyse der Qualitätssituation vor Ort beim Lieferanten in dem produzierenden Werk durch die Qualitätsspezialisten des Herstellers, hätte im Vorfeld in Erfahrung gebracht werden können, welche Produktqualität der Lieferant zu liefern imstande ist. Der Auftrag wäre somit wahrscheinlich nie zustande gekommen und der Hersteller hätte einen anderen, qualifizierten Lieferanten gesucht.

13.3 Unterschiede in der Projekt- und Prozessqualität

Projekt- und Prozessqualität definieren wir als „das Erfüllen der Anforderungen an das Projekt und die Prozesse". Einige Aspekte von Projekt- und Prozessqualität aus deutscher Sicht sind:
- Besprechungsqualität
  - Zielorientierung
  - Einhaltung der Agenda
  - Pünktlichkeit
- Klare Definition der Zuständigkeiten/Verantwortlichkeiten
- Klare Rollendefinition
- Angewendetes Risikomanagement
- Klare Entscheidungs- und Eskalationsprozesse
- Offene, vertrauensvolle Projektkultur
- Transparenz bzgl. Projektstatus und -abweichungen
- Frühzeitige Darstellung von Problemen, kein Vertuschen von Problemen

13.3 Unterschiede in der Projekt- und Prozessqualität

- Definition und Vereinbarung der Abläufe, Termine und Ergebnisse
- Integration der Kunden der Prozessergebnisse in die Vereinbarung
- Zielorientierung der Prozesse

Bereits bei der Nennung der Kriterien gibt es im internationalen Vergleich Unterschiede. Denn die Aufstellung der oben genannten Kriterien basiert auf einer deutschen Sichtweise. Zusätzlich zur nationalen Kultur sind diese Kriterien stark geprägt durch die Unternehmenskultur. Daher kann es in internationalen Projekten, an denen die Mutter- und ihre Tochtergesellschaften teilhaben, geringere Unterschiede im Projekt- und Prozessqualitätsverständnis geben, da hier die gleiche Unternehmenskultur anzutreffen ist. Im Fall von internationalen Projekten mit fremden Partnerunternehmen können die Differenzen hingegen sehr groß sein.

Handlungsempfehlungen zur Reduzierung des unterschiedlichen Verständnisses von Projekt- und Prozessqualität in internationalen Projekten:

- Um die Unterschiede transparent zu machen, ist es in der Regel aufschlussreich, gemeinsam im Projektteam zu definieren, was jedes einzelne Teammitglied unter Projekt- und Prozessqualität versteht. Diese Gegenüberstellung veranschaulicht bereits die Unterschiede im Qualitätsverständnis aller Projektbeteiligten.
- Auf dieser Basis kann ein gemeinsames Verständnis erarbeitet werden, indem gemeinsame Projekt- und Prozessziele definiert werden und für jedes Zielkriterium transparent gemacht wird, was darunter zu verstehen ist.
- Der Projektleiter sollte die Einhaltung der vereinbarten Projekt- und Prozessziele regelmäßig bewerten.
- Auch mit internationalen Lieferanten ist es empfehlenswert, diese Qualitätsverständnisübung durchzuführen. Dies ist ein erster Schritt, um solche Situationen wie sie im Fallbeispiel des Automobilherstellers (S. 295) beschrieben sind, zu vermeiden.

13.4 Kulturelle Prägungen und ihr Einfluss auf das Qualitätsverständnis

Wie zu Beginn des Kapitels ausgeführt, gibt es in der internationalen Projektarbeit abhängig von den beteiligten Kulturen teilweise konträre Auffassungen von Qualität. Da es offensichtlich noch keine aussagekräftige Literatur zu dem Thema „kulturelle Unterschiede im Qualitätsverständnis" gibt, versuchen wir im folgenden Abschnitt, anhand der Kulturdimensionen die Kriterien herauszufiltern, die in der Projektarbeit qualitätsrelevant sind. Die frühzeitige Auseinandersetzung mit dem unterschiedlichen Qualitätsverständnis der Projektteammitglieder hilft dem Projektleiter, sich auf Differenzen während der Projektarbeit vorzubereiten und präventive Maßnahmen zu ergreifen.

Unsicherheitsvermeidung

Die ermittelten Werte zur Kulturdimension „Unsicherheitsvermeidung" zeigen, dass Japan, Deutschland, die Schweiz und Österreich Kulturen mit hoher Unsicherheitsvermeidung sind. Interessanterweise sind dies auch die Nationen, die traditionell Produkte mit sehr hoher Zuverlässigkeit und Funktionalität erzeugen. Der für diese Kulturen typische, sorgfältige Umgang mit Zeit, mit Präzision, der Aufbau von eindeutigen Strukturen und das Befolgen von Regeln führt zu einem hohen Qualitätsstandard. Diese Einstellung entspricht exakt dem heute weltweit gültigen Verständnis von Qualitätsmanagement.

Mitglieder aus Kulturen mit niedriger Unsicherheitsvermeidung messen der Erfüllung hoher Qualitätsanforderungen eine geringere Bedeutung bei als Mitglieder aus Kulturen mit hoher Unsicherheitsvermeidung. Hingegen brauchen sie genügend Freiraum für Kreativität und spontane Lösungen.

Handlungsempfehlungen zum Umgang mit der Dimension Unsicherheitsvermeidung:
- Ein Projektleiter eines internationalen Teams sollte sich vor der Vergabe von Anweisungen, Aufträgen oder von externen Zulieferungen bewusst machen, aus welchem Kulturkreis der

13.4 Kulturelle Prägungen und ihr Einfluss auf das Qualitätsverständnis

Mitarbeiter oder Lieferant stammt. Entsprechend sollte er dies sowohl der Entscheidung, wer im Projekt welchen Auftrag erhält, als auch bei der Formulierung des Auftrags berücksichtigen.
- In gemischten Teams ist es wesentlich, als Projektleiter die richtige Mischung aus Regeln und Strukturen auf der einen Seite und genügend Freiraum für spontane Lösungen andererseits zu finden, damit alle Teammitglieder ihrer kulturellen Prägung entsprechend motiviert arbeiten können.

Langfristorientierung

Mitgliedern aus Kulturen mit Langfristorientierung fällt es leichter, sich die langfristigen Vorteile bei der Entwicklung und Produktion von hohen Qualitätsstandards bewusst zu machen und diese zu erfüllen, als es bei Mitgliedern aus Kulturen mit einer Kurzfristorientierung der Fall ist. Diese sehen zunächst nur den höheren Aufwand, den die Erfüllung der Qualitätsanforderungen mit sich bringt.

Handlungsempfehlung zum Umgang mit der Dimension Langzeitorientierung: Es ist wichtig, die Teammitglieder aus Kulturen mit Kurzzeitorientierung zu sensibilisieren und für die Bedeutung und die Umsetzung von hohen Qualitätsstandards zu schulen, damit alle Teammitglieder ein ähnliches Qualitätsverständnis und -bewusstsein haben.

Machtdistanz

Teammitglieder aus Kulturen mit kleiner Machtdistanz wollen in die Definition der Produkt- und Projektziele integriert werden. Mitglieder aus Kulturen mit hoher Machtdistanz hingegen sind es nicht gewohnt, Vereinbarungen zu treffen, sondern erwarten klare Anweisungen.

Konkrete Handlungsempfehlungen zum Umgang mit der Dimension Machtdistanz sind:
- Eine gemeinsame Vereinbarung zu den Qualitätszielen im Projekt ist erst dann möglich, wenn vorher analysiert wurde, zu welchem Kulturkreis die Mehrheit der Teammitglieder gehört.

- Wenn die Mehrzahl der Teammitglieder aus Kulturen mit kleiner Machtdistanz stammt, ist es möglich, die Produktspezifikationen gemeinsam auszuhandeln oder Vereinbarungen zu Zuständigkeiten und Verantwortlichkeiten, Entscheidungs- und Eskalationsprozessen, zu einer offenen Risikokultur und zur frühzeitigen Darstellung von Problemen zu treffen.
- Wenn die Mehrheit der Teammitglieder aus Kulturen mit hoher Machtdistanz stammt, sind solche Vereinbarungen nicht möglich. In diesem Fall ist das Projekt autoritär und hierarchisch zu führen. Die Vorgaben müssen dann jedoch so eindeutig formuliert und erklärt werden, dass die Teammitglieder konkret wissen, welche Leistung von ihnen erwartet wird.

13.5 Handlungsempfehlungen

Grundsätzliche Empfehlungen für ein einheitliches Qualitätsverständnis in internationalen Projekten:
- Es ist von entscheidender Bedeutung für den Erfolg eines internationalen Projektes, die Unterschiede im Qualitätsverständnis von Anfang an transparent zu machen. Dies erfolgt idealerweise im Start-up Workshop (siehe Kapitel 6.5). Inhalt dieses Start-up Workshops sollte auch sein, dass jedes Teammitglied darstellt, was er/sie unter „guter Qualität" und „mangelhafter Qualität" versteht und wann eine Aufgabe als erledigt betrachtet wird. Daraus resultiert eine unterschiedliche Bewertung eines Ergebnisses und eine entsprechende Rückmeldung („zu 100 % erledigt" oder „nur zu x % erledigt") durch die Projektmitglieder. Zudem sollte jedes Teammitglied darstellen, was er/sie braucht, um effektiv im Projekt arbeiten zu können. Dieses Wissen um die jeweiligen Präferenzen der einzelnen Teammitglieder und das Erkennen der Unterschiede in der Projektarbeit ist die Basis für das Angleichen des Qualitätsverständnisses in der internationalen Zusammenarbeit.
- Die Vereinbarung der Produktziele sollte immer gemeinsam im Team mit expliziter Erläuterung erfolgen, was mit den einzelnen Forderungen gemeint ist. In diesen Prozess sollten unbedingt der Projektleiter, die Vertreter der Entwicklung, der

Produktion, des Einkaufs und des Marketing sowie der Controller und der Qualitätsmanager eingebunden sein. Dadurch wird gewährleistet, dass jedes Teammitglied das gleiche Qualitätsverständnis hat. Nur so kann beispielsweise der Einkäufer bei seinen Lieferantenbesuchen dieses Qualitätsverständnis an die Lieferanten weitergeben. Auch wenn dieses Vorgehen einen großen Zeitaufwand zur Folge hat, ist dadurch das Risiko minimiert, dass im Team Unterschiede im Qualitätsverständnis auftreten.

- Die gemeinsame Festlegung der Anforderungen an die Produktqualität sollte die folgenden Kriterien beinhalten:
  - die konkrete Spezifikation des zu erstellenden Produkts
  - die Qualitätsforderungen, an denen die Beschaffenheit gemessen wird
  - Anforderungen an das Produkt bei seiner späteren Verwendung
- Ebenso sollten die Abnahmekriterien für jedes Aufgabenpaket gemeinsam formuliert werden. Insbesondere der Empfänger des jeweiligen Arbeitsergebnisses sollte bei dieser Vereinbarung seine spezifischen Anforderungen an das Ergebnis klar formulieren. Dies sollte dokumentiert werden, und bei Übergabe des Arbeitsergebnisses sollte der Kunde die Erfüllung seiner Qualitätsanforderungen schriftlich bestätigen.
- Bei internationalen Projekten mit engem Abstimmungsbedarf zwischen Projektteam und Lieferanten sollte die Erarbeitung des Lastenheftes (vgl. Kapitel 14.4) in einer gemeinsamen Arbeitsgruppe durchgeführt werden. Am besten im Rahmen eines Workshops, an dem mehrere Beteiligte sowohl von Kunden- als auch von Lieferantenseite teilnehmen, damit sich das gemeinsam erzielte Qualitätsverständnis nicht nur auf wenige Unternehmensvertreter erstreckt.

13.6 Zusammenfassung

- Es ist generell nicht möglich, eine allgemein gültige Aussage darüber zu machen, ob ein Produkt oder ein Arbeitsprozess eine gute oder eine schlechte Qualität hat.

13. Interkulturelle Unterschiede im Qualitätsverständnis

- Im internationalen Projekt muss der Projektleiter davon ausgehen, dass die Teammitglieder aufgrund der unterschiedlichen kulturellen Prägungen ein unterschiedliches Qualitätsverständnis mitbringen.
- Die resultierenden Konflikte können vermieden werden, wenn man diese Unterschiede frühzeitig bewusst macht.
- Eine Maßnahme ist, zum Projektstart im Start-up Workshop ein gemeinsames Verständnis von Qualität zu schaffen.

Anmerkungen

[1] **Anforderungen** sind konkret formulierte Ansprüche, die ein Kunde von einem Produkt oder einer Dienstleistung erwartet. Wenn der Kunde von einem Produkt annimmt, dass es seine Anforderungen erfüllt, kommt es zum Kauf des Produktes. Im Gegensatz zu den Anforderungen sind die **Erwartungen** nicht explizit formulierte, unausgesprochene Wünsche an, teilweise sogar unbewusste Annahmen über ein Produkt oder eine Dienstleistung.

[2] In der Definition von Produktqualität in der Serienproduktion werden die Qualitätsvorgaben häufig in Form von **ppm** (Englisch: parts per million) vereinbart: 1,5 ppm entspricht damit 1,5 Fehlteilen bei einer Produktion von einer Million Teilen.

14. Lieferantenmanagement

Prof. Dr. Yvonne-Gabriele Schoper

Lieferanten stellen im Projektumfeld eine der einflussreichsten und größten Gruppen dar. Gerade in internationalen Projekten ist Lieferantenmanagement für viele Projektleiter eine zusätzliche große Herausforderung.

Dabei verstehen wir hier unter Lieferanten nicht nur Zulieferer von Teilprodukten oder Systemen, sondern auch Dienstleister wie externe Berater oder auch Partnerkonstellationen wie die internationale Tochterfirma als Lieferantin für die inländische Produktion oder wie kooperierende ausländische Tochterunternehmen.

In den letzten Jahren stieg insbesondere der Anteil an Lieferanten aus Billiglohnländern in Projekten rapide. Wurde z. B. bisher lediglich die Softwareprogrammierung in Billiglohnländer vergeben, so werden nun zunehmend auch größere Arbeitspakete wie Dokumentation, Erstellung der Schulungsunterlagen, das Testing oder kundenspezifische Applikationen ins Ausland vergeben.

Ziel des folgenden Kapitels ist es, die Besonderheiten im Umgang mit ausländischen Lieferanten und Partnern, wie z. B. externen Beratern, in internationalen Projekten darzustellen und aufzuzeigen, wie Projektleiter das Thema Lieferantenmanagement angehen sollten und worauf speziell bei der Zusammenarbeit unterschiedlicher Kulturen zu achten ist.

14.1 Ausgangssituationen für die Zusammenarbeit mit ausländischen Lieferanten

Fa. A. aus W. stellt qualitativ hochwertige elektrische Haushaltsgeräte her. Die Nachfrage nach den Geräten in Westeuropa ist weitgehend gedeckt, aber die neuen Märkte in Mittel- und Osteuropa stellen einen großen Absatzmarkt dar. Bereits 60 % des Umsatzes wird

dort erzielt – mit steigender Tendenz. Aktuell werden die Geräte in Deutschland produziert.
Aufgrund der Verlagerung des Marktes erwägt die Geschäftsleitung die Auslagerung der Endmontage nach Osteuropa. Dies hätte mehrere positive Effekte wie z. B. die Reduzierung der Herstellkosten durch niedrigere Löhne und die Einsparung der Einfuhrzölle. Zudem könnte man von den überaus günstigen Preisen der lokalen Lieferanten vor Ort profitieren, die der neue Einkäufer bei einer ersten Erkundungsreise in Erfahrung gebracht hat. Aufgrund dieser Vorteile beschließt die Geschäftsleitung nach Osteuropa zu gehen. Sie initiiert ein Projekt mit dem Auftrag, ein Produktionswerk und kostengünstige Lieferanten in Osteuropa aufzubauen, damit sich die Investition schnell amortisiert.

Die wesentlichen Gründe für die Entscheidung, im Ausland mit Lieferanten zusammenzuarbeiten, können in zwei Kategorien gegliedert werden:

(1) Aus technisch-finanziellenen Gründen:

- Auslagerung von Aktivitäten an einen anderen Standort, um in den Genuss von Kostenreduzierung zu kommen oder Kapazitätsengpässe in der eigenen Produktion überbrücken zu können
- Zur Entlastung eigener Projektmitarbeiter vor Ort durch externe Lieferanten zur Reduzierung der Kosten für die Entsendung der Mitarbeiter ins Ausland
- Zum Aufbau einer neuen Zuliefererstruktur vor Ort
- Weil der Lieferant spezielles Produkt- oder Prozess-Know-how besitzt

(2) Aus strategisch-politischen Gründen:

- Ohne eine Geschäftsverbindung zu einer lokalen Firma ist es nicht möglich, eine Niederlassung zu betreiben (z. B. in arabischen Emiraten)
- Zur lokalen Vergabe von Lizenzen (z. B. Franchising)
- Aus Mangel an politischen Beziehungen zu den Behörden vor Ort, die notwendig sein können, um Lizenzen und Genehmigungen zu erhalten
- Der Markterfolg kann durch einen lokalen Geschäftspartner,

14.1 Ausgangssituationen für die Zusammenarbeit

der über die erforderlichen Kontakte und Beziehungen vor Ort verfügt, schneller eintreten
- Lokale Gesetze verlangen, dass lokale Unternehmen beschäftigt werden („local content"[1] Vorschriften)
- Vom ausländischen Auftraggeber ist die Einbindung lokaler Auftragnehmer zwingend vorgegeben („nominated subcontractors"[2])
- Zum Testen der Zusammenarbeit als Basis für weitere Expansion in der Region (als Aufbau eines „Brückenkopfes")

Gerade die strategisch-politischen Gründe stellen für einen Projektleiter in der Regel eine neue Dimension der Zusammenarbeit mit Lieferanten dar. Aus Unsicherheit verlassen sich viele Projektleiter auf ihren Repräsentanten vor Ort und lassen ihm freie Hand. Dabei ist es gerade bei diesen Lieferanten wichtig, Bewertungsmaßstäbe zu vereinbaren, um deren Leistung zu beurteilen und um zu verhindern, dass in der Zusammenarbeit böse Überraschungen auftreten.

Die Motive zeigen, dass ein internationales Projekt häufig keine andere Wahl hat, als mit externen Partnern zusammenzuarbeiten, auch wenn die Risiken der Kooperation möglicherweise die Chancen überwiegen. Die Gefahr ist groß, dass damit das gesamte Projekt aus dem Ruder laufen kann. Daher wollen wir die Notwendigkeit betonen, die Zusammenarbeit mit dem Lieferanten detailliert zu planen und aktiv zu steuern. Der Projektleiter selbst sollte sich intensiv um das Lieferantenmanagement kümmern.

Entsprechend schlagen wir vor, schon im Vorfeld zu vereinbaren,
- wie die speziellen Anforderungen und Bedürfnisse des Projektes zu den im Unternehmen normalerweise üblichen Abläufen und Verfahren passen und
- wie groß die Entscheidungsbefugnis des Projektleiters und damit seinen Kompetenzspielraum ist.

Mit diesen Vereinbarungen ist sichergestellt, dass der Projektleiter kurzfristig agieren und effektiv die Zusammenarbeit mit dem ausländischen Lieferanten steuern kann.

14.2 Einflussfaktoren für das Lieferantenmanagement

Die Situation der Fa. A. nach zehn Monaten: Das Projektteam hat ganze Arbeit geleistet: das neue Werk ist fertig gestellt, alle Maschinen und Anlagen sind betriebsbereit, der Betriebsleiter, die Abteilungsleiter und Meister wurden von ihren Kollegen intensiv eingewiesen und bzgl. der neuesten Produktions- und Qualitätsstandards geschult, neue Mitarbeiter sind eingestellt und der Einkaufsleiter hat mit den lokalen Lieferanten Lieferverträge zu sehr günstigen Konditionen ausgehandelt. Die Serienproduktion kann somit termingerecht starten. Im Durchschnitt kosten die eingekauften Komponenten 60 % weniger als die zugekauften Bauteile in Deutschland. Die Geschäftsleitung ist begeistert und fragt, warum man nicht schon viel früher die Produktion ins Ausland verlagert hat.

Doch wenige Wochen nach Produktionsstart zeigt sich ein anderes Bild: Die zugekauften Komponenten weisen schon beim Einbau Mängel auf, die Ausschussquote bei der Wareneingangskontrolle beträgt über 5 %. Zudem monieren die Händler, dass die Kunden die Haushaltsgeräte bereits nach wenigen Wochen wieder zurückbringen, da die Geräte nach kurzer Zeit ausfallen. Das Qualitätsimage der Fa. A., das mittels eines erheblichen Werbeetats in Mittel- und Osteuropa aufgebaut wurde, wird ernsthaft beschädigt.

Der Geschäftsführer macht den Projektleiter für die Misere verantwortlich. Der fühlt sich unschuldig, da er streng nach den Anweisungen der Geschäftsführung vorgegangen sei und alle Projektziele erfüllt habe. Er seinerseits macht den Einkäufer verantwortlich. Die Befragung des Einkäufers zeigt, dass er bei den Verhandlungen mit den Lieferanten immer von deutschen Qualitätsstandards ausgegangen ist und ihm die Einhaltung dieser Qualitätsstandards auch von allen Lieferanten zugesichert wurde. Diese Aussagen haben ihm genügt und er habe sich gemäß der Anweisung auf die Preisverhandlungen konzentriert, bei denen er ja auch überaus erfolgreich war. Insofern fühle auch er sich unschuldig an der aktuellen Misere.

Wenn ein Unternehmen mit einem neuen Lieferanten zusammenarbeitet, tauchen zu Beginn der Kooperation in der Regel Schwierigkeiten auf. Meist sind die Unternehmenskulturen, das Qualitätsverständnis oder die Planungstiefe der beiden neuen Partner zu unterschiedlich. Man konnte sich die Konsequenz hieraus aber nicht richtig vorstellen oder hat es schlicht nicht realisiert. Dies gilt insbesondere, wenn der Lieferant aus dem Ausland stammt.

Im Fall der Fa. A. haben die Probleme wahrscheinlich mehrere Ursachen: Der Einkäufer traf die Lieferantenentscheidungen allein und eigenständig, ohne Beteiligung des Projektleiters, des Betriebsleiters oder des Qualitätsmanagers. Er vertraute den mündlichen Qualitätszusagen der Lieferanten, ohne die Aussagen nachzuprüfen oder durch einen Qualitätsspezialisten überprüfen zu lassen. Anscheinend war das einzige Entscheidungskriterium der Preis – provoziert durch die klare Anweisung der Geschäftsleitung, dass die Kosten oberste Priorität bei dem Projekt haben sollten und so gering wie möglich zu halten seien.

Abhängig von der jeweiligen Herkunft des Lieferanten und den Gründen für eine Lieferkooperation kann man folgende Probleme unterscheiden, die einen Einfluss auf die Zusammenarbeit mit den Lieferanten haben:

- die unterschiedlichen Kulturen der neuen Partner und die damit verbundenen unterschiedlichen Erwartungen der beteiligten Organisationen
- die unterschiedliche Verbindlichkeit von Vereinbarungen
- verschiedene Auffassungen von Planungstiefe, Steuerung und Kontrolle oder auch von Qualität und Termintreue
- ein anderer Umgang mit Macht
- verschiedene Rechtssysteme mit jeweils anderen Konsequenzen aus der Nichteinhaltung von Vereinbarungen
- verschiedene Verhandlungstaktiken sowie andere Vorgehensweisen, Methodiken oder auch Geschäftspraktiken
- mangelhafter Informationsaustausch aufgrund unterschiedlicher Kommunikationssysteme und fehlender Hardwarekompatibilität sowie aufgrund unterschiedlicher Zeitzonen, in denen die Beteiligten arbeiten
- fehlende Kompatibilität der angewendeten Softwaresysteme (z. B. für CAD oder Qualitätssicherung).

14. Lieferantenmanagement

14.3 Acht Schritte für die Vergabe von Projektleistungen ins Ausland

(1) Identifikation, welche Projektleistungen/Aktivitäten ins Ausland vergeben werden können

Durch eine Auflistung und Priorisierung der möglichen Leistungen, die ins Ausland vergeben werden können oder sollen, gewinnt ein Projektleiter Transparenz über die Projektsituation.

Insbesondere wenn ein Projekt aus rechtlichen oder politischen Gründen gezwungen ist, mit einem Partner im Ausland zusammenzuarbeiten, sollte man sorgfältig – eventuell mit Unterstützung eines Beraters, der ortskundig ist und die Landeskultur gut kennt – planen, welche Leistungen extern vergeben werden können.

(2) Analyse der Chancen und Risiken der Vergabe ins Ausland

Durch die Auswertung von Erfahrungen anderer Unternehmen in dem jeweiligen Land erhält man einen Überblick über die Potenziale und Gefahren einer Vergabe im Ausland. Hier gilt es abzuwägen, ob die Risiken die Chancen überwiegen bzw. wie den Risiken begegnet werden kann.

Für den Fall der Fa. A. in Osteuropa hätte vor Unterzeichnung der Lieferantenverträge zunächst ein sorgfältiges Qualitätsaudit der Lieferanten durch Qualitätsspezialisten erfolgen müssen, weil es nie günstig ist, allein aufgrund des Preises eine Lieferantenauswahl zu treffen. Wie im Beispiel dargestellt, könnte sich der zunächst günstige Preis mittelfristig als sehr kostspielige und falsche Entscheidungsgrundlage herausstellen.

(3) Entscheidung, welche Projektleistungen und Aktivitäten des Unternehmens ins Ausland verlagert werden sollen

Auf Basis aller in Erfahrung gebrachten Gründe für und gegen die Vergabe einer Projektleistung ins Ausland sollten die Argumente gegeneinander abgewogen und dann eine Entscheidung getroffen werden. Dabei ist zu große Eile nicht anzuraten, weil eine derartige Entscheidung üblicherweise langfristige Konsequenzen hat – wahrscheinlich nicht nur für das Projekt, sondern auch für das ganze Unternehmen.

(4) Vorbereitung der Vergabe ins Ausland

Zur Vorbereitung der Vergabe gehört, das eigene Unternehmen auf die Zusammenarbeit mit dem externen Partner einzustimmen. Wenn die Mitarbeiter im Unternehmen noch keine internationale Projekterfahrung haben, ist es sehr wichtig, diese mittels interkultureller Schulungen inkl. Sprachtrainings sowie entsprechender Aufklärungsarbeit über die Hintergründe der Zusammenarbeit hierauf vorzubereiten. Um die Wirksamkeit dieser Trainings zu optimieren, sollten diese Maßnahmen als mittelfristig orientierter Prozess angelegt werden. Hier hilft eine gezielte Personaleinsatzplanung weiter.

Zur Vorbereitung gehört auch, die kulturellen Eigenarten sowie das Geschäftsgebaren im jeweiligen Zielland zu erkunden und Antworten auf Fragen zu suchen wie diese:
- Welche Verbindlichkeit haben dort schriftliche bzw. mündliche Vereinbarungen?
- Welche Rechtsstruktur findet man dort vor, wie wird ein Geschäftsvertrag verhandelt?
- Welche Lieferantenstruktur und -systeme gibt es dort und was ist für das eigene Unternehmen nützlich bzw. gefährlich?
- Welchen Stellenwert haben dort Lieferanten und wie baut man am geschicktesten gute Beziehungen zu ihnen auf? (Z. B. sind in Japan langfristige Lieferantenbeziehungen gefragt – wenn der Aufbau gut gelungen ist, ist der Kunde „Gott"; in den USA gestalten sich die Beziehungen eher kurzfristig – sie können jederzeit nach dem Prinzip „hire & fire" wieder gekündigt werden.)
- Ist der eigene Planungshorizont kompatibel zu dem Horizont im Zielland?

(5) Suche nach ausländischen Lieferanten

Ist die Grundsatzentscheidung gefallen, kommt es darauf an, den Kreis der potenziellen Lieferanten im Ausland einzugrenzen auf diejenigen, die für eine Kooperation geeignet erscheinen. Da

14. Lieferantenmanagement

nahezu jedes Unternehmen weltweit im Internet präsent ist, bietet die Lieferantenrecherche im Internet für Einkäufer eine exzellente Informationslage für die Suche nach Lieferanten weltweit. Durch die völlige Unstrukturiertheit und die enorme Größe des Internets ist der Einsatz von Firmendatenbanken zur Lieferantenrecherche im Internet ratsam. Derzeit sind ca. 1 Mio. Lieferanten in Internetdatenbanken gespeichert, die Datenbankenbenutzung ist teilweise kostenfrei, außer bei Datenbanken von CD-Anbietern und Onlinediensten; allerdings geht die Tendenz in Richtung kostenpflichtiger Angebote. Im Literatur- und Internetverzeichnis finden Sie eine nützliche Internetadresse zur Lieferantenrecherche.

(6) Bewertung und Auswahl der Lieferanten/externen Partner

Der nächste Schritt beinhaltet die Lieferantenanfrage. Dabei sollten vom Einkauf mit dem Projektleiter gemeinsam die Bewertungskriterien festgelegt worden sein und – soweit sinnvoll – mit der Anfrage mit gesendet werden. Dadurch können die potenziellen Lieferanten gezielt antworten und es wird vermieden, dass die angebotenen Konditionen an den Anforderungen vorbei formuliert werden. Die Bewertung von potenziellen Lieferanten sollte auf Basis vorab festgelegter Kriterien in Kooperation zwischen Unternehmen und Projekt erfolgen; derartige Kriterien sind z. B.:

- Hintergrund/Entwicklung des Unternehmens
- Finanzielle Konditionen
- Erfahrung des Lieferanten
- Kapazitätssituation
- Verfügbarkeit von Know-how und Spezialisten vor Ort
- Reputation, Image des Lieferanten
- Zuverlässigkeit
- Entscheidungsprozess: bürokratisch oder pragmatisch?
- Umgang mit Problemen
- lokale kulturelle Faktoren und Rahmenbedingungen

Grundsätzlich empfehlen wir, vor der endgültigen Entscheidung die Ansprechpartner beim Lieferanten vor Ort persönlich

14.3 Acht Schritte für die Vergabe von Projektleistungen ins Ausland

kennen zu lernen. Dies ist mit mehreren Besuchen bei den potenziellen Lieferanten verbunden. Doch der persönliche Eindruck sowohl vom gesamten Unternehmen als auch von dem späteren Ansprechpartner ist sehr wichtig für das Treffen der richtigen Entscheidung. Hierbei sollten Sie die in diesem Buch dargelegten Dimensionen zur Einschätzung kultureller Spezifika nutzen und sich bei der Auswertung Ihrer Eindrücke auch hierauf beziehen.

Auf Basis der festgelegten Kriterien und der Antworten der Lieferanten bzw. weiterer Informationen über die potenziellen Lieferanten, die durch ortskundige Berater oder andere lokale Quellen recherchiert werden, erfolgt die Auswahl des Lieferanten. Wichtig ist bei der Entscheidung, dass diese nicht vom Einkaufsleiter allein getroffen wird – obwohl dies in der Praxis häufig der Fall ist (siehe Fallbeispiel). Sie sollten sich als Projektleiter einschalten, weil es bei dieser weitreichenden Entscheidung auch um die Minimierung der Risiken in der Kooperation mit dem Zulieferer geht – und das betrifft Sie direkt.

Als nützliche Methode für diese komplexe Projektentscheidung schlagen wir die Nutzwertanalyse vor. Dabei ist wichtig, dass bei Lieferantenentscheidungen immer **alle Kosten** (nicht nur der Angebotspreise) berücksichtigt werden sollten – inklusive der Kosten für spätere Änderungen, Qualität, für Nacharbeit und Gewährleistung sowie für Logistik.

Es ist Aufgabe des Projektes, dafür zu sorgen, dass die Lieferantenauswahl frühzeitig erfolgt, so dass ausreichend Zeit für eine gemeinsame Entwicklung der Kooperation zwischen Auftraggeber und Lieferant besteht.

Im internationalen Kontext wird meist eine langfristige Kooperation zwischen dem Unternehmen und dem Partner angestrebt. Doch in dieser Langfristigkeit steckt die Gefahr von Missverständnissen. Für Kulturen mit Langzeitorientierung hat der Zeithorizont „langfristig" eine andere Bedeutung als für Kulturen mit Kurzzeitorientierung, für die drei Jahre schon langfristig sein können. Daher ist eine sorgfältige Auswahl des zukünftigen Partners unbedingt erforderlich. Die Zeit für das Abwägen aller Konsequenzen vor der definitiven Lieferantenentscheidung ist in jedem Fall gut investiert und schützt das Unternehmen vor späteren Problemen.

(7) Aufbau der Beziehungen zum Lieferanten

Grundsätzlich beansprucht der Aufbau der Beziehungen zu ausländischen Partnern immer mehr Zeit als zu inländischen Lieferanten, da viele „Selbstverständlichkeiten" eben nicht gegeben sind. Es ist ganz normal, dass man dem anderen gegenüber zunächst vorsichtiger ist, als dass man einander sofort vertraut. Dieses Vertrauen muss erst aufgebaut werden; dies wird leider häufig – gerade von deutschen Projektleitern – unterschätzt.

Bei aller Notwendigkeit für das Treffen von Abmachungen: achten Sie auf ein ausgewogenes kulturbezogenes Verhältnis zwischen den Sachvereinbarungen und dem Aufbau der persönlichen Beziehungen. Nehmen Sie sich insbesondere bei Geschäftspartnern mit starkem Kontextbezug ausreichend Zeit für den Aufbau von Vertrauen. Für diese Kulturen ist der Aufbau einer langfristigen Beziehung weitaus wichtiger als der Vertrag selbst. Auch wenn die Kosten und der zeitliche Aufwand dafür hoch sind, diese Investition zahlt sich aus.

Nachdem ein Basisvertrauen aufgebaut ist, gilt es vor dem Start der Zusammenarbeit mit dem Lieferanten folgende Aspekte der Zusammenarbeit zu vereinbaren:

- Konkretisierung der Art und Weise wie die Projektmitarbeiter und der Lieferant zusammenarbeiten werden – inkl. der Anpassung der Prozesse
- Vereinbarung eines gemeinsamen Projektplans
- Definition von spezifischen Meilensteinen, für die der Lieferant verantwortlich ist – bei politischen Partnern sollte z. B. vereinbart werden, bis wann eine Genehmigung der lokalen Behörden vorliegen muss
- Vereinbarung, wie die Arbeit des Lieferanten bewertet werden soll
- Vereinbarung über den Prozess einer für beide Seiten befriedigenden Information und Kommunikation und einer gemeinsamen Datenbank oder eines zentralen Servers zum Austausch der Daten.

14.3 Acht Schritte für die Vergabe von Projektleistungen ins Ausland

- Entwicklung einer gemeinsamen Vorgehensweise zur Identifizierung, Analyse und Lösung von Problemen.
- Vereinbarung regelmäßiger gemeinsamer Statusbesprechungen und Erfahrungsaustauschrunden zwischen der Projektleitung und dem Management des Lieferanten.
- Einführung eines Lieferantenformulars als standardisiertes Bewertungssystem; die hierfür nötigen Kriterien zur Beurteilung können mit dem Lieferanten zusammen erarbeitet werden.

(8) Zusammenarbeit im Projekt

Nachdem alle Vereinbarungen gemeinsam zwischen Kunde und Lieferant fixiert und von beiden Parteien unterschrieben sind und beide Seiten ein gutes Gefühl haben, kann die operative Arbeit mit dem Lieferanten beginnen.

Hierzu noch einige Handlungsempfehlungen für eine effektive Zusammenarbeit zwischen Hersteller und Lieferant im Ausland:

- Beginnen Sie möglichst bald mit der operativen Zusammenarbeit. Definieren Sie gemeinsame Aufgaben und lassen Sie die Mitarbeiter auf beiden Seiten gemeinsam im Detail arbeiten und überprüfen Sie diese Zusammenarbeit. Erstens sehen Sie darin, wie der Lieferant denkt und mit welchen Methoden er arbeitet. Zweitens kommt es so schnell zu einem intensiven Kontakt auf der operativen Ebene. Dies ist weitaus befriedigender und effektiver als lange Grundsatzbesprechungen. Drittens sieht der Lieferant, dass Sie es ernst meinen.
- Treffen Sie sich regelmäßig zu rechtzeitig festgelegten Terminen (Reiseaufwand!), um den jeweils erreichten Projektstatus zu besprechen – sowohl in Ihrer Unternehmenszentrale als auch beim Lieferanten vor Ort. Wenn Probleme vorhanden sind, sollten Sie einerseits die Besprechungsfrequenz erhöhen und andererseits austesten, wie er damit umgeht. Basis für die Projektstatusbesprechungen sollte das aktualisierte Lieferanten-Beurteilungschart sein.
- Lassen Sie den Projektleiter des Lieferanten und den Teilprojektleiter der Unternehmenszentrale **gemeinsam berichten**; schalten Sie sich nur wenn nötig zur Vermittlung ein.

14. Lieferantenmanagement

- Etablieren Sie Standards für die Kommunikation zwischen der Unternehmenszentrale und dem Lieferanten.
- Beurteilen Sie die Kommunikation zwischen Unternehmenszentrale und dem Lieferanten anhand von Stichproben.
- Definieren Sie die Werkzeuge und Methoden, die im Projekt zur Anwendung kommen sollen (z. B. in der Softwareentwicklung, bei der Fehlerbeseitigung, für die Qualitätssicherung).
- Wichtig ist noch eine frühzeitig entwickelte, gemeinsame Sicht auf die möglichen Risiken und eine schnelle Problemlösung

14.4 Empfehlungen zum Umgang mit Lieferanten

Grundsätzlich empfehlen wir für die Zusammenarbeit mit ausländischen Lieferanten, schrittweise und sehr strukturiert, wie oben geschildert, vorzugehen. Nur so kann unserer Erfahrung nach sichergestellt werden, dass beide Partner vom gleichen Qualitätsverständnis ausgehen.

Wir plädieren dafür, gerade im internationalen Kontext die aus dem Lieferantenmanagement bekannten Schritte – wie die Definition der geforderten Leistungen (Spezifikation[3]), die Zusammenstellung der Forderungen des Auftraggebers (Lastenheftes[4]), die Umsetzung dieser Lasten durch den Auftragnehmer (im Pflichtenheft[5]) anhand konkreter Beispiele, auf die sich beide Seiten einigen, usw. – auch wirklich zu gehen und dabei jeweils die kulturellen Spezifika einzubeziehen. Obwohl sehr aufwändig, raten wir dazu, dieser Routine zu folgen – und wenn nur, um sie als Vorlage für die Entwicklung eines auf Ihre Bedürfnisse angepassten Verfahrens zu nutzen.

Dies sollte dazu führen, dass Sie nach und nach präzise klären, was Gegenstand der unterzeichneten Kooperationsverträge ist und konkret erfahren, wie die gemeinsam definierten Prozesse funktionieren, um dann Veränderungen zur beiderseitigen Zufriedenheit umsetzen zu können.

Grundlage dafür sind zwei ganz einfache Merksätze:
(1) Achten Sie darauf, dass „die Chemie" zwischen Ihnen und Ihren Zulieferern stimmt – nehmen Sie sich auch die dafür nötige Zeit.

(2) Gehen Sie bei Problemen aktiv auf den Lieferanten zu und versuchen Sie ihm das Problem einer kulturell angemessenen Art und Weise klar zu machen, um dann mit ihm zusammen gegebenenfalls die vereinbarten Prozesse zu überprüfen und entsprechend zu verändern.

Damit entgehen Sie den meisten typischen Problemen in der Kooperation mit Zulieferern.

14.5 Zusammenfassung

In diesem Kapitel werden typische Motive aufgezeigt, warum es zur Kooperation mit ausländischen Lieferanten im Projekt kommt und welches die typischen Einflussfaktoren bei der Zusammenarbeit sind, die alle im Zuge der Projektarbeit beachtet werden müssen. Anhand der wichtigsten Schritte beim Aufbau einer Beziehung zu einem oder mehreren Zulieferern werden Stolperfallen und wichtige Anregungen zur professionellen Gestaltung dieses immer wichtiger werdenden Bereichs internationaler Projekte behandelt.

Dabei zeigt sich die Notwendigkeit, die kulturellen Spezifika zu beachten, sich dafür auch Zeit zu nehmen und auf keinen Fall nur nach den üblichen betriebswirtschaftlichen Kriterien zu entscheiden.

Anmerkungen

[1] **Local content** ist der Anteil der Wertschöpfung eines Produktes, der in einer Volkswirtschaft erbracht wurde. Die Local content Vorschriften geben den maximalen Anteil ausländischer Vorprodukte an einem Endprodukt an, damit dieses Produkt als im Inland produziert gilt. Damit können die teilweise erheblichen Zölle und Importsteuern für Produkte wie z. B. Fahrzeuge stark reduziert werden.

[2] Nominated subcontractors sind vom Auftraggeber zwingend vorgeschriebene Auftragnehmer, die als Lieferanten in das Projekt einzubinden sind.

[3] Die **Spezifikation** ist die ausführliche Beschreibung der Leistungen, die erforderlich sind oder gefordert werden, damit die Ziele eines Projekts erreicht werden.

[4] Das **Lastenheft** beschreibt die „Gesamtheit der Forderungen an die Lieferungen und Leistungen eines Auftragnehmers" (DIN 69905). Grundsätzlich sollte der Auftraggeber das Lastenheft formulieren.

14. Lieferantenmanagement

[5] Im **Pflichtenheft** sind nach DIN 69905 die vom „Auftragnehmer erarbeiteten Realisierungsvorgaben" niedergelegt. Sie beschreiben die „Umsetzung des vom Auftraggeber vorgegebenen Lastenhefts".

15. Statements: Eine persönliche Aussage eines jeden Autors

Ein wichtiger Faktor im internationalen Projektgeschäft ist das „Commitment" aller Beteiligten, es wirkt vielfach stärker als die gegenseitige Anerkennung des vertraglich Vereinbarten. Je fremder sich die beteiligten Kulturen sind, desto mehr Engagement muss der Projektleiter für die Erarbeitung, Aufrechterhaltung und Weiterentwicklung der allseitigen inneren Verpflichtung auf und für das Projekt aufbringen. *Florian Dörrenberg*

Wenn ich den anderen Menschen im Projekt achtsam begegne und mich von dem Gedanken frei mache, dass einzig nur meine Arbeitsweise richtig sei, kann jeder seine Stärken im Projekt zur Geltung bringen. Je mehr mir das gelingt, desto mehr Spaß macht die Zusammenarbeit. *Conor John Fitzsimons*

Um dauerhaft erfolgreich mit anderen zusammenzuarbeiten, ist es notwendig, dass diese sich von Ihnen respektiert fühlen und gleichzeitig, dass Sie Ihre eigenen Interessen so weit wie möglich durchsetzen. Begegnen Sie daher Ihren ausländischen Partnern immer mit Respekt. Bemühen Sie sich darum, zu verstehen, welche Wirkungen Ihre Handlungen bei den Partnern auslösen werden. Seien Sie beharrlich im Durchsetzen Ihrer Interessen und flexibel in den Methoden, die Sie dazu benutzen.
Hans-Erland Hoffmann

Internationale und interkulturelle Projekte sind für mich eine der größten und interessantesten Herausforderungen im Projektmanagement. Nicht nur dass ich als Projektleiter all die Schwierigkeiten und Probleme meistern muss, wie sie hier im Buch beschrieben sind – internationale Projekte bieten mir auch die Möglichkeit, ein mir fremdes Land mit seinen Menschen, seiner Kultur und seinen wirtschaftlichen Problemen kennen zu lernen. Die Erfahrungen in einer fremden Kultur und die bleibenden freundschaftlichen Kontakte zu den Menschen, mit denen

15. Statements: Eine persönliche Aussage eines jeden Autors

ich gearbeitet habe, ist das Wertvollste, was ich aus diesen Projekten mitnehmen kann. *Heidrun Reckert*

Bei der internationalen Zusammenarbeit mit anderen Kulturen sollte man zusätzlich zur Kulturtheorie auch mal einen Seitenblick auf das historische Erbe einer Nation werfen. Wenn man sich die geschichtliche Entwicklung eines Volkes vergegenwärtigt, lassen sich viele Verhaltensweisen besser verstehen. Ein gutes Beispiel hierfür sind ehemals kolonialisierte Länder, deren Kultur von den jeweiligen Kolonialherren stark geprägt wurde.
Yvonne-Gabriele Schoper

Internationalisierung bedeutet für mich Spannung, Reiz, Neues. So war auch die Arbeit an unserem Buch, das wir wie ein Projekt aufgezogen haben. Dabei halfen uns Fähigkeiten und Werkzeuge, auf unsere kulturellen Eigenarten Rücksicht zu nehmen, uns immer wieder darüber zu verständigen, was wir meinen und unsere Verhaltensweisen zu hinterfragen und aufeinander abzustimmen – bis hin zur Bearbeitung von Konflikten. Wir haben es dennoch geschafft, das Projekt erfolgreich abzuschließen und gehen bereichert raus. *Klaus Wagenhals*

Internationale Projekte tun weh, weil sie die persönlichen Grenzen sprengen – und sie machen Spaß, weil sie Grenzen sprengen. Für mich besteht eine Ambivalenz zwischen der nervenden Notwendigkeit, immer wieder andere Werte zuzulassen und mich selbst zu hinterfragen, und dem Spaß, den ich mit anderen habe, wenn ich meine Werte durch ihre Einsichten bereichere und mich selbst ändere. *Anja Walter*

Glossar

Im Rahmen dieses Buches wird eine Reihe von Fachbegriffen verwendet, die nicht unbedingt aus der Standardterminologie des Projektmanagements stammen oder von den Autoren in einem bestimmten Zusammenhang definiert wurden.

Um das Verständnis dieser Fachbegriffe zu erleichtern, haben wir die wesentlichen Vokabeln zentral aufbereitet und stellen dieses Glossar als Lese- und Transferhilfe zur Verfügung.

Soweit eine Begriffsbestimmung aus einer externen Quelle stammt, ist diese mit angegeben. Die genauen bibliografischen Angaben zu den zitierten Büchern sind dem Literaturverzeichnis des Buches zu entnehmen.

Ambiguitätstoleranz beschreibt, wie viel Uneindeutigkeit jemand aushalten kann.

Anforderungen sind konkret formulierte Ansprüche, die ein Kunde von einem Produkt oder einer Dienstleistung erwartet. Wenn der Kunde von einem Produkt annimmt, dass es seine Anforderungen erfüllt, kommt es zum Kauf des Produktes. Im Gegensatz zu den Anforderungen sind die → Erwartungen zu unterscheiden. → Erwartungen, → Lastenheft, → Pflichtenheft

Coach: Der Coach ist eine in Führungsarbeit und/oder Teamarbeit im internationalen Zusammenhang erfahrene, authentische Person, die sowohl in fachlicher als auch methodischer und sozialer Hinsicht genügend qualifiziert ist, um die Betreuung, Unterstützung, Förderung und das Training von bei der Projektarbeit tätigen Personen (Individuen oder ganze Teams) zu übernehmen. (Quellenhinweis: www.projektmagazin.de)

Community: Eine Community ist eine Gruppe von Personen, die gemeinsames Wissen entwickeln, Erfahrungen teilen und dabei eine eigene Identität aufbauen.

Cultural Agent → Kultureller Dolmetscher

Dolmetscher, kultureller → Kultureller Dolmetscher

Eigenständige Projektorganisation → Reine Projektorganisation

Empowerment: Englisch für → Ermächtigungsprinzip.

Enneagramm: Das Enneagramm ist eine alte Lehre, die neun verschiedene Persönlichkeitstypen und ihre Beziehungen beschreibt. (Quellenhinweis: *Palmer*, 1995)

Erfahrungsauswertung → Lessons Learned

Ermächtigungsprinzip: Die Entscheidungsbefugnis wird auf eine möglichst niedrige Ebene in der Hierarchie delegiert und die Mitarbeiter gewinnen somit einen gewissen Gestaltungsfreiraum für ihre Arbeit.

Erwartungen sind nicht explizit formulierte, unausgesprochene Wünsche an, teilweise sogar unbewusste Annahmen über ein Produkt oder eine Dienstleistung.

Eskalationsprozess: Vorgehensweise die festlegt, in welcher Situation wer in welcher Form und mit welchen Vorarbeiten an welche nächst höhere Hierarchiestufe die Entscheidung weitergibt („eskaliert"); dies kann bei Konflikten organisiert werden – ausgehend von einer Einschätzung über Konfliktverläufe im Projekt .

Fraktale Projekte: In fraktalen Projekten wird jedes Projekt(team)mitglied als eigenständige Einheit (Fraktal) betrachtet, die sich selbst und den Projektverlauf organisiert und die Abläufe immer weiter optimiert. Der Begriff „fraktal" steht hier für Selbstorganisation und Dynamik, die Basis fraktaler Organisationsformen sind Prozesse, Teams und → Netzwerke. (Quellenhinweis: Internet-Lexikon: http://www.regiolog.de/manager/partner/gs/sem/evo/lexikon/F.html#fraktal)

Frühwarnsystem: Ein Frühwarnsystem unterstützt die Projektauswertung indem es signalisiert, an welchen Stellen die geplante Information nicht verfügbar ist, die verwendete Zeit die Planung überschreitet, die geplante Leistungen (Umfang, Qualität) unterschritten und die Kosten überschritten wurden.

Führung von Menschen bedeutet, Veränderungen zu fördern durch das Entwickeln von Visionen, die Vereinbarung von Zielen und die Umsetzung mit den beteiligten Menschen. → Situative F., → Transaktionale F., → Transformationale F.

Globale Unternehmen sind an mehreren internationalen Standorten vertreten und haben sich auf gemeinsame grundlegende

Systeme, Prozesse und Strukturen geeinigt. Sie werden zentral verwaltet und der Aufwand wird minimiert.

Hochleistungsteams: Mitglieder eines Hochleistungsteams zeichnen sich durch ein besonders hohes Maß an persönlichem Engagement füreinander und für das Erreichen des gemeinsamen Ziels aus. Sie erbringen höhere Leistungen als andere Teams und übertreffen die gesetzten Erwartungen. Diese Art von Engagement lässt sich nicht managen. Echte Hochleistungsteams sind selten, ca. 2 % aller Teams sind Hochleistungsteams.

Informeller Führer: Der informelle Führer hat keine Macht, die in seiner Position begründet ist, sondern seine Macht ist in der Gruppe begründet und wird ihm von der Gruppe zuerkannt. Ursachen für seine Macht können sein Wissen, seine Erfahrungen oder Fähigkeiten, seine Persönlichkeit oder sein Alter sein.

Integrierte Projektsteuerung: Diese vereinigt im Rahmen einer zielgerichteten Lenkung des Projekts die Planungs-, Entscheidungs-, Kontroll- und Überwachungsfunktionen für alle Projektvorgänge hinsichtlich Leistung, Terminen, Kosten und anderen Projektzielen. (Quellenhinweis: IPMA Competence Baseline Version 2.0, Stand 1999)

Interkulturelle Kompetenz ist die Fähigkeit, sich die eigene kulturelle Prägung bewusst zu machen, Kulturmodelle zu kennen und auf die eigene Handlungsweise übertragen zu können. Dazu gehört die Neugier im Umgang mit anderen Kulturen, die Offenheit sowie die Wertschätzung gegenüber Anderen; man toleriert andere Herangehensweisen, Arbeitsweisen aber auch die dahinter steckenden Werte, Normen usw. Darin eingeschlossen ist der Umgang mit verschiedenen kulturellen Repräsentanten im Team oder bei den Stakeholdern, so dass die jeweilige kulturelle Herkunft und Prägung berücksichtigt und ein gemeinsames Arbeiten möglich werden und bleiben.

Internationale Teams sind definiert als Projektteams, in denen die Teammitglieder aus mehreren Nationen stammen und gemeinsam an einer komplexen Aufgabe arbeiten.

Internationales Unternehmen: Im internationalen Unternehmen erfolgen die Vorgaben durch die Unternehmensleitung der Muttergesellschaft. Wenn ein solches Unternehmen andere Firmen im Ausland aufkauft, gibt die Muttergesellschaft verbindliche Vorgaben heraus, nach denen die Töchter in den anderen Ländern handeln. Sämtliche Prozesse, Strukturen und Systeme werden von der Muttergesellschaft auf die Tochtergesellschaften übertragen.

Kernteam: Das Kernteam ist definiert als das Team eines Projektes, in dem die wesentlichen Aufgabenbereiche im Projekt um den Projektleiter herum vertreten sind (z. B. Controller, Einkäufer, Verkäufer, Marketing u. a.). Das Kernteam ist die zentrale Schaltstelle des Projektes, in dem alle Informationen zusammenlaufen und die wesentlichen Projektentscheidungen getroffen werden. Oft typisch für Großprojekte

Kompetenz → Soziale Kompetenz

Kommunikationsverantwortlicher: Eine im Projekt benannte und mit entsprechenden Kompetenzen ausgestattete → Rolle, die dazu beiträgt, dass es ein überlegtes Kommunikations- und Informationskonzept für das Projekt gibt und die dafür sorgt (im Zusammenspiel mit dem Projektleiter), dass für die unterschiedlichen Kulturen angemessene Regeln entwickelt und dann auch eingehalten werden.

Konflikt: Wenn eine Interaktion zwischen einem oder mehreren Personen dazu führt, dass sich mindestens eine dieser Personen unwohl fühlt, dann handelt es sich um einen Konflikt (nicht zu verwechseln mit einem Problem, das einen ungeklärten Zustand bei der Bearbeitung einer Aufgabe oder bei der Auswahl von Lösungsalternativen meint, für die die Bearbeiter keine Handlungsroutine besitzen). (Quellenhinweis: *Glasl*, 1997)

Kongruenz: Damit ist die Deckungsgleichheit von einerseits verbaler und non-verbaler Kommunikation und andererseits verschiedenen Sprachstilen / Kommunikationsweisen gemeint. Erst wenn diese Deckungsgleichheit entsteht oder man sich darum bemüht, kann von gegenseitigem Verstehen ausgegangen werden. (Quellenhinweis: *Satir*, 1994)

Kultureller Dolmetscher: Jeder, der dabei helfen kann, die Handlungen von Menschen einer fremden Kultur zu verstehen. Es geht dabei weniger um die Übersetzung der Fremdsprache, sondern um die „Übersetzung" der Bedeutung von Handlungsweisen. Selbst wenn jemand eine Sprache fließend spricht, heißt das noch lange nicht, dass er die kulturellen Normen und Regeln, nach denen die jeweiligen Kulturrepräsentanten handeln, kennt und versteht. Synonym: „cultural agent"

Lastenheft: Das Lastenheft beschreibt die „Gesamtheit der Forderungen an die Lieferungen und Leistungen eines Auftragnehmers". Grundsätzlich sollte der Auftraggeber das Lastenheft formulieren. → Anforderungen, → Erwartungen, → Pflichtenheft (Quellenhinweis: DIN 69905)

Leitung eines Projektes: Leiten eines Projektes bedeutet, das Projekt so zu managen, dass seine Komplexität mittels des Einsatzes von Planen, Budgetieren, Organisieren, Steuern und Kontrollieren im Sinne der Zielerreichung beherrscht wird.

Lessons Learned ist dokumentiertes und strukturiertes Erfahrungswissen aus einem Projekt. Ziel der Lessons Learned-Gewinnung am Ende eines Projektes ist es, die einzelnen Projektphasen noch einmal Revue passieren zu lassen, um zu verstehen, was zum Erfolg bzw. Misserfolg oder zu Fehlentscheidungen beigetragen hat. Zum anderen geht es darum, die Erfahrungen so aufzubereiten, dass das gesamte Unternehmen von dem Projekt lernen kann.

Local content ist der Anteil der Wertschöpfung eines Produktes, der in einer Volkswirtschaft erbracht wurde. Die Local content Vorschriften geben den maximal zulässigen Anteil ausländischer Vorprodukte an einem Endprodukt an, damit dieses Produkt als im Inland produziert gilt. Damit können die teilweise erheblichen Zölle und Importsteuern für Produkte wie z. B. Fahrzeuge stark reduziert werden.

Matrix-Projektorganisation: In einer Matrix-Projektorganisation werden Mitarbeiter sowohl mit Linienaufgaben als auch mit Projektaufgaben versehen. Disziplinarisch wie dispositorisch unterstehen sie weiterhin dem Linienvorgesetzten. Wenn der Projektleiter keine dispositorische Verfügung über dieser Mitarbeiter hat, ist ihr Einsatz für das Projekt stark eingeschränkt, weil der Linienvorgesetzte in der Regel mit einer höheren Priorität bedient wird.

Glossar

Metaebene: Eine Metaebene in der Kommunikation einnehmen bedeutet, sich gedanklich über den gerade laufenden oder abgeschlossenen Kommunikationsprozess zu erheben und „von oben", d. h. aus der Vogelperspektive diesen Prozess zu reflektieren. Dies hat den Sinn, zu überprüfen, ob die Kommunikation → kongruent war, ob bestimmte Sprach- oder Kommunikationsmuster nicht so günstig für die gegenseitige Verständigung waren usw. und dann Veränderungen herbeizuführen. (Quellenhinweis: *Watzlawick* u. a., 2003)

Moderator: Ein Moderator ist ein neutraler methodischer Unterstützer von Arbeitsgruppen zur schnellen Erzielung optimaler Ergebnisse.

Multinationales Unternehmen: Im Multinationalen Unternehmen wird die umfassende Strategie von der Muttergesellschaft vorgegeben, die lokalen Ausprägungen legen die Tochtergesellschaften selbst fest.

Netzwerkbroker: Zentrale Person in einem Netzwerk, die persönlichen Kontakt zu möglichen Mitarbeitern und Kooperationspartnern plant und hält sowie Rahmenverträge mit Subkontraktoren (Unterauftragnehmern) definiert und überwacht.

Netzwerk-Projekt: In einer Netzwerk-Projektorganisation sind die autonomen Mitglieder durch gemeinsame Ziele miteinander verbunden und bringen komplementäres Know-how zur Zielerreichung ein.

Nominated subcontractors sind vom Auftraggeber zwingend vorgeschriebene Auftragnehmer, die als Lieferanten in das Projekt einzubinden sind.

Onboarding: Mitarbeiter werden ins Team integriert. Der Prozess beinhaltet alle Maßnahmen, die durchgeführt werden, um den Mitarbeiter zu befähigen, seine Projektaufgaben weitgehend selbstständig zu erledigen.

Offboarding: Mitarbeiter werden aus dem Projekt-Team wieder zurück in das Unternehmen entlassen. Der Prozess beinhaltet jene Maßnahmen, die das Projekt und die Mitarbeiter dazu befähigen, im weiteren Verlauf ohne den ausscheidenden Mitarbeiter und *mit* seinen Ergebnissen zu arbeiten.

Persönlichkeit: Die Persönlichkeit ist eine Sammlung von Gefühlen, Einstellungen und Verhaltensmustern, die von der eigenen Weltanschauung beeinflusst wird. (Quellenhinweis: *Greif/ Holling/Nicholsen,* 1989)

Pflichtenheft: Im Pflichtenheft sind die vom „Auftragnehmer erarbeiteten Realisierungsvorgaben" niedergelegt. Sie beschreiben die „Umsetzung des vom Auftraggebers vorgegebenen → Lastenhefts". → Anforderungen, → Erwartungen, → Lastenheft (Quellenhinweis: DIN 69905)

Projektrolle: Die Projektrolle ist die Summe der Erwartungen an den Rolleninhaber aufgrund der Aufgaben im Projekt (z.B. Projektleiter, Qualitätsmanager oder Product Manager). Diese Erwartungen sind auf die Funktion bezogen und werden erst dann persönlich, wenn sie ein Mitarbeiter mit seinen persönlichen Fähigkeiten, Fertigkeiten, Erfahrungen ausfüllt. → Rolle, → Teamrolle

Projektsteuerung, integrierte → Integrierte Projektsteuerung

Projektumfeld: Alles was nicht unmittelbar im Einflussbereich eines Projektes liegt, aber gleichzeitig einen wesentlichen Einfluss auf Projektverlauf oder -ergebnis haben kann, bezeichnet man als sein „Umfeld". → Umfeldmanagement

Qualität ist die Erfüllung von → Anforderungen.

Reine Projektorganisation: Eine reine Projektorganisation meint – im Gegensatz zu solchen Organisationsformen von Projekten, die sich an die herrschende Organisationsform des Unternehmens anpassen – dass das Projekt nach den Erfordernissen seiner Aufgabenpakete organisiert und das Team mit entsprechenden Spezialisten zusammengestellt wird. Auch genannt: „Eigenständige" Projektorganisation.

Risiko: Der Begriff „Risiko" stammt aus dem italienischen und kann mit „Wagnis, Gefahr, Verlustmöglichkeit bei einer unsicheren Unternehmung" übersetzt werden. Bestimmte (meist negative) Ereignisse, die eintreffen können und wahrscheinlich einen Schaden verursachen, werden als Risiken bezeichnet.

Risikoassessment: Unter einem Risikoassessment versteht man den einmaligen Prozessdurchlauf des gesamten Risikomanagementprozesses.

Risikobewertung: Aufgabe der Risikobewertung ist die Quantifizierung der Wahrscheinlichkeit des Eintritts und der möglichen Höhe des Schadens eines Risikos. Hierbei kann der Schaden materieller oder immaterieller Art sein.

Risikomanagement ist eine Funktion des Projektmanagements und umfasst die Bereiche → Risikoidentifikation, → Risikobewertung, → Risikoplanung, Risikoüberwachung und → Risikosteuerung.

Risikoidentifikation ist die möglichst vollständige Sammlung und Benennung der Projektrisiken. Sie liefert damit die Datenbasis für das gesamte Risikomanagement von der Risikobewertung bis hin zur Risikosteuerung.

Risikomanager: Der Risikomanager ist für die Definition und die Durchführung des Risikomanagementprozesses während des Projekts verantwortlich.

Risikoplanung: Nach der Risikoidentifizierung und Risikobewertung dient die Risikoplanung dazu durch entsprechende Maßnahmen das Projektrisiko so weit wie möglich zu reduzieren

Risikostatement ist die Beschreibung eines Risikos die die Bedingung und die Konsequenz des Risikos einschließt.

Risikosteuerung: Die Risikosteuerung misst im laufenden Projekt die Risikoindikatoren und leitet daraus Handlungsanweisungen ab. Falls im Rahmen der Risikoplanung Maßnahmen zur Reduzierung der Eintrittswahrscheinlichkeiten von Risiken ergriffen werden, so werden diese Maßnahmen auf ihre Wirksamkeit hin überprüft.

Risikowahrscheinlichkeit: Die Wahrscheinlichkeit für den Eintritt des Risikos.

Rolle: Eine Rolle markiert einerseits das, was an gesellschaftlich definierten Erwartungen „der anderen" an das Verhalten eines Positionsinhabers gestellt wird. Dabei sind die Erwartungen geprägt durch die Position, den Status, das Alter und die Dauer der Betriebszugehörigkeit des Positionsinhabers. Andererseits ist damit auch die reale Ausfüllung dieser Erwartungen jedes Menschen auf der Basis seiner persönlichen Entwicklung gemeint. Beispielsweise ist jemand qua Funktion Abteilungsleiter und übt diese Rolle so aus, wie es seine Persönlichkeit erlaubt. Dabei gibt es immer verschiedene Stadien: Übernahme der Rolle in einer bestimmten Sozialisationsphase, Ausfüllung der Rolle nach Einarbeitung und Austarierung dessen, was die Organisation will und was der Rolleninhaber will, und dann souveräner Umgang mit den verschiedenen Anforderungen in und aus der Rolle. → Teamrolle, → Projektrolle (Quellenhinweis: *Steiger/Lippmann* (Hrsg.), 1999)

Schnittstellenverantwortlicher: Der Schnittstellenverantwortliche koordiniert den Austausch des fachlichen Teilprojekts mit der Fachabteilung in der Linie, die die Betreuung nach dem Projekt übernehmen wird oder koordiniert die Verkopplung mit den Lieferanten.

Selektive Wahrnehmung: Gezieltes, meist unbewusstes Ausblenden von Informationen über eine Person/Personengruppe oder einen Sachverhalt, was zur Bildung von → Vorurteilen führen kann. Kommt im interkulturellen Zusammenhang dann vor, wenn es für beobachtetes Verhalten keine → Stereotype gibt. (Quellenhinweis: *Watzlawick* u. a., 2003)

Situative Führung ist Mitarbeiter- und Situationsabhängig und beinhaltet die Faktoren „Funktionsreife" (Fähigkeiten, Wissen und Erfahrung) des Mitarbeiters und seine „psychologische Reife" (Selbstvertrauen, Verantwortungsbereitschaft und Leistungsorientierung). → Führung

Soziale Kompetenz ist die Fähigkeit, auf der Grundlage der eigenen Ressourcen Andersartigkeit zu akzeptieren oder in der offenen Kommunikation, je nach Situation, angemessen zu handeln. Die Angemessenheit hängt davon ab, welche Personen beteiligt sind, welche Normen, Werte, Regeln gelten bzw. erlernt wurden und welche Anforderungen die Situation an die handelnde Personen stellt. Darüber hinaus beinhaltet Soziale Kompetenz die Übernahme von Verantwortung für sich und die eigenen Handlungen, aber auch im Team für den gesamten Teamprozess. (Quellenhinweis: *Steiger/Lippmann* (Hrsg.), 1999)

Stab-Projektorganisation: In einer Stab-Projektorganisation wird das Projekt aus einer Stabs-Position des Unternehmens heraus gelenkt. Dadurch existieren keine organisatorischen Bindungen vom Projektleiter aus dem Stab an die Mitarbeiter, die in der Regel disziplinarisch weiterhin ihren Linienvorgesetzten unterstellt sind.

Stakeholder sind alle Personen, Organisationen, Interessengruppen, die sich in irgendeiner Weise vom Projekt oder seinem Ergebnis betroffen fühlen.

Start-up Workshop (Kick-off): Ein Start-up Workshop ist meist die Auftaktveranstaltung zum Projektstart. Hierbei handelt es sich um einen Workshop aller am Projekt beteiligten Teammitglieder. Vielfach begegnen sich hier die Teammitglieder zum ersten Mal. Je nach Projektumfang kann der Start-up Workshop zwischen einem und mehreren Tagen dauern.

Stereotyp ist eine Vorstellung (auf der Basis von gesammelten Informationen) über typische Verhaltensweisen, Normen und Werte in einem bestimmten Kulturkreis. Diese Informationen werden vom menschlichen Gehirn zu einer Art Referenz verdichtet, um so eine Hilfestellung zur weiteren Einordnung von Informationen zu haben. (Quellenhinweis: *Greif/Holling/Nicholsen,* 1989)

Teamrolle: Eine Teamrolle ist definiert als das mit der Rolle verbundene Verhalten eines Individuums und der darauf gerichteten Erwartungen an das Individuum in einem Team. → Rolle, → Projektrolle

Transaktionale Führung funktioniert auf der Basis eines Austausches: Die Mitarbeiter werden veranlasst, die Ziele zu erfüllen im Austausch für eine entsprechende Belohnung. Bei Abweichung von den Vorgaben greift der Manager durch Maßnahmen korrigierend ein. → Führung

Transformationale Führung bedeutet, dass Mitarbeiter durch unterschiedliche Maßnahmen dazu motiviert werden, sich für Ziele einzusetzen, die über ihre unmittelbaren Eigeninteressen hinausgehen. → Führung

Transnationales Unternehmen: In der transnationalen Unternehmung werden nationale Unterschiede und Verbundvorteile gleichzeitig genutzt. Regionale Gesetzgebungen und die unternehmensspezifischen, lokalen Ressourcen erfordern, dass sich die Vorgaben und die notwendige Diversifizierung jeweils am Geschäftsfeld selbst individuell orientieren. Die Geschäftsbereiche können dadurch jeweils einen unterschiedlichen Status der Internationalisierung haben.

Umfeld → Projektumfeld, → Stakeholderanalyse, → Umfeldmanagement

Umfeldmanagement beinhaltet alle Aktivitäten der Projektleitung, um relevante Einflüsse des Umfelds rechtzeitig zu erkennen, um positive Einflüsse auf das Projekt zu lenken oder zu verstärken, um negative Einflüsse vom Projekt fernzuhalten oder abzuschwächen und ggf. dazu auch das Umfeld zu verändern. → Projektumfeld

Unternehmen, globales → Globales Unternehmen
Unternehmen, internationales → Internationales Unternehmen
Unternehmen, multinationales → Multinationales Unternehmen
Unternehmen, transnationales → Transnationales Unternehmen

Unterteams und Module: Um die Arbeitsfähigkeit eines größeren Projektes zu gewährleisten, sollte ein solches Großprojekt in mehrere Unterteams oder Module gegliedert werden. Diese Unterteams oder Module werden in internationalen Projekten durch einen Modulleiter geführt, der die lokalen Mitarbeiter an den dezentralen Standorten leitet. In kleineren Projekten ist der Modulleiter, in größeren Projekten sein Vorgesetzter Mitglied im → Kernteam. Diese Struktur hat eine komplexe Projektorganisation zur Folge, die es bzgl. der Informationsflüsse, Entscheidungskompetenzen, Berichtsstrukturen und Eskalationswege transparent zu gestalten gilt.

Virtuelle Teams: Unter virtuellen Teams versteht man räumlich verteilte, mit elektronischen Medien kommunizierende Personen oder Gruppen, die sich ad-hoc formieren, meist selbst organisieren und wieder auflösen, sobald die vereinbarten Ziele oder Aufgaben erreicht sind. Die räumliche Verteilung kann im Extremfall bedeuten, dass sich die Teammitglieder im Laufe der Projektarbeit nur einmal oder sogar überhaupt nicht sehen – was bedeutet, dass die Kommunikation nur mit Hilfe elektronischer Medien abläuft. Nicht nur Kostengründe, sondern auch Zeitvorteile können die Ursache für die Gründung virtueller Teams sein, da diese Form bei guter Organisation eine Projektarbeit rund um die Uhr ermöglicht.

Glossar

Vorurteile sind verfestigte Meinungen und Haltungen über Personen oder Personengruppen eines Kulturkreises, die sich gebildet haben, weil an einem bestimmten Punkt des Informationssammlungs- und Bewertungsprozesses keine Informationen mehr gesammelt oder verwertet wurden, die einem schon bestehenden Stereotyp widersprechen oder zur Bildung eines neuen Stereotyps beitragen könnten. Zusätzlich werden dann die so entstehenden unzulässigen Verallgemeinerungen emotional bewertet. (Quellenhinweis: *Greif/Holling/Nicholsen*, 1989)

Wahrnehmung ist die mit allen Sinnen erfolgende menschliche Informationsaufnahme, die in den Stufen Sammeln, Sortieren und Bewerten abläuft. Dabei erfolgt das Zuordnen der gesammelten Information nach der Dekodierung in so genannten Wiedererkennungsmustern oder → Stereotypen und die Bewertung nicht nur mittels kognitiven, sondern auch emotionalen Prozessen. (Quellenhinweis: *Greif/Holling/Nicholsen*, 1989)

Literatur und Internet-Links

Abdullah, A./Pedersen, P. B.: Understanding multicultural Malaysia, Kuala Lumpur 2003
Adler, N. J.: International Dimensions of Organizational Behavior. Cincinnati 1997
Bachmann, K./Praloran, A.: Auswahl einer effizienten und adäquaten Form der Projektorganisation. Dissertation an dem Institut für Organisation und Personal der Universität Bern. Bern 1998.
Bennis, W.: Führen lernen, Frankfurt a. M. 1989
Burke, R.: Project Management. Planning and Control Techniques. New York 1999
Carmel, E.: Global Software Teams. New Jersey 1999
Chen, G. M./Starosta, W. J.: Foundations of Intercultural Communication. Boston u. a. 1997
Cleland, D.: Project Management. Strategic Design and Implementation. New York 1999
Clement, U./Nemeczek, B.: Mythos Kultur. Zeitschrift Organisationsentwicklung, 4-2000, S. 62 ff.
Crosby, P. B: Qualitätsmanagement. Frankfurt a. M. 2000
De Marco, T.: Bärentango. Mit Risikomanagement Projekte zum Erfolg führen. München u. a. 2003
Doppler, K./Lautenberg, C.: Change Management. Den Unternehmenswandel gestalten. Frankfurt a. M. 2000
Dreger, W.: Erfolgreiches Risiko-Management bei Projekten. Renningen u. a. 2000
Gareis, R.: Programmmanagement und Portfoliomanagement. Zentrale Kompetenzen projektorientierter Unternehmen, in: Projektmanagement 1/2001, S. 4–11
Gaulke, M.: Risikomanagement in IT-Projekten. München u. a. 2002
Glasl, F.: Konfliktmanagement – ein Handbuch für Führungskräfte, Beraterinnen und Berater, 5. Auflage, Bern u. a. 1997
Goldberg, M. J.: The Nine Ways of Working. New York 1999
Graham, L./Lam N. M.: The Chinese Negotiation, in: Havard Business Review, 10-2003, S. 82–91
Gray, C./Larson, E.: Project Management. The complete guide for every manager. New York 2002
Greif, S./Holling, H./Nicholson, N.: Arbeits- und Organisationspsy-

chologie. Internationales Handbuch in Schlüsselbegriffen, Weinheim 1989

Gührs, M./Nowak, C.: Das konstruktive Gespräch, 3. Auflage, Meezen 1995

Hahn, C./Jäger, G./Kaiser, A. et al.: Neue Produktionskonzepte. Management-Seminar Sommersemester 1999, Institut für Betriebswissenschaften, Arbeitswissenschaft und Betriebswirtschaftslehre TU Wien, Seminarunterlagen.

Hall, E. T.: The Dance of Life. New York u. a. 1989

Herbst, D.: Interne Kommunikation, Berlin 1999

Hilb, M.: Transnationales Management der Human-Ressourcen, Neuwied 2000

Hofielen, G./Broome, J.: Leading international Teams – a new discipline? Zeitschrift Organisatonsentwicklung 3-2000, S. 60 ff.

Hofstede, G.: Lokales Denken, globales Handeln, München 2001

Informationsgesellschaft des Deutschen Büromöbel Forums: New Work. Bürozukunft heute. Neue Arbeitsmethoden, Organisationsformen und Bürokonzepte. Eine Informationsbroschüre.

IPA NEMA: Präsentation der Umfrageergebnisse 2002, 16. Weltkongress Internationales Projektmanagement. Berlin 2002 Olaf Scherer

IPMA Competence Baseline Version 2.0, Stand 1999, zu beziehen unter www.gpm-ipma.de

James, M.: The better boss in multicultural organizations, Walnut Creek (CA) 1991

Jenny, B.: Projektmanagement. Das Wissen für eine erfolgreiche Karriere. Zürich 2003

Juran J. M.: Der neue Juran, Qualität von Anfang an. Landsberg/Lech 1993

Katzenbach, J. R./Smith, D. K.: Teams – der Schlüssel zur Hochleistungsorganisation, Wien 1993

Kerzner, H.: Project Management. A Systems Approach to Planning, Scheduling and Controlling, 6. Auflage, New York 1998

Khatari, N./Alvin Ng, H.: The Role of Intuition in Strategic Decision Making, in: Human Relations, 53 (1) 2000, S. 57–86

Kluckhohn, F. R./Strodtbeck, F. L.: Variations in Value Orientations. New York 1961

Kutschker, M./Schmid, S.: Internationales Management. München 2002

Lewis, R. D.: Handbuch für internationale Kompetenz, Frankfurt a. M. u. a. 2000

Lientz, B./Rea, K.: International Project Management, San Diego 2003

Madauss, B.: Handbuch Projektmanagement. Stuttgart 2000

Mayrshofer, D./Kröger, H.: Prozeßkompetenz in der Projektarbeit, Hamburg 1999

Möller, T./Dörrenberg, F.: Projektmanagement. Repetitorium. München 2003

Morrison, T./Conaway, W. A./Borden, G. A.: Kiss, Bow, or Shake Hands. How to Do Business in Sixty Countries. Holbrook (MA, USA) 1994

Nevis, E. C.: Cultural Assumption and Productivity. The United States and China, in: Sloan Management Review, Spring 1983, S. 17-29

Oechtering, R. P.: Wie offen lassen sich Projektrisiken kommunizieren? Projektmagazin 14-2003 www.projektmagazin.de

Palmer, H.: Das Enneagramm in Liebe und Arbeit. München 1995

Redlich, A.: Konfliktmoderation, Hamburg 1997

Rosenberg, M. B.: Gewaltfreie Kommunikation, Paderborn 2003

Satir, V.: Kommunikation, Selbstwert, Paderborn 1994

Schein, E. H.: Coming to a new awareness of organizational culture, in: Sloan Management Review 1984, 25. Jg., Heft 2, S. 4

Schein, E. H.: Definitionen der Unternehmenskultur, in: ders., Unternehmenskultur. Ein Handbuch für Führungskräfte. Frankfurt a. M. u. a. 1995

Schneider, H.: Vorlesung Projektmanagement im Fachbereich Produktionswirtschaft und Industriebetriebslehre der Fachhochschule Illmenau, WS 2003/2004

Schnorrenberg, U./Goebels, G.: Risikomanagement in Projekten. Methoden und ihre praktische Anwendung. Braunschweig u. a. 1997

Schramm-Nielsen, J.: Cultural Dimensions Of Decision Making: Denmark and France Compared, in: J. of Managerial Psychology, 16 (6) 2001, S. 404-423

Schroll-Machl, S.: Kulturbedingte Unterschiede im Problemlöseprozess, in: Zeitschrift für Organisationsentwicklung, 1-2000

Schulz von Thun, F.: Miteinander reden, Bd. 1 und 2, Reinbek 1981 und 1989

Simon, H. A.: The New Science of Management Decision. New York 1960

Steiger, Th./Lippmann, E.: Handbuch für angewandte Psychologie für Führungskräfte, 2. Auflage, Berlin 2003

Tavares, A. T.: Strategic Management of Multinational Networks. A Subsidiary Evolution Perspective. Porto 2001

TCO WorldWork Partnership hat das Assessmenttool „The internationals Profile" entwickelt, mit dessen Hilfe die persönliche Eignung für den Auslandseinsatz getestet und die Kompetenzen erweitert werden können. www.tco-international.com

Thomas, A./Kinast, E. U./Schroll-Machl, S. (Hrsg.): Länder, Kulturen und interkulturelle Berufstätigkeit, in: Handbuch interkulturelle Kommunikation und Kooperation, Bd. 2, Göttingen 2003

Thomas, A./Kammhuber, S./Schroll-Machl, S. (Hrsg.): Grundlagen und Praxisfelder, in: Handbuch interkulturelle Kommunikation und Kooperation, Bd. 1, Göttingen 2003

Ting-Toomey, S.: Communicating Across Cultures, New York u. a. 1999

Ting-Toomey, S.: Intercultural conflict styles: a face-negotiation theory, in: Kim, Y./Gudykunst, W.: Theories in intercultural communication, Newbury Park (CA) 1989

Triandis, H. C.: Culture and Social Behavior. New York 1994

Trompenaars, F.: Handbuch globales Managen. Wie man kulturelle Unterschiede im Geschäftsleben versteht, Wien u. a. 1993

Trompenaars, F./Hampden-Turner, C.: Riding the Waves of Culture. Understanding Diversity in Global Business, London 1997

Versteegen, G. (Hrsg.): Risikomanagement in IT-Projekten. Berlin u. a. 2003

Watson, B.: Access Asia Ltd. Bridging a World of Difference, www.psychology.org.nz/industrial/culture.ppt

Watzlawick, P./Beavin, J. H./Jackson, D. D.: Menschliche Kommunikation. Formen, Störungen, Paradoxien, 10. Auflage, Bern u. a., 2003

Welge, M. K./Holtbrügge, D.: Internationales Management. Landsberg/Lech 1998

Wu, W./Yuen, E./Zhu J. H.: Individualism-Collectivism and Conflict Resolution Styles: A Cross-Cultural Study of Managers in Singapore, 52nd Annual Conference of the International Communication Association, Seoul, South Korea, Juli 2002

Zangl, B.: Internationale Normdurchsetzung. InIIS Arbeitspapier Nr. 15/99 der Universität Bremen. Bremen 1999

Zaninelli, S. M.: Sechs-Stufen-Modell eines interkulturellen „integrativen Trainings", in: Handbuch für Personalentwicklung und Training, Köln 1995

Zaninelli, S. M.: Über den Raum und Grenzen hinweg. Wie Sie als

Remote Teammanager erfolgreich internationale Projekte steuern. Zeitschrift Asia Bridge 2-2002, S. 27

Zillig, T.: Neue Organisationsformen. Theoretische Grundlagen, Entwicklungstendenzen, Forschungszentren, Experteninterviews. Dissertation an der Wirtschafts- und Sozialwissenschaftlichen Fakultät Bern. Bern 2003

Zürn, M.: Does International Governance Meet Demands? Theories of International Institutions in the Age of Denationalization. InIIS Arbeitspapier Nr. 4-5/97 der Universität Bremen. Bremen 1997

Weiterführende Links

www.sabrehq.com/cutting-edge/
www.teachsam.de/arb/team/team0.htm
www.regiolog.de/manager/partner/gs/
www.beschaffungswelt.de/einkauf/lieferantenrecherche_firmendatenbanken.html
www.i-a-a.ch International Arbitration Association
www.ikkompetenz.thueringen.de
www.projektmagazin.de
www.tco-international.com
www.gpm-ipma.de
www.sietar.de
www.enneagrammportal.de

Autorenverzeichnis

Florian E. Dörrenberg, Jahrgang 1965, studierte Wirtschaftsingenieurwesen und war anschließend Vorstandsassistent der GPM (Deutsche Gesellschaft für Projektmanagement). Ab 1994 war er Mitarbeiter am Institut für Projektmanagement und Wirtschaftsinformatik der Universität Bremen und Lehrbeauftragter zum Thema „International Project Management" in verschiedenen deutschen MBA-Programmen. Assessor für Projektmanagement nach dem Modell „Project Excellence". Seit 2000 ist er Geschäftsführer der Confides GmbH in Bremen mit Beratung und Training im In- und Ausland.

Conor John Fitzsimons wurde 1961 in Irland geboren, wo er in Dublin in Mathematik promovierte. Seine breit gefächerten Erfahrungen sammelte er durch Aufgaben als Projektleiter, Manager, Berater und Coach in Forschungs- und Entwicklungsprojekten in der IT-, Stromerzeugungs- und Automobilbranche. Er verließ Irland 1990, und nach Aufenthalten in England und der Schweiz lebt er seit 1999 in Deutschland. Heute ist er selbstständiger Berater und Enneagrammlehrer.

Hans-Erland Hoffmann, Jahrgang 1955, studierte Betriebswirtschaftslehre und Wirtschaftsinformatik. Seine Berufslaufbahn begann er als Versicherungsmathematiker. Nach vier Jahren Entwicklungshilfe in Tansania kehrte er 1984 nach Deutschland zurück und arbeitete als Controller. Seit 1989 ist er als Berater und Trainer für Projektmanagement tätig. Gemeinsam mit einer Kollegin entwickelte er eines der ersten Trainings zu den Besonderheiten internationaler Projektarbeit. Seine Branchenschwerpunkte sind: Telekommunikation, Informationstechnologie, Automobil und Automobilzulieferer.

Heidrun Reckert, geboren 1959, ist Dipl.-Mathematikerin und begann ihren beruflichen Werdegang als Software-Ingenieurin in der Automobilbranche. Seit mehr als zehn Jahren leitet, trainiert und coacht sie internationale IT-Projekte mit gemischten

Projektgruppen vornehmlich aus den USA, West- und Osteuropa. Mit ihrer Spezialisierung auf Projektframeworks, Prozessimplementierungen und Risikomanagement konnte sie vielfältige Erfahrungen über Teams im internationalen Umfeld sammeln. Heute ist sie als freiberuflicher Coach, Trainer, Projekt- und Risikomanagerin tätig.

Yvonne-Gabriele Schoper, geboren 1965, ist Dipl.-Wirtschaftsingenieurin und studierte International Business in Frankreich und England, wo sie im Anschluss im Bereich Qualitätsmanagement promovierte. Sie war zwölf Jahre lang in der Automobilindustrie in der Entwicklung und im Qualitätsmanagement tätig sowie als Projektmanagerin in der Produktentwicklung. Dabei konnte sie vielfältige Erfahrungen über Projektarbeit im internationalen Umfeld insbesondere in den USA, England und Frankreich sammeln. Seit 2003 ist sie Professorin für Internationales Management an der Fachhochschule Mannheim.

Klaus Wagenhals, 1953 in Schwaben geboren, studierte Psychologie und Soziologie in Hessen, Rheinland-Pfalz, Berlin und Bremen, wo er promovierte. Er schloss beide Studiengänge in Form von Projekten ab und erweiterte seine Projekterfahrung in der Forschung, DV- und Organisationsberatung in unterschiedlichen Branchen. Nach einigen Jahren als Führungskraft und Psychodrama-Leiter machte er sich selbstständig und arbeitet seither in unterschiedlichen Feldern vor allem mit Führungskräften, mit international besetzten Teams und Organisationseinheiten.

Anja Walter wurde 1966 in Baden geboren. Nach einem Studium der Pädagogik und einem weiteren der Betriebswirtschaft, Fachrichtung Wirtschaftsinformatik, begann sie ihr Berufsleben in der Beratung von Unternehmen. Ihre Arbeit in der strategischen Steueroptimierung, dem grenzüberschreitenden Warenverkehr und der Einführung von Software in internationalen Konzernen führte zur Einsicht, dass man nie genug über andere Länder, deren Märkte und Menschen lernen kann. Daraus ergaben sich das Studium zum Master of Global Management und die Ausbildung zum Coach. Heute ist Anja Walter selbstständige Unternehmensberaterin und Coach.

Autorenadressen

Florian Dörrenberg
CONFIDES GmbH
Loignystr. 19
D-28211 Bremen
Tel. +49 (0) 421-24 98 49
E-Mail: info@confides.de
Internet: www.confides.de

Dr. Conor John Fitzsimons
Falkenstr. 9
D-76530 Baden-Baden
Tel. +49 (0) 7221-80 17 38
E-Mail: cj@fitzsimons.de
Internet: www.fitzsimons.de

Hans-Erland Hoffmann
ANDALIA Businessgate GmbH
Im Leuschnerpark 4
D-64347 Griesheim
Tel. +49 (0) 6155-60 52 18
E-Mail: mail@andalia.de
Internet: www.andalia.de

Heidrun Reckert
Oberer Grifflenberg 156
D-42119 Wuppertal
Tel. +49 (0) 202-50 95 35
E-Mail: hr@it-projektbuero.de
Internet: www.it-projektbuero.de

Prof. Dr. Yvonne-G. Schoper
Fachhochschule Mannheim
Windeckstr. 110
D-68163 Mannheim
Tel. +49 (0) 621-292-6152
E-Mail: y.schoper@fh-mannheim.de
Internet: www.fh-mannheim.de

Dr. Klaus Wagenhals
Pirazzistr. 18
D-63067 Offenbach a. M.
Tel. +49 (0) 69-82 37 71 75
E-Mail: info@drwagenhals.de
Internet: www.drwagenhals.de

Anja Walter
initii Unternehmensberatung
Westendstr. 36
D-63128 Dietzenbach
Tel. +49 (0) 6074-48 10 580
E-Mail: info@initii.com
Internet: www.initii.com

Stichwortverzeichnis

Ablauforganisation 228 ff., 247
Abstimmungsaufwand 10
Abweichungsanalyse 238, 239 ff., 242
Änderungen, Handhabung von 244
Afrika 27, 30, 196, 200, 209, 235, 261
Angelsächsische Länder 29 f., 179, 199
Arabische Länder 27, 30, 68, 73, 190 ff., 199, 246, 308
Asien 27 f., 106, 117 f., 122 ff., 179, 184, 199 f., 209, 240, 273
Aufbauorganisation 227
Auftraggeber 2, 50, 134, 181, 215, 248, 250, 276, 315
Aufwandreduzierung 257
Außengesteuerte Kulturen 32, 174

Basis-Annahmen 22 f.
Bedürfnispyramide 148 f.
Behörden 59, 66, 308, 316
Belgien 17
Berichtswesen 86, 119, 228, 232 f., 234, 237 f., 241 ff., 273
Besprechung 16, 64, 104, 111, 143, 178, 180 ff., 197, 251, 253, 258 ff., 300, 317
Beziehungs-Netzwerk 53, 226
Beziehung zur menschlichen Aktivität 110
Botschaften 86
Brasilien 123
Bulgarien 146

China 26, 29, 31, 73, 87, 89, 106, 117, 123, 132, 147, 149, 175, 198 f., 223, 252, 297
Claim-Management 69
Coach siehe Kultureller Coach
Cultural Agent siehe Kultureller Dolmetscher

Dänemark 196, 270
Delegation 151 ff.
Denkstile, -weise 87, 182
Deutschland 14 ff., 54, 68, 70, 77 ff., 83, 116, 118, 132 f., 139, 141, 144, 146, 158, 167, 177, 180, 182, 197, 207, 235, 246, 252 ff., 259, 279 ff., 281, 289, 274, 295 ff., 299, 301
Deutschsprachige Länder 27, 29
Diffuse Beziehung/Kulturen 30

Eigenständige Projektorganisation 215
Effektivität von Gruppen 34
Elektronische Medien 94 ff., 102, 119
E-Mail 4, 94, 159, 227
England 82, 180, 296
Englischsprachige Länder 28, 87
Enneagramm 107 ff., 151, 172, 195, 205, 268 ff., 278 ff., 324
Entscheidungsfindung 138, 148, 167 ff., 184, 300
Ermächtigungsprinzip 180
Erwartungen 169, 223 f.
Eskalation, -sprozess 167, 181 f., 185, 194, 238, 245, 246, 294 ff., 300

Europa 106, 119, 132, 307
Expatriates 44

Face-to-Face Meeting 162
Feedback 142, 157 f.
Femininität 28, 142 f., 199, 268, 270
Fluktuation 219, 255
Frankreich 14 ff., 21, 25, 68, 71, 77 ff., 83 f., 110, 116, 131 f., 175, 183, 198, 259, 295
Frühwarnsystem 227, 234 ff.
Führung 129 f., 131 ff.
Führungsstil 132 ff., 147, 219
Führungsvakuum 111, 117, 140
Funktionale Hierarchie 225 f.

Gefühlsbetonung 30
Gerüchte 65
Geschenke 65 f.
Gesichtsausdruck 89
Gesichtsverlust 82, 122 f., 150 f., 157, 208, 240, 251, 273
Gesichtswahrung 49, 122, 133, 205, 207, 273
Gesprächskultur 98
Globale Unternehmen 10, 324
Griechenland 151 ff., 254
Großbritannien 27, 116, 132
Großprojekte 124, 160, 215 ff.
Gruppendynamik 130
Gruppenidentität 188

Hall, Edward 25
Heads of Agreement 67
Herkunftsorientierung 31, 171, 223, 250
Hierarchie 84, 225, 226, 239, 243, 246, 253, 259
Hochleistungsteam 101, 103, 109, 135

Hofstede, Geert 26, 270

Indien 29, 71, 89, 123, 176, 180, 237, 270
Individualismus 27, 81, 83, 85, 111, 116 f., 125, 141, 150, 157, 196, 199, 205, 236, 238, 250, 268, 270, 282, 285
Indonesien 122, 253
Information 50, 53, 77 ff., 81, 175, 215, 232, 236, 241
Informationsbeschaffung, -gewinnung 42, 73, 232, 241
Informationsbedürfnis 182
Informelle Berichterstattung 243
Informeller Teamleiter 134, 140 f., 159, 165, 171
Infrastruktur 14, 75 ff., 135, 213, 217, 227
Innengesteuerte Kulturen 32, 174
Interkulturelle Seminare 113 f.
Internationale Unternehmen 7
Internationalisierung 4, 6, 7, 10
Italien 295, 296

Japan 6, 27, 29 f., 38, 44, 76, 81, 83, 87, 89, 110, 117, 122 f., 132 f., 146, 157 f., 175, 177, 180, 182, 184, 193, 198 f., 236, 253, 297, 313
Joint Venture 6

Kanada 177
Kapazitätserhöhung 255
Kenia 29
Kernteam 103, 216 f., 220
Kick-off-Workshop siehe Start-up Workshop
Kollektivismus 27, 81, 83, 85, 110, 116 f., 123, 125, 141 f.,

157, 193, 199, 206, 215, 236, 239, 250, 252, 253 f., 258, 285, 268, 270
Kommunikation 14, 45, 77 ff., 119, 124, 158, 215, 227 ff., 238
Kommunikationsplan 98, 162, 241, 275
Kommunikationsverantwortlicher 99
Kommunikationsverhalten, -stil 77 ff., 138, 259 f.
Kompetenz 129 f., 165
Konflikt 17, 101, 108, 111, 120 f., 122 f., 130, 138 f., 143, 156, 187 ff.
Konfliktdiagnose 197, 201 f., 204
Konfliktentstehung 190 ff.
Konflikteskalation 17, 194, 194, 197 ff., 200 f., 205
Konfliktlösung 69, 70, 123, 148, 154, 204 f.
Konfliktmanagement 187 ff.
Konfliktverlauf 1
Konfuzianische Dynamik 29
Kontextbezug 25, 60, 72 ff., 80 f., 83, 111, 122, 139 f., 157, 182, 193, 210, 221, 236 f., 240 ff., 243, 245, 279
Kontrolle 49, 150 ff., 155 f., 159, 194, 251
Koordinationsaufwand 48
Kooperation 3, 221, 229, 309 f., 315
Kompetenz 129 ff., 250
Kongruenzprinzip 153
Korea 150 f.
Kritik 157 f.
Kulturebenen 22
Kulturelle/r Herkunft/Hintergrund 79, 136, 145, 151, 156, 193, 237, 268, 278, 284
Kulturelle Prägung 79, 104, 110, 145, 151, 187, 191, 198, 204, 238, 244, 302
Kultureller Coach 97, 126, 147, 185, 261, 282, 288
Kultureller Dolmetscher 33 f., 46, 50, 59, 73 f., 123, 142, 156, 174, 184, 200, 210, 261, 327
Kulturelle Teamanalyse 137 f.
Kulturelle Unterschiede 14, 246
Kulturschock 51
Kulturschichten 17 f.
Kurzfrist-Orientierung 232, 286, 303, 315

Langfrist-Orientierung 29, 145, 156, 303, 315
Lastenheft 305, 318
Lateinamerika 27, 82, 194, 199, 288
Leadership 131
Learning by doing 112
Lebenswegmodell für Projekte 40
Leistungsbeurteilung/ -honorierung 125, 157, 242
Leistungsorientierung 31, 171, 123, 250
Leistungsumfang 257
Leitbild 44
Leitung eines Projektes 130 ff.
Lenkungsausschuss 65, 184, 274
Lessons learned 126
Letter of Intent 67
Lieferant 2, 59, 221, 258, 295 f., 299, 301, 303, 305, 307 ff.
Linienorganisation 215, 229, 243

Linienvorgesetzter 134, 154, 215, 251, 255
Lob 157 f.
Local Content 309

Machtausübung 261 ff.
Machtdistanz 26 f., 41, 72, 83, 85, 111, 116, 132, 140 f., 147, 153 ff., 170, 182 f., 196, 199, 205, 215, 226, 236, 239, 241, 246, 251 f., 253, 258 f., 268, 270, 273, 278 ff., 285, 303
Malaysia 31, 117, 122, 177, 181
Management by Objectives 140, 154 f.
Markterschließung 5
Marokko 58
Maskulinität 28, 111, 142 f., 153 f., 199, 252, 255, 268, 270
Matrix-Projektorganisation 215
Mediation 69, 208
Meilenstein 38 ff., 125, 234, 236, 316
Mentor 125
Meta-Ebene 130
Mexiko 29
Misstrauen 16 f.
Mitarbeitergespräch 136, 157
Mitarbeiterqualifizierung 251
Mitteleuropa 200
Moderator, Moderation 120, 138, 208, 259 f., 276
Modul 103
Monochronismus 31, 171, 254
Motivation 148 ff., 154
Mündliche Absprachen, Vereinbarungen 68 f., 237
Multinationale Unternehmen 9
Muttergesellschaft 7

Naher Osten 237

Naturbeziehung 32
Netzwerk-Broker 222
Niederlande 29 f., 106, 180
Nominated Subcontractors 309
Non-verbale Kommunikation 81, 88 ff.
Nordafrika 235
Nordamerika 200
Normen 17, 19, 22, 191

On-boarding 255 f.
Off-boarding 255
Organisation 61
Organisationsanalyse 221, 275
Organisationslandschaft 61, 225, 228
Ostasien 47, 118, 200
Osteuropa 205

Partikularismus 29, 67 f., 170, 181, 221
Personalmanagement 249
Persönlichkeit, -stypen 107 ff., 146, 172 ff., 195 f., 239, 267 f., 278, 284
Pflichtenheft 318
Phasen in Projekten 37 ff.
Philippinen 253
Polychronismus 31, 171, 254
Prioritäten 265
Produktivität 247, 250
Produktqualität 239, 296, 299
Produktspezifikation 248, 304
Projektablauf 188, 227
Projektfinanzierung 220
Projektfortschritt 48, 50, 232
Projekt-Kick-off Meeting siehe Start-up Workshop
Projektkommunikation 241
Projektkultur 143, 238, 240, 300
Projektmanagement-Methoden,

-Leitfäden, -Verfahren 119, 227
Projektleiterin 252
Projektorganisation 50, 134, 213 ff., 222, 250
Projektphasen internationaler Projekte 37 ff.
Projektplanung 46
Projektqualität 300
Projektrollen 106 f., 120, 135, 137, 222, 229, 239, 267
Projektsprache 15, 64, 88, 119, 234
Projektstatus, -aufnahme 119, 134, 300
Projektsteuerung 231 ff.
Projektumfeld 57 ff.
Pünktlichkeit 20

Qualität 293 ff.
Qualitätsauffassung 293
Qualitätsmanagement 249, 302
Qualitätsstandard 310 ff.
Qualitätsverständnis 228, 237, 293, 301 f., 305, 310

Raumnutzung 26
Rechtliche Aspekte 44, 66 ff., 248
Regeln 17 f., 23, 28, 98, 144, 191, 302
Reisen 47, 65, 134, 160, 215, 317
Religion 265
Relocation 51
Repatriierung 51, 125
Ressourcen 45, 134
Risikocontrolling 49
Risikokultur 28, 265, 271 f.
Risikomanagement 48 f., 57, 249, 265 ff., 300
Rollen 98, 105 ff., 130, 146, 213, 222, 228, 239, 267, 276, 284, 300
Romanische Länder 87, 118, 180, 198
Russland 87, 274

Schein, Edgar 22
Schnittstellenverantwortlicher 222
Schweden 132, 193
Schweiz 7, 132, 177, 256
Schwellenländer 41
Selektive Wahrnehmung 92, 331
Situative Führung 145 ff., 165
Sitzordnung 118
Skandinavien 28 ff., 70, 132, 176 f., 180, 183
Spanien 20 f., 72, 195, 254, 281
Spezifische Beziehung/Kulturen 30, 254
Spezifikation 318
Spielregeln 46, 197
Sponsor 220 f., 243, 250
Sprache 14, 44, 64, 71, 82, 86, 88, 197 f., 234, 260, 313
Sri Lanka 256
Stakeholder 44, 58 ff., 78, 98, 105, 134, 213, 243, 257, 274 ff., 296
Standort 3, 134, 213, 239, 248, 308
Start-up (Kick-off) Workshop 45, 64, 114, 115 ff., 138, 161, 304 ff.
Statussymbol 255
Stereotyp 19, 21, 45, 93, 139, 332
Strategiemuster 8
Südamerika 29, 123
Südeuropa 27
Synergien 10, 33

Stichwortverzeichnis

Taiwan 6
Tansania 169
Teamarbeit 121
Teambildung 121, 126, 216
Teamentwicklung 101 ff., 120 ff., 130
Teamcoach siehe Kultureller Coach
Teamgeist 163
Teamkultur 119
Teamphasen 120 ff.
Teamrollen 106 ff., 120, 135, 172, 239
Telefon 94 f., 159, 181, 227
Thailand 23 f., 122
Transnationale Unternehmen 10
Trompenaars, Fons 29

Ukraine 75
Umfeldanalyse 11, 248, 257
Umfeldmanagement 57 ff.
Universalismus 29, 67 f., 88, 118, 170, 221
Unsicherheitsvermeidung 27, 118, 144 f., 150, 154 f., 170, 176 f., 194, 205, 237 ff., 243 ff., 246, 251, 270 f., 278, 286, 302
USA 7, 17, 27, 30 f., 38, 49, 76, 82, 86, 110, 132 f., 139, 151 ff., 167, 174, 177, 179, 183 f., 195, 238, 246, 253 f., 266, 279 ff., 288, 297, 299, 313

Verbale Kommunikation 80 ff.
Verbindlichkeit 236
Vergabe von Projektleistung 312
Verhandlungsführung 42, 70 ff.
Verhaltensweise 17, 19 f., 21 ff., 82, 260
Vertragsaspekte 44, 66 ff.
Vertrauen 68, 81, 104, 117 f., 120, 123, 127, 155, 158, 160 ff., 240, 316
Videokonferenz 94 f., 160, 162, 181, 227
Vier-Ohren-Modell 78
Virtuelle Projektorganisation 219
Virtuelles Team 102, 112, 117, 121, 158 ff., 227
Vorurteil 19 f., 41, 45, 93, 157

Wahrnehmung 15, 91 ff., 157. 188, 334
Weißrussland 200
Weisungsbefugnis 141, 224
Werte 22, 80, 93, 187, 191, 205, 265
Wertschöpfungsprozess 11
Wettbewerber 59 f.
Wettbewerbsvorteil 11

Zeitmanagement 248
Zeitorientierung, Verhältnis zur Zeit 31, 177, 232
Zeithorizont 32, 177
Zeitzonen 119, 123, 311
Zielkonflikt 154
Zieldefinition, -vereinbarung 154 f., 228
Zeitverschiebung 103, 227
Zielverständnis 44, 115
Zusammenstellung eines Teams 135 ff.
Zwei-Faktoren-Theorie 148 f.

Buchanzeigen

_ Betriebs- und Volkswirtschaft, Wirtschaftsrecht: Fragen und Antworten für das Management _

Management und Marketing

Rittershofer
Wirtschafts-Lexikon

Über 4200 Stichwörter für Studium und Praxis.

2.A. 2002. 1168 S.
€ 20,–. dtv 50844

Schneck
Lexikon der Betriebswirtschaft

Über 3400 grundlegende und aktuelle Begriffe für Studium und Beruf.

5.A. 2003. 1176 S.
€ 20,–. dtv 5810

Schultz
Basiswissen Betriebswirtschaft

Management, Finanzen, Produktion, Marketing. Das Buch bietet einen Überblick über die gesamte Betriebswirtschaft und ist gleichermaßen Nachschlagewerk wie Handbuch für Studium und Praxis.

1.A. 2003. 328 S.
€ 9,50. dtv 50863

Dichtl/Issing
Vahlens Großes Wirtschaftslexikon

4 Bände in Kassette.

2.A.1994. 2505 S.
€ 70,56. dtv 59006

Diller
Vahlens Großes Marketinglexikon

2.A. 2003. 1966 S.
2 Bände im Schuber
€ 49,–. dtv 50861

_ Betriebs- und Volkswirtschaft, Wirtschaftsrecht: Fragen und Antworten für das Management _

Pepels
Marketing-Lexikon
Über 3000 grundlegende und aktuelle Begriffe für Studium und Beruf.
2.A. 2002. 969 S.
€ 22,–. dtv 5884

Becker
Das Marketingkonzept
Zielstrebig zum Markterfolg!
Die notwendigen Schritte für schlüssige Marketingkonzepte, systematisch und mit Fallbeispielen.
2.A. 2002. 261 S.
€ 9,50. dtv 50806

Neumann/Nagel
Professionelles Direktmarketing
Das Praxisbuch mit einem Angebot zu interaktivem Training.
1.A. 2001. 316 S.
€ 12,50. dtv 5886

Pepels
Praxiswissen Marketing
Märkte, Informationen und das Instrumentarium des Marketing.
1.A.1996. 349 S.
€ 10,17. dtv 5893

Dichtl
Strategische Optionen im Marketing
Durch Kompetenz und Kundennähe zu Konkurrenzvorteilen.
3.A.1994. 303 S.
€ 8,64. dtv 5821

Schwan/Seipel
Personalmarketing für Mittel- und Kleinbetriebe
1.A.1994. 295 S.
€ 8,64. dtv 5841

Schäfer
Management & Marketing Dictionary
Englisch-Deutsch / Deutsch-Englisch.
Die vollständig überarbeitete Neuauflage enthält in nun einem Band mehr als 26 000 Stichwörter.
3.A. 2004. 768 S.
€ 19,50. dtv 50887
Neu im Juli 2004

Becker
Lexikon des Personalmanagements
Über 1000 Begriffe zu Instrumenten, Methoden und rechtlichen Grundlagen betrieblicher Personalarbeit.
2.A. 2002. 677 S.
€ 19,–. dtv 5872

_ Betriebs- und Volkswirtschaft, Wirtschaftsrecht: Fragen und Antworten für das Management _

Kleine-Doepke/Standop/Wirth
Management-Basiswissen
Konzepte und Methoden zur Unternehmenssteuerung.
2.A. 2001. 292 S.
€ 12,50. dtv 5861

Hofstede
Lokales Denken, globales Handeln
Interkulturelle Zusammenarbeit und globales Management.
2.A. 2001. 455 S.
€ 15,–. dtv 50807

Bruhn
Kundenorientierung
Bausteine für ein exzellentes Customer Relationship Management (CRM). Innovationsmanagement, Qualitätsmanagement, Servicemanagement, Kundenbindungsmanagement, Beschwerdemanagement, Integrierte Kommunikation sowie Internes Marketing.
2.A. 2003. 369 S.
€ 14,–. dtv 50808

Füser
Modernes Management
Lean Management, Business Reengineering, Benchmarking und viele andere Methoden.
3.A. 2001. 240 S.
€ 10,–. dtv 50809

Schelle
Projekte zum Erfolg führen
Projektmanagement systematisch und kompakt.
4.A. 2004. 329 S.
€ 11,–. dtv 5888
Neu im Juni 2004

Betriebs- und Volkswirtschaft, Wirtschaftsrecht: Fragen und Antworten für das Management

Heinrichs/Klein
Kulturmanagement von A–Z
600 Begriffe für Studium und Praxis.
2.A. 2001. 427 S.
€ 12,50. dtv 5877 €

Klein
Kultur-Marketing
Das Marketingkonzept für Kulturbetriebe.
Viele praktische Beispiele stellen den Aufbau eines Kultur-Marketing-Konzepts dar und beschreiben seine Umsetzung.
1.A. 2001. 544 S.
€ 15,–. dtv 50848 €

Volkswirtschaft kompakt

Hohlstein/Pflugmann/Sperber/Sprink
Lexikon der Volkswirtschaft
Über 2200 Begriffe für Studium und Beruf. Kompetent, präzise und verständlich das Wichtigste aus Geld- und Fiskalpolitik, Ordnungs- und Wettbewerbspolitik, Steuer- und Arbeitsmarktpolitik, Außenwirtschafts- und Entwicklungpolitik, Sozialpolitik und empirischer Wirtschaftsforschung.
2.A. 2003. 885 S.
€ 19,50. dtv 5898 €

Wagner
Volkswirtschaft für jedermann
Die marktwirtschaftliche Demokratie.
2.A.1994. 160 S.
€ 7,11. dtv 5822 €

Thieme
Soziale Marktwirtschaft
Hintergrundwissen zu Zielen und Instrumenten: Ordnungskonzeption und wirtschaftspolitische Gestaltung.
2.A.1994. 153 S.
€ 6,60. dtv 5817 €

Sinn/Sinn
Kaltstart
Volkswirtschaftliche Aspekte der deutschen Vereinigung.
1.A.1993. 332 S.
€ 6,54. dtv 5856 €

Zeichenerklärung: § Rechtsberater € Wirtschaftsberater

_ Betriebs- und Volkswirtschaft, Wirtschaftsrecht: Fragen und Antworten für das Management _

WettbR · Wettbewerbsrecht und Kartellrecht

Gesetz gegen den unlauteren Wettbewerb (UWG), ZugabeVO, RabattG mit DurchführungsVO, PreisangabenVO, MarkenG, MarkenVO, GemeinschaftsmarkenVO, ErstreckungsG, Gesetz gegen Wettbewerbsbeschränkungen (GWB) sowie die wichtigsten wettbewerbsrechtlichen internationalen Übereinkommen und Vorschriften der Europäischen Gemeinschaft.
Stand: 15.7.2004.

Textausgabe.
25.A. 2004. 458 S.
€ 9,–. dtv 5009

Neu im September 2004

PatR · Patent- und Musterrecht

Deutsches und europäisches Patentrecht, Arbeitnehmererfindungsrecht, Gebrauchsmusterrecht, Geschmacksmusterrecht und Internationale Verträge.

Textausgabe.
7.A. 2004. 680 S.
€ 11,–. dtv 5563

Neu im August 2004

UrhR · Urheber- und Verlagsrecht

UrheberrechtsG, VerlagsG, Recht der urheberrechtlichen Verwertungsgesellschaften, Internationales Urheberrecht, EG-Recht.
Stand: 15.9.2003.

Textausgabe.
10.A. 2003. 570 S.
€ 11,–. dtv 5538

Schulze Meine Rechte als Urheber

Urheber- und Verlagsrecht. Geschützte Werkarten und Leistungen, Urheberrechtsschutz, Geschmacksmusterschutz, Leistungsschutz, Verwertungsrechte, Urheberpersönlichkeitsrechte, Nutzungsverträge, Verlagsvertrag, Durchsetzung der Rechte, Geltungsbereich.
Die Neuauflage berücksichtigt insbesondere die Änderungen des Urhebervertragsrechts des Jahres 2002 und das Urheberrechtsänderungsgesetz vom 10.9.2003.

5.A. 2004. 375 S.
Ca. € 11,50. dtv 5291 §

Neu im Oktober 2004

Harke Ideen schützen lassen?

Patente, Marken, Design, Werbung, Copyright.
Der Ratgeber zeigt Erfindern, Gestaltern und Urhebern sowie den Umsetzern und Verwertern, ob und wie sie ihre Rechte an Werken und Ideen schützen und im Konfliktfall durchsetzen können.

1.A. 2000. 701 S.
€ 15,–. dtv 5642 §